Utilize este código QR para se cadastrar de forma mais rápida:

Ou, se preferir, entre em:

www.moderna.com.br/ac/livroportal

e siga as instruções para ter acesso aos conteúdos exclusivos do

Portal e Livro Digital

CÓDIGO DE ACESSO:

A 00223 ARPMATE5E 6 72293

Faça apenas um cadastro. Ele será válido para:

Da semente ao livro,
sustentabilidade por todo o caminho

Plantar florestas
A madeira que serve de matéria-prima para nosso papel vem de plantio renovável, ou seja, não é fruto de desmatamento. Essa prática gera milhares de empregos para agricultores e ajuda a recuperar áreas ambientais degradadas.

Fabricar papel e imprimir livros
Toda a cadeia produtiva do papel, desde a produção de celulose até a encadernação do livro, é certificada, cumprindo padrões internacionais de processamento sustentável e boas práticas ambientais.

Criar conteúdos
Os profissionais envolvidos na elaboração de nossas soluções educacionais buscam uma educação para a vida pautada por curadoria editorial, diversidade de olhares e responsabilidade socioambiental.

Construir projetos de vida
Oferecer uma solução educacional Moderna é um ato de comprometimento com o futuro das novas gerações, possibilitando uma relação de parceria entre escolas e famílias na missão de educar!

Taciro Comunicação, Alexandre Santana e Estúdio Pingado

Apoio:
www.twosides.org.br

Fotografe o Código QR e conheça melhor esse caminho.
Saiba mais em *moderna.com.br/sustentavel*

ARARIBÁ PLUS
Matemática
6

Organizadora: Editora Moderna
Obra coletiva concebida, desenvolvida e produzida pela Editora Moderna.

Editores responsáveis:
Mara Regina Garcia Gay
Willian Raphael Silva

5ª edição

Elaboração dos originais:

Mara Regina Garcia Gay
Bacharel e licenciada em Matemática pela Pontifícia Universidade Católica de São Paulo.

Willian Raphael Silva
Licenciado em Matemática pela Universidade de São Paulo.

Everton José Luciano
Licenciado em Matemática pela Faculdade de Filosofia, Ciências e Letras do Centro Universitário Fundação Santo André.

Fabio Martins de Leonardo
Licenciado em Matemática pela Universidade de São Paulo.

Juliana Ikeda
Licenciada em Matemática pela Universidade de São Paulo.

Maria José Guimarães de Souza
Mestra em Ciências pelo Instituto de Matemática e Estatística da Universidade de São Paulo.

Mateus Coqueiro Daniel de Souza
Mestre em Ciências pelo Instituto de Matemática e Estatística da Universidade de São Paulo.

Romenig da Silva Ribeiro
Mestre em Ciências pelo Instituto de Matemática e Estatística da Universidade de São Paulo.

Cintia Alessandra Valle Burkert Machado
Mestre em Educação, na área de Didática, pela Universidade de São Paulo.

Juliane Matsubara Barroso
Bacharel e licenciada em Matemática pela Pontifícia Universidade Católica de São Paulo.

Luciana de Oliveira Gerzoschkowitz Moura
Mestre em Educação pela Universidade de São Paulo.

Maria Cecília da Silva Veridiano
Licenciada em Matemática pela Universidade de São Paulo.

Maria Solange da Silva
Doutoranda em Didática da Matemática pelo Instituto de Educação da Universidade de Lisboa. Mestra em Educação Matemática pela Universidade Santa Úrsula.

Rosangela de Souza Jorge Ando
Mestra em Educação Matemática pela Universidade Bandeirante de São Paulo.

Selene Coletti
Licenciada em Pedagogia pela Faculdade de Filosofia, Ciências e Letras "Prof. José Augusto Vieira" da Fundação Educacional de Machado.

Imagem de capa
Impressora 3-D com modelo impresso a partir de arquivo de *smartphone*: a Matemática presente no desenvolvimento das novas tecnologias.

© Editora Moderna, 2018

Coordenação editorial: Mara Regina Garcia Gay
Edição de texto: Juliana Ikeda, Mateus Coqueiro Daniel de Souza
Assistência editorial: Marcos Gasparetto de Oliveira, Paulo Cesar Rodrigues, Jéssica Rocha Batista
Gerência de *design* e produção gráfica: Sandra Botelho de Carvalho Homma
Coordenação de produção: Everson de Paula, Patricia Costa
Suporte administrativo editorial: Maria de Lourdes Rodrigues
Coordenação de *design* e projetos visuais: Marta Cerqueira Leite
Projeto gráfico e capa: Daniel Messias, Otávio dos Santos
Pesquisa iconográfica para capa: Daniel Messias, Otávio dos Santos, Bruno Tonel
    Fotos: VTT Studio/Shutterstock, Tussiksmail/Depositphotos/Fotoarena
Coordenação de arte: Carolina de Oliveira
Edição de arte: Adriana Santana, Daiane Alves Ramos
Editoração eletrônica: Grapho Editoração
Edição de infografia: Luiz Iria, Giselle Hirata, Priscilla Boffo
Coordenação de revisão: Maristela S. Carrasco
Revisão: Ana Maria C. Tavares, Ana Paula Felippe, Beatriz Rocha, Cárita Negromonte, Cecília Oku, Marcia Leme, Mônica Surrage, Patrizia Zagni, Renato da Rocha, Rita de Cássia Sam, Simone Garcia, Thiago Dias, Vânia Bruno, Viviane Oshima
Coordenação de pesquisa iconográfica: Luciano Baneza Gabarron
Pesquisa iconográfica: Carol Bock
Coordenação de *bureau*: Rubens M. Rodrigues
Tratamento de imagens: Fernando Bertolo, Joel Aparecido, Luiz Carlos Costa, Marina M. Buzzinaro
Pré-impressão: Alexandre Petreca, Everton L. de Oliveira, Marcio H. Kamoto, Vitória Sousa
Coordenação de produção industrial: Wendell Monteiro
Impressão e acabamento: Gráfica RONA
    Lote 781391
    Cod 12112615

Dados Internacionais de Catalogação na Publicação (CIP)
(Câmara Brasileira do Livro, SP, Brasil)

Araribá Plus : matemática / organizadora Editora Moderna ; obra coletiva concebida, desenvolvida e produzida pela Editora Moderna ; editores responsáveis Mara Regina Garcia Gay, Willian Raphael Silva. – 5. ed. – São Paulo : Moderna, 2018.

Obra em 4 v. para alunos do 6º ao 9º ano.
Bibliografia

1. Matemática (Ensino fundamental) I. Gay, Mara Regina Garcia. II. Silva, Willian Raphael.

18-16900   CDD-372.7

Índices para catálogo sistemático:

1. Matemática : Ensino fundamental   372.7

Maria Alice Ferreira – Bibliotecária – CRB – 8 / 7964

ISBN 978-85-16-11261-5 (LA)
ISBN 978-85-16-11262-2 (LP)

Reprodução proibida. Art. 184 do Código Penal e Lei 9.610 de 19 de fevereiro de 1998.
Todos os direitos reservados
EDITORA MODERNA LTDA.
Rua Padre Adelino, 758 – Belenzinho
São Paulo – SP – Brasil – CEP 03303-904
Vendas e Atendimento: Tel. (0_ _11) 2602-5510
Fax (0_ _11) 2790-1501
www.moderna.com.br
2023
Impresso no Brasil

1 3 5 7 9 10 8 6 4 2

APRESENTAÇÃO

A Matemática está presente em tudo o que nos rodeia: na regularidade das folhas de uma planta, nas asas de uma borboleta, nas pinturas de grandes mestres, no céu repleto de estrelas, no piscar de luzes de um semáforo, nas mensagens recebidas de um amigo por *e-mail* ou pelo celular, nos *tablets* e computadores, nos jogos e aplicativos, e em tudo o mais que se possa imaginar. Ela é fundamental na compreensão das coisas, desde as mais simples até as mais complexas, como a infinidade de tecnologias da atualidade.

Aprender com o **Araribá Plus Matemática** é estudar de forma agradável e dinâmica os conteúdos dessa disciplina e adquirir habilidades para aplicá-los em seu dia a dia. Você vai descobrir que estudar números, ângulos, figuras, medidas, equações e outros assuntos abordados pela Matemática amplia seu universo de conhecimento e sua visão de mundo.

Para ajudar ainda mais no aprendizado, nesta nova edição do **Araribá Plus Matemática** incluímos várias novidades, como as seções: *Informática e Matemática, Compare estratégias, Organizar o conhecimento, Testes e Atitudes para a vida.* Esperamos que ao buscar o conhecimento você se torne um agente transformador da sociedade em que vive.

Um ótimo estudo!

ATITUDES PARA A VIDA

11 ATITUDES MUITO ÚTEIS PARA O SEU DIA A DIA!

As Atitudes para a vida *trabalham competências socioemocionais e nos ajudam a resolver situações e desafios em todas as áreas, inclusive no estudo de Matemática.*

1. Persistir
Se a primeira tentativa para encontrar a resposta não der certo, **não desista**, busque outra estratégia para resolver a questão.

2. Controlar a impulsividade
Pense antes de agir. **Reflita** antes de falar, escrever ou fazer algo que pode prejudicar você ou outra pessoa.

3. Escutar os outros com atenção e empatia
Dar atenção e escutar os outros é importante para se relacionar bem com as pessoas e aprender com elas, procurando soluções para os problemas de ambos.

4. Pensar com flexibilidade
Considere **diferentes possibilidades** para chegar à solução. Use os recursos disponíveis e dê asas à imaginação!

5. Esforçar-se por exatidão e precisão
Confira os dados do seu trabalho. Informação incorreta ou apresentação desleixada podem prejudicar a sua credibilidade e comprometer todo o seu esforço.

6. Questionar e levantar problemas

Fazer as perguntas certas pode ser determinante para esclarecer suas dúvidas. Esteja alerta: indague, questione e levante problemas que possam ajudá-lo a compreender melhor o que está ao seu redor.

7. Aplicar conhecimentos prévios a novas situações

Use o que você já sabe! O que você já aprendeu pode ajudá-lo a entender o novo e a resolver até os maiores desafios.

8. Pensar e comunicar-se com clareza

Organize suas ideias e comunique-se com clareza. Quanto mais claro você for, mais fácil será estruturar um plano de ação para realizar seus trabalhos.

9. Imaginar, criar e inovar

Desenvolva a criatividade conhecendo outros pontos de vista, imaginando-se em outros papéis, melhorando continuamente suas criações.

10. Assumir riscos com responsabilidade

Explore suas capacidades! Estudar é uma aventura, não tenha medo de ousar. Busque informações sobre os resultados possíveis e você se sentirá mais seguro para arriscar um palpite.

11. Pensar de maneira interdependente

Trabalhe em grupo, colabore! Somando ideias e habilidades, você e seus colegas podem criar e executar projetos que ninguém conseguiria fazer sozinho.

 No Portal *Araribá Plus* e ao final do seu livro, você poderá saber mais sobre as *Atitudes para a vida*. Veja <www.moderna.com.br/araribaplus> em **Competências socioemocionais**.

ILUSTRAÇÕES: MILTON TRAJANO

CONHEÇA O SEU LIVRO

A ORGANIZAÇÃO DO LIVRO

Os conteúdos deste livro estão distribuídos em **12 unidades** organizadas em **4 partes**.

ABERTURA DE PARTE
Cada **abertura** de parte apresenta um elemento motivador que pode ser a tela de um jogo, de um vídeo ou de outro recurso que há no **livro digital**.

Questões sobre o tema da abertura são propostas com a finalidade de identificar e mobilizar o que você já conhece sobre o que será estudado em uma ou mais unidades dessa Parte.

APRESENTAÇÃO DOS CONTEÚDOS
O **conteúdo** é apresentado de forma clara e organizada.

ATIVIDADES
Após a apresentação dos conteúdos, vêm as **Atividades**, agrupadas em dois blocos: **Vamos praticar** e **Vamos aplicar**.

ATIVIDADES COMPLEMENTARES
São atividades apresentadas no final de cada unidade com o propósito de ajudá-lo a fixar os conteúdos estudados.

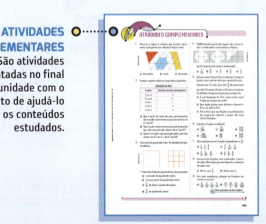

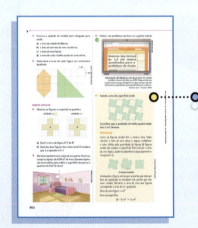

ATIVIDADES RESOLVIDAS
Nas seções **Atividades** podem aparecer destacadas algumas **atividades resolvidas**, que mostram o passo a passo da resolução, além de comentários que enriquecem seu aprendizado.

COMPREENDER UM TEXTO
Esta seção tem o objetivo de desenvolver a competência leitora por meio da análise de diversos tipos de texto.

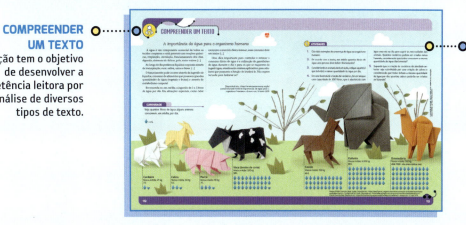

Questões especialmente desenvolvidas orientam a interpretação e a análise do texto e exploram o conteúdo matemático apresentado.

ESTATÍSTICA E PROBABILIDADE
Esta seção tem o objetivo de desenvolver a interpretação, a comparação e a análise de diversas formas de apresentação de dados. Aborda também temas relacionados ao cálculo de probabilidade.

INFORMÁTICA E MATEMÁTICA
Esta seção trabalha conteúdos de matemática por meio de tecnologias digitais, como *softwares* de Geometria Dinâmica, planilhas eletrônicas etc.

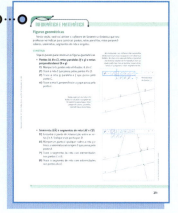
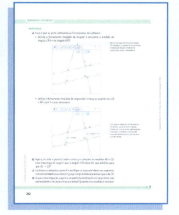

COMPARE ESTRATÉGIAS
Esta seção visa auxiliar a superar eventuais concepções equivocadas no que diz respeito a alguns conceitos ou procedimentos da Matemática.

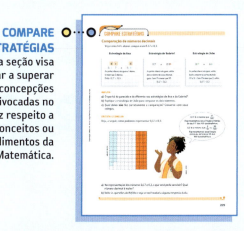

EDUCAÇÃO FINANCEIRA
Esta seção apresenta atividades que o farão refletir sobre atitudes responsáveis e conscientes no planejamento e no uso de recursos financeiros em seu dia a dia.

TESTES
Esta seção contém diversas questões do Enem, Saresp e de diversos vestibulares.

ORGANIZAR O CONHECIMENTO
Esta seção contém organizadores gráficos que ajudam a fixar alguns conteúdos estudados na Parte.

ATITUDES PARA A VIDA
Esta seção retoma as atitudes para a vida trabalhadas em cada Parte e promove uma reflexão sobre elas e como estão presentes no dia a dia.

ATIVIDADES EXTRAS
Traz uma série de atividades com o objetivo principal de desenvolver as habilidades de cálculo mental.

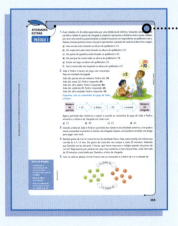

ÍCONES DA COLEÇÃO

 Educação financeira

 Cultura indígena e africana

 Formação cidadã

 Meio ambiente

 Saúde

 Atitudes para a vida

 Elaboração de problemas

 Desafio

 Pensamento computacional

 Cálculo Mental

 Calculadora

 Atividade em dupla ou em grupo

 Glossário

 Indica que existem jogos, vídeos, atividades ou outros recursos no **livro digital** ou no **portal** da coleção.

CONTEÚDO DOS MATERIAIS DIGITAIS

O *Projeto Araribá Plus* apresenta um Portal exclusivo, com ferramentas diferenciadas e motivadoras para o seu estudo. Tudo integrado com o livro para tornar a experiência de aprendizagem mais intensa e significativa.

- **Portal Araribá Plus – Matemática**
  - Conteúdos
    - OEDs
  - Competências socioemocionais – 11 Atitudes para a vida
    - Atividades
    - Caderno 11 Atitudes para a vida
  - Guia virtual de estudos
  - Livro digital
  - Obras complementares
  - Programas de leitura

Livro digital com tecnologia *HTML5* para garantir melhor usabilidade e ferramentas que possibilitam buscar termos, destacar trechos e fazer anotações para posterior consulta. O livro digital é enriquecido com objetos educacionais digitais (OEDs) integrados aos conteúdos. Você pode acessá-lo de diversas maneiras: no *smartphone*, no *tablet* (Android e iOS), no *desktop* e *on-line* no *site*:

http://mod.lk/livdig

CONTEÚDO DOS MATERIAIS DIGITAIS

ARARIBÁ PLUS APP

Aplicativo exclusivo para você com recursos educacionais na palma da mão!

Objetos educacionais digitais diretamente no seu *smartphone* para uso *on-line* e *off-line*.

Acesso rápido por meio do leitor de código *QR*.
http://mod.lk/app

Stryx, um guia virtual criado especialmente para você! Ele ajudará a entender temas importantes e achar videoaulas e outros conteúdos confiáveis, alinhados com o seu livro.

Eu sou o **Stryx** e serei seu guia virtual por trilhas de conhecimentos de um jeito muito legal de estudar!

LISTA DOS OEDS DO 6º ANO

PARTE	UNIDADE	TÍTULO DO OBJETO DIGITAL
1	1	O mistério da joia desaparecida
	2	Alfamemória
	2	Calculadora quebrada 1
	2	Possibilidade
	2	Calculadora quebrada 2
	2	Xeque-mate
	3	Geometria em documentos históricos
	3	Figuras geométricas não planas
2	4	Divisibilidade: múltiplos e divisores
	6	*Fractio*
3	8	Gamamemória
	8	Números racionais na forma decimal e operações
	8	Uma conversa sobre frações
	9	Calculadora quebrada 3
4	10	Composição de polígonos
	10	Consumo de água em uma casa
	11	Planta baixa

http://mod.lk/app

SUMÁRIO

PARTE 1 18

UNIDADE 1 NÚMEROS NATURAIS E SISTEMAS DE NUMERAÇÃO 20

1. Números naturais 20
Sequência dos números naturais, 21; Sucessor e antecessor de um número natural, 21; Números naturais consecutivos, 21; Comparação entre números naturais, 22; Números na reta numérica, 22

2. Sistemas de numeração 26
Comparando os registros numéricos nos diferentes sistemas de numeração, 28

3. Sistema de numeração romano 31

4. Sistema de numeração indo-arábico 32
Características do sistema de numeração indo-arábico, 33; Leitura de números indo-arábicos, 34; Representação dos números no ábaco e com material dourado, 35; Escrita dos números indo-arábicos, 35

■ **Estatística e Probabilidade** – Coleta e organização de dados em tabelas simples 39

■ **Atividades complementares** 42

UNIDADE 2 OPERAÇÕES COM NÚMEROS NATURAIS 43

1. As operações no dia a dia 43

2. Adição com números naturais 44
Algoritmos da adição, 45; Propriedades da adição, 45

3. Subtração com números naturais 49
Relação entre adição e subtração, 52; Expressões numéricas, 55

4. Arredondamentos e cálculos aproximados 56
Arredondamentos, 56; Cálculos aproximados, 57

5. Multiplicação com números naturais 59
Algoritmos da multiplicação, 61; Propriedades da multiplicação, 65; Expressões numéricas, 67

6. Divisão com números naturais 70
Algoritmos da divisão, 71; Relação fundamental da divisão, 76; Expressões numéricas, 76

■ **Compare estratégias** 77

7. Potenciação com números naturais 79
Quadrado de um número ou potência de expoente 2, 80; Cubo de um número ou potência de expoente 3, 80; Potências com outros expoentes, 80

8. Raiz quadrada 84
Quadrados perfeitos, 85; Expressões numéricas, 86

9. Igualdade 86
Propriedade da igualdade, 86

■ **Estatística e Probabilidade** – Leitura e interpretação de dados em tabelas simples 90

■ **Atividades complementares** 93

UNIDADE 3 GEOMETRIA: NOÇÕES INICIAIS — 96

1. Geometria em documentos históricos 96

2. Sólidos geométricos 98
   Elementos de um poliedro e planificação de sua superfície, 100; Poliedros e corpos redondos com nomes especiais, 102

3. Figuras geométricas planas 105

- Estatística e Probabilidade – Construção de gráficos de barras (horizontais e verticais) 107

- Atividades complementares 111

- Compreender um texto – A importância da água para o organismo humano 112

- Educação financeira 114

- Organizar o conhecimento 116

- Testes 117

- Atitudes para a vida 119

PARTE 2 — 120

UNIDADE 4 DIVISIBILIDADE: MÚLTIPLOS E DIVISORES — 122

1. Divisibilidade 122

2. Múltiplos de um número natural 129

3. Divisores de um número natural 130

4. Números primos 134
   Reconhecimento de um número primo, 135

5. Decomposição em fatores primos 136

- Estatística e probabilidade – Leitura e interpretação de gráficos de barras (horizontais e verticais) 139

- Atividades complementares 142

UNIDADE 5 FRAÇÕES — 144

1. O conceito de fração 144
   Leitura de frações, 145

2. Situações que envolvem frações 147

3. Números mistos 152

4. Frações equivalentes 153
   Propriedade das frações equivalentes, 154; Simplificação de frações, 154

5. Comparação de frações 157
   Frações com denominadores iguais, 157; Frações com numeradores iguais, 157; Frações com numeradores e denominadores diferentes, 158

- Estatística e probabilidade – Coleta e organização de dados em tabelas de dupla entrada 161

- Atividades complementares 165

SUMÁRIO

UNIDADE 6 — OPERAÇÕES COM FRAÇÕES — 166

1. **Adição e subtração com frações** 166
   Frações com denominadores iguais, 166; Frações com denominadores diferentes, 167

2. **Multiplicação com frações** 171
   Multiplicação de um número natural por uma fração, 171; Multiplicação com duas frações, 171

3. **Divisão com frações** 174
   Divisão de uma fração por um número natural, 174; Divisão de um número natural por uma fração, 175; Divisão de uma fração por outra fração, 175; Processo prático, 176

- **Compare estratégias** 179

4. **Porcentagem** 181

- **Estatística e probabilidade** — Leitura e interpretação de dados em tabelas de dupla entrada 184
- **Atividades complementares** 186
- **Compreender um texto** 188
- **Educação financeira** — Você costuma pesquisar preços? 190
- **Organizar o conhecimento** 192
- **Testes** 193
- **Atitudes para a vida** 195

PARTE 3 — 196

UNIDADE 7 — RETAS E ÂNGULOS — 198

1. **Ideia de ponto, reta e plano** 198
   Representação de ponto, reta e plano, 199; Semirreta e segmento de reta, 200; Medida de um segmento de reta, 201

2. **Ângulos** 203
   Representação de ângulos, 204; Medida de um ângulo, 205; Classificação dos ângulos em reto, agudo ou obtuso, 206

- **Compare estratégias** — Medida de ângulos com transferidor 206

3. **Retas no plano** 209
   Posição entre duas retas no plano, 209; Traçando retas paralelas e retas perpendiculares, 210

- **Informática e Matemática** — Figuras geométricas 211
- **Estatística e probabilidade** — Construção de gráficos de barras duplas 214
- **Atividades complementares** 217

UNIDADE 8 — NÚMEROS DECIMAIS — 219

1. **Representação decimal de uma fração** 219
   Frações decimais, 220; O material dourado e os números decimais, 221; Propriedade dos números decimais, 222

2. **Transformações** 223
   Transformação de um número da forma decimal para a forma de fração, 223; Transformação de um número da forma de fração decimal para a forma decimal, 224

3. **Comparação de números decimais** 227

4. **Números decimais e fracionários na reta numérica** 227

- **Compare estratégias** – Comparação de números decimais 229
- **Estatística e probabilidade** – Leitura e interpretação de gráficos de barras duplas 231
- **Atividades complementares** 234

UNIDADE 9   OPERAÇÕES COM NÚMEROS DECIMAIS   236

1. **Adição e subtração com números decimais** 236
   Operações com calculadora, cálculo mental e arredondamento, 237

- **Compare estratégias** 239

2. **Multiplicação com números decimais** 239
   Multiplicação de um número natural por um número decimal, 239; Multiplicação de um número decimal por um número decimal, 240; Produto aproximado, 241

3. **Divisão com números decimais** 243
   Divisão por um número natural diferente de zero, 243; Divisão por um número decimal, 244; Quociente aproximado, 248

4. **Potenciação de números decimais** 250

5. **Cálculo de porcentagens** 251

- **Estatística e probabilidade** – Construção de gráficos de setores 254
- **Atividades complementares** 258
- **Compreender um texto** – Gráficos que enganam 260
- **Educação Financeira** – O álbum de figurinhas 262
- **Organizar o conhecimento** 264
- **Testes** 265
- **Atitudes para a vida** 267

PARTE 4   268

UNIDADE 10   POLÍGONOS   270

1. **Localização** 270
   Coordenadas em um guia de ruas, 270; Coordenadas geográficas, 271; Coordenadas cartesianas, 271

2. **Polígono** 273
   Polígono convexo e polígono não convexo, 274; Elementos dos polígonos, 274; Polígonos regulares, 275

3. **Triângulo** 277

4. **Quadrilátero** 278
   Paralelogramo, 279

- **Informática e Matemática** – Quadriláteros 280

5. **Construção de figuras semelhantes** 284

- **Estatística e probabilidade** – Cálculo da probabilidade de um evento 287
- **Atividades complementares** 290

SUMÁRIO

UNIDADE 11 MEDIDAS DE COMPRIMENTO E MEDIDAS DE SUPERFÍCIE 292

1. **Grandezas** 292
   Ideia de medida, 293; O sistema internacional de unidades (SI), 294

2. **Medidas de comprimento** 295
   Metro e centímetro, 296; Centímetro e milímetro, 296; Quilômetro e metro, 297

3. **Medidas de superfície** 299
   Área em centímetro quadrado, 300; Área em quilômetro quadrado, 301

4. **Perímetro e área** 303

   - **Compare estratégias** – Área e perímetro 306

   - **Informática e Matemática** – Cálculo da área de um retângulo 308

5. **Área de retângulos** 309
   Área do quadrado, 311

6. **Área de um triângulo retângulo** 313

   - **Estatística e probabilidade** – Construção de tabelas e gráficos
     usando planilhas eletrônicas 314

   - **Atividades complementares** 317

UNIDADE 12 MEDIDAS DE TEMPO, MASSA, TEMPERATURA, ESPAÇO E CAPACIDADE 319

1. **Medidas de tempo** 319
   Hora e minutos, 319; Minutos e segundos, 320

2. **Medidas de massa** 321
   Quilograma e grama, 322; Tonelada e quilograma, 323; Grama e miligrama, 323

3. **Medidas de temperatura** 325

4. **Medidas de espaço** 326
   Volume em centímetro cúbico, 327; Volume em decímetro cúbico, 327

5. **Volume de paralelepípedos** 329

6. **Medidas de capacidade** 332
   Litro e mililitro, 332; Relação entre volume e capacidade, 333

   - **Estatística e probabilidade** – Pesquisa estatística 335

   - **Atividades complementares** 338

   - **Compreender um texto** 340

   - **Educação financeira** – Será que posso reclamar? 342

   - **Organizar o conhecimento** 344

   - **Testes** 345

   - **Atitudes para a vida** 347

Respostas 348

Siglas 362

Bibliografia 363

Atividades extras 364

Atitudes para a vida 377

UNIDADE 1
NÚMEROS NATURAIS E SISTEMAS DE NUMERAÇÃO

1 NÚMEROS NATURAIS

Você sabe que, no dia a dia, os números aparecem em muitas situações. Mas nem sempre eles foram escritos da forma como os conhecemos. Os números que usamos fazem parte do sistema de numeração indo-arábico, que você estudará nas páginas seguintes.

Na situação acima, os números foram usados para representar a quantidade de passageiros, expressar medidas (de tempo, de massa e de velocidade) e formar um código (linha 570). Os números também expressam a ordem de determinados elementos (como a ordem do banco e a do vagão indicadas na fala do menino).

Os **números naturais** são usados para indicar contagens, ordens ou códigos. Algumas vezes indicam medidas, mas nem toda medida pode ser expressa por um número natural.

SEQUÊNCIA DOS NÚMEROS NATURAIS

A sequência dos números naturais é: (0, 1, 2, 3, 4, 5, 6, 7, 8, 9, 10, ...)

Note que o primeiro termo dessa sequência é o **zero**; para determinar um termo seguinte qualquer, basta adicionar **1** ao termo imediatamente anterior. Como haverá sempre o próximo termo, a sequência dos números naturais é **infinita**. Esse fato é indicado por reticências (...).

Agrupando todos os números dessa sequência em um conjunto, obtemos o conjunto dos números naturais, que indicamos por $\mathbb{N}$.

$$\mathbb{N} = \{0, 1, 2, 3, 4, ...\}$$

Partindo da sequência dos números naturais, podemos construir outras sequências. Por exemplo:

- Números naturais sem o zero: (1, 2, 3, 4, 5, 6, ...)
- Números naturais pares: (0, 2, 4, 6, 8, 10, 12, 14, ...)
- Múltiplos de 10: (0, 10, 20, 30, 40, ...)

OBSERVAÇÕES

- Indicamos o conjunto de todos os números naturais sem o zero por $\mathbb{N}^*$.

  $\mathbb{N}^* = \{1, 2, 3, 4, ...\}$
- Um número natural é par quando termina em um dos algarismos: 0, 2, 4, 6 ou 8.
- Um número natural é ímpar quando termina em um dos algarismos: 1, 3, 5, 7 ou 9.

SUCESSOR E ANTECESSOR DE UM NÚMERO NATURAL

Na sequência dos números naturais, o número que vem imediatamente antes de outro é chamado de **antecessor**; e o número que vem imediatamente depois é chamado de **sucessor**.

(0 1 ... 13 14 15 16 17 18 19 20 ...)

Dizemos que 18 é o antecessor de 19 e que 20 é o sucessor de 19.

Podemos determinar o sucessor e o antecessor de qualquer número natural, exceto do zero, pois, apesar de podermos determinar seu sucessor, não podemos determinar o seu antecessor.

PARA PENSAR

Observe a sequência dos números naturais e responda.

- Para determinar o sucessor de um número natural, quanto devemos adicionar a esse número?
- Para determinar o antecessor de um número natural, com exceção do zero, quanto devemos subtrair desse número?

NÚMEROS NATURAIS CONSECUTIVOS

Os números 18, 19 e 20, por exemplo, são três números naturais **consecutivos**, assim como os números 0 e 1 são dois números naturais consecutivos.

Considerando os números naturais consecutivos 999, 1.000 e 1.001, podemos dizer que:

- o número 999 é antecessor do número 1.000;
- o número 1.000 é sucessor do número 999;
- o número 1.000 é antecessor do número 1.001;
- o número 1.001 é sucessor do número 1.000.

Existem outras sequências de três números naturais consecutivos em que um dos termos é o 999? Se sim, quais?

21

COMPARAÇÃO ENTRE NÚMEROS NATURAIS

Os números da sequência dos naturais vão aumentando à medida que acrescentamos 1 ao número anterior:

Observando essa sequência, podemos comparar dois números naturais, por exemplo 1 e 5, e concluir que 1 é **menor que** 5. Essa relação pode ser representada assim:

$1 < 5$ (Lemos: "um é menor que cinco".)

Podemos ainda concluir que 5 é **maior que** 1, e representamos assim:

$5 > 1$ (Lemos: "cinco é maior que um".)

OBSERVAÇÃO

Também podemos relacionar um número com ele mesmo: um número natural é igual a si mesmo. Por exemplo: $99 = 99$

NÚMEROS NA RETA NUMÉRICA

Os números naturais podem ser representados em uma reta, na qual cada ponto está associado a um número. Para isso, primeiro estabelecemos um sentido e uma unidade. Em seguida, representamos cada número natural por um ponto ou traço. Chamamos essa reta de **reta numérica**.

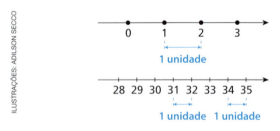

Em uma reta numérica, a distância entre dois pontos correspondentes a dois números naturais consecutivos é sempre a mesma.

> Organize o que você aprendeu fazendo a atividade 1 da página 116.

ATIVIDADES

VAMOS PRATICAR

1. Responda às questões (se precisar, consulte alguém de sua família).
   a) Quantos irmãos você tem?
   b) Com quantos centímetros você nasceu?
   c) Na sala de aula, em qual carteira de sua fileira você se senta?
   d) Qual é o código de discagem direta da cidade onde você mora?

   • Observe as respostas dadas em cada item e responda: qual número indica uma quantidade? Qual expressa uma medida? Qual representa um código? Qual indica uma ordem?

R1. Descubra o número natural em cada caso.
   a) Antecessor e sucessor de 2.000.
   b) Antecessor do antecessor de 101.

Resolução

a) Para identificar o antecessor e o sucessor do número 2.000, podemos escrever um trecho da sequência dos números naturais que apresente esse número.

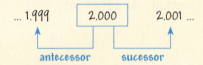

O antecessor de 2.000 é 1.999 e o sucessor é 2.001.

Outra forma de resolver é subtrair 1 do número dado para encontrar o antecessor e adicionar 1 ao número dado para encontrar o sucessor.

$2.000 - 1 = 1.999$ (antecessor)
$2.000 + 1 = 2.001$ (sucessor)

b) Escrevemos um trecho da sequência dos naturais indicando o antecessor de 101.

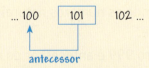

Às vezes, o trecho da sequência que escrevemos não é suficiente para encontrar o número procurado. Nesse caso, temos de prolongar a sequência.

O antecessor do antecessor de 101 é 99.

2. Descubra o número natural de acordo com cada informação.
a) O sucessor de 1.100.
b) O antecessor de 1.100.
c) O sucessor do sucessor de 999.999.
d) O antecessor do antecessor de 2.000.
e) O antecessor do sucessor de 0.

3. Com o auxílio de uma régua, faça uma reta numérica para cada sequência abaixo e represente os números naturais indicados.
a) (1, 2, 3, 6, 9)
b) (20, 25, 28, 30)

4. Classifique cada sentença em V (verdadeira) ou F (falsa).
a) $7 < 10$
b) $560 = 56 + 0$
c) $24 > 8$
d) $750 < 75$
e) $100 - 100 = 0$
f) $8 < 0$

R2. Determine a sequência de números consecutivos sabendo que:
a) são três números naturais consecutivos, e o menor deles é 99;
b) são dois números naturais consecutivos, e a soma deles é 111.

Resolução

a) Representamos com retângulos a quantidade de números da sequência. Como o menor deles é 99, preenchemos o retângulo da esquerda com esse número. Depois, somamos 1 a cada número obtido para encontrar o próximo.

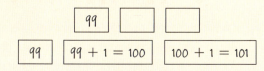

A sequência é 99, 100 e 101.

b) São dois números naturais consecutivos.

A soma de dois números naturais consecutivos, por exemplo 34 e 35, pode ser expressa por:

$34 + 35 =$
$= 34 + 34 + 1 =$
$= 2 \times 34 + 1$

Então, para determinar o menor dos números, basta dividir a soma por 2. O quociente dessa divisão será o menor deles.

Como a soma desses dois números consecutivos é 111, é possível encontrá-los dividindo 111 por 2, que dá 55 e resto 1.

O menor dos números é 55, e o maior é 56.

5. Determine cada sequência de números consecutivos sabendo que:
a) são três números naturais consecutivos, e o menor é 23;
b) são cinco números naturais consecutivos, e o número do meio é 36;
c) são quatro números naturais consecutivos, e o maior é 1.002.

6. Qual é a diferença entre dois números naturais pares consecutivos? E entre dois números ímpares consecutivos?

7. Copie em ordem decrescente os números de cada item.
a) 1.009, 1.000, 1.900, 9.100, 1.090
b) 324, 3.241, 358, 3.580, 3.569, 321
c) 765, 2.456, 987, 568, 23, 1.040
d) 1.004, 104, 1.040, 1.400, 400, 1.000

8. Compare cada par de números dos itens abaixo usando os símbolos $=$, $<$ ou $>$.
a) 54 e 57
b) 895 e 881
c) 1.007 e 1.070
d) 2.009 e 1.990
e) 810 e o sucessor de 809
f) 100.020 e 10.200

9. Resolva.
a) Encontre os três maiores números consecutivos que estão entre os números 20 e 30.
b) Encontre os cinco menores números pares consecutivos que estão entre os números 40 e 60.

10. Determine cada sequência de números consecutivos sabendo que são:

a) três números naturais consecutivos, e a soma deles é 369;

b) três números naturais consecutivos, e a soma do maior com o menor é 46.

VAMOS APLICAR

11. Leia o texto e faça o que se pede.

Em 2016, o Brasil recebeu 6.578.074 turistas. Os três principais países de origem desses turistas foram a Argentina, com 2.294.900 turistas; os Estados Unidos, com 570.350 turistas; e o Paraguai, com 316.714 turistas.

Dados obtidos em: <http://www.dadosefatos.turismo.gov.br/2016-02-04-11-53-05.html>. Acesso em: 14 mar. 2018.

Público chegando ao Parque Olímpico, Rio de Janeiro. Foto de 2016.

a) De acordo com o texto, quais países enviaram mais de 500.000 turistas para o Brasil em 2016?

b) Dos países citados no texto, qual enviou menos de 570.000 turistas?

12. Descubra os números das fichas verdes em cada caso.

a) As fichas numeradas abaixo foram distribuídas conforme a sequência dos números ímpares.

b) As fichas numeradas abaixo foram distribuídas conforme a sequência dos números pares.

R3. Descubra o "segredo" de cada sequência, isto é, o que determina os termos seguintes de cada sequência, supondo que o padrão inicial seja mantido.

a) 13, 18, 23, ...

b)

1ª figura   2ª figura   3ª figura

Resolução

a) Para descobrir o "segredo" de uma sequência, precisamos identificar qual é a relação entre um número e o seguinte, ou seja, o padrão de formação da sequência.

O próximo número dessa sequência é o anterior adicionado com 5.

Uma forma de facilitar a descoberta do "segredo", ou padrão, de uma sequência é representar os números em uma reta numérica.

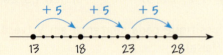

Como os números estão distantes 5 unidades um do outro, o número seguinte será o anterior adicionado a 5.

b) Nessa sequência, os termos são apresentados por meio de figuras. Devemos observar cada figura para poder identificar o que difere de um termo para outro. Em cada termo da sequência, os pontos estão dispostos de forma que lembram um quadrado, com exceção do primeiro termo, formado por um único ponto.

Repare que o segundo termo é formado por 4 pontos (2 pontos na base do quadrado); o terceiro, por 9 pontos (3 pontos na base do quadrado); o quarto, por 16 pontos (4 pontos na base do quadrado); e assim por diante.

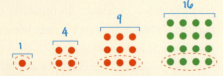

Cada figura, com exceção da primeira, é um quadrado formado por pontos, e o número de pontos da base, em cada quadrado, aumenta em 1 unidade (2 pontos, 3 pontos, 4 pontos etc.).

Observe o que acontece ao representarmos em uma reta numérica a quantidade de pontos de cada termo dessa sequência.

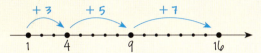

A partir do primeiro número, são adicionados valores diferentes: primeiro 3, depois 5, depois 7, ..., ou seja, adicionamos os números da sequência dos números ímpares.

13. Descubra o "segredo" de cada sequência numérica e escreva os cinco próximos termos, admitindo que o padrão seja mantido.
a) (12, 16, 20, 24, ...)
b) (4, 8, 16, 32, 64, ...)
c) (111, 222, 333, 444, ...)
d) (1.212, 1.224, 1.236, 1.248, ...)

14. Observe a sequência de figuras.

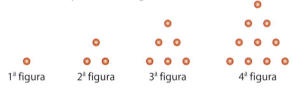

a) Supondo que o padrão seja mantido, desenhe a próxima figura dessa sequência.
b) Discuta com um colega como descobriram a figura e, juntos, escrevam uma sequência numérica que possa ser associada a essa sequência de figuras.

15. Analise cada sequência de figuras e determine quantos cubos haverá na próxima figura de cada sequência.

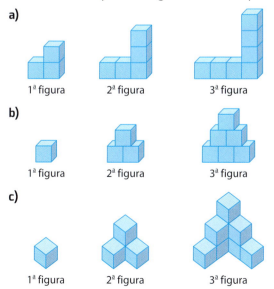

16. Represente em uma reta numérica cada sequência da atividade anterior e, depois, escreva uma conclusão sobre a disposição dos números em cada uma delas.

17. Leia as frases e observe as ilustrações a seguir. Descubra quem falou o intervalo numérico que completa corretamente cada frase.

a) Em 2013, o Instituto Brasileiro de Geografia e Estatística (IBGE) projetou que a população brasileira em 2042 será de ■ habitantes.
b) Dos 5 aos 15 anos de idade, a massa de Liana variou de ■ quilogramas.
c) Segundo o IBGE, em 2016 a população residente no município de Carnaubeira da Penha, em Pernambuco, era de ■ habitantes.
d) A bancada de marcenaria em que Pedro trabalha tem de ■ metros de comprimento.
e) A distância entre as cidades do Rio de Janeiro e de São Paulo é de ■ quilômetros.

18. Descubra quem falou o maior número.

2 SISTEMAS DE NUMERAÇÃO

Nem sempre os números foram representados na forma em que os conhecemos hoje. Algumas civilizações antigas, como a egípcia, a maia e a babilônica, criaram símbolos e sistemas para representar contagens e medições. A diferença entre os sistemas de numeração se deve, em grande parte, às necessidades e à cultura de cada povo, ao modo como cada um deles via e entendia o mundo.

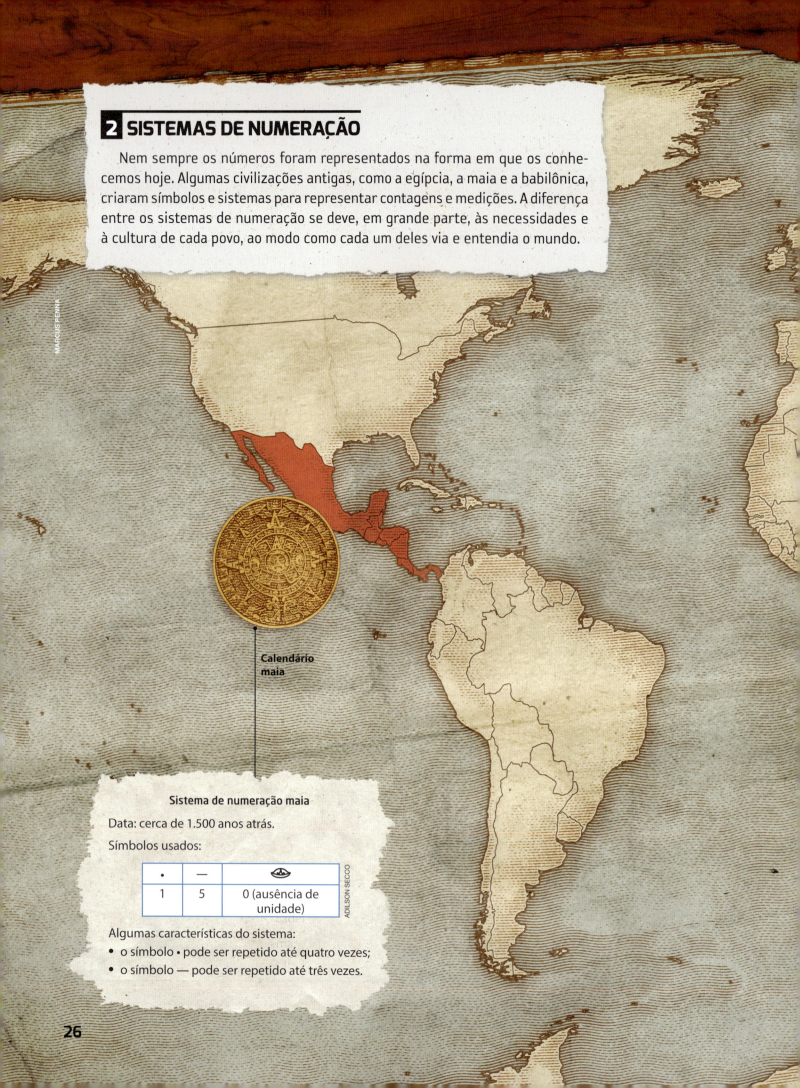

Calendário maia

Sistema de numeração maia

Data: cerca de 1.500 anos atrás.

Símbolos usados:

•	—	👁
1	5	0 (ausência de unidade)

Algumas características do sistema:
- o símbolo • pode ser repetido até quatro vezes;
- o símbolo — pode ser repetido até três vezes.

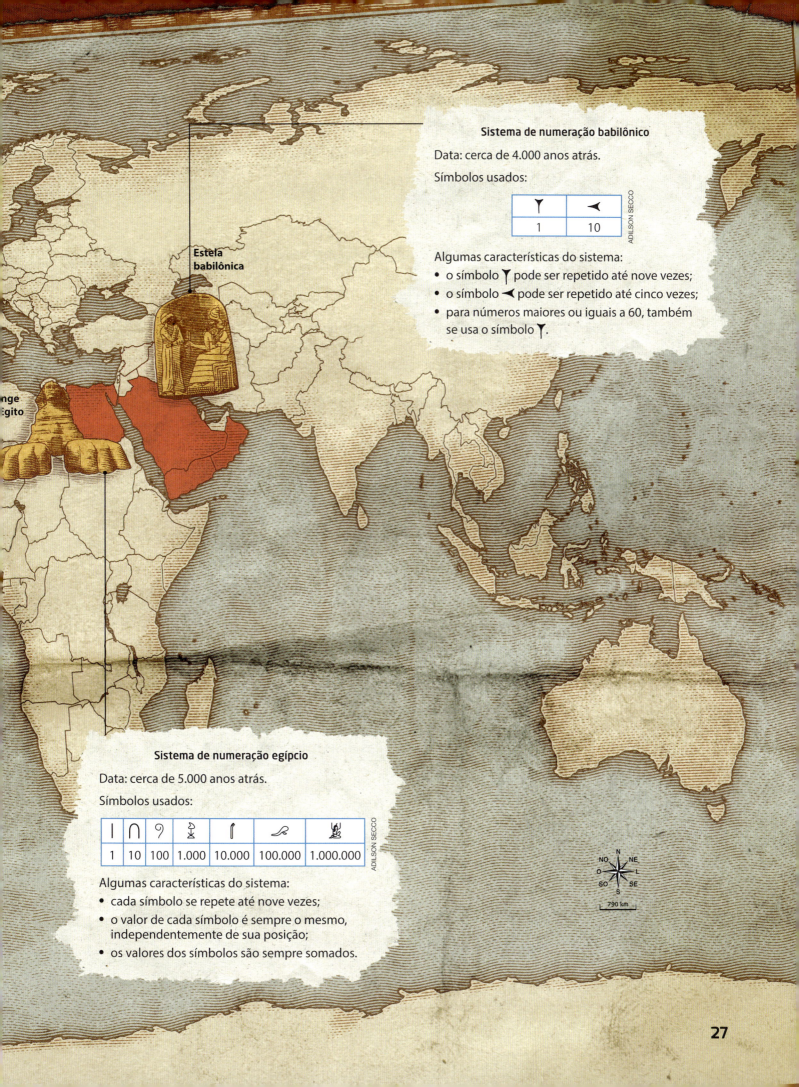

Sistema de numeração babilônico

Data: cerca de 4.000 anos atrás.

Símbolos usados:

▼	◄
1	10

Algumas características do sistema:
- o símbolo ▼ pode ser repetido até nove vezes;
- o símbolo ◄ pode ser repetido até cinco vezes;
- para números maiores ou iguais a 60, também se usa o símbolo ▼.

Estela babilônica

Sistema de numeração egípcio

Data: cerca de 5.000 anos atrás.

Símbolos usados:

1	10	100	1.000	10.000	100.000	1.000.000

Algumas características do sistema:
- cada símbolo se repete até nove vezes;
- o valor de cada símbolo é sempre o mesmo, independentemente de sua posição;
- os valores dos símbolos são sempre somados.

COMPARANDO OS REGISTROS NUMÉRICOS NOS DIFERENTES SISTEMAS DE NUMERAÇÃO

No sistema de numeração egípcio, cada símbolo corresponde a um valor e seu desenho representa um elemento que fazia parte do cotidiano desse povo.

| A figura de um bastão corresponde a 1.

∩ A figura de uma ferradura corresponde a 10.

𝒫 A figura de uma corda enrolada corresponde a 100.

⚘ A figura de uma flor de lótus corresponde a 1.000.

𝍌 A figura de um dedo dobrado corresponde a 10.000.

↝ A figura de um girino corresponde a 100.000.

𓀠 A figura de uma pessoa ajoelhada com as mãos levantadas corresponde a 1.000.000.

Nesse sistema de numeração, os símbolos são enfileirados, e seus valores, adicionados. Além disso, para representar um número cada símbolo pode ser repetido até nove vezes. Veja alguns exemplos:

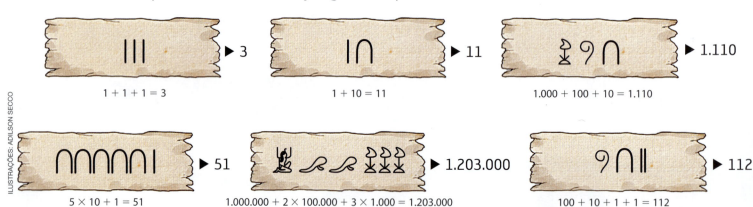

	3	—	1 + 1 + 1 = 3
	11	—	1 + 10 = 11
	1.110	—	1.000 + 100 + 10 = 1.110
	51	—	5 × 10 + 1 = 51
	1.203.000	—	1.000.000 + 2 × 100.000 + 3 × 1.000 = 1.203.000
	112	—	100 + 10 + 1 + 1 = 112

QUADRO COMPARATIVO DOS DIFERENTES SISTEMAS DE NUMERAÇÃO

	1	2	3	4	5	6	7	8	9	10	11	12	15	19
Egípcio	|	||	|||	||||	|||||	|||/|||	||||/|||	||||/||||	|||||/||||	∩	∩|	∩||	∩|||||	∩|||||/||||
Babilônico	𒐕	𒐖	𒐗	𒐘	𒐙	𒐚	𒐛	𒐜	𒐝	𒌋	𒌋𒐕	𒌋𒐖	𒌋𒐙	𒌋𒐝
Maia	•	••	•••	••••	—	•̲	••̲	•••̲	••••̲	=	=̇	=̈	≡	≡⃜

No sistema de numeração babilônico, há dois símbolos para formar os números:

- o símbolo 𒁹, que corresponde a 1 e pode ser repetido até nove vezes;
- o símbolo 𒌋, que corresponde a 10 e pode ser repetido até cinco vezes.

Com esses dois símbolos, é possível registrar até o número 59.

Estela babilônica.

Para escrever o número 60, usa-se o mesmo símbolo empregado para representar 1 (𒁹) e, para escrever quantidades maiores que 60, deixa-se um espaço em branco. Veja:

𒁹 60

𒁹 𒁹 61
- 1
- espaço em branco
- 1 × 60

𒁹𒁹 𒁹𒁹𒁹 123
- 3 × 1
- espaço em branco
- 2 × 60

No sistema de numeração maia, há um símbolo para representar o zero: 👁

O símbolo • pode ser repetido no máximo quatro vezes, e o símbolo — pode ser repetido no máximo três vezes. Veja alguns exemplos:

•••• 4   — 5   ••••/— 9   ≡ 16

Para representar o número 20, os maias escreviam: •/👁

E, para números maiores que 20, registravam os símbolos em "andares". Observe:

• ← 1 × 20 = 20
👁 ← 0
20

• ← 1 × 20 = 20
•• ← 2
22

•• ← 2 × 20 = 40
•/— ← 5 + 1 = 6
46

20	21	22	30	40	50	59	60	61
∩∩	∩∩ I	∩∩ II	∩∩∩	∩∩∩∩	∩∩∩∩∩	∩∩∩ ⁞⁞⁞⁞⁞ / ∩∩ ⁞⁞⁞⁞	∩∩∩ ∩∩∩	∩∩∩ I / ∩∩∩
𒌋𒌋	𒌋𒌋𒁹	𒌋𒌋𒁹𒁹	𒌋𒌋𒌋	𒌋𒌋𒌋𒌋	𒌋𒌋𒌋𒌋𒌋	𒌋𒌋𒌋𒁹𒁹𒁹𒁹𒁹𒁹𒁹𒁹𒁹	𒁹	𒁹 𒁹 (1 × 60, espaço, 1)
• 1×20 / 👁 0	• 1×20 / • 1	• 1×20 / •• 2	• 1×20 / ── 10	•• 2×20 / 👁 0	•• 2×20 / ── 10	•• 2×20 / ≡•••• 19	••• 3×20 / 👁 0	••• 3×20 / • 1

ATIVIDADES

VAMOS PRATICAR

1. Responda às questões.
   a) Que povos desenvolveram cada sistema de numeração apresentado nas páginas 26 e 27?
   b) Faça uma pesquisa e descubra onde viveram esses povos.
   c) Esses povos desenvolveram seus sistemas de numeração ao mesmo tempo? Quando eles os desenvolveram?
   d) Esses povos usavam símbolos para representar quantidades. Os símbolos podiam ser escritos em qualquer ordem?

2. Descubra o número representado em cada caso.

R1. Escreva o número 76 usando os sistemas de numeração egípcio, babilônico e maia.

Resolução

Para escrever o número 76 no sistema de numeração egípcio, procuramos os símbolos que representam os números 10 e 1: ∩ e I. Repetindo esses símbolos sete e seis vezes, respectivamente, compomos o número 70 e o número 6.

Já no sistema babilônico, para escrever o número 76 (número maior que 60), usamos o mesmo símbolo que representa a unidade, Υ, na sequência um espaço em branco para representar 60 (1 × 60) e ◁ΥΥΥ/ΥΥΥ para 16.

No sistema de numeração maia, cada grupo de símbolos da parte superior representa grupos de 20 unidades; então, para escrever 76, usamos ••• na parte superior, para representar 3 × 20, e os símbolos ≡ na parte inferior, para representar 16.

3. Represente os números das frases a seguir em um dos sistemas de numeração que você conhece: egípcio, babilônico ou maia.
   a) Pedro tem 11 anos, e sua mãe, 35 anos.
   b) Marcela comprou 46 gramas de bala e 120 gramas de chocolate.

4. Escreva os números abaixo no sistema de numeração egípcio.
   a) O ano atual.
   b) O ano em que você nasceu.

VAMOS APLICAR

5. Um arqueólogo descobriu que alguns símbolos gravados em uma caverna representavam números. Veja o que ele descobriu e, depois, responda às questões.

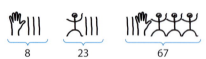

a) Que quantidades cada um desses símbolos representaria?

b) Você acha que a mudança na posição desses símbolos alteraria o valor do número representado? Justifique.

 c) Reúna-se com alguns colegas e criem um sistema numérico que use símbolos inspirados nos materiais escolares (lápis, borracha, apontador etc.). Depois, mostrem para a sala quais são os símbolos desse sistema e dê exemplos de alguns números para verificar se os colegas descobrem o valor de cada símbolo, como foi proposto nesta atividade.

Aplicar conhecimentos prévios a novas situações.

3 SISTEMA DE NUMERAÇÃO ROMANO

Os babilônios, os egípcios e os maias não foram os únicos povos antigos a criar sistemas de numeração. Os romanos também criaram um sistema próprio, baseado em letras do alfabeto. Ainda hoje os números romanos são usados em algumas situações. Observe as imagens abaixo.

Vamos conhecer mais sobre esse sistema criado há mais de 2.000 anos?

O quadro abaixo mostra os símbolos que os romanos usavam.

I	V	X	L	C	D	M
1	5	10	50	100	500	1.000

O sistema de numeração romano obedece às seguintes regras:

- as letras I, X, C e M podem ser repetidas, seguidamente, até três vezes;

  Exemplos

  III → 3   XXX → 30   CCC → 300   MMM → 3.000

- uma letra escrita à direita de outra letra de valor igual ou maior indica uma adição de valores;

  Exemplos

  VI → 5 + 1 = 6

  XII → 10 + 1 + 1 = 12

  XXVI → 10 + 10 + 5 + 1 = 26

- as letras I, X ou C escritas à esquerda de outra de maior valor indicam uma subtração quando:

  I aparecer antes de V ou X;

  X aparecer antes de L ou C;

  C aparecer antes de D ou M.

  Exemplos

  IV → 5 − 1 = 4

  XC → 100 − 10 = 90

  CM → 1.000 − 100 = 900

  CDLIX → (500 − 100) + 50 + (10 − 1) = 459

> Organize o que você aprendeu fazendo a atividade 2 da página 116.

ATIVIDADES

VAMOS PRATICAR

1. Organize os números em ordem crescente.

   XCVIII MCVI
   MDC CCCXCVI
   CDIV MCDXXXVII
   XIV XVI

VAMOS APLICAR

2. Leia as horas indicadas em cada relógio abaixo e escreva-as.

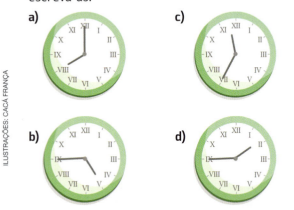

3. Vilma e Fred estão lendo o mesmo livro. Amanhã, ela começará a ler o capítulo XVIII. Ele já leu mais da metade da quantidade de capítulos do livro. Se o último capítulo é o LX, quantos capítulos faltam para que Vilma e Fred acabem de ler esse livro?

4. Analise o diálogo e responda à pergunta.

Fernando, quanto mais símbolos forem necessários para escrever um número romano, maior ele será.

O que você disse não está correto, Maria.

- Quem está correto? Justifique sua resposta.

4 SISTEMA DE NUMERAÇÃO INDO-ARÁBICO

De todos os sistemas de numeração criados na Antiguidade, um deles predominou sobre os outros: o sistema de numeração indo-arábico, desenvolvido pelos antigos habitantes do vale do rio Indo e difundido, séculos depois, pelos árabes.

A representação simplificada de quantidades e a possibilidade de usar essa representação em cálculos foram, provavelmente, os motivos do sucesso duradouro desse sistema.

Rio Indo e as fronteiras políticas atuais do Paquistão e da Índia. Elaborado com base em: Graça Maria Lemos Ferreira. *Moderno atlas geográfico*. 6. ed. São Paulo: Moderna, 2016. p. 49.

CARACTERÍSTICAS DO SISTEMA DE NUMERAÇÃO INDO-ARÁBICO

Veja algumas características do sistema de numeração que usamos até hoje.

- São empregados apenas dez símbolos — denominados **algarismos** — para representar qualquer número:

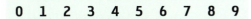
0 1 2 3 4 5 6 7 8 9

- É um **sistema decimal**: contamos quantidades formando grupos de 10.

Exemplo

Veja como agrupamos uma quantidade de 22 clipes:

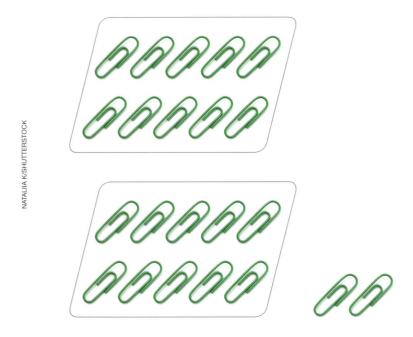

Formamos 2 grupos de 10 clipes e sobraram 2 clipes.

- É um **sistema posicional**: o valor de cada algarismo depende de sua posição na representação do número.

Um mesmo algarismo em diferentes posições assume valores distintos. Veja:

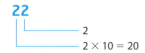

22
— 2
— 2 × 10 = 20

Ao mudar a posição de um algarismo, mudamos o número, por exemplo: 245 ≠ 524.

- Há um símbolo que representa o **zero**.

Nesse sistema, o símbolo zero representa a ausência de quantidade, indicando que não há agrupamento de 10 naquela posição.

OS ALGARISMOS INDO-ARÁBICOS NA HISTÓRIA			
Indiano 100 d.C.	Indiano 876 d.C.	Árabe (Espanha) 1200 d.C.	Atual
—	?	?	1
=	?	?	2
≡	?	?	3
?	?	?	4
?	?	?	5
?	?	G	6
?	?	7	7
?	?	8	8
?	?	?	9
	○	○	0

Dados obtidos em: Georges Ifrah. *História universal dos algarismos.* Trad. Alberto Muñoz e Ana Beatriz Katinsky. Rio de Janeiro: Nova Fronteira, 1997. v. 2, p. 44-57, 475-477.

O que os números 413 e 314 têm em comum? Quanto vale o algarismo 4 em cada um desses números? E o algarismo 1? E o 3?

LEITURA DE NÚMEROS INDO-ARÁBICOS

No sistema de numeração indo-arábico, determinados agrupamentos de 10 recebem nomes especiais.

- Agrupando 10 unidades, temos 1 **dezena** ou 10 unidades
- Agrupando 10 dezenas, temos 1 **centena** ou 100 unidades
- Agrupando 10 centenas, temos 1 **unidade de milhar** ou 1.000 unidades
- Agrupando 10 unidades de milhar, temos 1 **dezena de milhar** ou 10.000 unidades
- Agrupando 10 dezenas de milhar, temos 1 **centena de milhar** ou 100.000 unidades
- ⋮

Quantas centenas de milhar devemos agrupar para formar 1 unidade de milhão?

Fazendo esses agrupamentos e usando seus nomes, podemos escrever os números de diversas formas.

Exemplos

Veja diferentes formas de representar alguns números.

a) 543
- 500 + 40 + 3 ou 5 centenas, 4 dezenas e 3 unidades
- 540 + 3 ou 54 dezenas e 3 unidades
- 543 unidades

OBSERVAÇÃO

Quando escrevemos o número 543 na forma 500 + 40 + 3, dizemos que o número foi **decomposto** em parcelas.

b) 1.303.541
- 1.000.000 + 300.000 + 3.000 + 500 + 40 + 1 ou
  1 unidade de milhão, 3 centenas de milhar, 3 unidades de milhar, 5 centenas, 4 dezenas e 1 unidade
- 1.303.000 + 541 ou 1.303 unidades de milhar e 541 unidades

ORDENS E CLASSES

Ao escrever um número no sistema indo-arábico, cada algarismo ocupa uma **ordem**, e cada ordem tem um nome específico. Por exemplo:

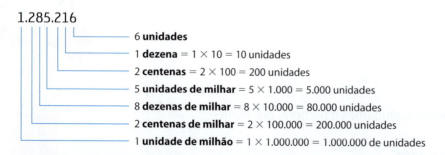

1.285.216
- 6 **unidades**
- 1 **dezena** = 1 × 10 = 10 unidades
- 2 **centenas** = 2 × 100 = 200 unidades
- 5 **unidades de milhar** = 5 × 1.000 = 5.000 unidades
- 8 **dezenas de milhar** = 8 × 10.000 = 80.000 unidades
- 2 **centenas de milhar** = 2 × 100.000 = 200.000 unidades
- 1 **unidade de milhão** = 1 × 1.000.000 = 1.000.000 de unidades

Para facilitar a leitura, agrupamos três ordens por vez, da direita para a esquerda, formando uma **classe**. As ordens e classes podem ser organizadas em um quadro.

Classe dos bilhões			Classe dos milhões			Classe dos milhares			Classe das unidades simples		
12ª ordem: centenas de bilhão	11ª ordem: dezenas de bilhão	10ª ordem: unidades de bilhão	9ª ordem: centenas de milhão	8ª ordem: dezenas de milhão	7ª ordem: unidades de milhão	6ª ordem: centenas de milhar	5ª ordem: dezenas de milhar	4ª ordem: unidades de milhar	3ª ordem: centenas	2ª ordem: dezenas	1ª ordem: unidades
					1	2	8	5	2	1	6

Considerando a divisão em classes do número disposto no quadro acima, temos:

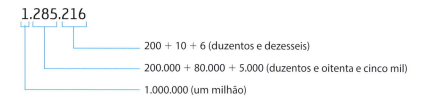

200 + 10 + 6 (duzentos e dezesseis)
200.000 + 80.000 + 5.000 (duzentos e oitenta e cinco mil)
1.000.000 (um milhão)

Sua leitura é: "um milhão, duzentos e oitenta e cinco mil duzentos e dezesseis".

REPRESENTAÇÃO DOS NÚMEROS NO ÁBACO E COM MATERIAL DOURADO

O ábaco e o material dourado são recursos usados para facilitar o entendimento da representação de um número em nosso sistema de numeração. Observe a representação do número 1.527.

Ábaco

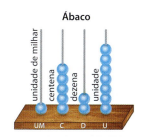

Material dourado

 1 unidade de milhar

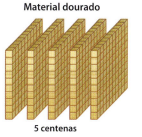 5 centenas

 2 dezenas

 7 unidades

ESCRITA DOS NÚMEROS INDO-ARÁBICOS

Podemos escrever os números apenas com algarismos, apenas com palavras (por extenso) ou misturando as duas formas (forma mista). Observe as imagens abaixo.

Trilha de estudo
Vai estudar? Nosso assistente virtual no *app* pode ajudar!
<http://mod.lk/trilhas>

ATIVIDADES

VAMOS PRATICAR

1. Represente os números a seguir usando o ábaco e o material dourado.
   a) 75
   b) 904
   c) 1.387

2. Expresse o valor do algarismo 5 na representação de cada número.
   a) 1.500
   b) 500.002
   c) 1.535.052.595
   d) 1.050.005.152
   e) 55.125.000.123
   f) 5.000.000.005

3. Reagrupe a quantidade expressa em cada item, de acordo com o sistema decimal, e determine o número obtido no reagrupamento final.
   a) 6 centenas + 11 dezenas + 15 unidades
   b) 19 centenas + 12 dezenas + 20 unidades
   c) 5 centenas + 123 dezenas + 15 unidades

4. Escreva os números usando somente algarismos.
   a) 3 milhões, 120 mil e 5 unidades
   b) 135 milhões e 124 unidades
   c) 1 bilhão e 100 milhões
   d) 256 bilhões e 758 mil
   e) 323 bilhões e 526 unidades

5. Escreva cada número como se lê.
   a) 15.249.000
   b) 2.000.000.200
   c) 45.875.056
   d) 38.000.587.005
   e) 1.000.001
   f) 23.040.000

6. Observe a decomposição dos números e descubra quais são eles.
   a) 1.000.000 + 200.000 + 90.000 + 800 + 5
   b) 40.000.000 + 900.000 + 5.000 + 10 + 9
   c) 60.000.000 + 70.000 + 50 + 1

7. Escreva os números usando somente algarismos e responda à questão final.
   a) 1 mil
   b) 1 milhão
   c) 1 bilhão
   d) 1 trilhão
   • Quantos zeros há em 1 quatrilhão?

VAMOS APLICAR

8. Uma casa foi vendida pelo valor de R$ 328.785,00. Observe as indicações abaixo e faça um recibo da venda dessa casa.

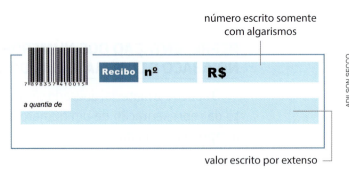

9. Leia o texto e responda à questão.

Segundo um estudo publicado pela Organização das Nações Unidas (ONU), a população mundial terá um aumento de cerca de 2.600.000.000 de habitantes até 2050, atingindo mais de 9 bilhões de habitantes.

• Qual é o maior número que aparece no texto?

36

10. Reescreva o texto registrando os números com todos os algarismos. Depois, responda à pergunta.

A vida no planeta Terra surgiu há cerca de 4 bilhões e 600 milhões de anos, mas os primeiros ancestrais dos seres humanos só surgiram há aproximadamente 4 milhões de anos. O *Homo habilis*, outro ancestral, surgiu há cerca de 2 milhões e 300 mil anos. E nosso ancestral mais direto, o *Homo erectus*, apareceu há apenas 1 milhão e 800 mil anos. Já nós, que somos os *Homo sapiens*, surgimos entre 400 mil e 100 mil anos atrás. Veja como nossa existência é recente na Terra.

- Onde a leitura dos números é mais fácil: no texto acima ou no texto que você escreveu? Por quê?

11. Veja para que serve algumas das teclas de uma calculadora comum e faça o que se pede.

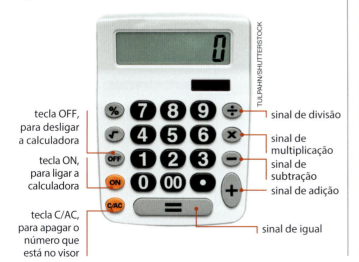

a) Ligue uma calculadora, aperte a tecla 2, em seguida a 7 e, por último, a 6. Que número você vê no visor?

b) Que valor assumiu o algarismo 2 quando você apertou a tecla 6?

c) Para que o algarismo 7 passe a valer 700.000 unidades, quantos algarismos ainda devem ser introduzidos no visor depois do 6?

R1. Escreva todos os números de dois algarismos com os algarismos 1, 2 e 3.

Resolução

Organizando um esquema, temos:

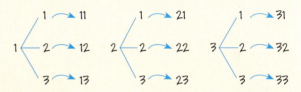

Como o enunciado não explicita se os números formados devem ter algarismos diferentes, entende-se que os números **podem** ou **não** ter algarismos repetidos. Assim, os números formados são: 11, 12, 13, 21, 22, 23, 31, 32 e 33.

12. Descubra os números descritos.

Todos os números naturais com três algarismos, não repetidos, formados com 1, 2 e 3.

R2. Ao listar a sequência dos números naturais até 30, escrevemos mais vezes o algarismo 2 ou mais vezes o algarismo 3? Por quê?

Resolução

Para resolver este problema, podemos subdividi-lo em "problemas menores", por exemplo, podemos analisar dois subgrupos: números formados por um algarismo (de 0 a 9) e números formados por dois algarismos (de 10 a 30).

O último subgrupo pode ainda ser subdividido em grupos menores: de 10 a 19, de 20 a 30.

Números formados por um algarismo:

- de 0 a 9: o algarismo 2 aparece uma vez, e o algarismo 3, uma vez.

Números formados por dois algarismos:

- de 10 a 19: o algarismo 2 aparece uma vez, e o algarismo 3, uma vez;
- de 20 a 30: o algarismo 2 aparece onze vezes, e o algarismo 3, duas vezes.

Assim, ao todo, temos:

- o algarismo 2 aparece (1 + 1 + 11) vezes;
- o algarismo 3 aparece (1 + 1 + 2) vezes.

Então, na sequência dos números naturais até 30, escrevemos treze vezes o algarismo 2 e quatro vezes o algarismo 3.

13. Escreva com algarismos indo-arábicos:

a) o menor número com quatro algarismos;

b) o maior número com dez algarismos, sem repetir nenhum deles;

c) o menor número com dez algarismos, sem repetir nenhum deles.

14. Luísa terá de montar a sequência dos números naturais com fichas numeradas.

Há cinco fichas de cada algarismo. Até que número natural Luísa conseguirá formar usando cada uma das 50 fichas uma única vez?

15. Joana ficou observando um relógio digital das 13 horas às 14 horas. Quantas vezes apareceu o dígito 2 no visor do relógio nesse período?

16. Descubra o número seguindo as pistas.

- Lendo o número da direita para a esquerda ou da esquerda para a direita, obtemos o mesmo número.
- A soma de todos os seus cinco algarismos é 18.
- O algarismo das dezenas de unidade é o dobro do algarismo das unidades.
- O algarismo das centenas é zero.

ESTATÍSTICA E PROBABILIDADE
COLETA E ORGANIZAÇÃO DE DADOS EM TABELAS SIMPLES

Antônio, professor de Educação Física, fez uma pesquisa com os alunos da equipe vencedora de um campeonato de basquete para saber a pontuação dos oito jogadores. Observe as anotações dele.

> Número de pontos feitos pelos jogadores da equipe de basquete
>
> Paulo - 10 pontos; César - 20 pontos; Júlio - 5 pontos; Ronaldo - 12 pontos; Carlos - 5 pontos; Gilberto - 7 pontos; Rafael - 8 pontos; Lucas - 5 pontos

Após coletar os dados, o professor os organizou na tabela a seguir.

NÚMERO DE PONTOS FEITOS PELOS JOGADORES DE BASQUETE	
Jogadores	Número de pontos
Paulo	10
César	20
Júlio	5
Ronaldo	12
Carlos	5
Gilberto	7
Rafael	8
Lucas	5

Dados obtidos pelo professor Antônio em junho de 2019.

Dependendo da organização, os dados numéricos da tabela poderiam ter ficado em ordem crescente ou decrescente.

Em sua opinião, as informações apresentadas ficaram mais claras no texto ou na tabela?

Organização de uma tabela

Uma tabela apresenta informações de forma organizada, facilitando sua leitura e compreensão.

Vamos analisar algumas características da tabela acima.

- O título "Número de pontos feitos pelos jogadores de basquete" informa os dados que a tabela contém.
- Há duas colunas nessa tabela: uma para o nome dos jogadores e outra para o número de pontos.
- A fonte (em letras pequenas ao final da tabela) indica quem forneceu os dados e quando foram obtidos.

ESTATÍSTICA E PROBABILIDADE

ATIVIDADES

1. Faça uma pesquisa com dez pessoas de sua família sobre os times de futebol para os quais elas torcem. Após coletar os dados, organize-os em uma tabela. Nessa tabela, coloque os times e a quantidade de pessoas que torcem pra cada um. Em seguida, responda:

a) Qual time ficou em primeiro lugar? Quantos votos ele teve?

b) Algum time obteve apenas um voto? Se sim, qual?

2. Uma pesquisa realizada por Ana em maio de 2019 mostrou a atividade de lazer preferida pelos alunos da classe dela.

De acordo com essa pesquisa, 8 alunos preferem ir ao cinema; 5, jogar *videogame*; 10, praticar esportes; 10, navegar na internet; e 2 preferem dançar.

Organize esses dados na tabela a seguir.

ATIVIDADES DE LAZER PREFERIDAS PELOS ALUNOS DA CLASSE DE ANA	
Atividade	Número de alunos

Lembre-se de colocar quem forneceu as informações e quando foram obtidas, isto é, a fonte dos dados de sua tabela.

3. Na Universidade Educação para Todos, Paulo fez uma pesquisa em abril de 2019 com 1.200 jovens e perguntou a eles: "Qual é a sua principal preocupação?". Observe o resultado dessa pesquisa apresentado no jornal da universidade.

> **Resultado da pesquisa:**
> **"Principal preocupação dos jovens**
> **da Universidade Educação para Todos"**
>
> 100 jovens disseram ter preocupação com a educação; 150, com a saúde; 600, com a violência; 300, com o emprego; e 50, com a ética.

O resultado da pesquisa poderia ter sido apresentado em forma de tabela, o que facilitaria a leitura e a interpretação dos dados. Construa essa tabela separando, em uma coluna, as preocupações dos jovens e, na outra, o número de jovens que mencionaram cada preocupação.

Não se esqueça de colocar um título no topo de sua tabela.

40

4. Jonas é um adolescente muito organizado. Ele observou sua rotina e anotou como distribui seu tempo durante cada dia de semana (de segunda-feira a sexta-feira) e durante cada dia do fim de semana (sábado e domingo). Veja:

a) Construa duas tabelas: uma para mostrar como Jonas distribui suas horas diárias durante a semana e outra para o fim de semana.

b) Construa duas tabelas como as do item **a**, com sua distribuição diária de tempo.

5. Leia o texto abaixo e construa uma tabela organizando a população das regiões brasileiras em ordem decrescente.

De acordo com o Instituto Brasileiro de Geografia e Estatística (IBGE), em 01/07/2017, a população residente estimada das regiões brasileiras era: Região Norte (17.936.201); Região Nordeste (57.254.159); Região Sudeste (86.949.714); Região Sul (29.644.948); e Região Centro-Oeste (15.875.907).

Dados obtidos em: <ftp://ftp.ibge.gov.br/Estimativas_de_Populacao/Estimativas_2017/estimativa_dou_2017.pdf> . Acesso em: 15 mar. 2018.

Elaborado com base em: Graça Maria Lemos Ferreira. *Moderno atlas geográfico*. 6. ed. São Paulo: Moderna, 2016. p. 55.

ATIVIDADES COMPLEMENTARES

1. Considere a sequência dos números naturais e determine o antecessor e o sucessor de cada número.
   a) 201
   b) 2.001
   c) 99.999.999
   d) 1 milhão

2. Decomponha os números e responda à questão.
   a) 1.234.567.980
   b) 847.002
   - Que quantidade representa o algarismo 2 nessas representações numéricas?

3. Reescreva as frases trocando os símbolos indo-arábicos pelos romanos.
   a) Salvador Dalí, um dos mais importantes pintores surrealistas, nasceu em 1904 na Espanha, e ali faleceu em 1989.

   b) Leonardo da Vinci, mestre do Renascimento, nasceu na Itália, em 1452, e faleceu em 1519.

   c) Giotto di Bondone, um dos principais artistas da pintura gótica, nasceu por volta de 1267, na Itália, e lá faleceu em 1337.

4. Reescreva apenas as afirmações verdadeiras.
   a) 1 centena de milhar é o mesmo que 10 dezenas de milhar.
   b) São necessárias 10.000 unidades para formar 100 centenas.
   c) 1.000 agrupamentos de 1.000 unidades formam 100.000 unidades.
   d) 1 bilhão é o mesmo que 1.000 milhões.

5. Quantas vezes escrevemos o algarismo 4 na sequência de números naturais até 50?

6. Em cada item, escreva todos os números que obedecem simultaneamente às condições dadas:
   a) • são formados por três algarismos;
      • são formados com 1, 2 e 4;
      • não há repetição de algarismo na representação dos números.
   b) • são formados por três algarismos;
      • são formados com 0 ou 1;
      • há repetição de um mesmo algarismo na representação dos números.

7. Escreva cada número com símbolos egípcios, babilônicos e maias.
   a) 20
   b) 33
   c) 42
   d) 62

8. Reproduza o quadro abaixo em seu caderno substituindo as fichas cinza pelas amarelas.

9. (OBM) Num relógio digital, que marca de 0:00 até 23:59, quantas vezes por dia o mostrador apresenta todos os algarismos iguais?

10. Escreva, em ordem decrescente, todos os números naturais ímpares de quatro algarismos que podemos formar com estas quatro fichas:

11. Mude a posição de dois palitos e obtenha o número 17 do sistema de numeração romano.

Mais questões no livro digital

UNIDADE 2
OPERAÇÕES COM NÚMEROS NATURAIS

1 AS OPERAÇÕES NO DIA A DIA

Na foto a seguir, vemos uma placa de sinalização instalada no metrô de São Paulo para orientar as pessoas em caso de emergência.

Observando a placa, é possível saber quantos metros teriam de ser percorridos caso fosse necessário caminhar até a primeira estação à direita ou à esquerda da placa.

Placa dentro de um túnel do metrô em São Paulo (SP). Foto de 2011.

Imagine que um trem quebrou entre duas estações, no local em que se encontra essa placa. Se os responsáveis pelo metrô julgarem necessário direcionar as pessoas que estão no interior do trem para a primeira estação à esquerda da placa, quantos metros a mais as pessoas teriam de caminhar caso fossem direcionadas para a estação à direita?

Para calcular quantos metros teriam de ser percorridos a mais, podemos subtrair a distância menor da maior:

$$424 - 92$$

Outra forma de calcular essa distância seria descobrir quantos metros teriam de ser acrescentados a 92 metros para resultar em 424 metros.

Como essa, outras situações podem ser resolvidas de diferentes modos. E você, como resolveria o problema?

2 ADIÇÃO COM NÚMEROS NATURAIS

A adição pode ser empregada com a ideia de juntar quantidades ou de acrescentar uma quantidade a outra. Acompanhe, a seguir, algumas situações que podem ser resolvidas por meio da adição.

Situação 1

Em uma pista municipal foi realizado um campeonato amador de *skate*. Veja no quadro abaixo o número de pessoas inscritas em cada categoria.

Categoria	Número de pessoas inscritas
Masculina	54
Feminina	35

Quantas pessoas se inscreveram nesse campeonato?

Para responder à pergunta, podemos fazer:

$$54 + 35 = 89$$

Logo, 89 pessoas inscreveram-se no campeonato.

Situação 2

Nesse mesmo torneio, uma competidora perdeu 7 pontos e terminou a competição com 17 pontos. Quantos pontos ela tinha antes de perder os 7 pontos?

Como a competidora ficou com 17 pontos depois de ter perdido 7, para saber quanto ela tinha antes, podemos fazer:

$$17 + 7 = 24$$

Portanto, a competidora tinha 24 pontos.

Situação 3

No dia das eliminatórias da prova de 400 metros de um campeonato de atletismo, foram desclassificados 9 atletas pela manhã e outros 7 à tarde. Quantos atletas foram desclassificados nesse dia?

Para encontrar o número de atletas desclassificados nesse dia, fazemos:

$$9 + 7 = 16$$

Portanto, foram desclassificados 16 atletas nesse dia.

Situação 4

No mesmo campeonato da situação 3, sabendo que apenas 8 atletas disputaram a final da prova de 400 metros, quantos atletas participaram das eliminatórias?

Como 16 atletas foram desclassificados nas eliminatórias e 8 disputaram as finais, temos:

$$16 + 8 = 24$$

Portanto, 24 atletas participaram das eliminatórias.

OBSERVAÇÃO

Os termos de uma adição são:

$$365 + 231 = 596$$

soma ou total: 596
parcelas: 365, 231

PENSAMENTO COMPUTACIONAL

Um **algoritmo** é uma sequência finita de passos bem definidos. Ele aparece em muitos contextos da Matemática e da Computação, mas sua essência pode estar presente em outras situações. Podemos considerá-lo um passo a passo para executar alguma tarefa. Por exemplo, para fazer um bolo, seguimos um algoritmo, pois na receita existe uma sequência de instruções a seguir: misturar os ingredientes, colocar o bolo para assar etc.

Nesta unidade, você verá muitos exemplos de algoritmos relacionados às operações com números naturais. São exemplos os algoritmos da adição, da subtração, da multiplicação e da divisão.

ALGORITMOS DA ADIÇÃO

Acompanhe a explicação de um algoritmo usado para somar 417 e 48.

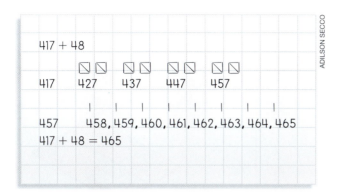

Como 48 = 40 + 8, primeiro eu acrescento 10 a 417, depois mais 10, depois mais 10, depois mais 10, até acrescentar 4 grupos de 10, obtendo 457. Em seguida, acrescento 8 unidades, uma a uma: 458, 459, 460, 461, 462, 463, 464 e 465. Então, o resultado da adição é 465.

Veja outros modos de realizar essa adição:

Algoritmo usual	Algoritmo por decomposição
C D U 1 4 1 7 + 4 8 ————— 4 6 5	417 = 400 + 10 + 7 48 = 40 + 8 417 + 48 = 400 + 10 + 40 + 7 + 8 417 + 48 = 400 + 50 + 15 417 + 48 = 400 + 50 + 10 + 5 417 + 48 = 400 + 60 + 5 417 + 48 = 465

PARA ANALISAR

Analise os algoritmos ao lado e descreva-os em seu caderno.

PROPRIEDADES DA ADIÇÃO

Você já usa as propriedades da adição de números naturais quando faz cálculos com essa operação. Veja a seguir três dessas propriedades.

PRIMEIRA PROPRIEDADE

Em uma adição de três ou mais números naturais, podemos associar as parcelas de modos diferentes; a soma será a mesma. Assim, considerando três números naturais, a, b e c, temos:

$$(a + b) + c = a + (b + c)$$

Essa é a propriedade **associativa da adição**. Aplicando-a, podemos somar três ou mais números da forma que for mais conveniente.

Por exemplo: $(12 + 8) + 5 =$ e $12 + (8 + 5) =$
                  $= 20 + 5 =$ $= 12 + 13 =$
                  $= 25$ $= 25$

Portanto: $(12 + 8) + 5 = 12 + (8 + 5)$

De que forma é mais fácil calcular mentalmente a soma dos preços de uma revista, um livro e um gibi?

CÁLCULO MENTAL

Escolha a forma mais conveniente para somar os números a seguir, adicione mentalmente e escreva o resultado no caderno.
a) $15 + 5 + 23$
b) $1.500 + 536 + 4$
c) $132 + 8 + 56 + 4$

45

SEGUNDA PROPRIEDADE

A ordem das parcelas não altera a soma. Assim, se *a* e *b* são números naturais, temos:
$$a + b = b + a$$

Essa é a propriedade **comutativa da adição**. Por ela, ao fazer a adição de dois números, podemos alterar a ordem das parcelas para facilitar o cálculo. Veja:

TERCEIRA PROPRIEDADE

Em uma adição de um número natural com o número zero, a soma é igual a esse número natural. Assim, se *a* é um número natural, temos:
$$a + 0 = 0 + a = a$$

Essa é a propriedade da existência do **elemento neutro da adição**.

ATIVIDADES

VAMOS PRATICAR

1. (Saresp) Numa farmácia, um medicamento foi embalado em caixas onde cabem 1.000, 100, 10 e 1 unidade(s). O total de caixas utilizadas aparece na figura abaixo.

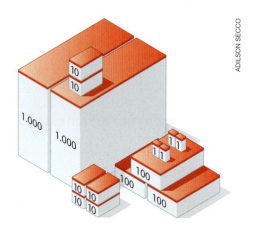

• Quantas unidades desse medicamento foram embaladas?

   a) 1.234
   b) 2.346
   c) 2.364
   d) 2.436

2. Calcule.
   a) 245 + 3.129
   b) 84 + 321
   c) 12.835 + 1.250
   d) 998 + 233
   e) 50.097 + 1.928
   f) 24.001 + 1.159

3. Escolha, em cada caso, a melhor maneira para fazer os cálculos.
   a) (15 + 5) + (23 + 2) ou (15 + 23) + (5 + 2)
   b) (132 + 56) + (8 + 4) ou (132 + 8) + (56 + 4)
   c) (1.500 + 14) + 536 ou 1.500 + (536 + 14)

4. Associe as parcelas da forma que achar conveniente. Faça as adições mentalmente. Depois, registre os resultados em seu caderno.
   a) 0 + 45 + 12 + 15 + 8
   b) 380 + 20 + 210 + 90
   c) 125 + 25 + 30
   d) 23 + 7 + 250 + 0
   e) 1.100 + 33 + 7

R1. Descubra quais são os algarismos escondidos.

$$\begin{array}{r} 1\ \boxed{A}\ 3 \\ +\ 4\ 2\ \boxed{B} \\ \hline 5\ 7\ 5 \end{array}$$

Resolução

Inicialmente, vamos descobrir o número que, adicionado a 3, resulta em 5. Para isso, podemos testar ordenadamente alguns números naturais a partir do 1.

$$3 + \boxed{B} = 5$$
$$3 + 1 = 4$$
$$3 + 2 = 5$$

Então, o quadradinho $\boxed{B}$ esconde o 2.

Agora, precisamos descobrir quanto adicionar a 2 para obter 7. Para isso, podemos usar o mesmo procedimento utilizado anteriormente.

$$\boxed{A} + 2 = 7$$
$$1 + 2 = 3$$
$$2 + 2 = 4$$
$$3 + 2 = 5$$
$$4 + 2 = 6$$
$$5 + 2 = 7$$

Então, o quadradinho $\boxed{A}$ esconde o 5.

5. Descubra quais são os algarismos escondidos.

a) $\begin{array}{r} 2\ 3\ \blacklozenge \\ +\ 1\ \blacklozenge\ 2 \\ \hline 3\ 5\ 6 \end{array}$

b) $\begin{array}{r} 2\ 1\ 8 \\ +\ 5\ \blacklozenge\ 6 \\ \hline 7\ 9\ \blacklozenge \end{array}$

c) $\begin{array}{r} \blacklozenge\ 3\ 7 \\ +\ 8\ 3\ \blacklozenge \\ \hline 1\ 0\ 7\ 0 \end{array}$

d) $\begin{array}{r} \blacklozenge\ 5\ 2\ \blacklozenge \\ +\ \ \blacklozenge\ 4\ 2 \\ \hline 2\ 1\ 7\ 1 \end{array}$

6. Calcule a soma obtida pela adição dos números de cada linha.

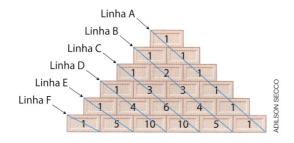

- Quais linhas têm a mesma soma?

R2. Descubra a posição, no esquema abaixo, das cinco cartelas numeradas de 1 a 5, de forma que a soma obtida pela adição dos números ligados pela mesma linha reta seja 10.

Resolução

Inicialmente, podemos fazer grupos de três cartelas e observar a soma dos números.

$1 + 2 + 3 = 6$	$1 + 4 + 5 = 10$
$1 + 2 + 4 = 7$	$2 + 3 + 4 = 9$
$1 + 2 + 5 = 8$	$2 + 3 + 5 = 10$
$1 + 3 + 4 = 8$	$2 + 4 + 5 = 11$
$1 + 3 + 5 = 9$	$3 + 4 + 5 = 12$

Como o 5 está presente nas adições que resultam em 10, ele deve ocupar o quadradinho comum às duas linhas.

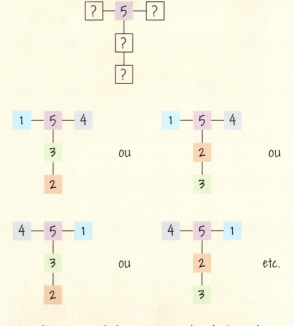

Usando a propriedade comutativa da adição, podemos escrever as parcelas em qualquer ordem, gerando outras soluções para o problema.

47

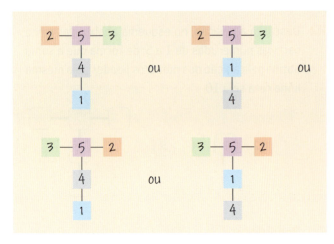

7. No esquema abaixo, encaixe as oito cartelas numeradas de forma que a soma obtida pela adição dos números ligados pela mesma linha reta seja 12.

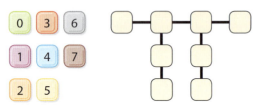

VAMOS APLICAR

8. Para ter o controle das pessoas que entram no estádio, Dito confere a numeração da catraca que fica na portaria. Observe a ilustração e responda a questão a seguir.

Que numeração a catraca deverá marcar quando outras 145 pessoas tiverem entrado?

9. Havia 35.876 torcedores no estádio quando um jogo de futebol acabou. No intervalo, 7.056 torcedores saíram do estádio, porque o time deles estava perdendo. Quantos torcedores havia no estádio quando o jogo começou?

10. Calcule mentalmente.

Veja as peças de roupa que Liliane comprou:

- Quanto ela gastou?

11. Calcule mentalmente, aplicando as propriedades da adição.

a) $800 + 99 + 1.200 + 1$
b) $900 + 5 + 2 + 100 + 3$
c) $150 + 18 + 50 + 2 + 300$
d) $100 + 0 + 158 + 10 + 2$

12. Observe o horário em que os três irmãos acordaram e responda.

- Quem foi o último a sair de casa? A que horas ele saiu?

13. Eduardo participou de um campeonato que envolve três provas diferentes e é realizado em 3 dias. No primeiro dia, ele nadou 2.950 metros; no segundo dia, correu 3.870 metros; no último dia, pedalou 10.200 metros.

    a) Quantos metros Eduardo percorreu em terra?

    b) Qual é a medida, em metro, do percurso desse campeonato?

14. Lúcia e Carla são irmãs e trabalham juntas em um escritório. Lúcia é projetista e recebe 2.550 reais de salário. Carla é advogada e recebe 500 reais a mais que sua irmã. Quanto recebem as duas juntas?

15. Numa escola, foi realizada uma pesquisa para saber de quais jogadores de futebol os alunos mais gostavam. Constatou-se que 133 alunos gostavam apenas do Gabriel Jesus; 75 alunos gostavam apenas do Neymar; 37 gostavam do Gabriel Jesus e do Neymar; 29 não opinaram.

    a) Quantos alunos foram entrevistados?

    b) Quantos alunos gostavam do Gabriel Jesus?

16. Observe no quadro o número de conexões à internet em determinado dia numa cidade.

CONEXÕES À INTERNET EM UM DIA	
Período do dia	Número de conexões
Manhã	275.456
Tarde	378.089
Noite	435.720

    • Nesse dia foram realizadas quantas conexões?

17. Observe o holerite (demonstrativo de pagamento) de Leandro e responda à questão em seu caderno.

    • Qual é o salário de Leandro?

    Leandro Silva
    Salário: _____ reais
    Descontos: 128 reais de INSS
    92 reais de convênio médico
    96 reais de vale-transporte
    35 reais de refeição
    Valor a receber: 1.249 reais

3 SUBTRAÇÃO COM NÚMEROS NATURAIS

A subtração pode ser empregada com a ideia de tirar uma quantidade de outra, de completar uma quantidade ou, ainda, de comparar duas quantidades. Acompanhe, a seguir, algumas situações-problema; para resolvê-las, escolhemos a subtração.

Situação 1

No campeonato de futebol feminino da escola, nosso time fez 34 gols e sofreu 14. Qual foi nosso saldo de gols?

Para responder à pergunta, tiramos 14 de 34:

$$34 - 14 = 20$$

Portanto, nosso saldo foi de 20 gols.

Situação 2

Até o momento, nosso time marcou 19 pontos. Se quisermos obter uma vaga na próxima fase do campeonato, precisaremos atingir 25 pontos. Quantos pontos ainda faltam para nosso time se classificar?

Nesse caso, precisamos descobrir quantos pontos faltam para alcançar 25 pontos:

$$25 - 19 = 6$$

Logo, faltam 6 pontos.

Quantas jogadoras iniciarão a partida de futebol, sabendo que ao todo há 16 jogadoras?

Situação 3

Na classificação final do campeonato de futebol, nosso time obteve 41 pontos, e o primeiro colocado, 52. Quantos pontos nosso time ficou atrás do primeiro colocado?

Nesse caso, temos de comparar as quantidades de pontos:

$$52 - 41 = 11$$

Portanto, nosso time ficou 11 pontos atrás do primeiro colocado.

OBSERVAÇÕES

- Os termos de uma subtração são:

  $$798 - 303 = 495 \quad \text{— resto ou diferença}$$

  minuendo — subtraendo

- Em uma subtração entre dois números naturais, para que a diferença seja um número natural, o minuendo deve ser maior ou igual ao subtraendo.

ALGORITMOS DA SUBTRAÇÃO

Observe como Rafaela subtraiu 1.947 de 2.005 de dois modos diferentes.

1º modo

"Completei 1.947 até chegar a 2.005. Para isso, acrescentei cinco grupos de 10 e depois mais 8 unidades."

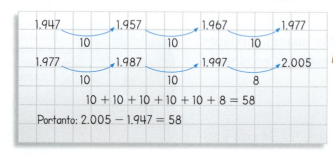

2º modo

"Como 1.947 = 1.000 + 900 + 40 + 7, subtraí 1.947 de 2.005 por partes: primeiro subtraí 1.000, depois 900, depois 40 e, por fim, subtraí 7 unidades."

```
2.005 − 1.947

2.005
       − 1.000
1.005
       − 900
  105
       − 40
   65
       − 7
   58
```

Então: 2.005 − 1.947 = 58

PARA PENSAR

Realize a subtração de uma forma diferente da de Rafaela. Depois, reúna-se com um colega e expliquem como cada um pensou para realizar a subtração.

 Pensar com flexibilidade
Escutar os outros com atenção e empatia

Para calcular 2.005 − 1.947, também podemos utilizar o algoritmo usual da subtração. Observe:

Dependendo do problema, você pode usar o algoritmo que considerar mais adequado.

ATIVIDADES

VAMOS PRATICAR

1. Calcule.

a) 284 − 122
b) 4.444 − 1.234
c) 1.235 − 227
d) 1.111 − 333
e) 807 − 569
f) 3.007 − 358

2. Complete o quadro.

Minuendo	Subtraendo	Diferença
65	32	
65		33
	32	33
987	123	
987		864
	123	864

3. Vimos que na adição a ordem das parcelas não altera o resultado. Por exemplo, 59 + 32 = 32 + 59. Agora, pense em dois números naturais diferentes e tente subtraí-los de duas maneiras: o primeiro menos o segundo e, depois, o segundo menos o primeiro.

Em seguida, responda:

a) O que você observou?
b) Podemos dizer que na subtração vale a propriedade comutativa?

4. Identifique qual operação não resulta em um número natural.

a) 35 + 40
b) 40 + 35
c) 13 − 27
d) 27 − 13

- Por que não pode ser obtido um número natural nessa subtração?

VAMOS APLICAR

5. Observe a cena e resolva o problema.

- Lucas partiu de bicicleta do quilômetro 64 de uma estrada que vai até Cidade Alegre, no quilômetro 15. Quando passava pelo quilômetro 26 dessa estrada, o pneu de sua bicicleta furou. Quantos quilômetros faltavam para Lucas chegar a Cidade Alegre?

6. Zélia está participando de uma competição de jogos *on-line* e já tem 58.958 pontos. Quanto falta para atingir os 100.000 pontos necessários para a segunda fase?

7. Joana nasceu no dia 3 de novembro de 2000, e sua avó Marta nasceu no dia 14 de janeiro de 1947. Quantos anos Marta tinha quando Joana nasceu?

8. A balança da ilustração abaixo está indicando as massas medidas em quilograma. Descubra a massa de Floc, o cachorrinho de Mara.

9. Marcela vai comprar uma bandeja de iogurte a 4 reais, 2 pacotes de biscoito a 3 reais cada um e 3 pacotes de salgadinho a 3 reais cada um. Se ela pagar com uma cédula de 20 reais, qual será o troco?

10. Leia as informações sobre um carro e responda às questões.

> O manual de instruções de determinado modelo de carro orienta que se troque o óleo do motor a cada 8.000 quilômetros rodados; o filtro de ar, a cada 16.000 quilômetros; e o fluido dos freios, a cada 40.000 quilômetros.

a) Um carro desse modelo está com 3.837 quilômetros rodados. Quantos quilômetros faltam para a primeira troca de óleo do motor? E do filtro de ar? E do fluido dos freios?

b) Quantos quilômetros um carro desse modelo deverá rodar até que as trocas de óleo do motor e do filtro de ar coincidam?

RELAÇÃO ENTRE ADIÇÃO E SUBTRAÇÃO

Para pagar o forno de micro-ondas, Clara deu ao caixa 400 reais e recebeu 57 reais de troco. Como ela pode conferir esse troco?

Veja duas formas de Clara conferir o troco.
• Fazendo a subtração:

$$400 - 343 = 57 \text{ —— troco}$$

valor entregue para o pagamento —— valor do forno de micro-ondas

- Adicionando o valor do forno de micro-ondas ao valor que ela recebeu de troco:

$$343 + 57 = 400$$

- 343: valor do forno de micro-ondas
- 57: troco
- 400: valor entregue para o pagamento

Se ela deu ao caixa 400 reais e o troco foi 57 reais, então, o troco mais o preço do forno de micro-ondas resultam no valor que ela deu ao caixa.

Podemos conferir o resultado de uma subtração por meio de uma adição, pois a adição do subtraendo com o resto é sempre igual ao minuendo.

$$\text{minuendo} - \text{subtraendo} = \text{resto}$$

Ou podemos escrever:

$$\text{subtraendo} + \text{resto} = \text{minuendo}$$

Jogo: *Alfamemória*

Teste sua memória e encontre as cartas equivalentes. Disponível em <http://mod.lk/j8isg>.

OBSERVAÇÕES

- Para conferir o troco, Clara ainda poderia fazer outra subtração:

$$400 - 57 = 343$$

- 400: valor entregue para o pagamento
- 57: troco
- 343: valor do forno de micro-ondas

Dessa forma, poderíamos ainda escrever:

$$\text{minuendo} - \text{resto} = \text{subtraendo}$$

- A adição e a subtração são operações inversas entre si.

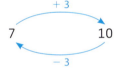

$7 + 3 = 10$
$10 - 3 = 7$

ATIVIDADES

VAMOS PRATICAR

1. Leia as afirmações e, levando em conta os valores numéricos, escreva em seu caderno apenas as afirmações verdadeiras.

a) Juca disse que, dos 365 dias do ano, estaria no Brasil por 318 dias, porque nos outros 47 estaria na Inglaterra fazendo um curso.

b) Sueli pagou com cartão de débito o valor de 245 reais referentes à compra do mês no supermercado. Como o saldo anterior ao débito era de 1.400 reais, seu saldo passou a ser de 990 reais.

c) Ivo fez 112.000 pontos e Ana fez 144.000 pontos em um jogo de *videogame*. Se Ivo fizer mais 32.000 pontos e Ana fizer mais 4.000, o jogo ficará empatado.

d) Gabriel nasceu em 1996. Em 2030, ele completará 34 anos.

2. Classifique as afirmações em V (verdadeira) ou F (falsa). Corrija as afirmações falsas.

a) Em uma subtração em que o minuendo é 58 e o resto é 23, o subtraendo é igual a 25.

b) Em uma adição em que uma das parcelas é igual a 870 e a soma é igual a 1.240, a outra parcela é igual a 374.

c) Se em uma subtração o minuendo é igual a 85 e o subtraendo é igual a 32, o resto é igual a 53.

d) Ao subtrair 250 de 1.550, obtenho como resto 1.300.

e) Em uma adição, a soma é igual a 7.224, uma das parcelas é igual a 1.254, e a outra parcela é igual a 6.070.

f) Em uma subtração em que o subtraendo é igual a 128 e o resto é igual a 784, o minuendo é igual a 902.

3. Complete o quadro abaixo com os números que faltam.

	+ 230	− 123	+ 1.000	− 798
1	231	108		310
		355	1.232	
			972	
				11.864

4. Nas operações abaixo, encontre cada valor desconhecido.

a) $1.720 - \blacksquare = 243$

b) $\blacksquare - 7.856 = 1.235$

c) $25.653 - 8.175 = \blacksquare$

d) $89.253 - \blacksquare = 23.563$

VAMOS APLICAR

5. Descubra o número em cada caso.

a)

De que número subtraí 427 se o resultado foi 845?

b)

Que número somei com 85 para obter 460?

c)

A diferença entre dois números é 339. Se um número é 1.236, qual é o outro?

6. Altere todos os números dos itens **a**, **b** e **c** da atividade **5** para criar uma nova atividade. Passe a nova atividade para um colega resolver e resolva a atividade criada por ele.

R1. Descubra os algarismos escondidos.

```
   1 3 7 A
 −   C 8 3
   ───────
     5 B 2
```

Resolução

Inicialmente, devemos descobrir o algarismo escondido por A. Para isso, podemos fazer:

subtraendo + resto = minuendo.

```
   1 3 7 A       3 + 2 = A
 −   C 8 3       3 + 2 = 5
   ───────
     5 B 2
```

Portanto, o algarismo escondido por A é o 5.

Depois, para descobrir o algarismo escondido por B fazemos: minuendo − subtraendo = resto. Como 7 é menor que 8, devemos transformar 3 centenas em 2 centenas e 10 dezenas para fazer a conta.

```
   1 3 7 5         1 ²3̸ ₁₇ 5     17 − 8 = B
 −   C 8 3    →  −    C  8 3     17 − 8 = 9
   ───────         ──────────
     5 B 2            5 B 2
```

Portanto, o algarismo escondido por B é o 9.

Para descobrir o algarismo escondido por C fazemos: minuendo − resto = subtraendo. Observe que, nesse caso, o resto é maior que o subtraendo (5 é maior que 2); então, para fazer o cálculo, devemos transformar 1 unidade de milhar em 10 centenas.

```
   1 ²3̸ ₁₇ 5        ⁰1̸ ¹²3̸ ₁₇ 5    12 − 5 = C
 −    C  8 3    →  −    C   8 3    12 − 5 = 7
   ──────────        ──────────────
      5 9 2              5 9 2
```

Portanto, o algarismo escondido por C é o 7.

54

7. Encontre os algarismos escondidos.

a)
```
    ● 4 2 ●
  −   ● 3 1
  ─────────
      7 9 2
```

b)
```
    1 ● 3 ●
  −     7 ● 2
  ───────────
        9 8 9
```

8. Escolha alguns dos números do quadro abaixo e complete os esquemas de forma que a soma obtida pela adição dos números de mesma linha seja 40.

1	5	18	15	23	13	17	24	8	9
7	11	19	16	3	14	26	12	4	6

a) 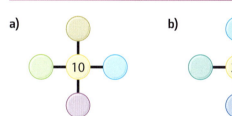 b)

9. Complete o quadrado mágico. A soma dos números de cada linha, de cada coluna e de cada diagonal deve ser a mesma.

12	17	
	13	
	9	14

CACÁ FRANÇA

10. Substitua as figuras pelos algarismos 2, 3, 6 e 9 e determine a diferença. Figuras iguais representam o mesmo algarismo.

EXPRESSÕES NUMÉRICAS

Roberto comprou, em prestações, um celular no valor de 378 reais. Ele já efetuou dois pagamentos: um de 190 reais e outro de 117 reais. Quanto Roberto ainda deve?

Vamos escrever duas expressões numéricas, que representam essa situação, para solucionar o problema. Em uma delas, não usaremos parênteses; na outra, faremos uso dos parênteses.

Expressão sem parênteses

valor total da compra — 1º pagamento — 2º pagamento

$378 - 190 - 117 =$
$= 188 - 117 = 71$

Expressão com parênteses

valor total da compra — pagamento

$378 - (190 + 117) =$
$= 378 - 307 = 71$

Então, Roberto ainda deve 71 reais.

OBSERVAÇÕES

- Em expressões numéricas em que não há parênteses, as operações de adição e subtração devem ser feitas na ordem em que aparecem.
- Quando há parênteses na expressão, eles indicam as operações que devem ser feitas primeiro.

EXEMPLO

$234 - (55 + 70 - 12) + 11 - 38 =$
$= 234 - (125 - 12) + 11 - 38 =$
$= 234 - 113 + 11 - 38 =$
$= 121 + 11 - 38 =$
$= 132 - 38 = 94$

ATIVIDADES

VAMOS PRATICAR

1. Calcule o valor das expressões numéricas.
   a) 358 − 139 + 421
   b) 533 + 321 − 629
   c) 754 − 236 + 125 − 18
   d) 1.060 − (639 + 421)
   e) 982 − (514 − 325 + 82) + 277

2. Descubra quem acertou e justifique.
   Ana fez: 348 − 77 + 3 = 348 − 80 = 268
   Lia fez: 348 − 77 + 3 = 271 + 3 = 274

VAMOS APLICAR

3. Resolva o problema registrando as operações em uma mesma expressão.

   Um navio cargueiro levava 799 toneladas. No primeiro porto, descarregou 367 toneladas e, no segundo, 288 toneladas. Quantas toneladas de carga restam nesse navio para descarregar num terceiro porto?

4. Escreva uma expressão numérica que corresponda a cada frase e calcule seu valor.
   a) Subtraia 18 de 60 e ao resto some 24.
   b) De 50, subtraia a diferença entre 45 e 32.

5. Resolva o problema em seu caderno registrando as operações em uma mesma expressão.

   Pedro tinha 500 reais. Gastou 250 reais com ferramentas, 135 reais com tintas e 88 reais em um par de botas de segurança. Depois, recebeu 270 reais como pagamento de uma dívida. Quantos reais Pedro tem agora?

6. Invente um problema cuja resolução seja dada pela expressão: 533 − (21 + 62) + 106

4 ARREDONDAMENTOS E CÁLCULOS APROXIMADOS

ARREDONDAMENTOS

Tânia apresentará um trabalho na escola sobre o número de pessoas que acessaram dois *sites* no último mês. Veja os dados coletados por ela.

Número de pessoas que acessaram o site	Assunto do site
234.142	Esportes
1.387.548	Cinema

Tânia acha que, para expor seu trabalho, será melhor arredondar esses números. Como ela pode fazer esses arredondamentos?

Em muitas situações de cálculo e contagem, não são necessárias respostas exatas, bastam valores aproximados.

Na situação acima, Tânia poderia arredondar os números, como mostrado no quadro:

Número	Arredondamento para a unidade de milhar mais próxima	Arredondamento para a dezena de milhar mais próxima	Arredondamento para a centena de milhar mais próxima
234.142	234.000	230.000	200.000
1.387.548	1.388.000	1.390.000	1.400.000

Para arredondar um número para determinada ordem decimal, deve-se observar o primeiro algarismo à direita do algarismo da ordem escolhida:

- se for 0, 1, 2, 3 ou 4, mantém-se o algarismo da ordem;
- se for 5, 6, 7, 8 ou 9, arredonda-se "para cima", ou seja, adiciona-se 1 ao algarismo da ordem.

Depois, devem-se substituir por zeros os algarismos à direita do algarismo da ordem.

56

Veja, no caso do exemplo anterior, como foi feito o arredondamento de:

- 234.142 para a unidade de milhar mais próxima

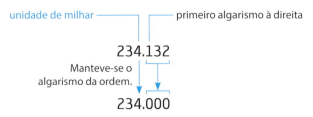

- 1.387.548 para a centena de milhar mais próxima

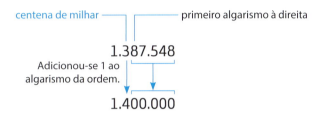

CÁLCULOS APROXIMADOS

Adriano e Cecília estão em uma loja de eletrodomésticos.

Observe:

Eles podem arredondar os preços e fazer cálculos aproximados para responder a essas questões, até mentalmente. Veja:

PARA EXPLICAR

Escreva uma explicação para os arredondamentos e cálculos aproximados que Adriano e Cecília fizeram.

57

ATIVIDADES

VAMOS PRATICAR

1. Calcule mentalmente um resultado aproximado para cada operação.
   a) 32.782 + 45.329
   b) 26.775 + 41.458 − 19.465
   c) 567.321 + 396.391
   d) 47.038 − 35.212
   • Compare seus resultados com os de um colega.

2. Observe a tabela com a população estimada dos estados da Região Sudeste do Brasil e faça o que se pede.

POPULAÇÃO ESTIMADA DOS ESTADOS DA REGIÃO SUDESTE EM 2017	
Espírito Santo	4.016.356
Minas Gerais	21.119.536
Rio de Janeiro	16.718.956
São Paulo	45.094.866

   Dados obtidos em: <https://cidades.ibge.gov.br/v4>. Acesso em: 19 maio 2018.

   a) Arredonde a população de cada estado para a unidade de milhão mais próxima.
   b) Pesquise, em livros ou na internet, a população do estado onde você mora. Arredonde esse número.

3. Reproduza o quadro e faça os arredondamentos conforme a indicação.

Número	Arredondamento para
589	dezena
1.245	centena
32.500	unidade de milhar
678.965	unidade de milhar
678.965	dezena de milhar
1.786.000	centena de milhar
1.786.000	unidade de milhão

VAMOS APLICAR

4. Responda às questões.
   a) Em que situações do dia a dia você costuma fazer cálculos aproximados?
   b) Você se lembra de uma situação em que seus cálculos aproximados foram errados? Se sim, descreva-a.
   c) Converse com alguns colegas para conhecer as respostas que eles deram às questões anteriores.

5. Elabore um problema, resolva-o por meio de cálculo aproximado e apresente-o para um colega resolver. Depois, comparem os cálculos que vocês fizeram.

6. Faça mentalmente arredondamentos e cálculos aproximados para responder à questão.

   • Com 50 reais, Léo poderá comprar quais e quantas de cada uma dessas mercadorias?

7. Faça uma tabela com os números do texto a seguir, arredondando-os para a centena de milhão mais próxima.

Colheita e descarga de soja em Formosa do Rio Preto, Bahia. Foto de 2017.

Alguns fazendeiros da Região Nordeste cultivam soja em suas terras.

No final do ano 2018, fizeram um levantamento da quantidade de soja exportada entre 2015 e 2018. Os resultados foram:
• 121.054.235 toneladas no primeiro ano;
• 364.767.895 toneladas no segundo ano;
• 674.963.120 toneladas no terceiro ano;
• 859.052.654 toneladas no quarto ano.

8. Analise a situação e responda à questão.

   Regina e Douglas farão um trabalho de Geografia sobre alguns países da Ásia.

   Eles têm de comparar o número de habitantes da China com o número de habitantes da Índia.

CHINA E ÍNDIA

Elaborado com base em: Graça Maria Lemos Ferreira. *Moderno atlas geográfico*. 6. ed. São Paulo: Moderna, 2016. p. 49.

NÚMERO DE HABITANTES DA CHINA E DA ÍNDIA EM 2015	
China	Índia
1.376.048.943	1.311.050.527

Dados obtidos em: <http://paises.ibge.gov.br/#/pt>. Acesso em: 19 maio 2018.

Quero arredondar os números dessa tabela para a unidade de bilhão mais próxima.

E eu quero arredondar esses números para a centena de milhão mais próxima.

- Que aproximação é mais adequada para comparar o número de habitantes desses dois países? Por quê?

5 MULTIPLICAÇÃO COM NÚMEROS NATURAIS

Conforme a situação, a multiplicação pode ser empregada com a ideia de adição de parcelas iguais, proporcionalidade, formação retangular ou combinação.

Observe as situações-problema a seguir. Podemos resolvê-las de diferentes modos; um deles é usando a multiplicação.

Situação 1

João comprou uma casa nova. Sua casa antiga tinha 55 metros quadrados. A casa nova tem 4 vezes a área da casa anterior. Quantos metros quadrados tem a casa nova de João?

A área da casa nova é 4 vezes a área da casa antiga, então:

$$4 \times 55 = 220$$

Logo, a casa nova de João tem 220 metros quadrados de área.

Situação 2

Sofia gasta 35 reais com transporte toda semana para ir e voltar do trabalho. Quanto ela gastará em 2 semanas? E em 3 semanas? E em 8 semanas?

Para resolver o problema, podemos fazer:

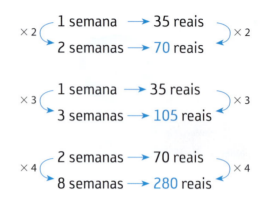

Portanto, Sofia gastará 70 reais com transporte em 2 semanas, 105 reais em 3 semanas e 280 reais em 8 semanas.

Situação 3

Jane vende bombons e organiza-os em caixas como a da foto abaixo.

Como podemos determinar a quantidade de bombons que há em cada caixa sem precisar contá-los um a um?

Podemos pensar que há 4 fileiras com 6 bombons em cada uma:

$$4 \times 6 = 24$$

Ou podemos considerar 6 fileiras com 4 bombons em cada uma. Assim:

$$6 \times 4 = 24$$

Portanto, em cada caixa há 24 bombons.

Situação 4

Uma lanchonete oferece 3 tipos de sanduíche (atum, peito de peru e queijo) e 2 tipos de suco (uva e caju).

Se Jonas escolher 1 sanduíche e 1 suco do cardápio dessa lanchonete, de quantas maneiras diferentes ele poderá lanchar?

Podemos calcular o número de possibilidades montando um esquema:

Sanduíche	Suco	
atum	uva	sanduíche de atum e suco de uva
	caju	sanduíche de atum e suco de caju
peito de peru	uva	sanduíche de peito de peru e suco de uva
	caju	sanduíche de peito de peru e suco de caju
queijo	uva	sanduíche de queijo e suco de uva
	caju	sanduíche de queijo e suco de caju

6 possibilidades

Esse resultado também poderia ser obtido multiplicando o número de opções de sanduíche pelo número de opções de suco:

$$3 \times 2 = 6$$

Portanto, Jonas poderá lanchar de 6 maneiras diferentes.

OBSERVAÇÕES

- Existe outro símbolo para representar a multiplicação; no lugar de ($\times$), podemos escrever ($\cdot$). Assim:

$$3 \times 71 = 3 \cdot 71 = 213$$

- Os termos de uma multiplicação são:

$$3 \cdot 71 = 213 \longrightarrow \text{produto}$$
$$ \longrightarrow \text{fatores}$$

ALGORITMOS DA MULTIPLICAÇÃO

Para determinar o resultado de uma multiplicação, podemos usar diferentes algoritmos. Observe, por exemplo, como podemos calcular $14 \cdot 16$.

PARA ANALISAR

Analise os algoritmos ao lado e descreva o processo usado em um deles.

Algoritmo usual	Algoritmo da decomposição	Representação geométrica do algoritmo da decomposição
16 $\times$ 14 ――― 64 → 4 · 16 + 160 → 10 · 16 ――― 224	10 + 6 $\times$ 10 + 4 ――― 24 → 4 · 6 40 → 4 · 10 60 → 10 · 6 + 100 → 10 · 10 ――― 224	4 · 10 = 40, 4 · 6 = 24, 10 · 10 = 100, 10 · 6 = 60

Assim, temos: $14 \cdot 16 = 224$

Observe, na representação geométrica do algoritmo da decomposição, que dividimos a figura em partes, de acordo com a decomposição de 14 e de 16.

CÁLCULO MENTAL

Elabore um modo de calcular mentalmente os produtos.

a) 5 · 36
b) 6 · 42
c) 7 · 103
d) 8 · 106
e) 9 · 99

Agora, veja como Luiz faz uma multiplicação mentalmente:

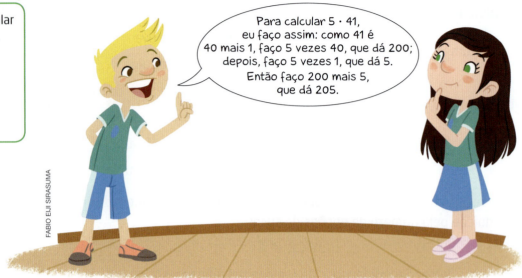

Para calcular 5 · 41, eu faço assim: como 41 é 40 mais 1, faço 5 vezes 40, que dá 200; depois, faço 5 vezes 1, que dá 5. Então faço 200 mais 5, que dá 205.

ATIVIDADES

VAMOS PRATICAR

1. Represente cada adição na forma de multiplicação.
  a) 3 + 3 + 3
  b) 0 + 0 + 0 + 0 + 0
  c) 2 + 2 + 2 + 2
  d) 4 + 4

2. Escreva a adição relativa a cada multiplicação.
  a) 5 · 32
  b) 4 · 19
  c) 7 · 12
  d) 6 · 21

3. Em uma multiplicação, qual é o produto se um dos fatores é 139 e o outro é 5?

4. Efetue cada multiplicação usando o algoritmo da decomposição e o algoritmo usual.
  a) 7 · 253
  b) 0 · 13.247
  c) 25 · 1.205
  d) 30 · 3.406
  e) 12 · 123
  f) 101 · 1.014

5. Leia a explicação e resolva.

O **dobro** de um número é o mesmo que duas vezes esse número. O **triplo** de um número é três vezes esse número. O **quádruplo** de um número é o produto desse número por quatro. O **quíntuplo** de um número é o produto desse número por cinco.

Determine:
  a) o dobro de 5;
  b) o triplo de 12;
  c) o quádruplo de 8;
  d) o quíntuplo de 9;
  e) o dobro do dobro de 8;
  f) o triplo do dobro de 6.

6. (Obmep) Qual das expressões a seguir tem o maior resultado?
  a) (6 + 3) × 0
  b) 6 × 3 × 0
  c) 6 + 3 × 0
  d) 6 × (3 + 0)
  e) 6 + 3 + 0

7. Copie as operações em seu caderno, substituindo os quadradinhos pelos algarismos corretos.

a)
```
      9 6 7
   ×    4 8
   ■ ■ 3 ■
 + 3 ■ 6 ■ 0
   ■ 6 ■ 1 ■
```

b)
```
      1 0 5 2
   ×       7 ■
      1 ■ 5 2
 + 7 ■ 6 ■ 0
   ■ 4 6 ■ 2
```

VAMOS APLICAR

8. Para fazer 3 copos de refresco, Cíntia utiliza 1 copo de suco concentrado. Determine quantos copos de refresco ela poderá fazer com:

a) 2 copos de suco concentrado;
b) 3 copos de suco concentrado;
c) 4 copos de suco concentrado;
d) 5 copos de suco concentrado.

9. Amanda decidiu revestir o piso da sala de seu apartamento com lajotas. Sabendo que cada parte retangular (azul ou branco) representa uma lajota, quantas lajotas foram necessárias para revestir o piso da sala de Amanda?

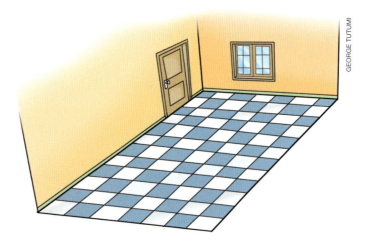

R1. Vamos ajudar Sofia a escolher o que vestir?

Animação: *Possibilidade*
Assista ao vídeo e veja as possibilidades de escolha de uma refeição.

- Com essas peças, quantas são as possibilidades de Sofia sair com uma blusa e uma saia?

Resolução

Se combinarmos blusas e saias de maneira desorganizada, poderemos nos confundir e não teremos certeza se realmente todas as combinações foram consideradas. Então, vamos organizar essas combinações por meio de um esquema.

listar os tipos de saia listar os tipos de blusa listar as combinações

Como a questão pede a **quantidade** de combinações e não **quais** são as combinações, podemos, para evitar trabalho, analisar somente o número de combinações.

63

Saia	Blusa	Combinação
• saia vermelha	• regata • camiseta • blusa rosa • blusa verde	• saia vermelha e regata • saia vermelha e camiseta • •
• saia azul	• regata • camiseta • blusa rosa • blusa verde	• • • •
• saia rosa	• regata • camiseta • blusa rosa • blusa verde	• • • •

3 tipos de saia 4 tipos de blusa 12 combinações

Esse esquema ajuda a entender por que podemos empregar a multiplicação para calcular o número de combinações: para cada tipo de saia, há 4 possibilidades de blusa; e, como há 3 tipos de saia, temos 3 · 4 combinações.

Então:

$$3 \cdot 4 = 12$$

Portanto, é possível formar 12 combinações de saia e blusa.

10. Uma fábrica produz modelos de bicicletas com marcha e sem marcha, em 4 opções de cor: azul, vermelho, verde e preto. Quantas combinações é possível formar considerando essas cores e os modelos com marcha e sem marcha?

11. Uma indústria de automóveis produz, anualmente, 120.000 carros. Cada veículo é equipado com 5 pneus. Quantos pneus são necessários, por ano, nessa fábrica?

12. A colcha que dona Zeza fez é formada por 20 fileiras de retalhos, e cada fileira é composta de 12 retalhos brancos e 12 azuis. Quantos retalhos foram usados, ao todo, para a confecção da colcha?

13. Numa sala de cinema, há 18 fileiras com 26 poltronas em cada uma. Qual é o máximo de ingressos que podem ser vendidos para uma sessão nessa sala?

14. Cada episódio de um seriado de TV tem duração de 2 horas. Flávia está gravando o seriado em DVDs com capacidade de 4 horas de gravação. Quantos episódios ela poderá gravar em 64 DVDs?

15. Leia a informação sobre o consumo de água e responda ao que se pede.

Segundo a ONU, é recomendável que o consumo mínimo diário de água para beber, higiene pessoal e lavar roupas seja de 50 litros por pessoa.

a) Admitindo esse valor, qual seria o consumo mínimo diário de um condomínio com 254 pessoas?

b) Faça uma pesquisa, na internet ou em livros, e descubra qual é a população atual da cidade em que você mora.

Considerando o valor mínimo definido pela ONU, qual seria o consumo mínimo diário de água da sua cidade?

16. Leia o cardápio de um restaurante e responda às questões propostas.

a) Se um cliente escolher filé de pescada, de quantas maneiras diferentes poderá fazer sua refeição com um suco?

b) Se um cliente escolher suco de limão, de quantas maneiras diferentes poderá fazer sua refeição?

c) De quantas maneiras diferentes um cliente desse restaurante pode escolher um prato quente e um suco?

PROPRIEDADES DA MULTIPLICAÇÃO

Para encontrar o resultado de uma multiplicação, você provavelmente já usa as propriedades da multiplicação com números naturais. Veja algumas delas.

PRIMEIRA PROPRIEDADE

Para calcular o resultado de uma multiplicação com mais de dois números naturais, podemos associá-los de formas diferentes, pois o produto não se altera. Assim, sendo a, b e c números naturais, temos:

$$(a \cdot b) \cdot c = a \cdot (b \cdot c)$$

Essa é a propriedade **associativa da multiplicação**. Aplicando-a, podemos multiplicar três ou mais fatores da forma que for mais conveniente.

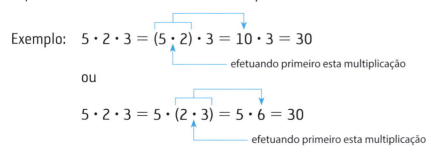

Jogo: *Xeque-mate*

Neste jogo de xadrez, analise as possibilidades e use as peças brancas para dar xeque-mate no adversário com um movimento apenas.
Disponível em <http://mod.lk/tfa6w>.

SEGUNDA PROPRIEDADE

A ordem dos fatores não altera o produto. Assim, se *a* e *b* são números naturais, temos:

$$a \cdot b = b \cdot a$$

Essa é a propriedade **comutativa da multiplicação**.

Veja como Jair usa essa propriedade para facilitar um cálculo.

Mas: 15 × 3 = 3 × 15
Então:
3 × 15 = 15 + 15 + 15

15 mais 15 é igual a 30.
30 mais 15 é igual a 45.
Portanto, 3 vezes 15 ou 15 vezes 3 é igual a 45.

3 + 3 + 3 + ... + 3 (15 vezes)

TERCEIRA PROPRIEDADE

Se *a* é um número natural, então:

$$a \cdot 1 = 1 \cdot a = a$$

Essa é a propriedade da existência do **elemento neutro da multiplicação**. O número 1 é o elemento neutro da multiplicação.

QUARTA PROPRIEDADE

Para multiplicar um número natural por uma adição de duas ou mais parcelas, somamos os produtos de cada parcela pelo número natural. Assim, se *a*, *b* e *c* são números naturais, temos:

$$a \cdot (b + c) = a \cdot b + a \cdot c$$

Essa é a propriedade **distributiva da multiplicação em relação à adição**.

Observe este esquema, que representa o cálculo da multiplicação: 5 · (3 + 1)

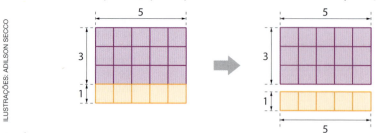

Podemos representar esse cálculo assim:

$$5 \cdot (3 + 1) = 5 \cdot 3 + 5 \cdot 1 = 15 + 5 = 20$$

Aplicando a quarta propriedade, podemos calcular, por exemplo:

$$13 \cdot 7 + 13 \cdot 3 = 13 \cdot (7 + 3) = 13 \cdot 10 = 130$$

OBSERVAÇÕES

- A propriedade distributiva também é válida para a subtração:
  $5 \cdot (4 - 2) = 5 \cdot 4 - 5 \cdot 2 = 20 - 10 = 10$
- O produto de qualquer número natural por zero é sempre zero.

Essas propriedades podem ser usadas para facilitar os cálculos.

CÁLCULO MENTAL

Calcule mentalmente.
a) 9 · 5 · 2
b) 2 · 18 · 5
c) 7 · 6 + 7 · 4
d) 14 · 2 + 14 · 8

EXPRESSÕES NUMÉRICAS

Analise a situação a seguir.

Para liquidar o estoque de aparelhos de som, a loja Eletrox fez uma promoção durante o fim de semana oferecendo-os a 550 reais cada um. Na manhã de segunda-feira, o gerente fez um levantamento das vendas e constatou que, no sábado, haviam sido vendidos 37 aparelhos de som e, no domingo, 67 aparelhos, como mostra a tabela a seguir.

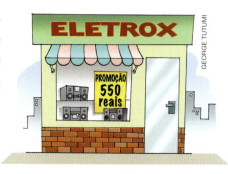

VENDAS NO FIM DE SEMANA	
Dia da semana	Quantidade de aparelhos de som vendidos
Sábado	37
Domingo	67

Dados obtidos pelo gerente da loja Eletrox na última segunda-feira do mês de abril de 2020.

Qual foi o valor total, em real, arrecadado com a venda desses aparelhos?

Esse valor pode ser calculado pela expressão numérica:

$$(37 + 67) \cdot 550$$

adição que resulta no total de aparelhos vendidos

$$(37 + 67) \cdot 550 = 104 \cdot 550 = 57.200$$

O gerente obteria o mesmo valor se calculasse o valor da expressão numérica $37 \cdot 550 + 67 \cdot 550$:

$$37 \cdot 550 + 67 \cdot 550 = 20.350 + 36.850 = 57.200$$

venda no sábado · venda no domingo

As duas expressões numéricas têm o mesmo valor porque, pela propriedade distributiva da multiplicação em relação à adição, temos:
$(37 + 67) \cdot 550 =$
$= 37 \cdot 550 + 67 \cdot 550$

Veja mais dois exemplos de expressões numéricas.

a) $10 \cdot (2 + 6) =$
$= 10 \cdot 8 = 80$

ou

$10 \cdot (2 + 6) =$
$= 10 \cdot 2 + 10 \cdot 6 =$
$= 20 + 60 =$
$= 80$

b) $10 - 2 \cdot 3 =$
$= 10 - 6 =$
$= 4$

Atenção!
Para calcular o valor da expressão $10 - 2 \cdot 3$, **não** podemos calcular primeiro a subtração $10 - 2$, ou seja, $10 - 2 \cdot 3$ **não** é igual a $8 \cdot 3$.

OBSERVAÇÕES

- Na expressão do item **a** há parênteses. Para calcular o valor de expressões com parênteses, resolvemos primeiro as operações dentro dos parênteses, ou aplicamos a propriedade distributiva.
- Na expressão do item **b** não há parênteses. Para calcular o valor de expressões desse tipo, devemos, obrigatoriamente, efetuar primeiro as multiplicações e divisões e depois as adições e subtrações na ordem em que aparecem.

Jogo: *Calculadora quebrada I*

Resolva os desafios com o auxílio de uma calculadora. Algumas teclas não estão funcionando.
Disponível em <http://mod.lk/60yil>.

ATIVIDADES

VAMOS PRATICAR

1. Verifique se as igualdades são verdadeiras e identifique a propriedade aplicada.
   a) $450 \cdot 22 = 22 \cdot 450$
   b) $1.567 \cdot 1 = 1 \cdot 1.567$
   c) $273 \cdot (10 + 100) = 273 \cdot 10 + 273 \cdot 100$
   d) $(739 \cdot 50) \cdot 2 = 739 \cdot (50 \cdot 2)$

2. Responda e justifique.
   a) Qual é o maior número: o quádruplo de 3 ou o triplo de 4?
   b) Numa multiplicação de três fatores, podemos substituir dois dos fatores pelo produto deles sem alterar o resultado final?

3. Copie as expressões em seu caderno substituindo cada ■ por um número ou um produto que torne a sentença verdadeira.
   a) $6 \cdot 42 = 6 \cdot (40 + 2) = 6 \cdot 40 + ■ =$
      $= 240 + ■ = ■$
   b) $(5 \cdot 3) \cdot 7 = (■) \cdot 7 = ■$
   c) $(20 + 5) \cdot 8 = ■ + 5 \cdot 8 = ■ + 40 = ■$

4. Sabendo que x e y são números naturais e $x \cdot y = 97$, calcule o valor das expressões.
   a) $(y \cdot x) \cdot 10$
   b) $(x \cdot 2) \cdot y$
   c) $x \cdot (y \cdot 1)$
   d) $x \cdot (y \cdot x) \cdot y$

R1. Calcule o valor da expressão numérica:
$$80 - (5 + 3) \cdot (8 - 4 \cdot 2)$$

Resolução

Primeiro resolvemos as operações que estão dentro dos parênteses (fazendo a multiplicação antes da subtração).

$80 - (5 + 3) \cdot (8 - 4 \cdot 2) =$
$= 80 - 8 \cdot (8 - 8) =$
$= 80 - 8 \cdot 0 =$
$= 80 - 0 = 80$

Observe que para calcular $8 \cdot (8 - 8)$ poderíamos aplicar a propriedade distributiva em relação à subtração. Veja:

$8 \cdot (8 - 8) = 64 - 64 = 0$

5. Determine o valor de cada expressão.
   a) $25 - 3 \cdot 2 + 28 \cdot 3 - 14$
   b) $5 \cdot (14 - 2 \cdot 6) + 17$
   c) $19 + (8 \cdot 5 \cdot 2 + 2 \cdot 8) - 7$
   d) $(14 - 7 \cdot 1) + 5 \cdot (9 + 4)$
   e) $23 + (100 + 10 \cdot 90) \cdot (8 \cdot 7 - 7 \cdot 8)$

6. Identifique o erro e corrija a expressão em seu caderno.
   $45 - (2 + 4 \cdot 7) = 45 - (6 \cdot 7) = 45 - 42 = 3$

VAMOS APLICAR

7. Por quantos caminhos pode-se chegar à sala D saindo de A e passando pelas salas B e C sem passar duas vezes pela mesma sala?

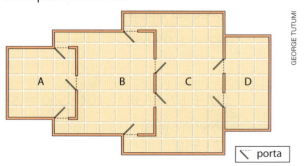

8. Uma empresa tem 29 funcionários. Cada funcionário recebe mensalmente 1.720 reais de salário mais 230 reais de ajuda de custo. Qual é o gasto mensal da empresa com esses funcionários?

9. Observe como podemos efetuar mentalmente a multiplicação $35 \cdot 200$:
   $35 \cdot 200 = 35 \cdot 2 \cdot 100 = 70 \cdot 100 = 7.000$

   Agora, calcule mentalmente.
   a) $8 \cdot 200$
   b) $25 \cdot 200$
   c) $6 \cdot 300$
   d) $12 \cdot 300$

10. Um espetáculo será apresentado por 14 grupos de 5 bailarinas cada um, mais 10 bailarinas para a abertura. Quantas bailarinas participarão do espetáculo?

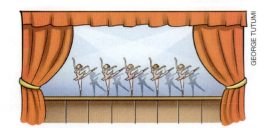

11. Resolva o problema de Eva escrevendo uma expressão numérica em que possa ser aplicada a propriedade distributiva da multiplicação em relação à adição.

Eva comprou várias caixas com pares de meias para revender. Em cada uma das 3 caixas de meias infantis, há 38 pares. Em cada uma das 3 caixas de meias femininas, há 27 pares. Em cada uma das 3 caixas de meias masculinas, há 32 pares. Quanto Eva arrecadará se cada par for vendido a 4 reais?

12. No prédio de Ana, há 6 apartamentos em cada um dos 12 andares. O prédio vizinho tem a mesma quantidade de apartamentos, distribuídos em 6 andares. Quantos apartamentos há em cada andar do prédio vizinho ao de Ana?

13. Leia o quadro e responda às questões.

NÚMERO DE PONTOS QUE PODEM SER MARCADOS DURANTE UMA CORRIDA DE *KART*	
Ordem de chegada	Número de pontos
1º lugar	10
2º lugar	8
3º lugar	6
4º lugar	5
5º lugar	4
6º lugar	3
7º lugar	2
8º lugar	1

Rubens está participando de uma competição de *kart*. Faltando uma prova para o fim do campeonato, ele está em 2º lugar na classificação geral. Sabe-se que Rubens chegou 3 vezes em 1º lugar, 6 vezes em 3º, 4 vezes em 5º e 1 vez em 6º.

a) Quantos pontos Rubens marcou até a penúltima prova?

b) O que é preciso acontecer para que Rubens seja campeão, se Edu, o adversário mais próximo dele, somou 90 pontos até a penúltima corrida?

14. Resolva o problema elaborando uma expressão numérica.

Uma fábrica tem 9 máquinas para rotular garrafas de água mineral. Cada máquina rotula 720 garrafas por hora e funciona 8 horas por dia, durante 5 dias por semana. Em determinada semana, 2 dessas máquinas ficaram sem funcionar durante 3 dias. Elabore uma expressão numérica e calcule quantas garrafas foram rotuladas nessa semana.

15. Elabore uma expressão para resolver o problema.

No trem que vai da cidade de Sá à cidade de Paó, há 6 vagões com 32 bancos de 2 passageiros. O preço da passagem é 17 reais. Na primeira viagem de ontem, havia 3 bancos vagos no segundo vagão e 4 no último, e todos os passageiros estavam sentados. Qual foi a renda com a venda das passagens nessa viagem?

16. Invente um problema que possa ser resolvido pela expressão:

$$125 - (3 \cdot 2 + 28 \cdot 3)$$

17. Embora, na linguagem do dia a dia, seja comum ouvir a palavra "zero" como sinônimo de "nada" ou "sem valor", em Matemática isso não é verdade. Ao colocar, por exemplo, um zero à direita do número 12, obtemos 120. Veja, por exemplo, que na multiplicação $5 \cdot 100$ o produto 500 "termina" com dois zeros. Na multiplicação $2 \cdot 5.000$, o produto 10.000 "termina" com quatro zeros.

Se multiplicarmos todas as dezenas exatas de 10 a 100, obteremos um número muito grande:

$10 \cdot 20 \cdot 30 \cdot 40 \cdot 50 \cdot 60 \cdot 70 \cdot 80 \cdot 90 \cdot 100 = ?$

O produto dessa multiplicação "termina" com quantos zeros?

6 DIVISÃO COM NÚMEROS NATURAIS

Situação 1

No Brasil, o jogo de basquete tem duração total de 40 minutos, com 4 tempos de mesma duração. Qual é a duração de cada um desses 4 tempos?

Para responder, podemos fazer a divisão de 40 em 4 partes iguais:

$$40 \div 4 = 10$$

Logo, em um jogo de basquete cada tempo tem 10 minutos de duração.

Situação 2

O professor Carlos pretende formar equipes de basquete com seus 42 alunos presentes. Sabendo que as equipes de basquete são compostas de 5 jogadores, quantas equipes Carlos poderá formar? Sobrarão alunos? Se sim, quantos?

Para encontrar as respostas, o professor calculou quantos grupos de 5 é possível formar com 42. Veja o esquema ao lado.

Logo, com 42 alunos Carlos poderá formar 8 equipes e sobrarão 2 alunos.

Dizemos que 2 é o resto da divisão de 42 por 5.

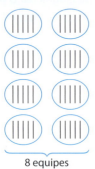

8 equipes

Sobrarão 2 alunos.

Situação 3

Regina: Estou lendo um livro que tem 64 páginas.

Cláudio: Ah... o meu tem só a metade do número de páginas do seu... Descubra quantas páginas tem meu livro.

Nessa situação, Cláudio comparou o número de páginas de seu livro com o número de páginas do livro de sua amiga:

$$64 \div 2 = 32$$

O livro de Cláudio tem 32 páginas. O resto da divisão de 64 por 2 é zero.

OBSERVAÇÕES

- Na divisão, podemos substituir o sinal (÷) por (:). Assim:
$$40 \div 5 = 40 : 5 = 8$$
- Quando o resto da divisão é zero, dizemos que a divisão é **exata**; quando é diferente de zero, a divisão é **não exata**.
- Os termos de uma divisão são:

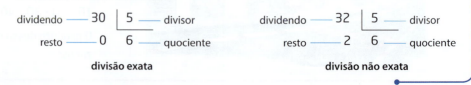

70

ALGORITMOS DA DIVISÃO

Para determinar o resultado de uma divisão, podemos aplicar diversos algoritmos. Vamos estudar o **algoritmo usual** e o **algoritmo da divisão por estimativas**.

ALGORITMO USUAL

Acompanhe como podemos dividir 1.435 por 7 usando o algoritmo usual da divisão. Note que, decompondo 1.435, temos:

1.435 = 1.000 + 400 + 30 + 5 ⟶ 1 unidade de milhar + 4 centenas + + 3 dezenas + 5 unidades

Devemos calcular quantas vezes 7 cabe em cada ordem, da maior para a menor. Dividindo 1 unidade de milhar por 7, obtemos 0 unidade de milhar, pois 7 cabe zero vezes em 1, e resta 1 unidade de milhar, que é o mesmo que 10 centenas.

```
    M
  1 4 3 5 | 7
 -0         0
  1         M
```

As 10 centenas restantes acrescentadas às 4 centenas do dividendo somam 14 centenas, que divididas por 7 resultam em 2 centenas e resto zero.

```
   M C
  1 4 3 5 | 7
 -0        0 2
  1 4      M C
 -1 4
    0
```

Agora, dividindo 3 dezenas, do dividendo, por 7, obtemos 0 dezena, pois 7 cabe zero vezes em 3, e restam 3 dezenas, que é o mesmo que 30 unidades.

```
   M C D
  1 4 3 5 | 7
 -0        0 2 0
  1 4      M C D
 -1 4
    0 3
   -  0
      3
```

PARA FAZER

Em uma folha de papel, desenhe cédulas de 100 reais, de 10 reais e moedas de 1 real. Recorte-as e separe 1.435 reais.

Usando essas cédulas e moedas, responda:

Como dividir esse valor entre 7 pessoas? Quantos reais cada uma receberá?

Quando fizer a divisão, considere que, se necessário, você poderá trocar cédulas de 100 reais por cédulas de 10, e cédulas de 10 reais por moedas de 1 real.

As 30 unidades acrescentadas às 5 unidades do dividendo somam 35 unidades, que divididas por 7 resultam em 5 unidades e resto zero.

```
  M C D U
  1 4 3 5  | 7
 -0           0 2 0 5
  1 4         M C D U
 -1 4
    0 3
    - 0
      3 5
    - 3 5
        0
```

Assim: 1.435 : 7 = 205

OBSERVAÇÃO

Como 0205 é igual a 205, poderíamos ter "economizado" a 1ª etapa e iniciado pela divisão de 14 centenas por 7.

ALGORITMO DA DIVISÃO POR ESTIMATIVAS

Agora, vamos fazer a divisão 1.435 : 7 usando o algoritmo da divisão por estimativas.

- Podemos fazer uma estimativa de 1.435 dividido por 7 aproximando 1.435 para 1.400. Fazendo mentalmente a divisão 1.400 : 7, encontramos 200 como quociente. Subtraindo 1.400 de 1.435, o resto será 35.

```
  1435  | 7
 -1400    200
    35
```

- Agora, dividimos 35 por 7. Essa divisão (que também pode ser feita mentalmente) tem 5 como quociente e resto zero.

```
  1435  | 7
 -1400    200
    35      5
  - 35
     0
```

- O quociente da divisão 1.435 : 7 é o resultado da adição de 200 com 5:

```
  1435  | 7
 -1400    200
    35    + 5
  - 35    205
     0
```

Em cada etapa da divisão estimamos uma parte do quociente.

Essa divisão pode ser feita em mais ou menos etapas, dependendo das estimativas feitas para a resolução.

Observe outros modos de dividir 1.435 por 7 pelo algoritmo da divisão por estimativas:

```
1435  | 7
-700  | 100
 735  | 100
-700  |  +5
  35  | 205
 -35
   0
```

```
1435  | 7
-1400 | 200
  35  |   2
 -14  |   2
  21  |  +1
 -14  | 205
   7
  -7
   0
```

Há ainda outros modos de fazer a mesma divisão.

OBSERVAÇÃO

Seja com o algoritmo usual, seja com o algoritmo por estimativas, o quociente da divisão é o mesmo. Todas as divisões podem ser efetuadas por qualquer um dos processos.

ATIVIDADES

VAMOS PRATICAR

1. Efetue a divisão de 105 por 7 e identifique os termos da operação.

Essa divisão é exata? Justifique sua resposta.

2. Calcule o quociente e o resto das divisões.

a) 305 : 8
b) 614 : 12
c) 1.000 : 94
d) 0 : 15
e) 23 : 23
f) 4.207 : 398

R1. Admitindo a mesma regularidade, descubra o valor de x, de y e de z na sequência numérica:

486, 162, 54, x, y, z

Resolução

Para encontrar o valor de x, y e z, precisamos descobrir o padrão dessa sequência. Para isso, temos de saber qual é a relação entre dois números consecutivos. Vamos verificar qual operação possibilita determinar o número seguinte.

Tentando a subtração:

486 − 162 = 324   162 − 54 = 108

Vemos que não há um padrão na diferença entre dois termos consecutivos.

Tentando a divisão:

```
486 | 162      162 | 54
  0   3          0   3
```

O quociente obtido foi o mesmo, nos dois casos. Por isso, o padrão de formação da sequência é: cada número, a partir do segundo, é a terça parte do anterior.

Encontrada a relação, dividimos por 3 o último número da sequência para encontrar o valor de x. Repetimos o procedimento para encontrar y e z.

486 162 54 18 6 2
 :3   :3 :3 :3 :3

Os valores de x, de y e de z são, respectivamente, 18, 6 e 2.

3. Admitindo a mesma regularidade, descubra o valor de x, de y e de z em cada sequência numérica.

a) 800, 400, 200, x, y, z
b) 972, 324, 108, x, y, z
c) x, y, z, 896, 3.584, 14.336

4. Calcule mentalmente e responda em seu caderno.

O triplo de um número é igual à metade de 48. Que número é esse?

VAMOS APLICAR

5. Observe a ilustração e responda ao que se pede.

- Quantas voltas o atleta dará nessa pista?

6. O elevador do edifício Alto pode transportar, no máximo, 630 quilogramas. Quantas pessoas de 70 quilogramas podem ser transportadas nesse elevador de cada vez?

7. Para percorrer 650 quilômetros, um automóvel consome 50 litros de combustível. Quantos litros esse automóvel consumirá para percorrer 1.625 quilômetros nas mesmas condições?

8. Rafaela comprou 6 livros de mesmo preço e pagou com uma nota de 50 reais. Qual foi o preço de cada livro se ela recebeu 2 reais de troco?

9. Ana comprará camisas e calções para cada um dos 12 componentes de seu time de futebol. Ao todo, esses uniformes custarão 1.248 reais.

a) Quanto Ana pagará em cada uniforme?

b) Quanto ela pagará em cada camisa e em cada calção se a camisa custa 10 reais a mais que o calção?

10. Descubra a massa de cada dado.

Sabe-se que cada lata pesa 20 gramas e que a balança está em equilíbrio.

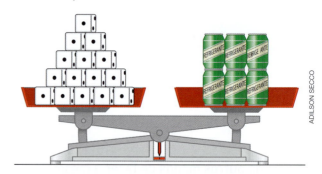

R2. Em uma competição de atletismo, 200 atletas participaram da prova de 100 metros rasos. Na primeira fase, os participantes foram divididos em grupos de 8 pessoas para a realização das provas.

Apenas o 1º e o 2º colocados de cada grupo passaram para a segunda fase.

a) Qual foi o número de grupos formados na primeira fase?

b) Qual foi o número de atletas que passaram para a segunda fase?

c) Para que houvesse 30 atletas na segunda fase, seguindo a mesma regra de eliminação de participantes, seria preciso limitar as inscrições da primeira fase a quantas vagas?

Resolução

a) Para encontrar o número de grupos formados na primeira fase, considerando que todos os grupos terão a mesma quantidade de atletas, devemos fazer a divisão de 200 por 8.

$$\begin{array}{r|l} 200 & 8 \\ 0 & 25 \end{array}$$

Na primeira fase, formaram-se 25 grupos.

b) Se foram formados 25 grupos e o 1º e o 2º colocados de cada grupo foram para a segunda fase,

74

sabemos que 2 atletas de cada um dos 25 grupos continuaram na competição.

$$25 \cdot 2 = 50$$

Passaram para a segunda fase 50 atletas.

c) O problema pode ser visto agora de trás para a frente: como são selecionados 2 atletas por grupo e 30 desses atletas deveriam passar para a segunda fase, então a quantidade de grupos seria obtida pela divisão 30 : 2.

$$\begin{array}{r|l} 30 & 2 \\ 0 & 15 \end{array}$$

Sabendo que 15 seria o total de grupos participantes da primeira fase, basta calcular 15 · 8, em que 8 é a quantidade de atletas por grupo, para determinar o total de atletas inscritos.

$$15 \cdot 8 = 120$$

Portanto, seria preciso limitar as inscrições da primeira fase a 120 vagas.

11. Rita selecionará algumas pessoas para trabalhar em sua empresa. Para a primeira fase da seleção, foram chamadas 1.275 pessoas, que serão divididas em 85 grupos. De cada grupo da primeira fase, 2 pessoas passarão para a segunda fase da seleção. Na segunda fase, as pessoas serão divididas em 10 grupos.

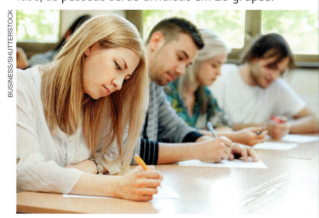

a) Quantas pessoas participarão de cada grupo na primeira fase da seleção?

b) Quantas pessoas participarão de cada grupo na segunda fase da seleção?

c) Para que 60 pessoas sejam contratadas, quantas pessoas de cada grupo da segunda fase deverão ser aprovadas se cada grupo terá a mesma quantidade de pessoas contratadas?

12. João comprou um carro no valor de 26.400 reais. Deu metade desse valor como entrada, e o restante ele vai pagar em 24 prestações sem acréscimo.

a) Qual será o valor de cada prestação?

b) Se o valor de cada prestação fosse 825 reais, em quantas prestações ele pagaria o carro?

13. (Enem) Um armazém recebe sacos de açúcar de 24 kg para que sejam empacotados em embalagens menores. O único objeto disponível para pesagem é uma balança de 2 pratos, sem os pesos metálicos.

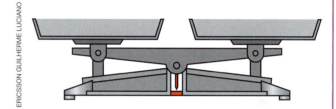

- Realizando uma única pesagem, é possível montar pacotes de:

  a) 3 kg.

  b) 4 kg.

  c) 6 kg.

  d) 8 kg.

  e) 12 kg.

- Realizando exatamente duas pesagens, os pacotes que podem ser feitos são os de:

  a) 3 kg e 6 kg.

  b) 3 kg, 6 kg e 12 kg.

  c) 6 kg, 12 kg e 18 kg.

  d) 4 kg e 8 kg.

  e) 4 kg, 6 kg e 8 kg.

14. Leia e responda.

Paula digitou um número em sua calculadora, multiplicou-o por 7, somou 13, dividiu o resultado por 3 e obteve o número 30.

a) Que número Paula digitou?

b) Se ela tivesse digitado o número 2, que número teria obtido?

75

15. Resolva o problema de Lucas.

Lucas tem uma ripa de madeira de 200 centímetros de comprimento. Ele quer cortá-la em pedaços de 2 centímetros de comprimento. Quantas vezes Lucas deverá cortar a ripa para que ela fique toda em pedaços?

16. Liliane tem uma banca de frutas e está sempre precisando de moedas para usar como troco. Ela foi ao banco trocar 50 reais por moedas de mesmo valor.

a) Se as moedas forem de 1 real, quantas ela obterá na troca?

b) E se as moedas forem de 50 centavos?

c) E se as moedas forem de 25 centavos?

d) E se as moedas forem de 10 centavos?

RELAÇÃO FUNDAMENTAL DA DIVISÃO

Considere a situação a seguir.

André precisa transportar 115 estudantes até um museu. Em cada viagem, ele pode levar, no máximo, 8 estudantes. Qual é o menor número de viagens que André terá de fazer para levar todos os estudantes?

Para resolver esse problema, André efetuou a divisão:

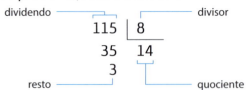

Com essa divisão, André percebeu que, se fizesse 14 viagens transportando 8 pessoas em cada uma, levaria 112 estudantes para o museu, mas sobrariam 3 estudantes. Então, ele concluiu que precisaria fazer, no mínimo, 15 viagens para levar todos ao museu.

Podemos escrever:

$$115 = 14 \cdot 8 + 3$$

Essa igualdade é chamada de **relação fundamental da divisão**.

$$\text{dividendo} = \text{quociente} \cdot \text{divisor} + \text{resto}$$

OBSERVAÇÃO

Em uma divisão, o resto é sempre menor que o divisor.

EXPRESSÕES NUMÉRICAS

Expressões numéricas podem envolver as operações aritméticas de adição, subtração, multiplicação e divisão. Quando essas operações estão na mesma expressão, seguimos uma ordem para resolvê-las:

1º) a multiplicação ou a divisão, na ordem em que aparecem na expressão;

2º) a adição e a subtração, também na ordem em que aparecem.

Além dos parênteses, podem aparecer outros sinais de associação na expressão numérica, que determinam a ordem de realização dos cálculos. Assim, calculamos:

1º) o que está dentro dos parênteses ( );
2º) o que está dentro dos colchetes [ ];
3º) o que está dentro das chaves { }.

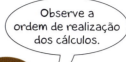

Observe a ordem de realização dos cálculos.

EXEMPLO

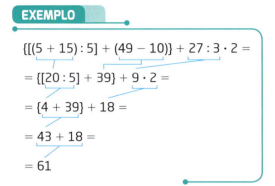

$\{[(5 + 15) : 5] + (49 - 10)\} + 27 : 3 \cdot 2 =$

$= \{[20 : 5] + 39\} + 9 \cdot 2 =$

$= \{4 + 39\} + 18 =$

$= 43 + 18 =$

$= 61$

COMPARE ESTRATÉGIAS

Veja como Ágata e Maurício calcularam o valor da expressão $3 + 12 : 1$.

Cálculo de Ágata

$3 + 12 : 1 =$
$= 15 : 1 =$
$= 15$

Cálculo de Maurício

$3 + 12 : 1 =$
$= 3 + 12 =$
$= 15$

REFLITA

a) Explique como Ágata e Maurício calcularam o valor da expressão.
b) O que há de diferente nas duas estratégias?
c) É possível acertar o resultado de um cálculo mesmo utilizando uma estratégia equivocada? Justifique.

DISCUTA E CONCLUA

Observe, agora, como Ágata e Maurício calcularam o valor da expressão $3 + 12 : 3$.

Cálculo de Ágata

$3 + 12 : 3 =$
$= 15 : 3 =$
$= 5$

Cálculo de Maurício

$3 + 12 : 3 =$
$= 3 + 4 =$
$= 7$

a) Qual deles **não** obteve o valor correto da expressão $3 + 12 : 3$? Justifique.
b) Que cuidado você deve ter ao calcular o valor de uma expressão numérica que não tenha parênteses, colchetes e chaves? Converse com os colegas.
c) Reveja as questões do *Reflita* e veja se você mudaria alguma resposta dada.

ATIVIDADES

VAMOS PRATICAR

1. Calcule o quociente e o resto e, depois, escreva a relação fundamental para cada uma das divisões.
   a) 183 : 59
   b) 357 : 53
   c) 546 : 49
   d) 774 : 9
   e) 204 : 8
   f) 240 : 13

2. Encontre os números escondidos.
   a) 483 | 32
      ●   15
   b) 1089 | 54
      9   ●
   c) ● | 19
      4   85
   d) 5670 | ●
      6   96

3. Calcule e responda às questões em seu caderno.
   a) Em uma divisão, o quociente é 16 e o dividendo é 32. Qual é o divisor?
   b) Em uma divisão exata em que o dividendo é igual ao divisor, ambos maiores que zero, qual é o quociente?
   c) Em uma divisão exata, o divisor é 13 e o quociente é 21. Qual é o dividendo?
   d) Em uma divisão não exata em que o divisor é 9, quais são os possíveis restos?

4. Calcule o valor das expressões em seu caderno.
   a) $45 - [3 \cdot (14 + 28) \div 7 - 14] + 4$
   b) $45 - \{3 \cdot [(14 + 28) \div 7] - 14 + 4\}$
   c) $(45 - 3) \cdot [14 + 28 \div 7 - (14 + 4)]$

5. Identifique as expressões erradas e coloque parênteses de modo que cada expressão fique correta.
   a) $12 + 2 \cdot 5 = 70$
   b) $5 + 8 : 2 = 9$
   c) $5 \cdot 4 + 3 \cdot 2 = 70$
   d) $7 \cdot 2 - 2 \cdot 3 = 8$
   e) $3 \cdot 5 + 8 \cdot 4 = 47$
   f) $80 : 2 + 6 = 10$

6. Usando apenas os números 4, 2 e 5, nessa ordem, e as quatro operações, escreva todas as possibilidades de expressão cujo resultado seja um número natural.
   Exemplos:
   • $4 : 2 + 5 = 7$
   • $4 - 2 + 5 = 7$

VAMOS APLICAR

7. Débora deverá ler um livro de 267 páginas para fazer um trabalho de Arte. Ela pretende ler 17 páginas por dia até terminar o livro.
   a) Em quantos dias Débora terminará de ler o livro?
   b) Quantas páginas ela lerá no último dia?

8. Sônia comprou um televisor no valor de 1.200 reais para presentear sua mãe. Deu uma entrada de 180 reais e pagará o restante em 4 prestações mensais iguais.
   a) Represente a expressão numérica que dá o valor de cada prestação.
   b) Calcule o valor de cada prestação.
   c) Se Sônia pudesse pagar o restante em 6 prestações mensais, qual seria o valor de cada prestação?

9. Rogério, Luana e André marcaram, juntos, 15.400 pontos em uma partida de *videogame*. Rogério marcou 3.040 pontos e Luana marcou o dobro de Rogério. Quantos foram os pontos de André?

• Escreva uma expressão numérica para essa situação.

10. Combine as fichas e calcule.

    [2] [4] [6] [4] [12] [16] [1] [2] [5]

    Obedecendo às igualdades, faça uma lista de algumas combinações de fichas.
    a) ☐ · (☐ − ☐) = ☐
    b) (☐ + ☐) : ☐ = ☐

7 POTENCIAÇÃO COM NÚMEROS NATURAIS

Observe a ilustração para descobrir o número de tataravós que uma pessoa tem.

- tataravós
- trisavós
- bisavós
- avós
- pais
- eu

Analise o que acontece com a quantidade de ancestrais usando como base a pessoa mais jovem.

Eu: 1

Pais: 2

Avós: $2 \cdot 2 = 4$

Bisavós: $2 \cdot 2 \cdot 2 = 8$

Trisavós: $2 \cdot 2 \cdot 2 \cdot 2 = 16$

Tataravós: $2 \cdot 2 \cdot 2 \cdot 2 \cdot 2 = 32$

Portanto, uma pessoa tem 32 tataravós.

Note que, para calcular o número de tataravós, efetuamos uma multiplicação de fatores iguais.

Para representar uma multiplicação em que todos os fatores são iguais, podemos usar a **potenciação**. Observe:

$$\underbrace{2 \cdot 2 \cdot 2 \cdot 2 \cdot 2 \cdot 2}_{6 \text{ fatores}} = 2^6 \rightarrow \text{potência de base 2 e expoente 6}$$

Podemos representar o número de trisavós e de tataravós da situação anterior na forma de **potência**:

Trisavós: $16 = \underbrace{2 \cdot 2 \cdot 2 \cdot 2}_{4 \text{ fatores iguais}} = 2^4 \rightarrow$ potência de base 2 e expoente 4

Tataravós: $32 = \underbrace{2 \cdot 2 \cdot 2 \cdot 2 \cdot 2}_{5 \text{ fatores iguais}} = 2^5 \rightarrow$ potência de base 2 e expoente 5

De modo geral, na potenciação com números naturais, a **base** é o fator que se repete na multiplicação e o **expoente** indica quantas vezes esse fator se repete. Isso não vale para potências com expoente zero ou 1.

- Quando o expoente é 1, a potência é igual à própria base.

  EXEMPLOS

  $2^1 = 2 \qquad 15^1 = 15 \qquad 36^1 = 36$

- Quando o expoente é zero e a base da potência é diferente de zero, a potência é igual a 1.

  EXEMPLOS

  $2^0 = 1 \qquad 150^0 = 1 \qquad 3.021^0 = 1$

QUADRADO DE UM NÚMERO OU POTÊNCIA DE EXPOENTE 2

As potências de expoente 2 podem ser representadas geometricamente. Veja alguns exemplos:

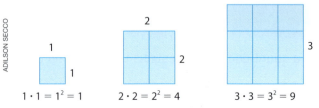

$1 \cdot 1 = 1^2 = 1 \qquad 2 \cdot 2 = 2^2 = 4 \qquad 3 \cdot 3 = 3^2 = 9$

Por causa de sua representação geométrica, as potências de expoente 2 têm nomes especiais. Veja como lemos as potências mostradas nos exemplos:

- 1^2: "um ao quadrado" ou "quadrado de um";
- 2^2: "dois ao quadrado" ou "quadrado de dois";
- 3^2: "três ao quadrado" ou "quadrado de três".

CUBO DE UM NÚMERO OU POTÊNCIA DE EXPOENTE 3

As potências de expoente 3 também podem ser representadas geometricamente. Veja os exemplos:

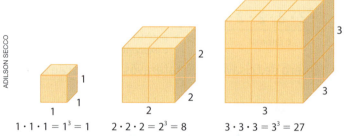

$1 \cdot 1 \cdot 1 = 1^3 = 1 \qquad 2 \cdot 2 \cdot 2 = 2^3 = 8 \qquad 3 \cdot 3 \cdot 3 = 3^3 = 27$

Da mesma forma que as potências de expoente 2, essas potências também recebem nomes especiais. Veja como lemos as potências apresentadas nos exemplos:

- 1^3: "um ao cubo" ou "cubo de um";
- 2^3: "dois ao cubo" ou "cubo de dois";
- 3^3: "três ao cubo" ou "cubo de três".

POTÊNCIAS COM OUTROS EXPOENTES

Quando o expoente de uma potência é diferente de 2 ou 3, não é possível representá-la geometricamente. Por esse motivo, não há um nome especial para essas potências. Veja como lemos algumas delas:

- 7^4: "sete elevado à quarta potência";
- 10^{20}: "dez elevado à vigésima potência";
- 51^{17}: "cinquenta e um elevado à décima sétima potência".

Organize o que você aprendeu fazendo a atividade 3 da página 116.

ATIVIDADES

VAMOS PRATICAR

1. Escreva na forma de potência.
   a) $4 \cdot 4$
   b) $23 \cdot 23 \cdot 23 \cdot 23$
   c) $5 \cdot 5 \cdot 5 \cdot 5 \cdot 5 \cdot 5 \cdot 5$
   d) $11 \cdot 11 \cdot 11 \cdot 11 \cdot 11$
   e) $7 \cdot 7 \cdot 7 \cdot 7 \cdot 7 \cdot 7 \cdot 7 \cdot 7 \cdot 7 \cdot 7$

2. Calcule.
   a) 5^4 c) 2^6 e) 3^5
   b) 1^{12} d) 11^3 f) 78^0

3. Represente a potência correspondente e calcule seu valor.
   a) 25 elevado à primeira potência
   b) 3 elevado a zero
   c) 7 elevado ao quadrado
   d) cubo de 5
   e) 2 elevado à sexta potência
   f) quadrado de 9
   g) 3 elevado à quinta potência
   h) cubo de 100
   i) 5 elevado à quarta potência

4. Escreva a potência correspondente a cada figura.

a)

b)

c)

d)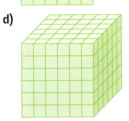

5. Compare os pares de números de cada item completando os espaços com os símbolos $=$, $<$ ou $>$.

a) 4^2 _____ 2^4
b) 5^3 _____ 3^5
c) 3^2 _____ 2^3
d) 2^6 _____ 6^2
e) 1^{23} _____ 1^{100}
f) 72^0 _____ 1^{15}

6. Escreva os números abaixo em forma de potência de base e expoente diferentes de 1.

a) 64
b) 81
c) 121
d) 125
e) 1.000
f) 729

7. Responda.

a) Qual é o dobro de 100^2?
b) Qual é o sucessor de 100^2?
c) Qual é o antecessor de 100^2?

VAMOS APLICAR

8. Resolva o problema usando a potenciação.

Juliana precisa organizar todas as pastas de seu escritório. Sabendo que no escritório há 1 armário com 4 divisórias, que em cada divisória há 4 gavetas e que em cada gaveta há 4 pastas, quantas pastas ela vai organizar?

9. Observe o tabuleiro de xadrez e responda às questões usando potências de base 2.

a) Qual é a quantidade de casas do tabuleiro?
b) Qual é a quantidade de casas brancas do tabuleiro?

R1. Admitindo a mesma regularidade, escreva os próximos dois números da sequência numérica abaixo na forma de potência.

81, 243, 729, 2.187, ...

Resolução

Para descobrir qual é a relação entre um número e o seguinte na sequência indicada, podemos verificar se a divisão dos números dados por um mesmo número natural é exata e o que acontece após essa divisão. Neste caso, verifica-se que a divisão desses números por 3 é exata.

$243 : 3 = \boxed{81}$ → $1^\underline{o}$ termo
$729 : 3 = \boxed{243}$ → $2^\underline{o}$ termo
$2.187 : 3 = \boxed{729}$ → $3^\underline{o}$ termo

Como a divisão é a operação inversa da multiplicação, obtemos os próximos dois termos fazendo multiplicações por 3.

$2.187 \cdot 3 = \boxed{6.561}$ → $5^\underline{o}$ termo
$6561 \cdot 3 = \boxed{19.683}$ → $6^\underline{o}$ termo

Observe que o primeiro termo dessa sequência pode ser escrito na forma de potência de base 3. Como os termos seguintes são obtidos multiplicando-se o termo anterior por 3, eles também podem ser escritos na forma de potência de base 3.

$81 = 3 \cdot 3 \cdot 3 \cdot 3 = 3^4$
$243 = 3 \cdot 3 \cdot 3 \cdot 3 \cdot 3 = 3^5$
$729 = 3 \cdot 3 \cdot 3 \cdot 3 \cdot 3 \cdot 3 = 3^6$
$2.187 = 3 \cdot 3 \cdot 3 \cdot 3 \cdot 3 \cdot 3 \cdot 3 = 3^7$
$6.561 = 3 \cdot 3 \cdot 3 \cdot 3 \cdot 3 \cdot 3 \cdot 3 \cdot 3 = 3^8$
$19.683 = 3 \cdot 3 \cdot 3 \cdot 3 \cdot 3 \cdot 3 \cdot 3 \cdot 3 \cdot 3 = 3^9$

Portanto, os próximos dois números da sequência dada são 3^8 e 3^9.

10. Identifique a regularidade da sequência numérica e descubra os três próximos termos.

46.656, 7.776, 1.296, 216, ...

- Escreva em seu caderno esses 7 termos e associe cada um a uma potência.
- Converse com um colega para saber como cada um pensou para resolver esta atividade.

Escutar os outros com atenção e empatia.

11. Uma mensagem de Natal foi espalhada por *e-mail*. Luna enviou para Aline, Mateus e Pedro, que enviaram, cada um, para mais 3 pessoas; cada uma dessas pessoas enviou para outras 3, que, por sua vez, enviaram para outras 3. Quantas mensagens foram enviadas, ao todo, pelo último grupo que enviou o *e-mail*?

Escreva a resposta em forma de potência.

POTÊNCIAS DE BASE 10

Leia o texto abaixo.

> Segundo a Agência Nacional de Telecomunicações (Anatel), até junho de 2017 o Brasil tinha mais de **242.000.000** de linhas celulares, enquanto a população não passava de **208 milhões**, ou seja, havia mais linhas celulares que habitantes.

Os números destacados no texto podem ser escritos como um produto em que um dos fatores é uma potência de base 10. Essa representação é usada, principalmente, com números muito grandes. Veja:

$242.000.000 = 242 \cdot 10 \cdot 10 \cdot 10 \cdot 10 \cdot 10 \cdot 10 = 242 \cdot 10^6$

$208 \text{ milhões} = 208.000.000 = 208 \cdot 10 \cdot 10 \cdot 10 \cdot 10 \cdot 10 \cdot 10 = 208 \cdot 10^6$

Observe outras potências de base 10:

$10^2 = 100$

$10^3 = 1.000$

$10^4 = 10.000$

$10^5 = 100.000$

$10^6 = 1.000.000$

$10^7 = 10.000.000$

PARA CONCLUIR

Observando as potências acima, responda:

a) Quantos zeros terá o resultado de 10^{10}?

b) Quantos zeros terá o resultado de 10^{100}?

c) O que podemos concluir sobre o número de zeros do resultado de 10^n?

ATIVIDADES

VAMOS PRATICAR

1. Calcule.
   a) 10^9
   b) $5 \cdot 10^5$
   c) $7 \cdot 10^7$
   d) $11 \cdot 10^6$
   e) $31 \cdot 10^4$
   f) $125 \cdot 10^3$

2. Descubra o expoente de cada potência de 10 para que as igualdades sejam verdadeiras.
   a) $10^{\blacklozenge} = 1.000.000$
   b) $10^{\blacklozenge} = 10$
   c) $35 \cdot 10^{\blacklozenge} = 3.500$
   d) $7 \cdot 10^{\blacklozenge} = 7.000$
   e) $10^{\blacklozenge} = 10.000$
   f) $256 \cdot 10^{\blacklozenge} = 2.560.000$

3. Leia o texto e escreva os números destacados usando uma potência de base 10.

   > Em **10.000** a.C., fim da era glacial, os seres humanos moravam em cavernas e dependiam de caça, pesca e frutas para viver. Estima-se que, então, a população mundial era de **4.000.000** de habitantes. Hoje, a população mundial ultrapassa **7 bilhões** de habitantes, e prevê-se que, em 2050, chegue a **9 bilhões**.

VAMOS APLICAR

4. Escreva o número pedido em forma de potência de base 10.

Uma tela de computador é formada por minúsculos pontos chamados *pixels*. Supondo que exista uma tela quadrada com 1.000 colunas e 1.000 linhas de *pixels*, calcule a quantidade de *pixels* dessa tela.

5. Observe algumas decomposições do número 25.475.

   $25.475 = 25.000 + 475$

   $25.475 = 20.000 + 5.000 + 400 + 70 + 5$

   $25.475 = 2 \cdot 10^4 + 5 \cdot 10^3 + 4 \cdot 10^2 + 7 \cdot 10^1 + 5 \cdot 10^0$

   - Agora, decomponha os números abaixo usando potências de base 10.
     a) 25.456.210
     b) 96.415.200
     c) 123.600.456
     d) 654.000.753
     e) 1.200.065.450
     f) 25.000.369.700

R1. Um recipiente com 354 bactérias foi colocado numa estufa. Após um período de observação, percebeu-se que a quantidade de bactérias se multiplicava por 10 a cada 1 hora.

a) Usando uma potência de base 10, indique a quantidade de bactérias após 3 horas.

b) Quantas horas levou para que houvesse 35.400.000 bactérias no recipiente?

Resolução

a) Podemos fazer um quadro para verificar como ocorre o crescimento do número de bactérias no recipiente com o passar das horas.

Quantidade de horas	Quantidade de bactérias
0	354
1	$354 \cdot 10 = 354 \cdot 10^1$
2	$354 \cdot 10 \cdot 10 = 354 \cdot 10^2$
3	$354 \cdot 10 \cdot 10 \cdot 10 = 354 \cdot 10^3$

Portanto, após 3 horas haverá $354 \cdot 10^3$ bactérias no recipiente.

b) Analisando o quadro construído no item anterior, percebemos que o expoente da potência indica a quantidade de horas decorridas desde o início da observação.

Após 1 hora: $354 \cdot 10^1$
Após 2 horas: $354 \cdot 10^2$
Após 3 horas: $354 \cdot 10^3$

Podemos escrever abreviadamente o número 35.400.000 usando uma potência de base 10. Assim, descobriremos o expoente que indicará a quantidade de horas decorridas até que as bactérias atinjam esse número.

$35.400.000 = 354 \cdot 100.000 = 354 \cdot 10^{\underset{\text{5 horas}}{5}}$

Então, passaram-se 5 horas.

6. No ano de 1940 havia 2.124 habitantes no município de Gatópolis. Com o passar do tempo, o número de habitantes desse município foi triplicado a cada 10 anos, até atingir 4.645.188 habitantes. Em que ano esse fato ocorreu?

7. Admitindo a regularidade desta sequência, responda.
2.510, 251.000, 25.100.000, 2.510.000.000, ...

a) Qual é o próximo termo dessa sequência? E qual é o 10º termo? Escreva-os usando potências de base 10.

b) Quantos zeros tem o 25º termo dessa sequência?

8 RAIZ QUADRADA

Você sabe como construir um tabuleiro de xadrez? Basta desenhar 64 quadradinhos.

E quantos quadradinhos deve ter cada lado do tabuleiro?

Como o tabuleiro de xadrez tem forma quadrada, para saber quantos quadradinhos formam cada lado do tabuleiro, devemos descobrir qual é o número que, elevado ao quadrado, resulta em 64.

$$64 = 8 \cdot 8 = 8^2$$

Então, é possível desenhar os 64 quadradinhos do tabuleiro dividindo cada lado do tabuleiro em 8 quadradinhos.

Acabamos de realizar uma operação, denominada **radiciação**. Nesse caso, descobrimos a raiz quadrada de 64, que pode ser escrita assim:

$$\sqrt{64} = 8$$

Lemos: "raiz quadrada de sessenta e quatro é igual a oito".

Ao calcular a raiz quadrada de um número natural, obtemos um número que, elevado ao quadrado, resulta no primeiro número.

EXEMPLOS

- $\sqrt{36} = 6$, pois $6^2 = 36$
- $\sqrt{81} = 9$, pois $9^2 = 81$
- $\sqrt{225} = 15$, pois $15^2 = 225$

QUADRADOS PERFEITOS

Nem todo número natural tem raiz quadrada exata. Veja um exemplo:

Suponha que um coral composto de 32 crianças precise ser organizado em fileiras que formem um quadrado. Se tentarmos formar um quadrado com 5 crianças de cada lado, sobrarão 7 crianças; já ao tentarmos formar um quadrado com 6 crianças de cada lado, faltarão crianças.

Como não há nenhum número natural que, elevado ao quadrado, resulte em 32, dizemos que 32 não tem raiz quadrada exata.

Os números naturais que têm raiz quadrada exata são quadrados de outros números naturais e, por isso, chamam-se **quadrados perfeitos**. Veja alguns neste quadro.

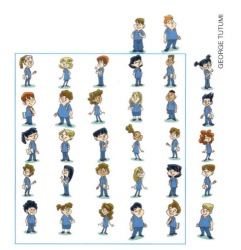

Quadrado perfeito	1	4	9	16	25	...
Raiz quadrada exata	$\sqrt{1}=1$	$\sqrt{4}=2$	$\sqrt{9}=3$	$\sqrt{16}=4$	$\sqrt{25}=5$	...

ATIVIDADES

VAMOS PRATICAR

1. Identifique os quadrados perfeitos.

49 64 51 100 81 400 112

2. Calcule.
   a) $\sqrt{9}$
   b) $\sqrt{16}$
   c) $\sqrt{25}$
   d) $\sqrt{49}$
   e) $\sqrt{196}$
   f) $\sqrt{169}$

VAMOS APLICAR

R1. Se a raiz quadrada de um número é 16, que número é esse?

Resolução

Se 16 é a raiz quadrada do número procurado, então esse número é o quadrado de 16.

Se $\sqrt{?} = 16$, então o número procurado é 16^2 ou 256.

Verificação: $\sqrt{256} = 16$, pois $16^2 = 256$

3. Responda às questões.
   a) A raiz quadrada de um número natural n é 25. Qual é o valor de n?
   b) O quadrado de um número natural n é igual a 144. Qual é o valor de n?

4. Determine o número natural n nas seguintes sentenças:
   a) $\sqrt{n} = 20$, pois $20^2 = n$
   b) $\sqrt{121} = n$, pois $n^2 = 121$

5. João vai revestir uma parede de formato quadrado e precisará de 121 lajotas. Quantas lajotas ele colocará em cada lado dessa parede?

6. Com um papelão, Marta construiu 3 quadrados. O primeiro tem como medida de lado 16; o segundo, a raiz quadrada do primeiro; e o terceiro, a raiz quadrada do segundo. Qual é a medida do lado de cada quadrado construído?

R2. Descubra o número natural que está entre $\sqrt{64}$ e $\sqrt{100}$.

Resolução

Devemos, inicialmente, encontrar a raiz quadrada de 64 e de 100.

$\sqrt{64} = 8$, pois $8^2 = 64$ $\sqrt{100} = 10$, pois $10^2 = 100$

Observe que só existe um número natural entre os valores calculados.

8, ?, 10   9

O número é 9.

7. Descubra:
   a) o número ímpar que tem como raiz quadrada um número natural entre $\sqrt{625}$ e $\sqrt{784}$;
   b) o número par que tem como raiz quadrada um número natural entre $\sqrt{361}$ e $\sqrt{441}$;
   c) o número ímpar que tem como raiz quadrada um número natural entre $\sqrt{400}$ e $\sqrt{484}$.

Jogo: *Calculadora quebrada 2*

Resolva os desafios com o auxílio de uma calculadora. Algumas teclas não estão funcionando.

EXPRESSÕES NUMÉRICAS

Numa expressão numérica, devemos obedecer à seguinte ordem para efetuar as operações:

1º) potenciações e radiciações;
2º) multiplicações e divisões;
3º) adições e subtrações.

Anteriormente você viu que, em uma expressão numérica, efetuamos as operações que estão entre os parênteses, depois dentro dos colchetes e, por último, entre as chaves.

9 IGUALDADE

Observe as sentenças matemáticas a seguir.

$2 : 1 + 5 = 3 + 4$ $3^2 - 6 = 3$ $5 \times 6 + 10 = 2 \times 20$

Em todas essas sentenças há o sinal de igual (=), ou seja, todas representam uma **igualdade**. Em uma igualdade, a expressão que está à esquerda do sinal de igual é chamada de 1º membro da igualdade, e a expressão que está à direita do sinal de igual é chamada de 2º membro.

PROPRIEDADE DA IGUALDADE

Observe as balanças a seguir, que estão em equilíbrio, e veja como Fernanda encontrou a massa do mamão e a da maçã.

Se adicionarmos 700 gramas a cada prato da segunda balança, ela permanecerá em equilíbrio. Assim, comparando com a primeira balança, a massa do mamão é 825 gramas.

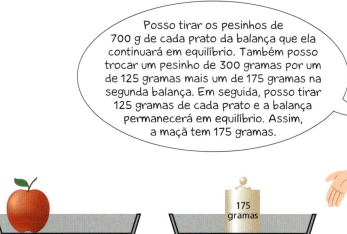

Posso tirar os pesinhos de 700 g de cada prato da balança que ela continuará em equilíbrio. Também posso trocar um pesinho de 300 gramas por um de 125 gramas mais um de 175 gramas na segunda balança. Em seguida, posso tirar 125 gramas de cada prato e a balança permanecerá em equilíbrio. Assim, a maçã tem 175 gramas.

2ª balança

PARA PENSAR

Determine as massas do mamão e da maçã de maneira diferente da de Fernanda.

Observe que, ao adicionar ou subtrair a mesma massa dos dois pratos de uma balança em equilíbrio, ela permanece em equilíbrio. O mesmo acontece se realizarmos qualquer operação com as massas contidas nos dois pratos.

Podemos pensar na igualdade como uma balança.

Toda igualdade continuará sendo válida se:

- adicionarmos ou subtrairmos o mesmo número de seus membros;
- multiplicarmos seus membros por um mesmo número ou dividirmos seus membros por um mesmo número diferente de zero;
- elevarmos seus membros a um mesmo expoente.

EXEMPLOS

a) $1 + 10 = 2 + 9$
   $\underbrace{1 + 10 - 10}_{1} = \underbrace{2 + 9 - 10}_{1}$

b) $5 = 3 + 1 + 1$
   $\underbrace{5^2}_{25} = \underbrace{(3 + 1 + 1)^2}_{25}$

c) $4 + 2 = 6$
   $\underbrace{(4 + 2) : 2}_{3} = \underbrace{6 : 2}_{3}$

d) $\blacksquare - 4 = 6$
   $\blacksquare - 4 + 4 = 6 + 4$
   $\blacksquare = 10$

PARA PENSAR

No exemplo **d**, por que, ao subtrair 4 de um número desconhecido ■ e depois adicionar 4, obtivemos o número desconhecido ■?

Trilha de estudo

Vai estudar? Nosso assistente virtual no *app* pode ajudar!
<http://mod.lk/trilhas>

ATIVIDADES

VAMOS PRATICAR

R1. Resolva a seguinte expressão numérica:

$$3^2 + \left\{\left[15 - \left(3 - \sqrt{1}\right)^2\right] \cdot \left[7 + \left(\sqrt{100} : \sqrt{25}\right)^2\right]\right\} \cdot 2$$

Resolução

Inicialmente, efetuamos as operações que estão dentro dos parênteses, na ordem estabelecida, e copiamos o restante da expressão. Depois, efetuamos as operações que estão dentro dos colchetes e, em seguida, as que estão dentro das chaves.

$$3^2 + \left\{\left[15 - \left(3 - \sqrt{1}\right)^2\right] \cdot \left[7 + \left(\sqrt{100} : \sqrt{25}\right)^2\right]\right\} \cdot 2 =$$

$$= 3^2 + \left\{\left[15 - (3 - 1)^2\right] \cdot \left[7 + (10 : 5)^2\right]\right\} \cdot 2 =$$

$$= 3^2 + \left\{[15 - 2^2] \cdot [7 + 2^2]\right\} \cdot 2 =$$

$$= 3^2 + \{[15 - 4] \cdot [7 + 4]\} \cdot 2 =$$

$$= 3^2 + \{11 \cdot 11\} \cdot 2 =$$

$$= 3^2 + 121 \cdot 2 =$$

$$= 9 + 121 \cdot 2 =$$

$$= 9 + 242 = 251$$

1. Calcule.

a) $(5^2 - 1) : \sqrt{144}$

b) $20 + 2^3 \cdot 3 - 12 : 3^0 + \sqrt{25}$

c) $150 - 7^2 + (2^5 - 3)^2$

d) $\sqrt{121} - \sqrt{100} + 5 \cdot (3 + 5)^2$

e) $2 \cdot [3 + (5 - 1)^2] + 52$

f) $\left[\left(\sqrt{169} - 4\right) \cdot \left(1 + \sqrt{25}\right)\right] : \left(\sqrt{49} - 1\right)$

g) $10^3 \cdot \{2^3 - [4 \cdot (7 \cdot 2)^0] \cdot 2\} + 10^5$

2. Verifique e justifique.

a) $3^2 + 5^2$ é diferente de $(3 + 5)^2$?

b) $(8 - 7)^2$ é diferente de $8^2 - 7^2$?

3. Compare o resultado das expressões numéricas em cada caso usando os símbolos =, < e >.

a) $A = 2^3 \cdot (5 + 3)^2$ e $B = 3^2 \cdot 2^8$

b) $A = (2 + 8) \cdot (2 + 8)^3$ e $B = (2 + 8)^4$

VAMOS APLICAR

4. Escreva uma expressão e determine a soma das medidas dos lados deste triângulo.

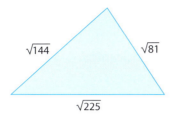

5. Calcule:
  a) o triplo da raiz quadrada de 64;
  b) a raiz quadrada da metade de 50.

6. Sendo $x = 36$, determine o valor de:
  a) $2 \cdot x + 82$
  b) $x^2 - 2 \cdot \sqrt{x}$

7. Responda às questões em seu caderno.
  a) O resultado da expressão numérica
  $\boxed{\sqrt{144} : (4^2 - 2^2)}$ é 2?
  b) Ao resolver a expressão $\boxed{9 \cdot \sqrt{4} + 6 \cdot 3^2}$, Diego encontrou 342 como resultado. Ele fez os cálculos corretamente? Caso o resultado esteja errado, refaça os cálculos e encontre a resposta correta.

R2. Substitua o ■ pelo valor que torna a igualdade verdadeira.

$$(\blacksquare - 5)^2 = 36$$

Resolução

Temos que o valor da expressão dentro dos parênteses é a raiz quadrada de 36.

$$\blacksquare - 5 = \sqrt{36}$$
$$\blacksquare - 5 = 6$$

Pela propriedade da igualdade, podemos adicionar 5 aos dois membros:

$$\blacksquare - 5 + 5 = 6 + 5$$

Logo: ■ = 11

8. Substitua cada ■ pelo valor correspondente.
  a) $(\blacksquare - \sqrt{49})^2 = 9$
  b) $(\blacksquare + \sqrt{81})^2 = 144$

9. Encontre o valor do ■ em cada caso.
  a) $5 + \blacksquare - \sqrt{25} = 5$
  b) $2^3 - \sqrt{49} - \blacksquare = 0$
  c) $\blacksquare \cdot (\sqrt{169} - 13) = 0$
  d) $\blacksquare : (5 \cdot 10^4 - 10^4) = 1$

10. Luís é feirante. Ele transporta caixas de maçãs em um caminhão arrumando-as da seguinte maneira:

  a) Quantas caixas de maçãs Luís transporta na carroceria do caminhão? Use potências para responder.
  b) Se em cada caixa cabem 2 dúzias de sacos de maçãs, com 10 maçãs em cada saco, quantas maçãs há em cada caixa?
  c) Usando as respostas dos itens **a** e **b**, escreva uma expressão numérica que dê o número total de maçãs que Luís transporta em seu caminhão.

11. Descubra o erro no cálculo do valor da expressão e explique o porquê.

$5 \cdot [(\sqrt{81})^2 + (10^3 \cdot 10^2)] =$
$= 5 \cdot [9^2 + 10^1] =$
$= 5 \cdot [81 + 10] =$
$= 5 \cdot 91 = 455$

12. Escreva quatro expressões de modo que cada uma resulte em 2, 3, 4 e 5.

As expressões devem ser escritas com quatro algarismos 4. Para escrevê-las, você pode usar adições, subtrações, multiplicações, divisões, potenciações e raiz quadrada.

Veja o exemplo para os números 0 e 1:

$4 + 4 - 4 - 4 = 0$

$44 : 44 = 1$

ESTATÍSTICA E PROBABILIDADE
LEITURA E INTERPRETAÇÃO DE DADOS EM TABELAS SIMPLES

O judô é uma arte marcial, criada no Japão, em que o praticante usa regras e técnicas incorporadas a movimentos do corpo para o combate, o ataque e a defesa. Há um código moral entre os praticantes, envolvendo princípios como coragem, autocontrole, respeito, entre outros.

O judô brasileiro conquistou medalhas em dez olimpíadas, conforme indicado na tabela abaixo.

Observe que, nesse caso, a coluna das medalhas foi dividida em três outras colunas: bronze, prata e ouro. Essa divisão foi feita para separar a quantidade de medalhas de cada tipo.

MEDALHAS CONQUISTADAS PELO JUDÔ BRASILEIRO EM JOGOS OLÍMPICOS			
Olimpíadas	Medalhas		
	Bronze	Prata	Ouro
1972 (Munique, Alemanha)	1	0	0
1984 (Los Angeles, EUA)	2	1	0
1988 (Seul, Coreia)	0	0	1
1992 (Barcelona, Espanha)	0	0	1
1996 (Atlanta, EUA)	2	0	0
2000 (Sydney, Austrália)	0	2	0
2004 (Atenas, Grécia)	2	0	0
2008 (Pequim, China)	3	0	0
2012 (Londres, Inglaterra)	3	0	1
2016 (Rio de Janeiro, Brasil)	2	0	1

Dados obtidos em: <http://www.cbj.com.br/galeria_de_campeoes/>. Acesso em: 19 maio 2018.

Essa tabela foi organizada em ordem cronológica de olimpíadas, desde 1972 até as olimpíadas de 2016.

Ao analisar uma tabela é importante observar seu título, o conteúdo de cada coluna e a fonte dos dados.

Analisando e interpretando a tabela acima, podemos obter várias informações; por exemplo:

- Nos jogos de 2012, o judô brasileiro conquistou 1 medalha de ouro a mais que nos jogos de 2008.
- O Brasil conquistou 1 medalha nos jogos de 1972, 1988 e 1992.
- O maior número de medalhas foi conquistado em 2012.
- No total, o judô brasileiro conquistou 22 medalhas em Jogos Olímpicos; dessas, 4 medalhas foram de ouro, 3 de prata e 15 de bronze.

ATIVIDADES

1. Observe a tabela apresentada a seguir.

QUANTIDADE DE ESPÉCIES DE VERTEBRADOS DA FAUNA BRASILEIRA AMEAÇADAS DE EXTINÇÃO	
Grupo de animais	Quantidade de espécies
Aves	234
Mamíferos	110
Répteis	80
Anfíbios	41
Peixes marinhos	96
Peixes continentais	312

Dados obtidos em: <http://www.icmbio.gov.br/portal/images/stories/comunicacao/publicacoes/publicacoes-diversas/dcom_sumario_executivo_livro_vermelho_ed_2016.pdf>. Acesso em: 19 maio 2018.

a) A que se referem os dados apresentados na tabela?
b) Como esses dados foram organizados na tabela?
c) Qual grupo de vertebrados apresentado tem a maior quantidade de espécies em risco de extinção?

2. Leia os dados apresentados na tabela a seguir para responder às questões.

INFRAÇÕES MAIS FREQUENTES NA CIDADE DE CURITIBA (JANEIRO A MARÇO DE 2017)	
Infração	Total de multas
Estacionar na calçada	9.726
Não manter o veículo na faixa destinada a ele	12.382
Estacionar em desacordo com a regulamentação	28.008
Transitar com velocidade superior à máxima permitida em até 20%	69.528
Estacionar em local ou horário proibido	11.917

Dados obtidos em: <http://www.curitiba.pr.gov.br/noticias/maio-amarelo-tem-blitz-e-orientacao-nas-escolas-sobre-respeito-no-transito/42016>. Acesso em: 19 maio 2018.

a) A que se referem os dados apresentados na tabela? Onde esses dados foram obtidos?
b) Que tipo específico de infração teve maior aplicação de multas nesse período?
c) Escreva as infrações da tabela em ordem decrescente de acordo com o total de multas aplicadas.
d) Quantas das infrações citadas na tabela referem-se a estacionamento?
e) Ao ser multado por dirigir com velocidade superior à máxima permitida em até 20%, o motorista paga aproximadamente 130 reais. Qual foi o valor aproximado arrecadado pela cidade de Curitiba com esse tipo de multa?

3. Observe a tabela e, depois, responda às questões.

Na tabela abaixo você pode ver como é importante usar os recursos naturais de forma adequada e valorizar os materiais recicláveis, pois alguns materiais jogados fora levam anos para se decompor.

TEMPO DE DECOMPOSIÇÃO DE ALGUNS MATERIAIS	
Material	Tempo de decomposição
Orgânico	De 2 a 12 meses
Papel	3 meses (em local úmido)
Tecido	De 1 a 6 anos
Chiclete	5 anos
Nylon	30 anos
Isopor	400 anos
Vidro	Milhares de anos

Dados obtidos em: <http://bvsms.saude.gov.br/bvs/dicas/244_lixo_cuidados.html> Acesso em: 19 maio 2018.

a) De acordo com a tabela, que tipo de material pode levar mais tempo para se decompor? E qual pode levar menos tempo?
b) Quanto tempo os materiais orgânicos levam para se decompor?
c) Que diferença de tempo de decomposição pode haver entre um objeto de nylon e um pedaço de tecido?
d) Faça uma pesquisa na internet ou em livros para descobrir quais dos materiais apresentados na tabela podem ser reciclados.

ESTATÍSTICA E PROBABILIDADE

4. Observe a tabela a seguir e faça o que se pede.

CHEGADA DE TURISTAS AO BRASIL	
Ano	Número de turistas
2006	5.017.251
2007	5.025.834
2008	5.050.099
2009	4.802.217
2010	5.161.379
2011	5.433.354
2012	5.676.843
2013	5.813.342
2014	6.429.852
2015	6.305.838

Dados obtidos em: <http://www.dadosefatos.turismo.gov.br/images/pdf/EstatisticasBasicasdoTurismo-Brasil2016-Anobase2015.pdf>. Acesso em: 19 maio 2018.

a) Arredonde o número de turistas de cada ano para a centena de milhar mais próxima.

b) Em que ano apresentado na tabela o Brasil recebeu mais turistas?

c) Das informações a seguir, qual(is) **não** pode(m) ser obtida(s) apenas da interpretação da tabela? Justifique.

   I. Em 2009 o Brasil recebeu menos de 5 milhões de turistas.

   II. Nos últimos 20 anos, o Brasil recebeu mais turistas em 2014.

   III. Em 2011 o Brasil arrecadou cerca de 5 milhões e 400 mil reais com turismo.

   IV. O Brasil sediou a Copa do Mundo de Futebol em 2014, por isso o país recebeu mais turistas nesse ano.

5. Daniela vai sair com a avó para passear e comprar um presente de aniversário para a mãe. Dona Dirce, a avó, deixou um recadinho para a neta e pediu que seguisse todas as instruções, se preparando para o passeio. Dona Dirce gosta de tudo muito bem organizado e explicado para que nada seja esquecido, então fez dois esquemas para a neta. Veja os esquemas a seguir.

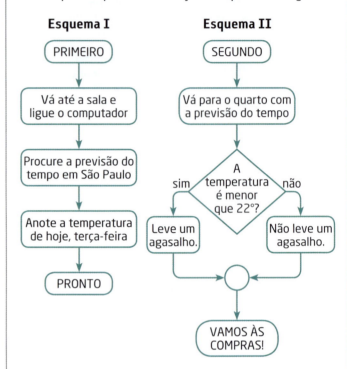

Quando Daniela seguiu o Esquema I, encontrou o quadro a seguir com a previsão do tempo dos próximos dias.

Dia	terça	quarta	quinta	sexta
Temperatura em grau Celsius	21°	26°	30°	32°

Daniela olhou o quadro e anotou a temperatura de terça-feira, conforme a avó orientou. Depois leu o segundo esquema, seguindo as instruções.

Observando os esquemas e o quadro com as temperaturas, responda às perguntas.

a) Se Daniela e a avó vão sair na terça, ela vai levar agasalho?

b) E se as duas fossem sair na quinta-feira?

ATIVIDADES COMPLEMENTARES

1. Faça um esquema e resolva.

As cidades A, B e C são cortadas pela mesma estrada. A distância da cidade A à B é 35 km e a distância da cidade B à C é 52 km. Sabendo que a cidade A está entre as cidades C e B, calcule a distância entre as cidades A e C.

2. Resolva o problema registrando as operações em uma mesma expressão.

A sorveteria Que Delícia! recebeu de seu fornecedor 280 picolés sabor morango, 185 picolés sabor coco e 265 picolés sabor chocolate, ficando com 1.395 picolés em seu estoque. Quantos picolés havia no estoque antes do recebimento dos novos picolés?

3. No heptatlo, competição disputada somente por mulheres, as atletas correm 100 m no primeiro dia e 1.000 m no segundo, além de realizarem outras provas. No decatlo, disputado somente por homens, os atletas correm 500 m no primeiro dia e 1.510 m no segundo, além de realizarem outras provas.

Qual é a diferença, em metro, entre as distâncias percorridas no decatlo e no heptatlo?

4. Veja como Paulo e Vilma descreveram o que pensaram ao calcular mentalmente o resultado de uma adição.

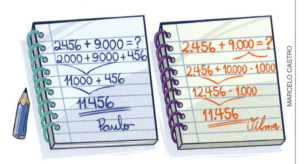

Agora, usando a forma de cálculo que lhe parecer mais adequada, calcule mentalmente as operações abaixo.

a) 3.589 + 12.000
b) 349 + 2.400
c) 8.125 + 999
d) 9.999 − 15
e) 1.563 + 997
f) 35.927 − 1.927
g) 56.670 − 2.995
h) 20.536 + 3.994

5. Observe o número que aparece no visor da calculadora e responda às questões a seguir.

a) Como você pode eliminar o algarismo 3 do visor fazendo uma única operação?

b) Descubra uma forma de, com uma única operação, mudar o algarismo 4 para 7 e manter iguais os outros algarismos.

6. Raul tinha 60 reais e precisou comprar os seguintes materiais escolares:

- 1 caderno;
- 1 estojo;
- 1 fichário.

No dia seguinte, ganhou 34 reais de sua mãe e 20 reais de seu pai. Com quantos reais Raul ficou?

ATIVIDADES COMPLEMENTARES

7. Tânia começou a encaixar as fichas no esquema de forma que o resultado da adição dos números ligados pela mesma linha horizontal ou vertical fosse 20.

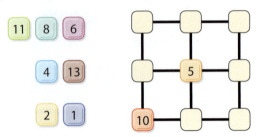

- Onde Tânia deverá encaixar as fichas restantes?

8. Ajude o garoto a descobrir o número de irmãos da família Feliz.

Os irmãos da família Feliz dividiram igualmente entre si um prêmio, e cada um ficou com 22.500 reais. Sabendo que o valor total do prêmio era superior a 110.000 reais e inferior a 150.000 reais, quantos são os irmãos da família Feliz?

9. (OBM) Uma escola precisa comprar mesas e cadeiras novas para seu refeitório, cada mesa com 4 cadeiras, que serão distribuídas nos 3 setores do refeitório. Em cada setor do refeitório cabem 8 fileiras de mesas e, em cada fileira, cabem 14 mesas. Quantas mesas e cadeiras deverão ser compradas?

a) 112 mesas e 448 cadeiras
b) 112 mesas e 1.344 cadeiras
c) 336 mesas e 448 cadeiras
d) 336 mesas e 896 cadeiras
e) 336 mesas e 1.344 cadeiras

10. Valéria organizou em sua escola uma excursão para um parque de diversões. Ela arrecadou 2.860 reais, para cobrir as despesas de transporte e de compra dos ingressos.

Sabendo que cada pessoa pagou 20 reais pelo transporte e 35 reais pelo ingresso, determine quantas pessoas foram a essa excursão.

11. Com a ajuda de uma calculadora, responda:

a) Quais teclas devem ser apertadas para efetuar $3 \cdot 4$ sem usar a tecla de multiplicação?

b) Que teclas devemos apertar para descobrir o número que foi digitado nas operações indicadas abaixo?

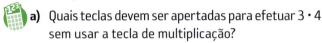

12. Identifique o erro e corrija a expressão em seu caderno.

$$87 - (156 : 12) \cdot 2 =$$
$$= 87 - 13 \cdot 2 =$$
$$= 74 \cdot 2 = 148$$

13. Encontre o valor do ■ em cada caso.

a) $5 + ■ - \sqrt{25} = 5$
b) $2^3 - \sqrt{49} - ■ = 0$
c) $■ \cdot (\sqrt{169} - 13) = 0$
d) $■ : (5 \cdot 10^4 - 10^4) = 1$

14. Leia e faça o que se pede.

Uma calculadora padrão apresenta algumas teclas que são usadas para efetuar operações.

- Para calcular $(3 + 5) \cdot 11$, fazemos:

- Para calcular o quadrado de um número, fazemos, por exemplo:

- Para calcular a raiz quadrada de um número, fazemos, por exemplo:

- Usando a calculadora, determine:

a) $(10 + 16 - 1) : 5$
b) 123^2
c) $\sqrt{223.729}$
d) $(10 + 2) \cdot 5^2$
e) $(20 - 5) \cdot \sqrt{81}$

- Como calcular $11 \cdot (5 + 43 - 32)$?

15. Responda à questão no caderno.

- As duas expressões têm o mesmo resultado? Explique.

16. Leia o texto e resolva.

Segundo o Ministério da Saúde, quase metade das crianças brasileiras estão anêmicas. Uma das causas é a má alimentação.

Uma explicação simples do que é anemia é dada pela Associação Paulista de Medicina: trata-se de uma doença crônica causada pela insuficiência de hemoglobina, o pigmento que dá cor aos glóbulos vermelhos e transporta oxigênio dos pulmões para todas as células do corpo.

A quantidade de glóbulos vermelhos de uma pessoa varia de acordo com o local onde ela vive e seu sexo. Nos homens brasileiros (com 70 quilogramas) a quantidade de glóbulos vermelhos fica em torno de 22 trilhões e 500 bilhões, enquanto nas mulheres brasileiras (com 60 quilogramas) a quantidade é de aproximadamente 17 trilhões.

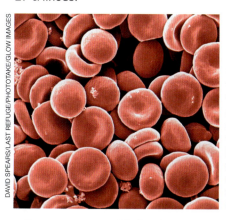

Glóbulos vermelhos vistos ao microscópio eletrônico de varredura. Imagem colorizada artificialmente; aumento de 6.500 vezes.

- Escreva as quantidades de glóbulos vermelhos que aparecem no texto usando potências de base 10.

17. Sabendo que 8^7 é igual a 2.097.152, calcule:
a) 8^6
b) 8^8

18. Responda.
a) Se a base e a potência são iguais e são diferentes de zero, qual é o expoente?
b) Se o expoente é 3 e a base é igual à potência, qual é o possível valor da base?
c) Se a base é um número diferente de zero e a potência é igual a 1, qual é o valor do expoente?

19. Reescreva as sentenças em seu caderno substituindo os quadradinhos pelos sinais $+$, $-$ ou $\cdot$.
a) (2 ■ 3) ■ 5 = 25
b) (9 ■ 6) ■ 8 = 24
c) 2 ■ (4 ■ 6) = 48
d) (7 ■ 6) ■ 9 = 33

20. Use as teclas de calculadora fornecidas em cada caso para escrever expressões que resultem no número 360.
a) [4], [0] e [−]
b) [2], [0], [+] e [−]
c) [0], [+] e [−] e outra tecla com números, exceto as de números 4 e 2.

21. Coloque entre as fichas os sinais $+$, $-$, $\cdot$ e $:$, de modo que cada sentença seja verdadeira. Você também poderá acrescentar parênteses onde for necessário.
a) 2 2 2 2 = 0
b) 2 2 2 2 = 1
c) 2 2 2 2 = 2
d) 2 2 2 2 = 3
e) 2 2 2 2 = 4
f) 2 2 2 2 = 5
g) 2 2 2 2 = 6
h) 2 2 2 2 = 10
i) 2 2 2 2 = 12

- Compare seus resultados com os de um colega e verifique se há mais de uma resposta para cada item.

 Mais questões no livro digital

UNIDADE 3
GEOMETRIA: NOÇÕES INICIAIS

1 GEOMETRIA EM DOCUMENTOS HISTÓRICOS

O papiro Rhind, escrito por volta de 1800 a.C., contém conhecimentos desenvolvidos pelos antigos egípcios. Ao que tudo indica, era uma espécie de manual para ensinar Matemática aos futuros escribas. No fragmento ao lado, constam alguns problemas de cálculo de áreas de algumas figuras geométricas.

A Matemática desenvolvida pelos babilônios está registrada em pequenas tabletas de argila. Na foto ao lado, temos a tableta YBC 7289 (cerca de 1600 a.C.), que traz um exercício de Geometria ensinado provavelmente aos escribas. Nesse exercício, deve-se encontrar a medida do terceiro lado de um triângulo conhecendo-se a medida dos outros dois lados.

1800 a.C.   1600 a.C.

Na Grécia antiga, a Geometria deixou de ser apenas um recurso das atividades práticas para se tornar um conjunto de conhecimentos organizados. Tales de Mileto (cerca de 600 a.C.) é o primeiro estudioso conhecido a quem se associam descobertas matemáticas, entre elas estudos muito importantes no campo da Geometria.

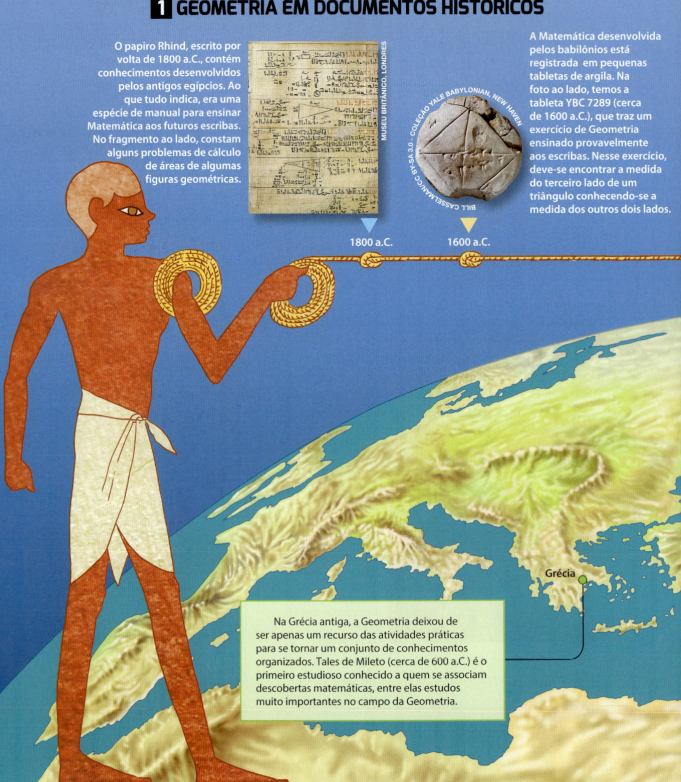

Vídeo: *Geometria em documentos históricos*

Assista ao vídeo e aprenda sobre a história dos babilônios, dos egípcios e dos gregos a partir de registros históricos.
Acesso em: 5 mar. 2018.

Por volta de 300 a.C., Euclides organizou boa parte do conhecimento matemático, incluindo a Geometria, em uma coleção de treze livros intitulada *Os elementos*. Por mais de dois milênios, esse texto orientou o ensino de Geometria. Na foto ao lado, reprodução da capa da primeira edição inglesa de um dos livros dessa coleção, datada de 1570.

300 a.C.

Os "esticadores de corda" eram os agrimensores egípcios que demarcavam as terras após as inundações anuais do rio Nilo, que alteravam as marcas anteriores.

Os antigos egípcios realizaram grandes avanços no conhecimento geométrico ao tentar solucionar problemas do dia a dia. As cordas com nós eram usadas na agricultura e em traçados de grandes monumentos, templos e pirâmides.

Os babilônios tinham conhecimentos consideráveis de Geometria, que, na prática, eram usados, por exemplo, no cálculo de medidas.

Mesopotâmia

Egito

97

2 SÓLIDOS GEOMÉTRICOS

Você deve conhecer alguns elementos presentes nas cidades que lembram figuras geométricas, mas já teve chance de observar os elementos que existem na natureza? Já prestou atenção em rochas, conchas, troncos de árvores e flores em botão?

Alguns objetos e construções feitos pelos seres humanos, além de tudo o que existe na natureza, têm um formato. Alguns desses formatos lembram o que, em Matemática, chamamos de **sólidos geométricos**.

Ao procurar a palavra "sólido" no dicionário, encontramos vários significados, entre eles: "corpo não oco, ou corpo maciço".

Em Geometria, sólido é uma figura geométrica **tridimensional** (que tem três dimensões: comprimento, largura e altura) e não oca, ou seja, maciça.

Veja como representamos alguns sólidos geométricos.

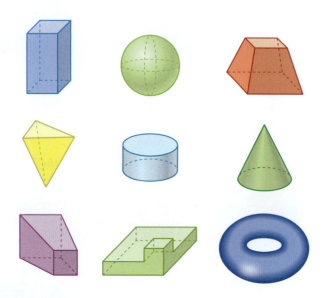

PARA CLASSIFICAR

Observe os sólidos geométricos ao lado.
- Analise o formato de cada um e separe-os em dois grupos.
- Apresente oralmente para a classe o critério que você usou para fazer essa classificação.

Um possível critério para classificar esses sólidos é separá-los nos grupos abaixo.

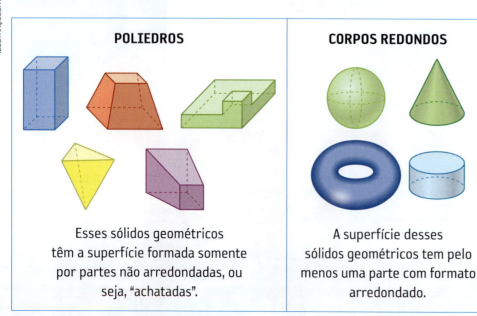

POLIEDROS	CORPOS REDONDOS
Esses sólidos geométricos têm a superfície formada somente por partes não arredondadas, ou seja, "achatadas".	A superfície desses sólidos geométricos tem pelo menos uma parte com formato arredondado.

98

ATIVIDADES

VAMOS PRATICAR

1. Observe os alunos abaixo e seus materiais sobre as carteiras.

a) Faça uma lista com os nomes dos materiais que lembram sólidos geométricos.

b) Quais dos materiais relacionados lembram poliedros? E quais lembram corpos redondos?

2. Classifique os sólidos geométricos representados a seguir em poliedro ou corpo redondo.

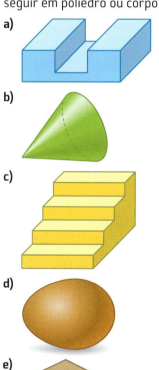

f)

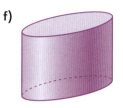

3. Observe os sólidos representados abaixo e responda às questões.

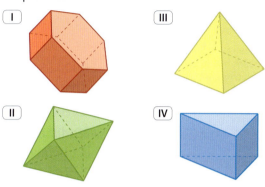

a) Quais são as características comuns a esses sólidos?

b) Que diferenças se podem observar entre eles?

VAMOS APLICAR

4. Pesquise, em jornais e revistas, imagens de objetos ou construções que dão ideia de corpos redondos e outros que dão ideia de poliedros. Recorte essas imagens. Na sala de aula, divida um pedaço de papel pardo ou uma folha de cartolina em duas partes (uma parte para os poliedros e outra para os corpos redondos) e cole nelas as imagens que você pesquisou.

5. Observe a imagem abaixo e responda às questões.

Cabeça de mármore de Amorgos. Essa escultura foi produzida nas ilhas Cíclades (Grécia) há cerca de 4 mil anos.

a) Essa escultura se parece com poliedros ou com corpos redondos? Justifique.

b) No município em que você mora, há esculturas em locais públicos?

c) Você considera importante que as obras de arte sejam bem cuidadas? Por quê?

99

> **OBSERVAÇÃO**
>
> Nesta coleção, estudaremos apenas os paralelepípedos reto-retângulos; assim, usaremos apenas o termo **paralelepípedo** para denominar esses sólidos.
>
>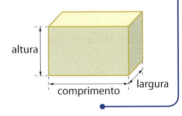

ELEMENTOS DE UM POLIEDRO E PLANIFICAÇÃO DE SUA SUPERFÍCIE

Você sabe que formato de embalagem é mais usada para acondicionar e transportar mercadorias? Já prestou atenção nisso? Por que você acha que esse tipo é o mais empregado?

A caixa ilustrada abaixo lembra um poliedro bastante conhecido, chamado **paralelepípedo reto-retângulo** ou **bloco retangular**.

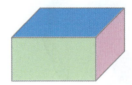

Observe que a superfície dessa caixa é formada por seis regiões retangulares.

Cada região que forma a superfície de um poliedro é denominada **face**. O segmento comum a duas faces (onde é feita a dobra da caixa) chama-se **aresta**, e os pontos de encontro das arestas são os **vértices**.

No poliedro representado abaixo, temos 6 faces, 12 arestas e 8 vértices.

> **Figuras geométricas não planas**
>
> O objetivo dessa atividade é descobrir a planificação correspondente à figura geométrica não plana.

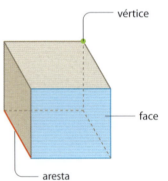

Agora, imagine que vamos desmontar a caixa. Veja o que acontece.

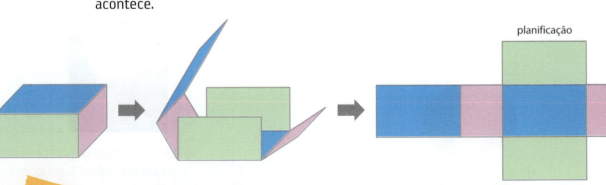

A representação da superfície da caixa totalmente aberta é chamada de **planificação**.

Ao fazer a planificação da superfície de um poliedro, representamos todas as suas faces.

> Organize o que você aprendeu fazendo a atividade 4 da página 116.

100

ATIVIDADES

VAMOS PRATICAR

1. Associe cada sólido representado abaixo com a planificação de sua superfície.

Sólidos

    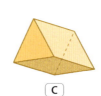    

A B C D E F

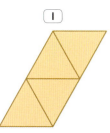 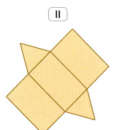 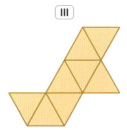 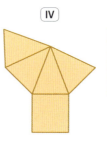 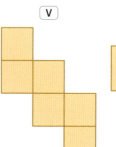 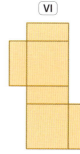

I II III IV V VI

Planificações

VAMOS APLICAR

2. Observe os sólidos representados a seguir.

 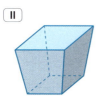 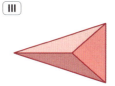    

I II III IV V VI

a) Agora, conte o número de vértices, de faces e de arestas de todos eles e preencha o quadro abaixo.

	Número de vértices (V)	Número de faces (F)	Número de arestas (A)
Sólido I			
Sólido II			
Sólido III			
Sólido IV			
Sólido V			
Sólido VI			

b) Para cada sólido, adicione o número de vértices (V) com o número de faces (F); depois, adicione 2 ao número de arestas (A).

Que regularidade você observou em relação a V, F e A nos sólidos analisados?

101

POLIEDROS E CORPOS REDONDOS COM NOMES ESPECIAIS

Alguns poliedros são chamados de **prismas**. Observe alguns exemplos a seguir.

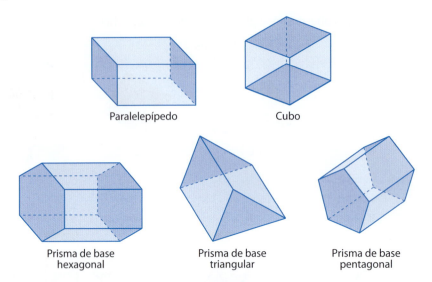

Paralelepípedo   Cubo

Prisma de base hexagonal   Prisma de base triangular   Prisma de base pentagonal

As faces dos prismas destacadas em azul mais escuro chamam-se **bases**, e as demais, **faces laterais**. As bases são idênticas e paralelas.

Há também poliedros chamados de **pirâmides**. Veja alguns exemplos.

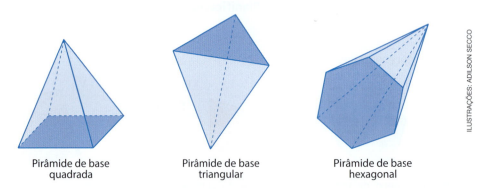

Pirâmide de base quadrada   Pirâmide de base triangular   Pirâmide de base hexagonal

As faces das pirâmides destacadas em azul mais escuro chamam-se **bases**, e as demais, **faces laterais**.

Há ainda poliedros que não são prismas nem pirâmides. Veja alguns exemplos.

Alguns corpos redondos também recebem um nome especial. Observe:

Cilindro   Cone   Esfera

ATIVIDADES

VAMOS APLICAR

1. Observe as fotos a seguir e escreva o nome do sólido geométrico que você associaria a cada objeto.

A    C    E    G

B    D    F    H

2. Observe, ao lado, Ana fazendo um molde para construir um dado de papel.

    a) Qual dos dados **não** pode ser construído com o molde de Ana?

    I   II   III

    b) O dado lembra que sólido geométrico? Como você o descreveria?

3. Desenhe estas figuras em um papel quadriculado, recorte-as e tente montar um modelo de cubo com cada uma.

    a) 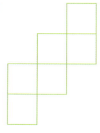   c)    e)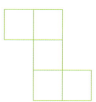

    b) 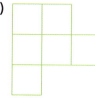   d) 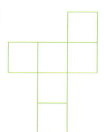   f)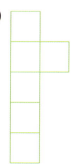

• Que figuras não representam uma planificação da superfície de um cubo?

4. Considere os prismas representados a seguir.

| I | II | III | IV | V | VI |

  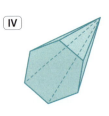  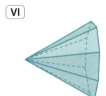

a) Observe as bases de cada prisma e preencha o quadro abaixo.

	Número de arestas de uma das bases (a)	Número total de arestas (A)	Número de faces (F)	Número de vértices de uma das bases (v)	Número total de vértices (V)
Prisma I					
Prisma II					
Prisma III					
Prisma IV					
Prisma V					
Prisma VI					

b) Que regularidade podemos observar entre *a* e *A*?
c) E entre *a* e *F*?
d) E entre *v* e *V*?

5. Observe as pirâmides representadas abaixo.

| I | II | III | IV | V | VI |

a) Identifique a base de cada pirâmide e preencha o quadro.

	Número de arestas da base (a)	Número total de arestas (A)	Número de faces (F)	Número de vértices da base (v)	Número total de vértices (V)
Pirâmide I					
Pirâmide II					
Pirâmide III					
Pirâmide IV					
Pirâmide V					
Pirâmide VI					

b) Que regularidade podemos observar entre *a* e *A*?
c) E entre *a* e *F*?
d) E entre *v* e *V*?

3 FIGURAS GEOMÉTRICAS PLANAS

Observe estas imagens.

As imagens acima lembram **figuras geométricas planas**.

Veja algumas dessas figuras.

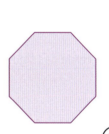

Para saber se uma figura geométrica é plana ou não plana, basta imaginá-la sobre o tampo de uma mesa. Se a figura ficar totalmente contida no tampo da mesa, é **plana**; caso contrário, é **não plana**. Observe alguns exemplos.

🛜 **Trilha de estudo**
Vai estudar? Nosso assistente virtual no *app* pode ajudar!
<http://mod.lk/trilhas>

FIGURAS GEOMÉTRICAS PLANAS	FIGURAS GEOMÉTRICAS NÃO PLANAS
	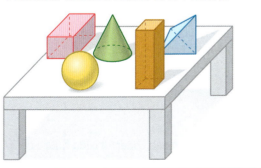

ATIVIDADES

VAMOS APLICAR

1. José contornou e pintou uma das faces de alguns sólidos.

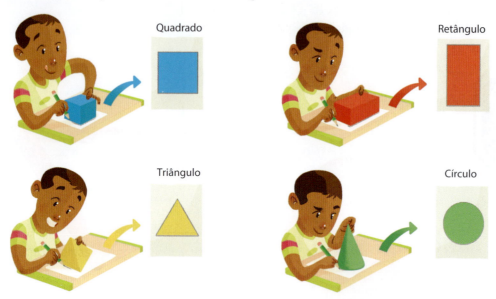

Imagine que você vá fazer o mesmo com as faces dos sólidos abaixo apoiadas nas folhas. Das folhas ilustradas abaixo, quais terão as mesmas figuras?

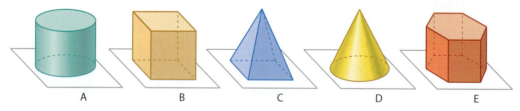

2. Cada parte destacada em verde das figuras a seguir será pintada e carimbada em uma folha de papel.

a)

b)

c)

d)

e)

f)

- Desenhe em seu caderno cada figura carimbada.

ESTATÍSTICA E PROBABILIDADE
CONSTRUÇÃO DE GRÁFICOS DE BARRAS (HORIZONTAIS E VERTICAIS)

Henrique fez um levantamento das vendas de automóveis da loja onde trabalha no primeiro semestre de 2017. Após coletar os dados, elaborou a tabela a seguir.

AUTOMÓVEIS VENDIDOS PELA LOJA AUTOCARROS NO PRIMEIRO SEMESTRE DE 2017						
Mês	Janeiro	Fevereiro	Março	Abril	Maio	Junho
Número de automóveis vendidos	10	6	2	4	1	8

Dados obtidos por Henrique no primeiro semestre de 2017.

Henrique resolveu fazer um gráfico de barras verticais para representar os dados da tabela. Veja a seguir dois modos de construir esse gráfico.

Gráfico em papel quadriculado

Antes de construir o gráfico, Henrique teve de tomar algumas decisões. Observe.

- Vou usar papel quadriculado e traçar duas linhas: uma horizontal e uma vertical. Essas linhas serão os eixos.
- Cada barra apoiada na linha horizontal representará um mês.
- A altura da barra indicará o número de automóveis vendidos no mês correspondente.
- O título e a fonte do gráfico devem ser os mesmos da tabela.

Além disso, Henrique teve de escolher uma **escala** adequada para a linha vertical do gráfico, ou seja, ele precisou responder à questão: "Um lado de quadradinho do papel quadriculado representará quantos automóveis vendidos?".

Como o maior número de automóveis vendidos era 10 e o menor 1, ele decidiu que cada lado de quadradinho representaria 1 automóvel vendido. Assim, o gráfico ficaria em um tamanho adequado para ser apresentado em um relatório de vendas. Observe.

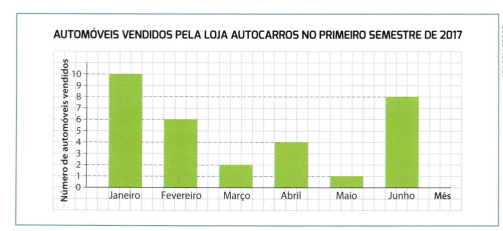

Para facilitar a leitura, as barras devem ter a mesma largura e manter a mesma distância entre si.

Dados obtidos por Henrique no primeiro semestre de 2017.

ESTATÍSTICA E PROBABILIDADE

Esses dados também podem ser representados em um gráfico de barras horizontais. Observe a representação abaixo.

"A diferença desse gráfico para o anterior é que aqui o número de automóveis vendidos foi representado na linha horizontal e o mês, na linha vertical."

Dados obtidos por Henrique no primeiro semestre de 2017.

Gráfico em papel não quadriculado

Como dessa vez Henrique não fará uso do papel quadriculado, ele precisará de uma régua graduada, pois não haverá linhas para ajudar na construção do gráfico.

Veja as etapas do procedimento adotado por Henrique.

1. Com a régua, ele traçou uma linha horizontal e uma linha vertical.

2. Escolheu, então, uma escala para a linha vertical. Com auxílio da régua, dividiu a linha vertical em centímetros, fazendo cada centímetro representar 2 automóveis vendidos.

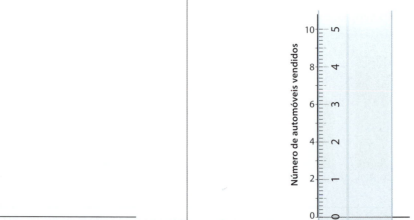

3. Apoiando as barras na linha horizontal, desenhou-as com a altura correspondente a cada mês. Por fim, inseriu o título do gráfico, a fonte e o período em que os dados foram obtidos.

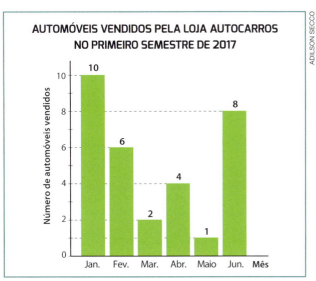

Dados obtidos por Henrique no primeiro semestre de 2017.

 ATIVIDADES

1. Seguindo as instruções abaixo, construa outros gráficos para Henrique.
   a) Em uma folha de papel quadriculado, use esta escala: dois lados de quadradinho para cada automóvel vendido.
   b) Em uma folha de papel sem pauta, use esta escala: 1 centímetro para cada automóvel vendido.

2. Trace um segmento e, sobre ele, marque pontos para representar os números em cada caso.
   (*Dica*: use uma régua graduada e escolha uma escala adequada ao tamanho da folha de seu caderno.)
   a) 5, 10, 20, 30, 45
   b) 400, 200, 100, 50

3. Sérgio, em maio de 2019, fez um levantamento sobre o esporte preferido dos colegas da classe. Com o resultado, ele elaborou a tabela ao lado e pretende construir um gráfico de barras.

   ESPORTE PREFERIDO PELOS ALUNOS DA TURMA A

Esporte	Número de colegas
Futebol	10
Vôlei	6
Basquete	3
Natação	6
Atletismo	4
Tênis	2

   Dados obtidos por Sérgio em maio de 2019.

Veja como Sérgio iniciou a construção de um gráfico de barras horizontais.

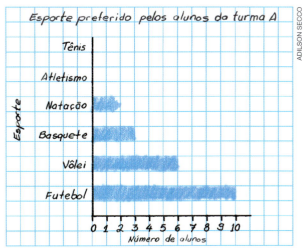

Dados obtidos por Sérgio em maio de 2019.

- Agora, faça o que se pede.
  a) Complete o gráfico iniciado por Sérgio, de acordo com os dados da tabela.
  b) Construa um gráfico de barras verticais com base nos dados apresentados.

ESTATÍSTICA E PROBABILIDADE

4. A tabela abaixo apresenta a temperatura máxima registrada na cidade de Poços de Caldas (MG) nos cinco primeiros dias de setembro de 2017.

TEMPERATURA MÁXIMA EM POÇOS DE CALDAS EM ALGUNS DIAS DE SETEMBRO DE 2017					
Dia	1	2	3	4	5
Temperatura	29 °C	28 °C	25 °C	24 °C	25 °C

Dados obtidos em: <http://www.inmet.gov.br/portal/>. Acesso em: 23 set. 2017.

a) Construa um gráfico de barras para representar esses dados. Escolha qualquer tipo de papel (quadriculado ou não).

b) Compare seu gráfico com o dos colegas e analisem a escala que cada um usou.

c) As informações apresentadas são mais bem visualizadas no gráfico ou na tabela? Por quê?

5. A Liga Mundial de Vôlei é um evento anual que ocorre desde 1990 e envolve as seleções de voleibol masculino de vários países.

Observe, abaixo, o país vitorioso de cada competição, de 1990 a 2017.

1990 – Itália	1997 – Itália	2004 – Brasil	2011 – Rússia
1991 – Itália	1998 – Cuba	2005 – Brasil	2012 – Polônia
1992 – Itália	1999 – Itália	2006 – Brasil	2013 – Rússia
1993 – Brasil	2000 – Itália	2007 – Brasil	2014 – Estados Unidos
1994 – Itália	2001 – Brasil	2008 – Estados Unidos	2015 – França
1995 – Itália	2002 – Rússia	2009 – Brasil	2016 – Sérvia
1996 – Holanda	2003 – Brasil	2010 – Brasil	2017 – França

Dados obtidos em: <http://worldleague.2017.fivb.com/en/competition/honours>. Acesso em: 16 maio 2018.

Jogadores da seleção brasileira de vôlei comemorando o segundo lugar na Liga Mundial de 2017 em Curitiba (PR). Foto de 2017.

a) Construa uma tabela de modo que, na primeira coluna, conste os países que já foram vitoriosos da Liga Mundial de Vôlei e, na segunda coluna, o número de vitórias de cada um. Não se esqueça de colocar um título e a fonte dos dados na sua tabela.

b) Com os dados da tabela, construa, em uma folha de papel quadriculado, dois gráficos: um de barras horizontais e outro de barras verticais.

c) No gráfico de barras verticais, que dados você representou na linha vertical? E na horizontal?

d) No gráfico de barras horizontais, que dados você representou na linha vertical? E na horizontal?

e) Que país obteve mais vitórias na Liga Mundial de Vôlei até 2017?

ATIVIDADES COMPLEMENTARES

1. Observe as fotos a seguir e escreva o nome da figura geométrica que pode ser associada a cada imagem.

   a)

   b)

   c)

   d)

2. Júlio quer construir a planificação da superfície dos sólidos representados abaixo. Que figuras geométricas formarão cada planificação?

   a)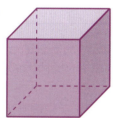

   b)

   c)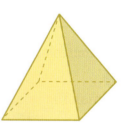

3. Observe cada figura a seguir. Escreva a quantidade de cubinhos que forma cada uma. Em seguida, desenhe uma figura plana formada por quadradinhos para representar a base apoiada de cada uma.

   a)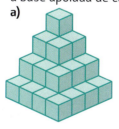

   b)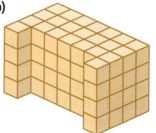

   c)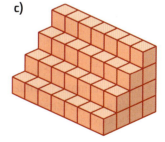

Mais questões no livro digital

COMPREENDER UM TEXTO

A importância da água para o organismo humano

A água é um componente essencial de todos os tecidos corpóreos e está presente nas reações químicas, respiração, circulação, funcionamento dos rins, digestão, sistemas de defesa, pele, entre outros. [...]

Ao longo do dia perdemos líquidos corporais através da transpiração, suor, saliva, urina e fezes. [...]

O fornecimento pode ocorrer através da ingestão de líquidos, consumo de alimentos que possuem grandes quantidades de água (vegetais e frutas) e através do metabolismo corporal.

Recomenda-se, em média, a ingestão de 2 a 3 litros de água por dia. Em situações especiais, como calor excessivo e exercício físico intenso, esse consumo deve ser maior. [...]

Uma dica importante para controlar e estimar o consumo diário de água é a utilização de garrafinhas de água durante o dia e para os que se esquecem de ingerir água, atualmente existem aplicativos para celulares que possuem a função de lembrá-lo. Não espere ter sede para hidratar-se!

Disponível em: <http://www.santacasasp.org.br/portal/site/pub/12181/a-importancia-da-agua-para-o-organismo-humano>. Acesso em: 16 maio 2018.

CURIOSIDADE

Veja quantos litros de água alguns animais consomem, em média, por dia.

= 2 L

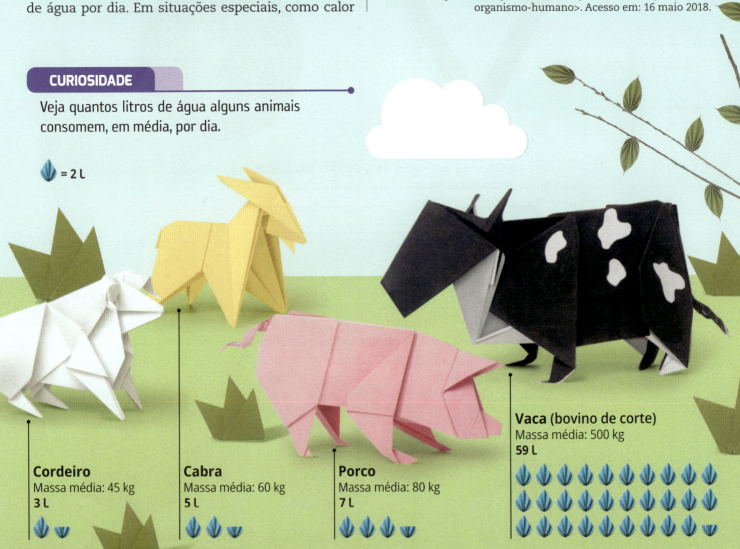

Cordeiro
Massa média: 45 kg
3 L

Cabra
Massa média: 60 kg
5 L

Porco
Massa média: 80 kg
7 L

Vaca (bovino de corte)
Massa média: 500 kg
59 L

ATIVIDADES

1. Cite dois exemplos da presença de água no organismo humano.

2. De acordo com o texto, em média quantos litros de água uma pessoa deve beber diariamente?

3. Considerando os animais da ilustração, indique aquele(s) que bebe(m) a menor quantidade de água por dia.

4. Em uma fazenda de criação de cordeiros, há um tanque com capacidade de 300 litros, que é abastecido com água uma vez ao dia para suprir as necessidades dos animais. Quantos cordeiros podem ser criados nessa fazenda, considerando que todos consumam a mesma quantidade de água diariamente?

5. Supondo que a criação de cordeiros da atividade anterior seja substituída por uma criação de cabras e considerando que todas bebam a mesma quantidade de água por dia, quantas cabras poderão ser criadas na fazenda?

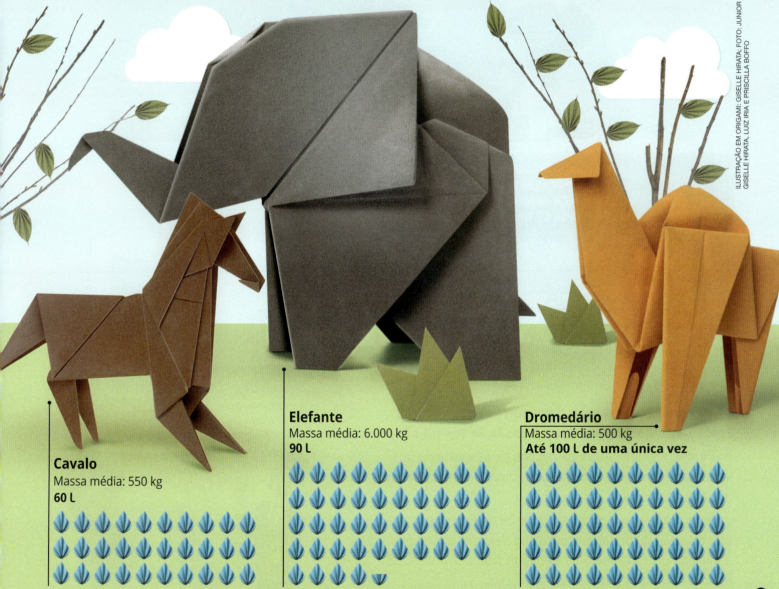

Cavalo
Massa média: 550 kg
60 L

Elefante
Massa média: 6.000 kg
90 L

Dromedário
Massa média: 500 kg
Até 100 L de uma única vez

ILUSTRAÇÃO EM ORIGAMI: GISELLE HIRATA; FOTO: JUNIOR ROZZO; PRODUÇÃO: GISELLE HIRATA, LUIZ IRIA E PRISCILLA BOFFO

Fontes: British Columbia. *Water Quality*. Disponível em: <https://www2.gov.bc.ca/gov/content/environment/air-land-water/water/water-quality#terrmamm>. Zoológico de São Paulo. Disponível em: <http://www.zoologico.com.br/animais/mamiferos/elefante-africano/>. Animal Diversity Web. Disponível em: <https://animaldiversity.org/accounts/Camelus_dromedarius/>. Acessos em: 16 maio 2018.

EDUCAÇÃO FINANCEIRA

 Controlar a impulsividade

Mesada: valor que os filhos recebem periodicamente dos pais.

ILUSTRAÇÕES: DANIEL ZEPPO

O QUE VOCÊ FARIA?

Agora, você deve se colocar no papel de pais ou de mães. Pense na pergunta: **Você daria mesada ao seu filho?**

Depois, escolha, entre as opções de resposta da ilustração ao lado, qual atitude você tomaria em relação à mesada de seu filho.

Para finalizar seu papel de pai ou de mãe, dê argumentos, ou seja, justificativas para sua decisão em relação à mesada de seu filho. Por exemplo: *Não daria mesada porque já compro tudo o que ele precisa.*

CALCULE

Alguns economistas recomendam quanto e com que frequência se deve dar mesada a crianças e adolescentes. Leia uma das recomendações.

> [...] Pais ricos ou pobres, R$ 1 por ano de vida é quanto o filho precisa para despesas semanais básicas a partir dos seis anos de idade, segundo [Cásssia D'] Aquino. De acordo com a conta, uma criança de seis anos pode aprender a administrar uma semanada de R$ 6 e uma de dez, de R$ 10.
>
> A mesada propriamente só deve chegar aos 11 anos, quando o pré-adolescente começa a se deparar com necessidades maiores de gastos e de economias. Nesse momento, a semanada de R$ 11 deve virar uma mesada, que pode chegar a cerca de R$ 100, o equivalente a ao menos R$ 8 por ano de vida. Ou seja, um adolescente de 13 anos ganharia R$ 104 mensais.

Educadora ensina quanto dar de mesada aos filhos. *Folha de S.Paulo*.
Disponível em: <http://www1.folha.uol.com.br/folha/dinheiro/ult91u387388.shtml>.
Acesso em: 16 maio 2018.

Seguindo essa recomendação, faça um quadro em seu caderno e calcule quanto seria desembolsado por semana, por mês e por ano em cada caso.

QUANTIA DESEMBOLSADA POR PERÍODO DE TEMPO			
Idade	Por semana	Por mês (considerar 4 semanas)	Por ano
6 anos			
7 anos			
8 anos			
9 anos			
10 anos			
11 anos			
12 anos			
13 anos			

REFLITA

- Como você se organizaria caso recebesse a mesada calculada acima?
- O que faria com o dinheiro recebido? Pouparia uma parte para realizar um sonho futuro?
- Atualmente, você poupa para alcançar algum sonho ou meta?
- Em quais situações você já poupou?
- Em quais situações você gastou todo o dinheiro que havia recebido?
- Quais são outras possíveis fontes de dinheiro para uma criança ou um adolescente? Alguma vez você recebeu pagamento por uma tarefa realizada?

ORGANIZAR O CONHECIMENTO

1. Considerando a sequência de números naturais, complete o esquema com os termos **zero**, **antecessor** e **sucessor**.

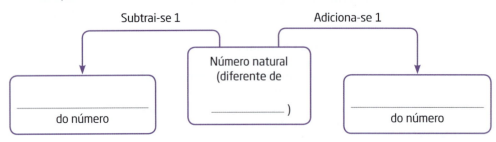

2. Veja os procedimentos para escrever o número 1.499 no sistema romano e complete os passos que faltam.

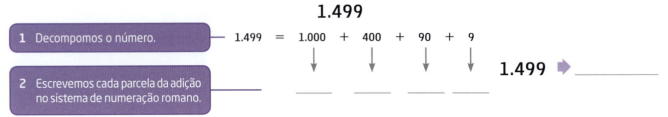

3. Complete o esquema com dois exemplos para cada um dos casos particulares da potenciação.

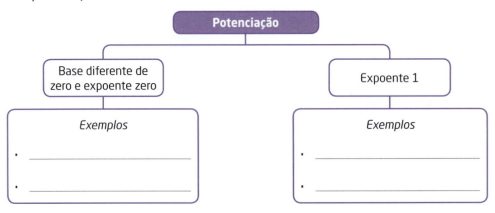

4. Complete o esquema.

TESTES

1. (OCM-PB) A diferença entre o maior número de 4 algarismos diferentes e o menor número também de 4 algarismos diferentes é:
a) 8.853.
b) 8.642.
c) 9.000.
d) 8.999.
e) 8.852.

2. (Enem) Os incas desenvolveram uma maneira de registrar quantidades e representar números utilizando um sistema de numeração decimal posicional: um conjunto de cordas com nós denominado *quipus*. O *quipus* era feito de uma corda matriz, ou principal (mais grossa que as demais), na qual eram penduradas outras cordas, mais finas, de diferentes tamanhos e cores (cordas pendentes). De acordo com sua posição, os nós significavam unidades, dezenas, centenas e milhares. Na Figura 1, o *quipus* representa o número decimal 2.453. Para representar o "zero" em qualquer posição, não se coloca nenhum nó.

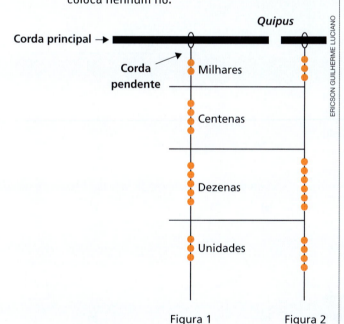

O número da representação do *quipus* da Figura 2, em base decimal, é:
a) 364.
b) 463.
c) 3.064.
d) 3.640.
e) 4.603.

3. (FGV) Para o jantar comemorativo do aniversário de certa empresa, a equipe do restaurante preparou 18 mesas com 6 lugares cada uma e, na hora do jantar, 110 pessoas compareceram. É correto afirmar que:
a) se todos sentaram em mesas completas, uma ficou vazia.
b) se 17 mesas foram completamente ocupadas, uma ficou com apenas 2 pessoas.
c) se 17 mesas foram completamente ocupadas, uma ficou com apenas 4 pessoas.
d) todas as pessoas puderam ser acomodadas em menos de 17 mesas.
e) duas pessoas não puderam sentar.

4. (FGV) Bia quer comprar chicletes para seus amigos. Na loja onde ela vai comprar, cada chiclete custa R$ 1,00, mas há pacotes de 5 chicletes por R$ 4,00 e pacotes de 10 chicletes por R$ 7,00. Com R$ 90,00, o número máximo de chicletes que ela pode comprar nessa loja é:
a) 90.
b) 97.
c) 103.
d) 115.
e) 127.

5. (IBFC) Para completar um álbum são necessárias 186 figurinhas. Se Carlos comprou 34 pacotes com 3 figurinhas cada e no total haviam 19 figurinhas repetidas, então o número de figurinhas que faltam para completar o álbum é igual a:
a) 113.
b) 83.
c) 103.
d) 93.

6. (Ifes) Um caminhão tem capacidade máxima de 700 kg de carga. Saulo precisa transportar 35 sacos de cimento de 50 kg cada um. Utilizando-se esse caminhão, o número mínimo de viagens que serão necessárias para realizar o transporte de toda a carga é de:
a) 4.
b) 5.
c) 2.
d) 6.
e) 3.

117

TESTES

7. (Saresp) Marisa gastou R$ 164,00 para comprar seu uniforme. Sabendo que ela gastou R$ 96,00 para comprar 3 calças e que o restante foi utilizado para a compra de 4 camisas idênticas, pode-se dizer que cada camisa custou:
a) R$ 17,00.
b) R$ 24,00.
c) R$ 32,00.
d) R$ 68,00.

8. (FGV) Certa calculadora possui a tecla K com a seguinte função: para cada número que está no visor da calculadora, a tecla K multiplica esse número por 2 e subtrai 1 unidade do resultado. Por exemplo, se o número 5 está no visor e a tecla K é apertada, o visor passa a apresentar o número 9.

O número N está no visor dessa calculadora, a tecla K é apertada duas vezes seguidas e o resultado obtido foi 777.

A soma dos algarismos de N é:
a) 9.
b) 11.
c) 12.
d) 13.
e) 15.

9. (Obmep) Vânia preencheu os quadradinhos da conta abaixo com os algarismos 1, 2, 3, 4, 5, 6, 7 e 8. Ela usou todos os algarismos e obteve o maior resultado possível. Qual foi esse resultado?

a) 402
b) 609
c) 618
d) 816
e) 876

10. (Obmep) Maria faz uma lista de todos os números de dois algarismos usando somente os algarismos que aparecem no número 2.015. Por exemplo, os números 20 e 22 estão na lista de Maria, mas 02 não. Quantos números diferentes há nessa lista?
a) 8
b) 9
c) 10
d) 12
e) 16

11. (Saresp) Em informática utiliza-se muito a unidade de medida *byte* (B) e seus múltiplos *kilobyte* (KB), *megabyte* (MB) e *gigabyte* (GB). Observe a tabela de correspondência entre essas unidades:

| 1 KB = 1 024 B |
| 1 MB = 1 024 KB |
| 1 GB = 1 024 MB |

Utilizando as informações da tabela e conhecimentos sobre potências, calcule quantos *bytes* (B) formam 1 *gigabyte* (GB).
a) 1.024 bytes
b) 1.024^2 bytes
c) 1.024^3 bytes
d) 1.024^4 bytes

12. (Saresp) Melissa fez uma caixinha para guardar seus brincos. A planificação da caixinha está representada na figura abaixo.

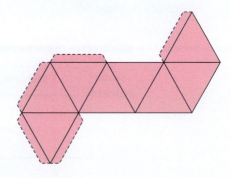

Como ficou a caixinha de Melissa depois de colada?

a)
b)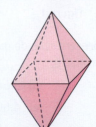
c)
d)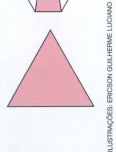

ATITUDES PARA A VIDA

1. Associe cada cena a uma ou mais atitudes.

- Pensar com flexibilidade
- Aplicar conhecimentos prévios a novas situações
- Controlar a impulsividade
- Escutar os outros com atenção e empatia

2. Observe as situações a seguir.

- Em qual das situações retratadas a menina da cena escutou o colega com empatia? Por quê?

3. O que você faria se passasse por uma situação como a que o menino da atividade 2 vivenciou ao fazer uma estimativa errada?

ATITUDES PARA A VIDA

- Pensar com flexibilidade.
- Esforçar-se por exatidão e precisão.
- Pensar de maneira interdependente.

PARA RESPONDER

1. Para visitar a Caverna do Diabo, quantas pessoas pode ter, no máximo, em cada grupo? Quantas pessoas podem visitar essa caverna por dia?

2. Em uma excursão com 5 ônibus de 48 pessoas cada um, quantos grupos podem ser formados, no mínimo, para visitar a caverna? É possível que todas as pessoas dessa excursão e as pessoas de outra, com 150 pessoas, visitem a Caverna do Diabo no mesmo dia? Justifique sua resposta.

UNIDADE 4
DIVISIBILIDADE: MÚLTIPLOS E DIVISORES

1 DIVISIBILIDADE

Acompanhe a situação a seguir.

Para um trabalho em equipe, o professor vai dividir os 28 alunos da classe em grupos de exatamente 5 ou exatamente 4 alunos, de modo que nenhum aluno fique sem grupo. Nessas condições, como o professor deve organizar a turma para que todos os grupos tenham o mesmo número de alunos?

Para responder a essa questão, vamos analisar as duas divisões.

- Se distribuirmos os 28 alunos da classe em grupos de 5, teremos:

$$\begin{array}{r|l} 28 & 5 \\ 3 & 5 \end{array}$$
← número de grupos

↑ número de alunos sem grupo

Com essa divisão, conseguimos formar 5 grupos de 5 alunos cada um, mas 3 alunos ficam sem grupo.

- Se distribuirmos os 28 alunos da classe em grupos de 4, a divisão será:

$$\begin{array}{r|l} 28 & 4 \\ 0 & 7 \end{array}$$
← número de grupos

↑ número de alunos sem grupo

Nesse caso, formando 7 grupos de 4 alunos cada um, conseguimos grupos com o mesmo número de integrantes sem que nenhum aluno fique sem grupo, como o professor desejava.

Comparando as duas divisões, verificamos que:

- na divisão de 28 por 5, o resto é diferente de zero; portanto, essa divisão é **não exata**;

$$\begin{array}{r|l} 28 & 5 \\ 3 & 5 \end{array}$$
↑ resto

- na divisão de 28 por 4, o resto é igual a zero; portanto, essa divisão é **exata**.

Como a divisão de 28 por 4 é exata, dizemos que o número 28 é **divisível** por 4. Podemos também dizer que o número 28 é **múltiplo** de 4, pois 7 · 4 = 28.

> Um número natural *a* é **divisível** por um número natural *b* diferente de zero quando o resto da divisão de *a* por *b* é igual a zero, ou seja, quando a divisão é exata. Nesse caso, também dizemos que o número *a* é **múltiplo** de *b*.

Como a divisão de 28 por 5 não é exata, o número 28 não é divisível por 5 e não é múltiplo de 5.

Observe, agora, como Lia e Júlio fizeram para descobrir, entre os números abaixo, quais são divisíveis por 4.

224   228   230

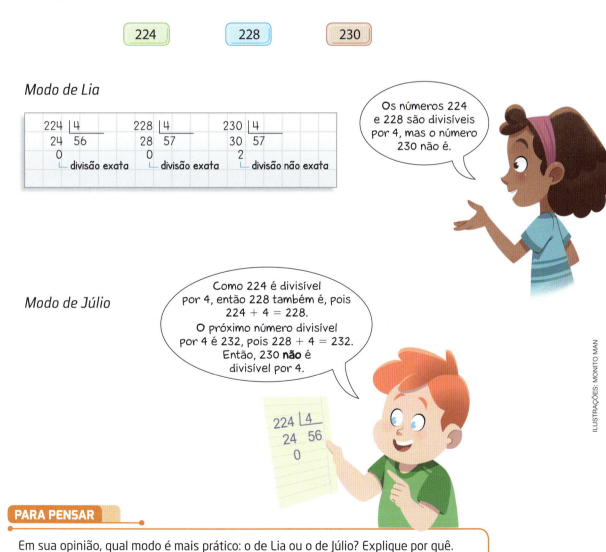

Modo de Lia

Os números 224 e 228 são divisíveis por 4, mas o número 230 não é.

Modo de Júlio

Como 224 é divisível por 4, então 228 também é, pois 224 + 4 = 228. O próximo número divisível por 4 é 232, pois 228 + 4 = 232. Então, 230 **não** é divisível por 4.

PARA PENSAR

Em sua opinião, qual modo é mais prático: o de Lia ou o de Júlio? Explique por quê.

Em alguns casos, podemos descobrir se um número é divisível por outro apenas aplicando algumas regras chamadas **critérios de divisibilidade**. Vamos observar algumas regularidades para discutir alguns desses critérios.

- **CRITÉRIO DE DIVISIBILIDADE POR 2**

    Observe alguns números divisíveis por 2.

    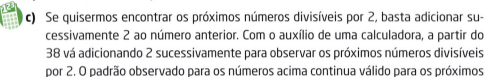

    > **RECORDE**
    >
    > Um número natural é **par** quando termina em 0, 2, 4, 6 ou 8.

    PARA ANALISAR

    a) Que padrão você observa no último algarismo desses números?

    b) Esses números são pares?

    c) Se quisermos encontrar os próximos números divisíveis por 2, basta adicionar sucessivamente 2 ao número anterior. Com o auxílio de uma calculadora, a partir do 38 vá adicionando 2 sucessivamente para observar os próximos números divisíveis por 2. O padrão observado para os números acima continua válido para os próximos números divisíveis por 2 que você obteve?

    d) A investigação feita sugere qual critério para saber se um número natural é divisível por 2?

- **CRITÉRIO DE DIVISIBILIDADE POR 3**

    Observe alguns números divisíveis por 3 a partir do 81.

81	84	87	90	93	96	99
102	105	108	111	114	117	120
123	126	129	132	135	138	141
144	147	150	153	156	159	162

    PARA ANALISAR

    a) A soma dos algarismos de 138 é 1 + 3 + 8 = 12, e 12 é um número divisível por 3. Calcule a soma dos algarismos de cada um dos números divisíveis por 3 acima. Essas somas são divisíveis por 3?

    b) Os números 245 e 780 são divisíveis por 3? Calcule a soma dos algarismos de cada um desses números e verifique se essa soma é divisível por 3.

    c) Que padrão você observou nesses números? Esse padrão sugere qual critério para saber se um número natural é divisível por 3?

- **CRITÉRIO DE DIVISIBILIDADE POR 6**

    Observe a conversa de Lúcia e Mariana.

Lúcia   Mariana

PARA ANALISAR

a) O que você acha da conclusão de Mariana? Ela está certa?
b) Pense em vinte números divisíveis por 3 e verifique se os números que são divisíveis por 2 também são divisíveis por 6. Dê alguns exemplos.
c) Suas observações sugerem qual critério para saber se um número natural é divisível por 6?

- **CRITÉRIO DE DIVISIBILIDADE POR 9**

    Observe os números a seguir.

    81   108   126   306   450   567   2.259   2.358   4.104   4.932

PARA ANALISAR

a) Esses números são divisíveis por 9?
b) A soma dos algarismos de 4.932 é 4 + 9 + 3 + 2 = 18, e 18 é um número divisível por 9. Isso acontece para todos os números acima?
c) A investigação feita sugere qual critério para saber se um número natural é divisível por 9?

- **CRITÉRIO DE DIVISIBILIDADE POR 4**

    Observe alguns números divisíveis por 4 a partir do 100.

100	104	108	112	116	120	124	128
132	136	140	144	148	152	156	160
164	168	172	176	180	184	188	192
196	200	204	208	212	216	220	224

PARA ANALISAR

a) Os dois dígitos destacados em azul em cada número divisível por 4 acima formam um número. Esse número é divisível por 4?
b) Os números que terminam em 00 são divisíveis por 4?
c) Suas observações sugerem qual critério para saber se um número natural é divisível por 4?

- **CRITÉRIO DE DIVISIBILIDADE POR 8**

    Observe alguns números divisíveis por 8 a partir do 1.500.

    1.504   1.512   1.520   1.528   1.536
    1.544   1.552   1.560   1.568   1.576
    1.584   1.592   1.600   1.608   1.616

    PARA ANALISAR

    a) Os três algarismos destacados em azul em cada número divisível por 8 acima formam um número. Esse número é divisível por 8?

    b) Os números 1.000, 2.000, 3.000 e 50.000 são divisíveis por 8?

    c) Suas investigações sugerem qual critério para saber se um número natural é divisível por 8?

- **CRITÉRIO DE DIVISIBILIDADE POR 5**

    Observe alguns números divisíveis por 5.

    0   5   10   15   20   25
    30   35   40   45   50   55
    60   65   70   75   80   85

    PARA ANALISAR

    a) Que padrão você observou no último algarismo desses números?

    b) Encontre os próximos dez números divisíveis por 5 a partir do 85. O padrão observado para os números acima continua válido para os próximos números divisíveis por 5?

    c) Suas observações sugerem qual critério para saber se um número natural é divisível por 5?

- **CRITÉRIO DE DIVISIBILIDADE POR 10, POR 100 E POR 1.000**

    Observe alguns números divisíveis por 10, por 100 e por 1.000.

    Números divisíveis por 10:

    10   20   30   40   50   60   70   80   90   100   110   ...

    Números divisíveis por 100:

    100   200   300   400   500   600   700   800   900   1.000   1.100   ...

    Números divisíveis por 1.000:

    1.000   2.000   3.000   4.000   5.000   6.000   7.000   8.000   9.000   10.000   11.000   ...

    PARA ANALISAR

    a) Que padrão você observou nos números divisíveis por 10 acima? E nos divisíveis por 100? E nos divisíveis por 1.000?

    b) O padrão observado sugere quais critérios para saber se um número natural é divisível por 10, se é divisível por 100 e se é divisível por 1.000?

PENSAMENTO COMPUTACIONAL

Pedro chegou muito empolgado da escola porque aprendeu uma coisa nova. Está explicando a seu pai como saber se um número natural é par ou ímpar. Ele contou que a professora ensinou um algoritmo: dividir o número por 2 e olhar o resto da divisão. Porém, como a estratégia é muito recente, Pedro esqueceu alguns detalhes. Ajude-o a se lembrar deles completando as frases com as palavras mais adequadas.

Para saber se um número é par...

1º) Pegue o número e divida-o por 2.

2º) O _____ da divisão por 2 é igual a _____?

3º) Se sim, então o número é _____.

4º) Se não, o número é _____.

A partir dessa sequência de quatro passos, preencha o esquema ao lado, colocando os números que representam os passos dentro dos espaços indicados.

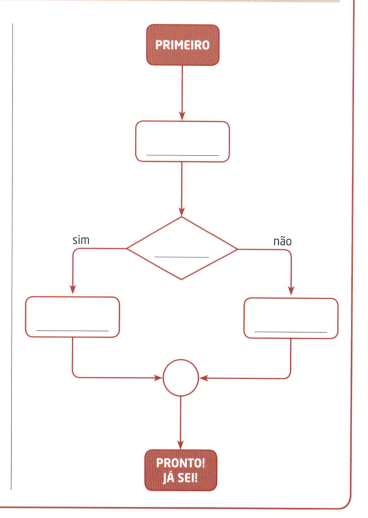

ATIVIDADES

VAMOS PRATICAR

1. Classifique em V (verdadeiro) ou F (falso).
   a) 30 é divisível por 6.
   b) 16 é divisível por 3.
   c) 70 é divisível por 23.
   d) 64 é divisível por 16.

2. Verifique se as afirmações a seguir estão corretas.
   a) 168 é múltiplo de 4.
   b) 672 é múltiplo de 10.
   c) 2.079 é múltiplo de 3.
   d) 2.640 é múltiplo de 21.

3. Responda às questões.
   a) Qual dos números abaixo é múltiplo de 12 e divisível por 5?

   180   190   204

   b) Qual dos números abaixo é divisível por 3 e não é múltiplo de 4?

   328   354   372

4. Verifique se os números abaixo são divisíveis por 2, 3, 4, 5, 6, 8, 9 ou 10.
   a) 56.810
   b) 34.192
   c) 14.214
   d) 10.224
   e) 42.345
   f) 11.820

5. Considere os números a seguir.

| 6.930 | 72.048 | 4.032 |
| 680 | 24.000 | 16.664 |

- Agora, descubra quais são divisíveis por:
  a) 5; b) 6; c) 8.

6. Classifique em V (verdadeiro) ou F (falso).
  a) Os números divisíveis por 9 são também divisíveis por 3.
  b) Os números divisíveis por 6 são também divisíveis por 5.
  c) Os números divisíveis por 2 são também divisíveis por 4.
  d) Os números divisíveis por 10 são também divisíveis por 5.
  e) Os números divisíveis por 8 são também divisíveis por 3.

7. Responda.
  a) Qual é o maior número natural com dois algarismos divisível por 2 e por 3?
  b) Qual é o menor número natural entre 40 e 50 divisível por 6?
  c) Qual é o menor número natural com três algarismos divisível tanto por 3 quanto por 4?
  d) Qual é o menor número natural divisível por 2, por 3 e por 5?
  e) Qual é o menor número natural com quatro algarismos divisível por 5 e por 9?

8. Leia e reescreva as afirmações abaixo, corrigindo-as.
  a) 24 é o menor número natural diferente de zero divisível por 3 e por 4.
  b) 72 é o menor número natural diferente de zero divisível por 2, por 3 e por 4.
  c) 984 é o menor número natural com três algarismos divisível por 2 e por 3.
  d) 9.991 é o maior número natural com quatro algarismos divisível por 6 e por 9.

VAMOS APLICAR

9. Responda.
  a) Qualquer número natural terminado em zero ou 5 sempre é divisível por certo número diferente de 1. Que número é esse?
  b) Os números naturais ímpares nunca são divisíveis por certo número diferente de zero. Que número é esse?

10. Tiago gosta de jogar bolinha de gude com seus 8 primos. Seu pai lhe deu dinheiro para comprar algumas bolinhas e dividi-las igualmente entre ele e os primos. O vendedor disse que, com aquela quantia, Tiago poderia comprar 105 bolinhas grandes ou 117 bolinhas de tamanho médio ou, ainda, 130 pequenas.

- Se Tiago gastou todo o dinheiro que tinha, quantas bolinhas ele comprou para que fossem igualmente distribuídas entre ele e seus primos?

11. Observe o calendário e responda às questões em seu caderno.

AGOSTO DE 2019						
D	S	T	Q	Q	S	S
				1	2	3
4	5	6	7	8	9	10
11	12	13	14	15	16	17
18	19	20	21	22	23	24
25	26	27	28	29	30	31

  a) Quais números do calendário são divisíveis por 7?
  b) Esses números correspondem a que dia da semana?
  c) Em todos os meses, os dias que são números divisíveis por 7 ficam na mesma coluna?

12. Márcio tem vários palitos de sorvete de mesmo comprimento e quer formar quadrados. Para isso, fará cada lado do quadrado com um ou mais palitos.
  a) É possível formar um quadrado usando exatamente 10 palitos?
  b) Com exatamente 20 palitos, Márcio conseguirá formar um quadrado?
  c) Se ele quiser usar exatamente 30 palitos para formar um quadrado, será possível?
  d) Com exatamente 100 palitos, ele conseguirá formar um quadrado?

13. Descubra o algarismo que falta em cada caso e depois responda às questões.

a) Que algarismo deve ser colocado no lugar do ■ para que o número abaixo seja divisível por 5 e por 3?

25.■10

b) O número abaixo é divisível por 8, mas não é divisível por 10. Quais são os algarismos que faltam?

♣5.92■

c) O número que aparece a seguir é divisível por 9 e por 6. Que número é esse?

3♣.560

14. Leia e depois responda às questões.

Durante 30 dias Juliana vai pesquisar o aumento de bactérias em dois recipientes. Ela iniciou a coleta de dados dos dois recipientes num mesmo dia, mas não quer continuar a trabalhar com os dois ao mesmo tempo. Decidiu, então, coletar informações de um dos recipientes a cada 4 dias e do outro a cada 6 dias.

Juliana escolheu certo o período que iria trabalhar com os dois recipientes? Por quê?

2 MÚLTIPLOS DE UM NÚMERO NATURAL

Vimos que em uma divisão exata com números naturais, o dividendo também é chamado de **múltiplo** do divisor. Veja na situação a seguir os múltiplos de um número natural.

Em uma padaria, um lanche é vendido por 4 reais. Se montarmos um quadro para determinar o valor arrecadado, em real, de acordo com o número de lanches vendidos, teremos:

36 é **múltiplo** de 4

Número de lanches	Cálculo	Valor (em real)
0	0 · 4	0
1	1 · 4	4
2	2 · 4	8
3	3 · 4	12
4	4 · 4	16
5	5 · 4	20
6	6 · 4	24
7	7 · 4	28
⋮	⋮	⋮

129

Observe que os valores arrecadados com a venda dos lanches foram calculados por meio da multiplicação do número de lanches por 4. Então, esses números obtidos são divisíveis por 4, ou seja, são múltiplos de 4.

Dizemos que a sequência desses números forma o conjunto dos múltiplos naturais de 4:

$$M(4) = \{0, 4, 8, 12, 16, 20, 24, 28, ...\}$$

Note que essa sequência começa pelo número zero, e o padrão é sempre somar 4 para encontrar o próximo termo. Como sempre é possível somar 4 para obter mais um termo, essa sequência é infinita.

Do mesmo modo, podemos obter o conjunto dos múltiplos de qualquer número natural.

Veja os exemplos a seguir.

a) Conjunto dos múltiplos naturais de 7:
   $M(7) = \{0, 7, 14, 21, 28, 35, 42, 49, 56, 63, 70, 77, 84, ...\}$
b) Conjunto dos múltiplos naturais de 13:
   $M(13) = \{0, 13, 26, 39, 52, 65, 78, ...\}$

OBSERVAÇÕES

- O zero é múltiplo de qualquer número natural.
- Todo número natural é múltiplo de si mesmo.
- Um número natural diferente de zero tem infinitos múltiplos.

3 DIVISORES DE UM NÚMERO NATURAL

Vamos estudar agora os divisores de um número natural. Para isso, acompanhe a situação a seguir.

Alexandre quer acomodar seus 18 livros novos em uma estante. Quantas prateleiras serão necessárias para distribuí-los igualmente em cada uma delas?

Para responder a essa pergunta, vamos pensar em quantidade de prateleiras e ver quantos livros ficariam em cada uma.

- 1 prateleira ⟶ 18 livros
- 2 prateleiras ⟶ 9 livros em cada uma
- 3 prateleiras ⟶ 6 livros em cada uma
- 4 prateleiras ⟶ Não é possível colocar o mesmo número de livros em cada uma.
- 5 prateleiras ⟶ Não é possível colocar o mesmo número de livros em cada uma.
- 6 prateleiras ⟶ 3 livros em cada uma
  ⋮

Observe que, em alguns casos, não conseguimos colocar o mesmo número de livros em cada prateleira. O quadro abaixo mostra como é possível distribuir igualmente os 18 livros.

Quantidade de prateleiras	Número de livros em cada prateleira
1	18
2	9
3	6
6	3
9	2
18	1

Dizemos que os números 1, 2, 3, 6, 9 e 18 são **divisores** de 18, pois, ao dividir 18 por qualquer um desses números, obtemos uma divisão exata. Então, o conjunto dos divisores naturais de 18 é:

$$D(18) = \{1, 2, 3, 6, 9, 18\}$$

Observe que os divisores de um número natural também são os fatores naturais desse número.

Veja o exemplo a seguir.

O número 12 tem como divisores os números 1, 2, 3, 4, 6 e 12.

$$\begin{array}{r|l} 12 & 1 \\ \hline 0 & 12 \end{array} \quad \begin{array}{r|l} 12 & 3 \\ \hline 0 & 4 \end{array} \quad \begin{array}{r|l} 12 & 6 \\ \hline 0 & 2 \end{array}$$

$$\begin{array}{r|l} 12 & 2 \\ \hline 0 & 6 \end{array} \quad \begin{array}{r|l} 12 & 4 \\ \hline 0 & 3 \end{array} \quad \begin{array}{r|l} 12 & 12 \\ \hline 0 & 1 \end{array}$$

Os números 1, 2, 3, 4, 6 e 12 são os **fatores** de 12.

$$1 \cdot 12 = 12$$
$$2 \cdot 6 = 12$$
$$3 \cdot 4 = 12$$

OBSERVAÇÕES

- Todo número natural tem como divisor o número 1.
- O zero não é divisor de nenhum número natural.
- Todo número natural diferente de zero tem como divisor ele mesmo.
- O zero tem infinitos divisores: $D(0) = \{1, 2, 3, 4, ...\}$
- A quantidade de divisores de um número natural diferente de zero é finita.

ATIVIDADES

VAMOS PRATICAR

1. O número 88 é múltiplo dos números abaixo?
   a) 22
   b) 38
   c) 44
   d) 66

2. Determine o conjunto dos múltiplos.
   a) M(9)
   b) M(20)
   c) M(35)
   d) M(56)

3. Verifique se o número 3 é divisor dos números a seguir.
   a) 144
   b) 760
   c) 1.503
   d) 1.999

4. Determine o conjunto dos divisores.
   a) D(24)
   b) D(40)
   c) D(45)
   d) D(60)

5. Associe as colunas.

   I   divisores de 6   A   0, 8, 16, 24, 32, ...

   II múltiplos de 8   B   1, 3, 5, 15

   III divisores de 15   C   0, 3, 6, 9, 12, ...

   IV múltiplos de 3   D   1, 2, 3, 6

6. Classifique em V (verdadeiro) ou F (falso).
   a) 160 é múltiplo de 80.
   b) 45 é divisor de 100.
   c) 12 e 10 são fatores de 12.000.
   d) 255 é múltiplo de 15 e de 17.

7. Observe o esquema e copie as frases em seu caderno, corrigindo as palavras sublinhadas quando necessário.

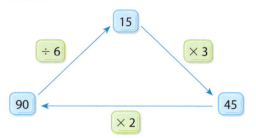

a) O número 45 é múltiplo de 15.
b) O número 90 é divisor de 45.
c) O número 15 é múltiplo de 90.

8. Responda às questões.

a) 87 é divisível por 3?
b) 87 é múltiplo de 3?
c) 3 é divisor de 87?
d) 45 é múltiplo de 3, 5 e 9?
e) 100 é múltiplo de 25?
f) 100 é divisor de 25?

VAMOS APLICAR

9. Para responder a algumas perguntas sobre um congestionamento de 400 metros de extensão em determinada rua, Janaína anotou, no quadro abaixo, o comprimento aproximado de alguns veículos e a distância de segurança.

Tipo de veículo	Comprimento aproximado do veículo e distância de segurança (em metro)
Carro popular	5
Van	8
Ônibus	10

Determine o número aproximado de veículos se o congestionamento tiver apenas:

a) carros;
b) vans;
c) ônibus.

• Agora, responda: os números 5, 8 e 10 são divisores de 400? Por quê?

10. Responda às questões.

a) Quais são os cinco menores múltiplos pares de 11?
b) Quais os divisores de 45 que não são divisores de 27?
c) Quais os divisores de 50 que são divisores de 100?

11. Leia e responda.

a) O ano em que você nasceu foi bissexto?
b) Quantos anos bissextos há entre 2017 e 2027? Quais são eles?
c) O ano em que ocorreu a Proclamação da República (1889) foi bissexto?

R1. Qual é o menor número natural com quatro algarismos múltiplo de 7, de 8 e de 9?

Resolução

Como o número procurado tem quatro algarismos, ele está entre 1.000 e 9.999. Portanto, temos de considerar apenas os números desse intervalo.

1.000, 1.001, 1.002, ..., 9.999

Divisibilidade por 7:

```
1.000 | 7
  30  | 142
  20
   6 ← resto
```

6 + 1 = 7 (grupo de 7 unidades)
1.000 + 1 = 1.001

Observe que o resto da divisão de 1.000 por 7 é igual a 6. Se acrescentarmos 1 unidade ao resto, teremos um grupo de 7 unidades, e o número será divisível por 7. Então, o número 1.001 (1.000 + 1 = 1.001) é múltiplo de 7. Acrescentando 7 unidades a partir de 1.001, obtemos os múltiplos de 7 no intervalo:

M (7) = {..., 1.001, 1.008, 1.015, 1.022, ...}

O número 1.000 é divisível por 8. Acrescentando 8 unidades, a partir de 1.000, obtemos os múltiplos de 8 no intervalo:

M (8) = {..., 1.000, 1.008, 1.016, 1.024, ...}

Como o número 1.008 é múltiplo de 7 e de 8, verificamos se é também divisível por 9, ou seja, múltiplo de 9.

$$\begin{array}{r|l} 1.008 & \underline{9} \\ 10 & 112 \\ 18 & \\ 0 & \end{array}$$

Como a divisão é exata, 1.008 também é múltiplo de 9. Portanto, o número procurado é 1.008.

12. Descubra.

a) Qual é o menor número com quatro algarismos que é múltiplo de 5, de 8 e de 9?

b) Qual é o maior número natural com quatro algarismos divisível por 3, por 5 e por 8?

13. Observando um semáforo de pedestre por um tempo, Fernando percebeu que ele ficava verde de 5 em 5 minutos. Se, às 10 horas, o semáforo mudou para verde, às 11 horas estará verde ou vermelho? Justifique.

14. Descubra três números entre 40 e 60, de modo que o primeiro seja o menor número divisível por 3, o segundo seja divisível por 10 e o último, o maior número divisível por 6 e por 9.

15. Paulo trabalha como manobrista em um estacionamento. Em determinado momento, ele perdeu o controle de quantos carros estavam no estacionamento, mas sabia que havia mais de 115 e menos de 120 carros. Como estavam dispostos em fileiras com 6 carros, ele resolveu contá-los de 6 em 6.

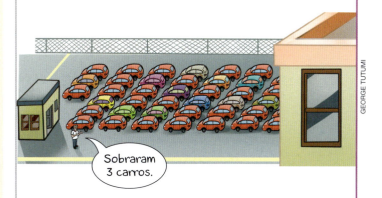

Sobraram 3 carros.

- Quantos carros estavam no estacionamento se, ao final da contagem, Paulo percebeu que sobravam 3 carros?

16. Gabriela tem entre 150 e 200 CDs. Se ela fizer pilhas de 12, de 15 ou de 20 CDs, sempre sobrarão 3. Quantos CDs ela tem?

17. Elabore um problema em que, na resolução, seja necessário verificar se 2, 5, 8 e 10 são divisores de 30.

18. Escolha um número natural qualquer e elabore um problema que envolva o cálculo de alguns múltiplos desse número.

4 NÚMEROS PRIMOS

Você já viu que alguns números têm vários divisores. Veja, por exemplo, os divisores naturais de 32: 1, 2, 4, 8, 16 e 32.

Mas será que todos os números têm vários divisores?

Há números naturais maiores que 1 que têm apenas dois divisores naturais distintos: o número 1 e o próprio número. Esses números são chamados de **números primos**.

EXEMPLOS

a) 2 é um número primo, pois seus divisores naturais são apenas 1 e 2.
b) 5 é um número primo, pois seus divisores naturais são apenas 1 e 5.
c) 11 é um número primo, pois seus divisores naturais são apenas 1 e 11.

Essa característica de alguns números naturais já era conhecida na Antiguidade. O matemático grego Eratóstenes (276 a.C.-194 a.C.) elaborou um método para organizar os primeiros números primos da sequência dos números naturais. Esse método ficou conhecido como **Crivo de Eratóstenes**.

Vamos obter os números primos compreendidos entre 1 e 50 por esse método. Veja como funciona a seguir.

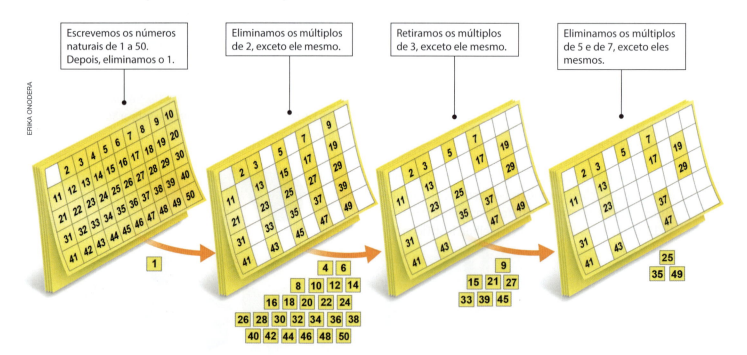

Os números que sobraram no quadro não são múltiplos de outros (exceto de 1), ou seja, são números divisíveis apenas por 1 e por eles mesmos. São os números primos compreendidos entre 1 e 50.

Os números naturais maiores que 1 que não são primos, isto é, que têm mais de dois divisores, são chamados de **números compostos**.

Uma característica dos números compostos é que sempre podem ser escritos como um produto de números primos.

> **EXEMPLOS**
>
> a) 46 = 2 · 23
> b) 60 = 2 · 2 · 3 · 5
> c) 75 = 3 · 5 · 5
> d) 39 = 3 · 13

> **OBSERVAÇÕES**
>
> - O número 1 não é primo nem composto, pois tem apenas um divisor (o próprio 1) e não pode ser escrito como produto de números primos.
> - O número zero não é primo nem composto, pois tem infinitos divisores e não pode ser escrito como produto de números primos.

RECONHECIMENTO DE UM NÚMERO PRIMO

Para saber se um número é primo ou composto, podemos utilizar o método de Eratóstenes, ou seja, verificar se esse número é múltiplo de algum número primo.

- Se o número for divisível por algum número primo menor que ele, teremos um número composto.
- Se o número não for divisível por nenhum número primo menor que ele, teremos um número primo.

Para isso, dividimos sucessivamente o número dado pelos números primos até obter um quociente menor ou igual ao divisor. Se nenhuma das divisões for exata, o número é primo.

Veja o exemplo a seguir.

Para classificar 137 como primo ou composto, verificamos se esse número é divisível por pelo menos um número primo menor que ele.

- Observamos que 137 não é divisível por 2, nem por 3, nem por 5.
- Continuamos as divisões pelos números primos seguintes:

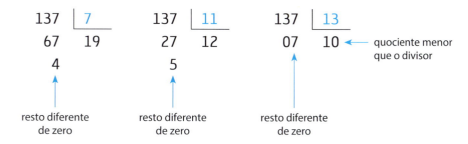

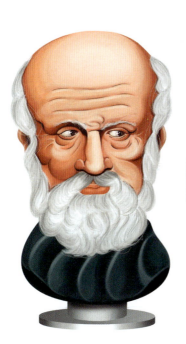

Percebemos que 137 também não é divisível por 7, por 11 e por 13.

Se continuarmos dividindo 137 por números primos maiores que 13, os quocientes ficarão cada vez menores. Como já testamos os primos menores que 13, não encontraremos um número primo pelo qual 137 seja divisível. Portanto, 137 é um número primo.

> Organize o que você aprendeu fazendo a atividade 1 da página 192.

ATIVIDADES

VAMOS PRATICAR

1. Copie o quadro em seu caderno e complete-o com os números primos menores que 50.

Para fazer as próximas atividades, seria bom memorizar esses números primos.

2. Classifique cada número em primo ou composto.
   a) 237
   b) 505
   c) 1.024
   d) 103
   e) 67
   f) 307
   g) 247
   h) 715

3. Observe os divisores de alguns números e depois responda à questão.

   D (100) = {1, 2, 4, 5, 10, 20, 25, 50, 100}
   D (101) = {1, 101}
   D (102) = {1, 2, 3, 6, 17, 34, 51, 102}
   D (103) = {1, 103}

   • Quais desses números são primos?

VAMOS APLICAR

4. As idades de Ígor e Joana são representadas por números primos e consecutivos cuja soma é 30. Descubra a idade de cada um, sabendo que ambos têm mais de 10 anos e que Joana é mais velha que Ígor.

5. (OBM) O número 10 pode ser escrito de duas formas como soma de dois números primos: 10 = 5 + 5 e 10 = 7 + 3.

   De quantas maneiras podemos expressar o número 25 como uma soma de dois números primos?
   a) 4
   b) 1
   c) 2
   d) 3
   e) nenhuma

6. Responda às questões em seu caderno.
   a) Qual é o menor número primo de dois algarismos?
   b) Qual é o maior número primo de dois algarismos?
   c) Qual é o menor número primo maior que 300?

5 DECOMPOSIÇÃO EM FATORES PRIMOS

Há várias formas de escrever um número composto como uma multiplicação de dois ou mais fatores. Veja algumas delas a seguir.

$$150 = 2 \cdot 75 \qquad 150 = 2 \cdot 5 \cdot 15 \qquad 150 = 1 \cdot 6 \cdot 25$$

(fatores)

Essas são três **fatorações** do número 150.

> É possível fatorar um número composto de modo que todos os fatores sejam números primos. Ao fazer isso, dizemos que realizamos a **fatoração completa do número** ou que fizemos a **decomposição do número em fatores primos**.

136

Veja como Renato, Luana e Ricardo fizeram a decomposição do número 60 em fatores primos.

Renato e Luana resolveram expressar o número 60 pela multiplicação de dois fatores e, depois, fazer o mesmo com os fatores até obter somente números primos.

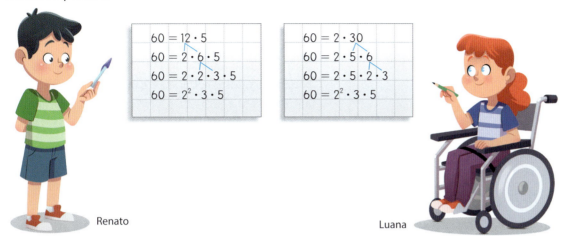

Renato

Luana

RECORDE

Podemos escrever a multiplicação de fatores iguais na forma de potência:

$$2 \cdot 2 = 2^2$$

Essa forma simplifica a escrita.

Esse processo é chamado de **processo das fatorações sucessivas**.

Observe que Renato e Luana começaram a fatoração de formas diferentes, mas no final obtiveram a mesma forma fatorada.

Ricardo se lembrou de um processo que aprendeu. Inicialmente, dividiu o número por seu menor divisor primo; em seguida, dividiu o quociente obtido por seu menor divisor primo e repetiu esse procedimento até obter o quociente 1.

Esse processo é chamado de **processo das divisões sucessivas**.

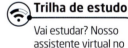

Trilha de estudo

Vai estudar? Nosso assistente virtual no *app* pode ajudar!
<http://mod.lk/trilhas>

ATIVIDADES

VAMOS PRATICAR

1. Observe a decomposição dos números pelo processo das fatorações sucessivas e complete os quadrinhos vazios com os números corretos.

   a)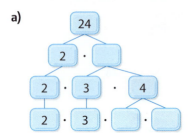

   b)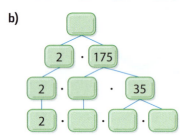

2. Agora, observe a decomposição dos números pelo processo das divisões sucessivas e complete cada quadradinho com os números corretos.

   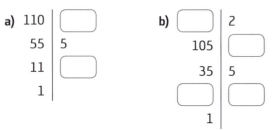

3. Decomponha os números a seguir em fatores primos.

   a) 18
   b) 75
   c) 63
   d) 289
   e) 90
   f) 330
   g) 1.000
   h) 1.260
   i) 286
   j) 2.431

4. Calcule o número que está decomposto em fatores primos em cada item abaixo.

   a) $3 \cdot 5 \cdot 7 \cdot 11$
   b) 7^4
   c) $2^2 \cdot 3 \cdot 29$

5. Leia os itens e responda às questões.

   a) Quais são os fatores primos de 2.145?
   b) Qual é o maior fator primo de 322?
   c) Qual é o menor fator primo de 67?

R1. Em um jogo, 143 moedas devem ser distribuídas igualmente entre os participantes. Quantas pessoas podem fazer parte desse jogo?

Resolução

Para distribuir igualmente 143 moedas, precisamos encontrar números que dividam o número 143 de modo que o resto seja zero, isto é, precisamos encontrar os divisores de 143.

$$\begin{array}{r|l} 143 & 11 \\ 13 & 13 \\ 1 & \end{array} \qquad 143 = 11 \cdot 13$$

Portanto, 11 e 13 são divisores de 143.

Havendo 11 jogadores, cada um ganhará 13 moedas. Se houver 13 jogadores, cada um receberá 11 moedas. 1 e 143 também são divisores de 143. Se houvesse uma única pessoa com as 143 moedas, não existiria jogo, mas poderia ocorrer um jogo com 143 pessoas, cada uma com 1 moeda. Então, podem participar desse jogo 11, 13 ou 143 pessoas.

6. Luciana vai usar 32 quadradinhos coloridos para montar um mosaico retangular. Quantos quadradinhos esse mosaico poderá ter na largura e no comprimento?

7. Resolva o problema e responda às questões.

   Fabrício gosta muito de Matemática. Quando perguntaram sua idade e a de seus irmãos, ele respondeu que cada idade era um número primo e que o produto das idades era 2.717.

   a) Quantos irmãos tem Fabrício?
   b) Sabendo que Fabrício é o mais novo entre seus irmãos, qual é a idade dele?

8. Leia as pistas e descubra o número das casas dos três amigos.

   Alex, Vilma e Rosana são amigos e moram na mesma rua.

   • Multiplicando o número das casas de Alex, Vilma e Rosana, obtemos 196.
   • As casas de Alex e de Rosana são identificadas por números primos, e o número da casa de Alex é maior que o da casa de Rosana.

ESTATÍSTICA E PROBABILIDADE
LEITURA E INTERPRETAÇÃO DE GRÁFICOS DE BARRAS (HORIZONTAIS E VERTICAIS)

Em março de 2020, Fabrício, professor de Educação Física, fez uma pesquisa com o 6º ano C para identificar o esporte preferido dos alunos. Cada aluno só podia votar em um esporte. Depois de coletar os dados, Fabrício registrou o resultado em um gráfico de barras verticais.

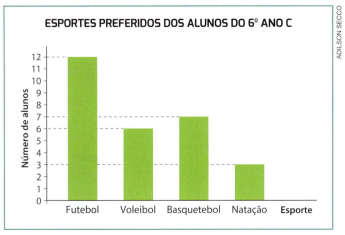

Dados obtidos pelo professor Fabrício em março de 2020.

Os meios de comunicação também usam gráficos para transmitir informações.

- Que esporte recebeu mais votos?
- Quantos alunos votaram nesse esporte?
- Quantos alunos foram entrevistados?

Cada barra apoiada na linha horizontal do gráfico acima representa um dos esportes escolhidos pelos alunos do 6º ano C: futebol, voleibol, basquetebol e natação.

Os números registrados na linha vertical servem para indicar o número de alunos que votaram em cada esporte.

Para saber quantos alunos votaram em cada esporte, basta associar cada barra (esporte) ao seu comprimento (número de alunos), indicado na linha vertical. Assim, comparando o comprimento das barras, percebemos que a barra referente ao futebol é a mais comprida. Portanto, o esporte que recebeu mais votos dos alunos do 6º ano C foi o futebol, com 12 votos.

Para saber o número de alunos entrevistados, basta somar o número de votos que cada esporte recebeu, já que cada aluno podia votar em um único esporte.

Futebol: 12 alunos   Basquetebol: 7 alunos
Voleibol: 6 alunos   Natação: 3 alunos

$$12 + 6 + 7 + 3 = 28$$

Portanto, 28 alunos foram entrevistados.

> **OBSERVAÇÃO**
>
> Para facilitar a leitura dos gráficos de barras, os dados numéricos podem ser colocados acima das barras.
>
>
>
> Dados obtidos pelo professor Fabrício em março de 2020.

ESTATÍSTICA E PROBABILIDADE

Os dados coletados também poderiam ser representados em um gráfico de barras horizontais. Observe:

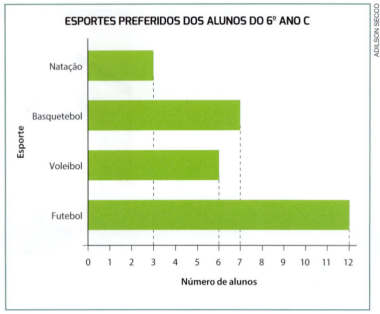

Dados obtidos pelo professor Fabrício em março de 2020.

A diferença entre esse gráfico e o anterior é que, aqui, o número de alunos foi representado na linha horizontal e o esporte, na linha vertical.

 ATIVIDADES

1. Reúna-se com três colegas para fazer uma pesquisa em jornais e revistas.

- Procurem gráficos de barras horizontais e de barras verticais e identifiquem o que cada gráfico informa.
- Escolham um gráfico de barras horizontais e um gráfico de barras verticais para recortar e colar em uma folha de papel sulfite.
- Escrevam um texto explicando o que cada gráfico informa. Depois, elaborem questões relacionadas aos gráficos e apresentem-nas para a classe.

2. André é gerente de um lava-rápido e fez um levantamento de quantos veículos foram lavados no primeiro trimestre de 2018, conforme mostra o gráfico abaixo.

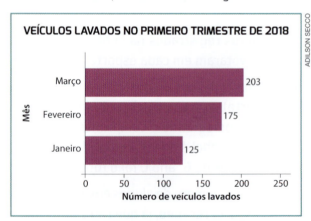

Dados obtidos por André no primeiro trimestre de 2018.

a) Que dados esse gráfico apresenta?
b) Em que mês foram lavados mais veículos?
c) Qual é o total de veículos lavados no primeiro trimestre de 2018?

140

3. Observe a tabela que Patrícia fez em em janeiro de 2020, quando estava organizando alguns livros da biblioteca da escola em que trabalha.

QUANTIDADE DE LIVROS POR DISCIPLINA	
Disciplina	Número de livros
Língua Portuguesa	25
Matemática	32
História	15
Geografia	20
Ciências	28
Educação Física	7
Arte	12

Dados obtidos por Patrícia em janeiro de 2020.

a) Se Patrícia fizer um gráfico de barras verticais para registrar os dados dessa tabela, que disciplina será representada pela barra mais comprida? Justifique.

b) Entre História e Geografia, qual disciplina será representada pela barra mais curta? Explique sua resposta.

4. Observe no gráfico a seguir dados referentes às vagas anuais em alguns cursos da Escola Superior de Agricultura Luiz de Queiroz (Esalq), localizada em Piracicaba (SP).

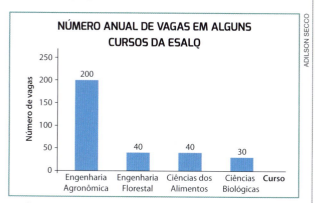

Dados obtidos em: <http://www.esalq.usp.br/graduacao/>. Acesso em: 20 maio 2018.

a) Qual é o título do gráfico?
b) Onde os dados desse gráfico foram obtidos?
c) Qual é o curso com maior número de vagas?
d) Quantos alunos podem ser matriculados, no total, nesses cursos?

5. O gráfico a seguir apresenta a capacidade de alguns teatros do Brasil em 2018.

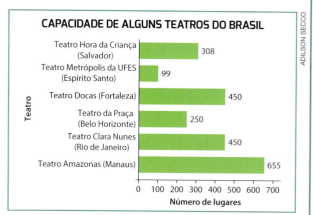

Dados obtidos em: <http://www.ctac.gov.br/teatro/resultpesqteatro.asp?map=1>. Acesso em: 20 maio 2018.

a) Qual é a capacidade do teatro Docas, em Fortaleza?
b) Algum dos teatros apresentados no gráfico tem capacidade para mais de 400 espectadores? Se sim, qual(ais)?
c) Qual teatro apresentado no gráfico tem a menor capacidade? E a maior?

6. Em abril de 2020, a fábrica de roupas Pano Pramanga recebeu uma encomenda de uniformes, conforme mostra o gráfico abaixo.

Dados obtidos pela fábrica Pano Pramanga em abril de 2020.

a) Qual é o total de uniformes da encomenda?
b) Já foram fabricados 700 uniformes de tamanho PP, 950 de tamanho P, 2.340 de tamanho M e nenhum de tamanho G ou GG. Quantos uniformes faltam ser produzidos?

ATIVIDADES COMPLEMENTARES

1. É possível organizar 150 pastas em gavetas com capacidade para 12 pastas cada uma sem que sobrem ou faltem pastas? Justifique.

2. Leia a afirmação e responda às questões. Quando possível, justifique a resposta sem efetuar cálculos.

   > O número 560 é divisível por 20.

   a) 560 + 20 é divisível por 20?
   b) 560 − 20 é divisível por 20?
   c) 560 · 20 é divisível por 20?
   d) 560 : 20 é divisível por 20?

3. Dizemos que dois números são **amigos** se cada um deles é igual à soma dos divisores próprios (não inclui o próprio número) do outro.

   Um exemplo de **números amigos** são os números 220 e 284. Observe no quadro os divisores próprios desses números e a soma de seus divisores.

Número	220	284
Divisores próprios	1, 2, 4, 5, 10, 11, 20, 22, 44, 55 e 110	1, 2, 4, 71 e 142
Soma dos divisores próprios	284	220

   • Descubra quais pares abaixo são formados por números amigos.
   a) 118 e 204
   b) 100 e 150
   c) 1.184 e 1.210
   d) 1.020 e 142

4. Resolva o problema.

   A sorveteria Tagostoso lançou a seguinte promoção: "Junte 5 palitos de sorvete e troque por um sorvete".

   Se Lucas juntar 97 palitos, qual será a quantidade máxima de sorvetes que ele poderá obter nas trocas?

5. Resolva o problema.

   Carlos tem um terreno de 44.100 m² e pretende dividi-lo em lotes de mesma área.

   Bianca disse que Carlos pode dividi-lo em 2, 3, 5 ou 7 lotes; já Carlos disse que pode dividi-lo em 4, 9, 25 ou 49 lotes. Quem tem razão? Por quê?

6. No planeta Cítron, existem quatro moedas de valores diferentes:

   ▲ equivale a ●●●
   ● equivale a ■■■
   ■ equivale a ♦♦♦

   a) Que moeda tem maior valor?
   b) Que moeda tem menor valor?
   c) Como podemos representar a quantidade ●■■■■♦♦♦♦♦♦♦ com o menor número de moedas?
   d) Quantas moedas de menor valor são necessárias para representar a quantidade ▲▲●●?

7. Marina tem entre 40 e 50 reais. Se ela trocar esse dinheiro por cédulas de 2 reais, sobrará 1 real. Se trocar por cédulas de 5 reais, sobrarão 3 reais. Quantos reais tem Marina?

8. A professora de Matemática escolheu um número entre 0 e 6 e pediu a cada aluno que citasse um múltiplo desse número. Antônio falou 25, Daiane, 7, Júlia, 45, Felipe, 22, e Paula, 90. A professora disse que três alunos acertaram e dois erraram.

a) Quais alunos acertaram?

b) Que número a professora escolheu?

9. (OBM) O produto de três números naturais é 105 e a sua soma é a maior possível. Qual é essa soma?

a) 15   b) 23   c) 27   d) 39   e) 107

10. (Obmep) A figura mostra os três retângulos diferentes que podem ser construídos com 12 quadradinhos iguais.

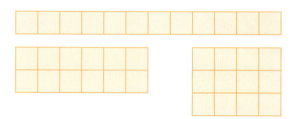

Quantos retângulos diferentes podem ser construídos com 60 quadradinhos iguais?

a) 3   b) 4   c) 5   d) 6   e) 7

11. (Obmep) Uma turma tem 36 alunos e cada um deles tem um número de 1 a 36 na lista de chamada. Ontem, a professora chamou Lia ao quadro-negro e mais os outros seis alunos cujos números eram múltiplos do número de Lia. Qual foi o maior número chamado?

a) 14   b) 20   c) 25   d) 32   e) 35

12. Classifique cada número abaixo em primo ou composto.

139   237   343   1.054   541   853

13. Responda às questões em seu caderno.

a) Quais são os múltiplos naturais comuns com dois algarismos dos números 21 e 63?

b) Quais são os múltiplos naturais comuns com três algarismos dos números 64 e 96?

14. Responda.

a) Qual é o menor número primo com três algarismos?

b) Qual é o maior número primo com três algarismos?

R1. A fatoração completa do número 180 é $2^x \cdot 3^2 \cdot 5$, em que x representa um número a ser descoberto. Determine o valor do número representado pela letra x.

Resolução

Fatorando 180:

```
180 | 2
 90 | 2
 45 | 3
 15 | 3
  5 | 5
  1
```

$180 = 2^2 \cdot 3^2 \cdot 5$

Comparando a decomposição dada: $180 = 2^x \cdot 3^2 \cdot 5$, com a decomposição obtida acima, concluímos que $x = 2$, pois ele representa a quantidade de vezes que o fator 2 aparece na decomposição.

15. Os números abaixo foram decompostos em fatores primos. Determine o valor de x, y e z em cada item.

a) $40 = x^y \cdot z$

b) $385 = x \cdot y \cdot z$

c) $700 = 2^x \cdot 5^y \cdot z$

d) $4.459 = x^y \cdot z$

e) $8.316 = x^2 \cdot 3^y \cdot 7 \cdot z$

f) $7.536 = 2^x \cdot y \cdot z$

16. Maria é costureira e quer cortar alguns tecidos em pedaços de mesmo comprimento, mas com o melhor aproveitamento possível. Para isso, montou a lista reproduzida abaixo.

Cor do tecido	Comprimento
Branco	12 metros
Preto	18 metros
Azul	6 metros
Vermelho	24 metros

Analisando os dados, responda.

a) Qual deve ser o comprimento de cada pedaço?

b) Quantos pedaços de tecido vermelho haverá nesse comprimento?

c) Que outras opções de corte, em metro, Maria terá para que os pedaços dos tecidos fiquem com o mesmo comprimento?

 Mais questões no livro digital

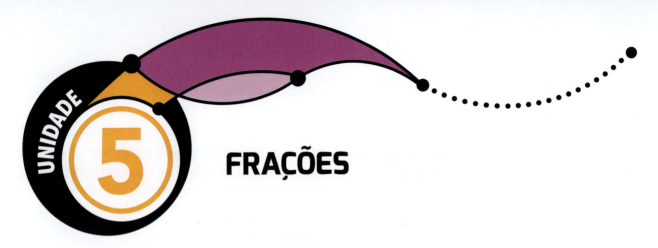

UNIDADE 5 — FRAÇÕES

1 O CONCEITO DE FRAÇÃO

Ana mediu com seu palmo o comprimento de uma caneta. Para isso, pintou sua mão e com ela carimbou o papel.

O comprimento da caneta é menor que a medida do meu palmo.

Veja como determinar o comprimento com maior precisão.

Dividindo a medida do palmo de Ana em 6 partes iguais, percebemos que a caneta mede $\frac{5}{6}$ (lemos: "cinco sextos") do palmo.

O palmo, nesse caso, é o **todo** ou o **inteiro** e é representado por $\frac{6}{6}$ (lemos: "seis sextos"). O comprimento da caneta é parte de 1 inteiro e foi representado pela fração $\frac{5}{6}$.

Em uma fração, o **denominador** é o número abaixo do traço e representa a quantidade de partes iguais em que o todo foi dividido. Já o número acima do traço, o **numerador**, indica a quantidade de partes consideradas do todo.

Observe.

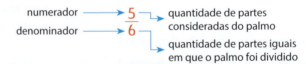

Além da situação de medição estudada acima, existem outras situações em que usamos frações. Veja a seguir.

As frações também podem aparecer quando nos referimos à parte de uma figura ou quando comparamos o número de alguns objetos com o total de objetos de um grupo. Observe os exemplos ao lado.

$\frac{3}{6}$ da superfície de cima da tampa estão revestidos com papel amarelo.

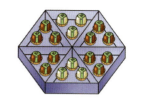

$\frac{6}{18}$ dos bombons da caixa são de chocolate branco.

LEITURA DE FRAÇÕES

Para fazer a leitura de uma fração, devemos primeiro ler o numerador e, em seguida, o denominador, que recebe nomes especiais. Veja os exemplos.

Frações com denominador de 2 a 9

Denominador	Exemplo de fração	Leitura
2	$\frac{1}{2}$	Um **meio** ou **metade**
3	$\frac{2}{3}$	Dois **terços**
4	$\frac{1}{4}$	Um **quarto**
5	$\frac{13}{5}$	Treze **quintos**
6	$\frac{5}{6}$	Cinco **sextos**
7	$\frac{2}{7}$	Dois **sétimos**
8	$\frac{7}{8}$	Sete **oitavos**
9	$\frac{10}{9}$	Dez **nonos**

Frações cujo denominador é uma potência de base 10

Denominador	Exemplo de fração	Leitura
10	$\frac{1}{10}$	Um **décimo**
100	$\frac{21}{100}$	Vinte e um **centésimos**
1.000	$\frac{5}{1.000}$	Cinco **milésimos**
⋮	⋮	⋮

Frações com outros denominadores

Denominador	Exemplo de fração	Leitura
11	$\frac{37}{11}$	Trinta e sete **onze avos**
12	$\frac{5}{12}$	Cinco **doze avos**
13	$\frac{7}{13}$	Sete **treze avos**
⋮	⋮	⋮

ATIVIDADES

VAMOS PRATICAR

1. Observe o círculo dividido em partes iguais e responda às questões.

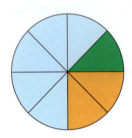

Que fração do círculo corresponde à(s) parte(s) pintada(s) de:

a) verde?

b) laranja?

c) azul?

- Como as frações dos itens anteriores podem ser lidas?

2. Copie as figuras e pinte $\frac{5}{8}$ de cada uma.

a)   b)   c)   d)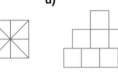

3. Em cada caso, com relação ao total de bolas, escreva a fração correspondente à quantidade de bolas azuis e a fração correspondente à quantidade de bolas vermelhas.

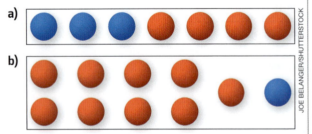

VAMOS APLICAR

4. Na sala da professora Márcia, $\frac{1}{2}$ dos alunos tem animais de estimação.

a) Escreva como se lê a fração da frase acima.

b) Qual é o significado do número 2 na fração?

c) Qual é o significado do número 1 na fração?

5. Observe a receita e responda às questões.

a) Escreva no caderno como se lê a quantidade de óleo que vai nessa receita.

b) Qual é o significado do número 4 na fração?

c) Qual é o significado do número 3 na fração?

6. Em um novo condomínio, há 4 torres com 80 apartamentos cada uma. Cada corretor vende os apartamentos de uma das torres.

- Qual torre já teve mais da metade de seus apartamentos vendidos? Como você chegou a essa conclusão?

2 SITUAÇÕES QUE ENVOLVEM FRAÇÕES

Mountain bike é uma modalidade do ciclismo em que o objetivo é percorrer trajetos com diversas irregularidades e obstáculos.

Vamos acompanhar algumas situações envolvendo frações.

Situação 1

Em um torneio feminino de *mountain bike*, $\frac{1}{4}$ das 32 ciclistas inscritas foi classificado para a prova final. Quantas ciclistas se classificaram?

Para responder a essa pergunta, podemos pensar da seguinte maneira:

- 32 ciclistas correspondem a 1 inteiro;
- $\frac{1}{4}$ corresponde à quarta parte do inteiro, ou seja, à quarta parte de 32.

Dividindo as 32 ciclistas em 4 grupos com a mesma quantidade, temos:

Na prática, para determinar a quarta parte de 32, podemos calcular o resultado da divisão 32 : 4.

$$32 : 4 = 8$$

Então, 8 ciclistas foram classificadas.

Situação 2

O circuito de certa prova de *mountain bike* tem 1.500 metros. Após percorrer $\frac{1}{5}$ do trajeto, a partir do início, encontra-se o obstáculo mais difícil do circuito. A quantos metros do início está esse obstáculo?

Nesse caso, podemos fazer o esquema a seguir.

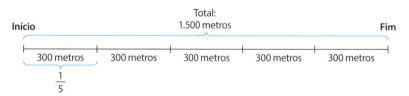

Logo, o obstáculo mais difícil do circuito está a 300 metros do início.

Situação 3

Hugo acertou 7 das 12 questões de uma prova de Matemática. Qual foi o desempenho de Hugo nessa prova?

Podemos representar o desempenho dele comparando a quantidade de questões que ele acertou com a quantidade total de questões da prova. Escrevemos assim:

$\frac{7}{12}$ ← quantidade de questões que Hugo acertou
← total de questões

Ou seja, Hugo acertou $\frac{7}{12}$ das questões da prova.

Situação 4

Teresa comprou 7 barras de chocolate que foram divididas igualmente entre seus 3 filhos. Quanto de chocolate cada um dos 3 filhos recebeu?

Vamos esquematizar a divisão das barras de chocolate.

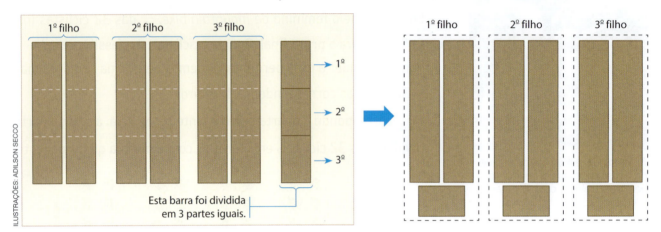

> **OBSERVAÇÃO**
>
> Repare que cada barra pode ser dividida em 3 partes iguais. Por isso, cada barra inteira equivale a $\frac{3}{3}$.

Logo, cada um dos 3 filhos de Teresa recebeu 2 barras inteiras de chocolate mais $\frac{1}{3}$ de barra, ou, ainda, $\frac{7}{3}$ de barras de chocolate.

Situação 5

Leia a tirinha a seguir.

Disponível em: <http://www.humorcomciencia.com/blog/134-tirinha-de-matematica/>. Acesso em: 17 maio 2018.

Fazendo um esquema para representar a *pizza* da maneira que a personagem pediu, temos:

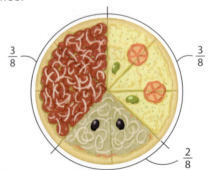

Assim, considerando uma *pizza* dividida em 8 fatias iguais, 3 delas serão de muçarela, 3 de calabresa e 2 de atum.

Situação 6

Henrique e Lia estavam disputando um jogo de corrida de carros no *videogame*. Lia terminou o percurso em 50 segundos e Henrique, após $\frac{1}{10}$ do tempo de Lia. Henrique terminou a corrida quanto tempo depois de Lia?

Para resolver o problema, calculamos $\frac{1}{10}$ de 50 segundos.

$$50 : 10 = 5$$

Assim, Henrique terminou a corrida 5 segundos depois de Lia.

Situação 7

A professora de Carlos deu à classe a seguinte informação: "Na nossa turma, $\frac{2}{5}$ dos alunos treinam voleibol".

Veja ao lado a que conclusão Carlos chegou.

Como nossa turma tem 30 alunos, os que treinam voleibol são 12.

Como será que ele chegou a essa conclusão? Eu acho que foi assim.

Dividindo o grupo de 30 alunos em 5 partes iguais, temos:

5 partes iguais

6 alunos | 6 alunos | 6 alunos | 6 alunos | 6 alunos

Cada uma dessas partes equivale a $\frac{1}{5}$ da turma e tem 6 alunos. Então, $\frac{2}{5}$ equivalem a duas dessas partes. Ou seja, $\frac{2}{5}$ da turma equivalem a 12 alunos.

Eu acho que Carlos pensou assim.

$\frac{2}{5}$ equivalem a 2 alunos em cada grupo de 5.
- 4 alunos em cada grupo de 10.
- 6 alunos em cada grupo de 15.
- 8 alunos em cada grupo de 20.
- 10 alunos em cada grupo de 25.
- 12 alunos em cada grupo de 30. → número de alunos da sala

Ou seja, 12 alunos treinam voleibol.

PARA PENSAR

E você, como acha que Carlos chegou a essa conclusão? Você conhece uma forma diferente de resolver essa situação?

ATIVIDADES

VAMOS PRATICAR

1. Determine:
   a) $\frac{2}{5}$ de 15 bolinhas;
   b) $\frac{7}{3}$ de 12 passos;
   c) $\frac{5}{3}$ de 3 *pizzas*;
   d) $\frac{1}{10}$ de 30 alunos.

2. Represente cada situação por meio de frações.
   a) Lucas tinha 3 barras de chocolate e dividiu-as igualmente entre 5 colegas. Quanto de chocolate cada colega recebeu?
   b) Uma fazendeira determinou em testamento que, após sua morte, suas 6 fazendas (todas de mesma área) fossem divididas igualmente entre os 5 filhos. Com que parte das fazendas ficará cada filho?

3. Determine a medida.
   a) Numa prova de *kart*, Rui concluiu apenas $\frac{2}{5}$ do percurso e parou porque seu carro quebrou. Qual é o comprimento do percurso dessa prova, sabendo que ele andou apenas 100 metros?
   b) Uma borracha tem 4 centímetros de comprimento. Essa medida é $\frac{1}{4}$ do comprimento de um estojo. Qual é o comprimento desse estojo?
   c) $\frac{3}{5}$ da rua que liga a casa de Lúcia à praia são calçados. Os 20 metros restantes, ela anda na areia. Determine a distância da casa à praia.

VAMOS APLICAR

4. Desenhe um quadrado que possua $\frac{1}{16}$ do total de quadradinhos que formam o quadrado vermelho desenhado abaixo.

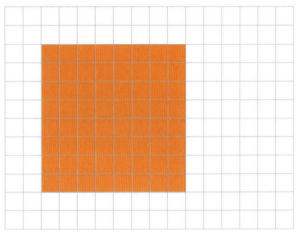

5. Observe as figuras e faça o que se pede.

Quadrado A   Quadrado B   Quadrado C

Sabendo que no quadrado A cabem 4 quadrados B e que no quadrado B cabem 4 quadrados C, escreva a fração adequada a cada frase.
   a) O quadrado B é ■ do quadrado A.
   b) O quadrado C é ■ do quadrado B.
   c) O quadrado C é ■ do quadrado A.

6. Júlia só tem $\frac{1}{2}$ quilograma de açúcar para fazer a receita mostrada abaixo. Quanto ela deve usar dos demais ingredientes?

R1. Que fração da hora representa 40 minutos?

Resolução

Para descobrir o que é pedido, podemos fazer um esquema, representando 1 hora como 60 minutos, e dividi-lo em partes iguais.

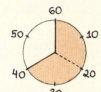 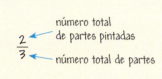

Então, 40 minutos correspondem a $\frac{2}{3}$ de uma hora.

Outra resposta possível é a fração $\frac{40}{60}$.

$\frac{40}{60}$ ← quantidade de minutos considerados / total de minutos de 1 hora

Optamos, porém, por uma representação mais simples, no caso, $\frac{2}{3}$, como indicado no esquema.

7. Que fração da hora representam:
a) 20 minutos?
b) 5 minutos?
c) 30 minutos?
d) 10 minutos?

8. Vitor recebeu uma mesada no valor de 100 reais. Gastou 20 reais com lanches na escola, 40 reais com um presente para um amigo e guardou o restante.

Que fração da mesada Vitor gastou com:
a) lanches?
b) o presente?

R2. Uma cidade de 30.000 habitantes tem $\frac{3}{5}$ da população com menos de 60 anos de idade. Quantos habitantes dessa cidade têm 60 anos ou mais?

Resolução

Primeiro, podemos calcular quantos habitantes dessa cidade têm menos de 60 anos de idade, ou seja, calcular $\frac{3}{5}$ de 30.000. Depois, subtrair de 30.000 o valor encontrado para determinar quantos habitantes da cidade têm 60 anos ou mais.

$\frac{1}{5}$ de 30.000

$30.000 : 5 = 6.000$

$\frac{1}{5}$ de 30.000 é igual a 6.000

$\frac{3}{5}$ de 30.000 são: $3 \cdot 6.000 = 18.000$

$30.000 - 18.000 = 12.000$

Essa cidade tem 12.000 habitantes com 60 anos ou mais.

Outra forma de resolver esse problema é fazer um esquema para determinar que fração da população representa a quantidade de pessoas que têm 60 anos ou mais.

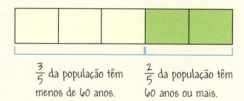

$\frac{3}{5}$ da população têm menos de 60 anos. $\frac{2}{5}$ da população têm 60 anos ou mais.

Daí, é só calcular $\frac{2}{5}$ de 30.000:

$\frac{2}{5}$ de 30.000 são: $2 \cdot 6.000 = 12.000$

9. Leia o texto e responda à questão.

> Para evitar problemas de saúde, as crianças não devem carregar na mochila massa superior a $\frac{1}{20}$ de sua massa corporal.

- Joana pesa 40 quilogramas. Qual é a massa máxima que ela poderá carregar em sua mochila?

10. Em uma partida de basquete, a equipe de Anderson marcou 120 pontos. Anderson foi o cestinha dessa partida, marcando $\frac{1}{4}$ do total de pontos. Quantos pontos ele marcou nessa partida?

11. Calcule usando uma calculadora. Todos os ingressos para a final do campeonato estadual de vôlei feminino foram vendidos. O ginásio tem capacidade para 3.525 pessoas, e apenas $\frac{2}{5}$ das pessoas estão em seus lugares. Quantas pessoas ainda não estão em seus lugares?

12. Invente um problema cuja resolução envolva calcular:

a) $\frac{2}{5}$ de 350 reais;

b) $\frac{3}{100}$ de 2.000 pessoas.

3 NÚMEROS MISTOS

Observe os números desta receita:

- 1 quilograma de farinha de trigo
- $1\frac{1}{4}$ de tablete de manteiga
- 1 colher de café de fermento em pó
- 1 pitada de sal
- 1 ovo

A quantidade de manteiga dessa receita foi expressa por um **número misto**. Esse tipo de número representa mais que 1 inteiro e é indicado por uma parte inteira e uma parte fracionária.

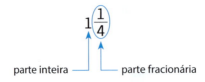

Veja o que esse número misto significa nesse caso.

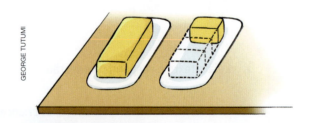

$1\frac{1}{4}$ representa 1 inteiro e $\frac{1}{4}$ de inteiro

OBSERVAÇÃO

$1\frac{1}{4}$ → Lemos: "um inteiro e um quarto".

Observe que $1\frac{1}{4}$ representa o mesmo que $\frac{5}{4}$.

$$1\frac{1}{4} = \frac{5}{4}$$

Os números mistos podem ser usados para indicar a largura de um cano, por exemplo:

$1\frac{1}{2}$ polegada, $2\frac{3}{4}$ polegadas

e $3\frac{1}{4}$ polegadas.

A polegada é uma unidade de medida que corresponde a aproximadamente 2 centímetros e meio.

Note que na fração $\frac{5}{4}$ o numerador é maior que o denominador. Isso significa que essa fração representa mais que 1 inteiro.

Veja mais exemplos de números mistos.

- $3\frac{1}{2}$
- $2\frac{3}{5}$

OBSERVAÇÃO

Há também frações cujo numerador é maior que o denominador e que representam números naturais. Veja:

$$\frac{8}{4} = 2$$

4 FRAÇÕES EQUIVALENTES

Algumas frações representam a mesma quantidade em relação a um inteiro. Essas frações são chamadas de **frações equivalentes**.

Veja um exemplo.

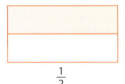
$\frac{1}{2}$

$\frac{3}{6}$

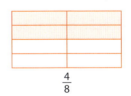
$\frac{4}{8}$

As frações $\frac{1}{2}$, $\frac{3}{6}$ e $\frac{4}{8}$ representam a mesma parte do retângulo; por isso, elas são equivalentes.

Escrevemos assim: $\frac{1}{2} = \frac{3}{6} = \frac{4}{8}$

Observe que ainda poderíamos subdividir o retângulo em mais partes, encontrando, por exemplo, a fração $\frac{8}{16}$, que também é equivalente às anteriores. De uma fração podemos obter infinitas frações equivalentes.

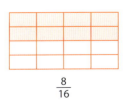
$\frac{8}{16}$

Frações que representam a mesma quantidade em relação a uma unidade são **frações equivalentes**.

As figuras abaixo também representam frações equivalentes.

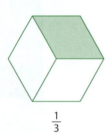
$\dfrac{1}{3}$

$\dfrac{2}{6}$

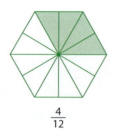
$\dfrac{4}{12}$

Podemos, então, indicar: $\dfrac{1}{3} = \dfrac{2}{6} = \dfrac{4}{12}$

PROPRIEDADE DAS FRAÇÕES EQUIVALENTES

Quando multiplicamos ou dividimos o numerador e o denominador de uma fração por um mesmo número diferente de zero, obtemos uma fração equivalente à fração inicial.

EXEMPLOS

a) $\dfrac{2}{3} \xrightarrow{\times 5} \dfrac{10}{15}$

b) $\dfrac{7}{4} \xrightarrow{\times 3} \dfrac{21}{12}$

c) $\dfrac{27}{12} \xrightarrow{:3} \dfrac{9}{4}$

d) $\dfrac{36}{45} \xrightarrow{:9} \dfrac{4}{5}$

SIMPLIFICAÇÃO DE FRAÇÕES

Em algumas frações, é possível dividir o numerador e o denominador por um mesmo número diferente de 1. Quando efetuamos esse procedimento, dizemos que houve uma **simplificação da fração**.

A fração obtida nesse processo é equivalente à fração dada, mas com o numerador e o denominador menores que os da primeira fração.

EXEMPLOS

a) $\dfrac{6}{10} \xrightarrow{:2} \dfrac{3}{5}$

b) $\dfrac{3}{6} \xrightarrow{:3} \dfrac{1}{2}$

c) $\dfrac{49}{70} \xrightarrow{:7} \dfrac{7}{10}$

d) $\dfrac{60}{36} \xrightarrow{:2} \dfrac{30}{18} \xrightarrow{:2} \dfrac{15}{9} \xrightarrow{:3} \dfrac{5}{3}$

Quando simplificamos uma fração e obtemos numerador e denominador que têm apenas o 1 como divisor comum, dizemos que a fração é **irredutível**, ou seja, ela não pode ser mais simplificada. Nos exemplos acima, $\dfrac{3}{5}$, $\dfrac{1}{2}$, $\dfrac{7}{10}$ e $\dfrac{5}{3}$ são frações irredutíveis.

ATIVIDADES

VAMOS PRATICAR

1. Verifique se os pares de figuras representam frações equivalentes. Justifique.

   a)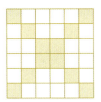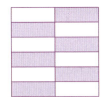

   b)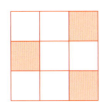

   c)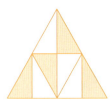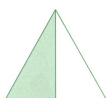

2. Analise as frações do quadro e agrupe as equivalentes.

$\frac{8}{4}$	$\frac{1}{2}$	$\frac{15}{25}$	$\frac{6}{3}$	$\frac{7}{14}$
$\frac{18}{9}$	$\frac{20}{10}$	$\frac{10}{20}$	$\frac{21}{35}$	$\frac{3}{5}$

   a) Grupo 1.
   b) Grupo 2.
   c) Grupo 3.

3. Identifique e circule as frações que estão na forma irredutível.

$\frac{11}{10}$	$\frac{21}{49}$	$\frac{5}{10}$	$\frac{12}{144}$
$\frac{55}{65}$	$\frac{11}{101}$	$\frac{2}{7}$	$\frac{200}{13}$

4. Determine a forma irredutível das frações.

   a) $\frac{35}{70}$
   b) $\frac{242}{286}$
   c) $\frac{45}{117}$
   d) $\frac{282}{180}$

R1. Determine o valor de x para que as frações sejam equivalentes.

$$\frac{12}{15} = \frac{x}{5}$$

Resolução

Para que as duas frações sejam equivalentes, o numerador e o denominador da segunda fração devem resultar da multiplicação ou divisão do numerador e do denominador da primeira fração por um mesmo número. Então, basta encontrar esse número.

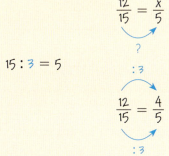

Logo, $x = 4$.

Este exercício também pode ser resolvido por meio de figuras. Apesar de mais trabalhosa, essa forma permite perceber melhor a igualdade entre as frações.

Representamos a primeira fração com uma figura. Depois, desenhamos uma figura de mesmo formato e dimensões para representar a segunda fração.

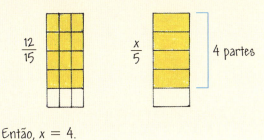

Então, $x = 4$.

5. Calcule o valor de cada letra para que as frações sejam equivalentes.

   a) $\frac{11}{7} = \frac{z}{56}$
   b) $\frac{2}{5} = \frac{18}{y}$
   c) $\frac{w}{6} = \frac{3}{18}$
   d) $\frac{10}{x} = \frac{20}{8}$

VAMOS APLICAR

R2. Em uma sala de aula, $\frac{2}{5}$ dos alunos gostam de futebol e $\frac{8}{20}$ gostam de vôlei. Qual dos grupos tem mais alunos?

Resolução

Representando as duas frações com uma figura, podemos analisar qual grupo tem mais alunos.

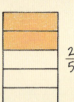 $\frac{2}{5}$ 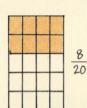 $\frac{8}{20}$

De acordo com a figura, vemos que: $\frac{2}{5} = \frac{8}{20}$

Portanto, os dois grupos têm a mesma quantidade de alunos.

Outra forma de resolver o problema é verificar se as duas frações são equivalentes. Para isso, é preciso que o numerador e o denominador da segunda fração resultem da multiplicação ou divisão do numerador e do denominador da primeira fração por um mesmo número.

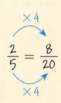

$\frac{2}{5}$ e $\frac{8}{20}$ são frações equivalentes.

6. Luís e Marília disputavam um torneio de ortografia em que cada um deveria ditar 15 palavras para o outro. Primeiro, Luís ditou e Marília escreveu corretamente 12 delas. Depois, foi a vez de Marília ditar para Luís, mas, quando ele escreveu a 10ª palavra, o torneio foi interrompido. Até esse momento, ele havia acertado 8 palavras. Como o torneio não pôde prosseguir, eles resolveram considerar os acertos em relação ao total de palavras que cada um escreveu. Quem foi o vencedor?

7. Avalie se o julgamento de Fábio está correto e justifique.

Regina afirmou que $\frac{15}{45}$ dos seus colegas gostam de futebol. Fábio disse que Regina está errada, pois apenas $\frac{1}{3}$ dos colegas de Regina gosta de futebol.

8. Observe as sequências e determine o 10º termo de cada uma.

a) $\frac{1}{2}, \frac{3}{6}, \frac{4}{8}, \frac{5}{10}, ...$

b) $\frac{2}{3}, \frac{6}{9}, \frac{8}{12}, ...$

c) $\frac{1}{10}, \frac{2}{20}, \frac{3}{30}, \frac{4}{40}, ...$

9. Ao simplificar uma fração, Elaine derrubou tinta sobre o exercício.

- Analisando o que é possível ver da resolução, podemos dizer que Elaine acertou ou errou a simplificação? Por quê?

10. Utilize uma calculadora e corrija a equivalência que estiver errada.

a) $\frac{33}{29} = \frac{1.749}{1.537}$

b) $\frac{98}{102} = \frac{8.624}{8.876}$

c) $\frac{30}{45} = \frac{3.390}{5.085}$

d) $\frac{1.000}{34} = \frac{5.000}{85}$

e) $\frac{8}{82} = \frac{200}{2.050}$

f) $\frac{17}{19} = \frac{361}{323}$

5 COMPARAÇÃO DE FRAÇÕES

FRAÇÕES COM DENOMINADORES IGUAIS

Para entender a comparação de duas frações com denominadores iguais, podemos analisar duas figuras que representam o mesmo inteiro, dividido em um mesmo número de partes iguais. As frações correspondem à parte colorida de cada figura.

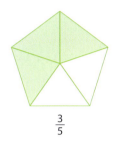
$\frac{3}{5}$

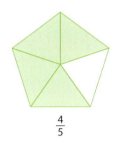
$\frac{4}{5}$

É fácil perceber que: $\frac{4}{5} > \frac{3}{5}$

Como o inteiro foi dividido no mesmo número de partes (denominadores iguais), a fração que tiver mais partes tomadas do inteiro (a fração que tiver o maior numerador) será a maior.

Esse procedimento é válido para comparar todas as frações que têm o mesmo denominador.

CÁLCULO MENTAL

Se $\frac{2}{3} < \frac{4}{3}$, então: $\frac{2}{3} + 1 < \frac{4}{3} + 1$

Calcule e compare usando > ou <.

- $\frac{2}{3} + 5$ e $\frac{4}{3} + 5$
- $\frac{2}{3} + \frac{1}{2}$ e $\frac{4}{3} + \frac{1}{2}$
- $7\frac{4}{3}$ e $7\frac{2}{3}$

Quando duas ou mais frações têm o mesmo denominador, a maior delas é a que tem o maior numerador.

FRAÇÕES COM NUMERADORES IGUAIS

Na comparação de frações com numeradores iguais, podemos observar duas figuras que representam o mesmo inteiro, dividido em números diferentes de partes iguais. As frações correspondem à parte colorida de cada figura.

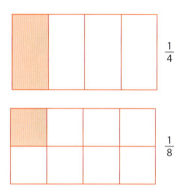

Observando as figuras, vemos que: $\frac{1}{4} > \frac{1}{8}$

Nesse caso, a quantidade de partes tomadas do inteiro é a mesma (numeradores iguais), mas, como as partes de cada figura têm tamanhos diferentes, pois o inteiro foi dividido em números diferentes de partes iguais, será maior a fração que corresponde à figura cujo inteiro foi dividido em menor número de partes (menor denominador).

EXEMPLO

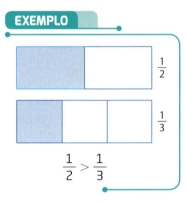

$\frac{1}{2} > \frac{1}{3}$

Podemos usar essa conclusão para todas as frações que têm numeradores iguais.

Quando duas ou mais frações têm o mesmo numerador, a maior delas é a que tem menor denominador.

Organize o que você aprendeu fazendo a atividade 2 da página 192.

FRAÇÕES COM NUMERADORES E DENOMINADORES DIFERENTES

Observe, agora, como Juliana, Nelson e Felipe compararam as frações $\frac{2}{3}$ e $\frac{1}{4}$, que têm numeradores e denominadores diferentes.

Eu representei as frações por figuras que representam o mesmo inteiro dividido em número diferente de partes iguais. De acordo com as figuras, concluí que $\frac{2}{3}$ é maior que $\frac{1}{4}$.

Juliana

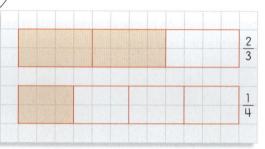

PARA PENSAR

Há outras frações equivalentes a $\frac{2}{3}$ e a $\frac{1}{4}$ que têm o mesmo denominador? Dê exemplos.

Eu procurei frações equivalentes a $\frac{2}{3}$ e a $\frac{1}{4}$ que tivessem o mesmo denominador e comparei essas frações.

Nelson

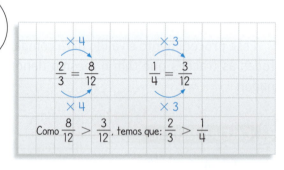

$\frac{2}{3} = \frac{8}{12}$ (×4) $\frac{1}{4} = \frac{3}{12}$ (×3)

Como $\frac{8}{12} > \frac{3}{12}$, temos que: $\frac{2}{3} > \frac{1}{4}$

 Pensar com flexibilidade

PARA COMPARAR

Qual das maneiras você achou mais fácil para comparar as frações?

Compare as frações $\frac{1}{10}$ e $\frac{7}{8}$ da maneira que preferir. Você pode usar um dos métodos apresentados ou qualquer outro que julgar adequado.

Converse com um colega e explique seu raciocínio. Vocês pensaram da mesma forma?

Eu encontrei uma fração equivalente a $\frac{1}{4}$ com numerador 2 e comparei com a fração $\frac{2}{3}$.

Felipe

Trilha de estudo

Vai estudar? Nosso assistente virtual no *app* pode ajudar! <http://mod.lk/trilhas>

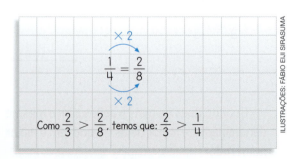

$\frac{1}{4} = \frac{2}{8}$ (×2)

Como $\frac{2}{3} > \frac{2}{8}$, temos que: $\frac{2}{3} > \frac{1}{4}$

ATIVIDADES

VAMOS PRATICAR

1. Para cada par de figuras a seguir, escreva a fração correspondente à parte pintada e compare as duas frações usando <, > ou =.

a)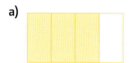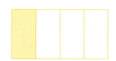

b)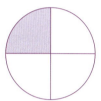

c)

d)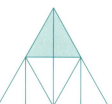

2. Escreva as frações que representam as partes pintadas das figuras. Depois, compare-as e indique a maior ou a menor em cada item.

a)

b)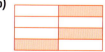

c)

d)

e)

3. Compare os pares de frações de cada item usando os símbolos > ou <.

a) $\dfrac{13}{24}$ e $\dfrac{13}{25}$

b) $\dfrac{249}{5}$ e $\dfrac{7}{5}$

c) $\dfrac{101}{2}$ e $\dfrac{100}{2}$

d) $\dfrac{21}{44}$ e $\dfrac{21}{39}$

4. Determine a maior fração em cada caso.

a) $\dfrac{3}{4}$ e $\dfrac{1}{8}$

b) $\dfrac{2}{7}$ e $\dfrac{8}{13}$

c) $\dfrac{12}{9}$ e $\dfrac{57}{5}$

d) $\dfrac{7}{12}$ e $\dfrac{11}{15}$

e) $\dfrac{5}{2}$, $\dfrac{8}{7}$ e $\dfrac{4}{11}$

f) $\dfrac{1}{2}$, $\dfrac{3}{4}$ e $\dfrac{5}{8}$

g) $\dfrac{2}{3}$, $\dfrac{5}{9}$ e $\dfrac{7}{18}$

h) $\dfrac{9}{10}$, $\dfrac{4}{15}$ e $\dfrac{1}{20}$

5. Classifique cada afirmação em **V** (verdadeira) ou **F** (falsa).

a) Quando duas frações têm o mesmo numerador, a menor delas é a que tem menor denominador.

b) Quando duas frações têm o mesmo numerador, a maior delas é a que tem menor denominador.

c) Quando duas frações têm o mesmo denominador, a maior delas é a que tem maior numerador.

6. Coloque os números em ordem decrescente.

a) $\dfrac{7}{25}, \dfrac{7}{21}, \dfrac{7}{16}, \dfrac{7}{9}, \dfrac{7}{17}, \dfrac{7}{8}, \dfrac{7}{32}$

b) $\dfrac{1}{15}, \dfrac{15}{15}, \dfrac{3}{15}, \dfrac{25}{15}, \dfrac{26}{15}, \dfrac{14}{15}, \dfrac{10}{15}$

c) $\dfrac{21}{25}, \dfrac{21}{31}, \dfrac{21}{48}, \dfrac{21}{29}, \dfrac{21}{62}, \dfrac{21}{46}, \dfrac{21}{56}$

VAMOS APLICAR

7. Uma pesquisa realizada em um supermercado sobre o grau de satisfação dos clientes obteve os seguintes resultados:

SUPERMERCADO TUDO BARATO
- Muito satisfeitos ▸ $\dfrac{2}{15}$
- Satisfeitos ▸ $\dfrac{3}{10}$
- Pouco satisfeitos ▸ $\dfrac{3}{15}$
- Totalmente insatisfeitos ▸ $\dfrac{2}{10}$
- Não respondeu ▸ $\dfrac{1}{6}$

a) A maior parte dos clientes está muito satisfeita, satisfeita, pouco satisfeita ou totalmente insatisfeita?

b) A menor parte dos clientes está muito satisfeita, satisfeita, pouco satisfeita ou totalmente insatisfeita?

8. Jair fez duas provas de mesmo valor: a primeira com 15 questões e a segunda com 10. Em cada prova ele acertou 5 questões. Em qual das duas provas Jair acertou mais da metade das questões? Em qual prova ele foi melhor?

R1. Ricardo e Priscila participaram de uma corrida. Uma hora após o início da competição, Ricardo havia feito $\dfrac{3}{8}$ do percurso e Priscila, $\dfrac{2}{5}$. Qual dos dois estava na frente, nesse momento?

Resolução

Para entender o problema, podemos fazer um esquema que represente a situação. Observe que no esquema o percurso foi representado duas vezes: de um lado, ele foi dividido em 8 partes iguais para mostrar a parte já percorrida por Ricardo e, de outro, dividido em 5 partes iguais para mostrar a parte percorrida por Priscila.

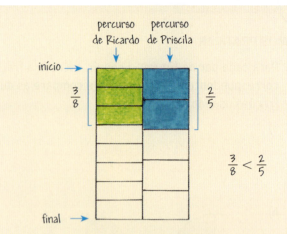

Portanto, nesse momento, Priscila estava na frente.

Outra forma de resolver o problema é reduzir as frações ao mesmo denominador, por exemplo:

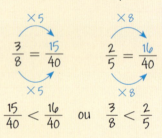

$\dfrac{15}{40} < \dfrac{16}{40}$ ou $\dfrac{3}{8} < \dfrac{2}{5}$

9. Adriana construiu o quadro abaixo após uma pesquisa feita com 900 jovens, entre 14 e 19 anos de idade, para saber suas preferências por alguma prática esportiva.

Futebol	$\dfrac{2}{5}$ do total de jovens
Vôlei	$\dfrac{1}{3}$ do total de jovens
Basquete	$\dfrac{1}{4}$ do total de jovens
Nenhum esporte	15 jovens

a) Qual é a prática esportiva preferida desses jovens?
b) E a prática esportiva menos preferida?
c) Quantos jovens preferem basquete?

10. Luana e Bruno recebem, no início do mês, a mesma quantia de mesada. Neste mês, Luana já gastou $\dfrac{1}{4}$ do que ganhou, e Bruno gastou $\dfrac{3}{7}$. Quem ainda tem a maior parte da mesada?

11. Rosana e Luciano compraram, cada um, uma caixa de morangos. Rosana tinha 20 morangos e já comeu 6. Luciano tinha 36 morangos e já comeu 12. Quem comeu a maior fração de morangos de sua caixa?

160

ESTATÍSTICA E PROBABILIDADE
COLETA E ORGANIZAÇÃO DE DADOS EM TABELAS DE DUPLA ENTRADA

Júlia e Bianca organizaram em março de 2019 uma gincana na escola em que estudam. Júlia estuda em uma turma e Bianca, em outra. Para montar as equipes, elas precisavam saber a quantidade de meninos e de meninas em cada uma de suas salas.

Na sala de Júlia, 6º ano A, há 30 alunos, sendo 12 meninas. Na sala de Bianca, 6º ano B, há 18 meninos, num total de 40 alunos.

▶ Como organizar os dados coletados para facilitar sua leitura?

No caso de Júlia e de Bianca, os dados são as quantidades de meninos e de meninas de cada turma, que podem ser organizadas em uma tabela de dupla entrada, porque há informações sobre dois atributos: gênero e turma. Usaremos, então, três linhas (meninas, meninos e total) e três colunas (6º A, 6º B e total). Assim:

Em uma tabela de dupla entrada, cada dado expressa duas informações: uma indicada na linha e outra, na coluna.

Turma / Gênero	6º A	6º B	Total
Meninas			
Meninos			
Total			

Para identificar a quantidade que deve ocupar cada espaço vazio, podemos agrupar os dados. Observe: meninas do 6º A; meninos do 6º A; total de alunos do 6º A; meninas do 6º B; meninos do 6º B; total de alunos do 6º B; total de meninas; total de meninos; total de alunos.

Observe abaixo a localização correta de cada dado.

Turma / Gênero	6º A	6º B	Total
Meninas	(quantidade de meninas do 6º A)	(quantidade de meninas do 6º B)	(total de meninas)
Meninos	(quantidade de meninos do 6º A)	(quantidade de meninos do 6º B)	(total de meninos)
Total	(total de alunos do 6º A)	(total de alunos do 6º B)	(total de alunos)

ESTATÍSTICA E PROBABILIDADE

Sabemos que no 6º ano A há 30 alunos, sendo 12 meninas, e no 6º ano B há 40 alunos, sendo 18 meninos. Com esses dados, podemos preencher parte da tabela. Observe:

Gênero / Turma	6º A	6º B	Total
Meninas	12		
Meninos		18	
Total	30	40	

Agora, vamos encontrar os dados restantes para completar a tabela:
- quantidade de meninos do 6º ano A: $30 - 12 = 18$
- quantidade de meninas do 6º ano B: $40 - 18 = 22$
- total de meninas: $12 + 22 = 34$
- total de meninos: $18 + 18 = 36$
- total de alunos: $30 + 40 = 70$

Para finalizar, basta inserir esses dados na tabela, criar um título e indicar a fonte dos dados e o período em que eles foram coletados.

Gênero / Turma	6º A	6º B	Total
DISTRIBUIÇÃO DOS ALUNOS DOS 6ºˢ ANOS POR GÊNERO			
Meninas	12	22	34
Meninos	18	18	36
Total	30	40	70

Dados obtidos por Júlia e Bianca em março de 2019.

A tabela de dupla entrada pode não ter a linha e a coluna com os totais. Dependendo da natureza dos dados, pode nem fazer sentido adicionar os valores.

ATIVIDADES

1. Faça uma pesquisa com os alunos de sua sala e descubra quantas meninas e quantos meninos possuem animal de estimação. Em seguida, organize em uma tabela de dupla entrada os dados coletados e responda:

   a) Quantos alunos há em sua sala?

   b) Quantos meninos não possuem animal de estimação? E quantas meninas possuem?

2. Em junho de 2019 Beatriz realizou uma pesquisa para saber o tipo de filme que deveria exibir na sessão de domingo do centro cultural em que ela é voluntária. Veja a quantidade de votos que cada tipo de filme recebeu separada por público que frequenta o centro voluntário.

- Adultos: 93 votos
- Adolescentes: 51 votos

- Adultos: 42 votos
- Adolescentes: 50 votos

- Adultos: 84 votos
- Adolescentes: 54 votos

- Adultos: 50 votos
- Adolescentes: 37 votos

"Não se esqueça de colocar um título no topo de sua tabela e a fonte dos dados no final dela."

a) Construa em seu caderno uma tabela para apresentar os dados obtidos por Beatriz, sabendo que cada entrevistado votou em um único filme.
b) Que tipo de filme recebeu mais votos?
c) Se Beatriz quiser atrair mais adolescentes para o centro, que tipo de filme ela deverá exibir?
d) Quantas pessoas participaram da votação?

3. No campeonato esportivo entre quatro escolas, que aconteceu em março de 2019, cada aluno deveria se inscrever em uma única modalidade esportiva: futebol, basquete, natação ou vôlei. A organizadora do campeonato anotou o resultado das inscrições no quadro abaixo.

- Na escola A, 40 alunos escolheram futebol, 35 vôlei, 20 basquete e 10 natação.
- Na escola B, 35 alunos escolheram basquete, 30 vôlei, 25 futebol e 15 natação.
- Na escola C, 50 alunos escolheram vôlei, 30 futebol, 25 basquete e 10 natação.
- Na escola D, 40 alunos escolheram futebol, 25 basquete, 20 vôlei e 10 natação.

• Construa uma tabela para organizar esses dados.

163

ESTATÍSTICA E PROBABILIDADE

4. Leia o texto abaixo e faça o que se pede.

De acordo com as projeções do IBGE, a distribuição da população residente no Brasil em 2020, 2030, 2040, 2050 e 2060 estará assim: em 2020, residirão 104.546.709 homens e 107.530.666 mulheres; em 2030, 109.628.293 homens e 113.498.624 mulheres; em 2040, 111.715.186 homens e 116.438.018 mulheres; em 2050, 110.447.804 homens e 115.899.884 mulheres; e, em 2060, 106.100.861 homens e 112.073.027 mulheres.

Dados obtidos em: <https://www.ibge.gov.br/home/estatistica/populacao/projecao_da_populacao/2013/default_tab.shtm>. Acesso em: 17 maio 2018.

a) Com base nas projeções de crescimento populacional indicadas, construa uma tabela para representar a distribuição de homens e de mulheres na população brasileira. Use cinco linhas, uma para cada ano, e três colunas, uma para o número de homens, uma para o número de mulheres e uma para a população total naquele ano.

b) Nesse caso, faria sentido ter uma coluna do total de homens e do total de mulheres?

5. Observe, nas tabelas a seguir, dados referentes ao número de matrículas realizadas em 2008, 2010, 2012, 2014 e 2016 em creches da rede pública e da rede particular no Brasil.

Um momento muito importante nas escolas é a hora da leitura.

NÚMERO DE MATRÍCULAS EM CRECHES DA REDE PÚBLICA NO BRASIL	
Ano	Matrículas
2008	1.143.430
2010	1.353.736
2012	1.611.054
2014	1.830.291
2016	2.081.924

NÚMERO DE MATRÍCULAS EM CRECHES DA REDE PARTICULAR NO BRASIL	
Ano	Matrículas
2008	608.306
2010	710.917
2012	929.737
2014	1.061.685
2016	1.151.815

Dados obtidos em: <http://download.inep.gov.br/educacao_basica/censo_escolar/notas_estatisticas/2017/notas_estatisticas_censo_escolar_da_educacao_basica_2016.pdf>. Acesso em: 17 maio 2018.

a) Construa uma tabela de dupla entrada com os dados referentes ao número de matrículas por ano e por rede de ensino.

b) Em qual dos anos apresentados na tabela o número total de matrículas em creches foi maior? Quantas matrículas foram realizadas nesse ano?

ATIVIDADES COMPLEMENTARES

1. Observe a figura e indique que fração representa cada parte em relação à figura toda.

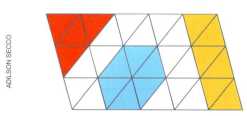

   a) Vermelha.   b) Azul.   c) Amarela.

2. Analise o quadro abaixo e responda às questões.

REUNIÃO DE PAIS	
Classe	Número de pais participantes
6º ano A	8
6º ano B	11
6º ano C	7
6º ano D	4
6º ano E	6

   a) Que fração do total de pais participantes da reunião representa os pais dos alunos do 6º ano A?
   b) Que fração representa os pais participantes que não são pais dos alunos do 6º ano E?
   c) Qual é a fração representada pelos pais dos alunos do 6º ano C e do 6º ano D?

3. (Saresp) Um quadrado maior foi dividido em quadradinhos.

  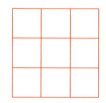

   • Colorindo 4 desses quadradinhos, terei pintado:
   a) a metade do quadrado maior.
   b) a terça parte do quadrado maior.
   c) $\frac{5}{9}$ de todo o quadrado maior.
   d) $\frac{4}{9}$ do quadrado maior.

4. (OBM) Dezoito quadrados iguais são construídos e sombreados como mostra a figura.

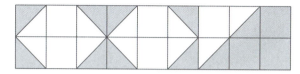

   Qual fração da área total é sombreada?

   a) $\frac{7}{18}$ b) $\frac{4}{9}$ c) $\frac{1}{3}$ d) $\frac{5}{9}$ e) $\frac{1}{2}$

5. Giovani, José, Érica e Íris resolveram comprar, juntos, uma rede de vôlei que custa 60 reais. Giovani tem 12 reais, José tem $\frac{1}{3}$ do valor total da rede, Érica tem 18 reais, e Íris tem o restante do dinheiro de que precisam para comprá-la.

   a) A participação de Íris representa qual fração da compra da rede?
   b) Que dupla juntou mais dinheiro: Giovani e Érica ou José e Íris?
   c) Érica disse que sua fração na participação da compra da rede foi a maior. Ela está certa? Explique.

6. Calcule a fração irredutível.

   a) $\frac{12}{144}$ c) $\frac{75}{180}$ e) $\frac{195}{210}$
   b) $\frac{100}{1.000}$ d) $\frac{36}{54}$ f) $\frac{924}{252}$

7. (Saresp) Quais as três frações equivalentes a $\frac{1}{2}$?

   a) $\frac{2}{4}, \frac{3}{5}, \frac{4}{6}$ c) $\frac{3}{6}, \frac{5}{10}, \frac{6}{12}$
   b) $\frac{2}{4}, \frac{5}{10}, \frac{8}{12}$ d) $\frac{3}{7}, \frac{5}{8}, \frac{2}{4}$

8. Escreva três frações com numerador e denominador diferentes que atendam às condições de cada caso.

   a) Menor que $\frac{1}{2}$.   b) Maior que 1.

9. Em cada sequência, coloque as frações em ordem crescente.

   a) $\frac{8}{10}, \frac{2}{10}, \frac{1}{10}, \frac{5}{10}$ b) $\frac{15}{7}, \frac{15}{3}, \frac{15}{20}, \frac{15}{100}$

Mais questões no livro digital

UNIDADE 6

OPERAÇÕES COM FRAÇÕES

1 ADIÇÃO E SUBTRAÇÃO COM FRAÇÕES

Assim como efetuamos cálculos com números naturais, podemos fazer operações com números escritos na forma de fração. Primeiro, vamos estudar a adição e a subtração de frações.

FRAÇÕES COM DENOMINADORES IGUAIS

Observe esta situação.

Maíra é veterinária. Ela reserva $\frac{1}{10}$ de seu tempo de trabalho para consultas em domicílio e $\frac{7}{10}$ para consultas na clínica. Quanto de seu tempo de trabalho Maíra reserva para consultas?

Vamos resolver o problema com um desenho. Observe.

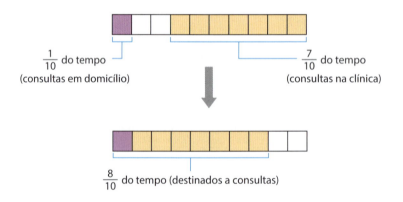

Assim, Maíra reserva $\frac{1}{10} + \frac{7}{10} = \frac{8}{10}$ de seu tempo de trabalho para consultas em domicílio e na clínica.

Se quisermos saber que fração do tempo do trabalho de Maíra indica quanto tempo a mais ela reserva para consultas na clínica do que para consultas em domicílio, fazemos:

$$\frac{7}{10} - \frac{1}{10} = \frac{6}{10}$$

Veja a representação ao lado.

Portanto, para consultas na clínica, Maíra dedica $\frac{6}{10}$ de tempo a mais do que para consultas em domicílio.

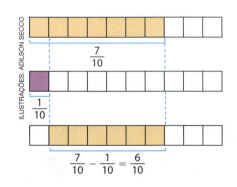

> Para calcular a soma ou a diferença de duas frações com denominadores iguais, adicionamos ou subtraímos os numeradores, conforme a operação desejada, e conservamos os denominadores.

Veja alguns exemplos a seguir.

a) $\dfrac{5}{12} + \dfrac{3}{12} = \dfrac{8}{12}$ (5 + 3)

b) $\dfrac{8}{7} - \dfrac{2}{7} = \dfrac{6}{7}$ (8 − 2)

c) $3\dfrac{1}{5} + 1\dfrac{2}{5} = 4\dfrac{3}{5}$ (3 + 1 = 4)

FRAÇÕES COM DENOMINADORES DIFERENTES

Agora, acompanhe a situação a seguir.

Paulo e Clara decidiram preencher juntos um álbum de figurinhas. Paulo juntou $\dfrac{1}{8}$ do total de figurinhas e Clara, $\dfrac{1}{4}$. Que fração do total de figurinhas Paulo e Clara juntaram?

Precisamos calcular $\dfrac{1}{8} + \dfrac{1}{4}$. Observe o esquema.

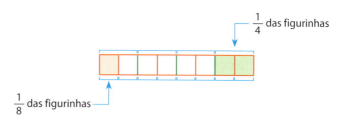

Para realizar essa operação, temos de encontrar frações equivalentes a essas duas frações, de modo que ambas fiquem com o mesmo denominador.

Pelo esquema acima, observamos que $\dfrac{1}{4}$ é o mesmo que $\dfrac{2}{8}$. Então:

$$\underbrace{\dfrac{1}{8} + \dfrac{1}{4}}_{\text{frações com denominadores diferentes}} = \underbrace{\dfrac{1}{8} + \dfrac{2}{8}}_{\text{frações com denominadores iguais}} = \dfrac{3}{8} \leftarrow \text{fração de figurinhas que Paulo e Clara juntaram}$$

Assim, Paulo e Clara juntaram $\dfrac{3}{8}$ do total de figurinhas do álbum. Esse resultado pode ser visualizado no esquema abaixo.

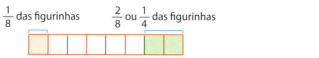

Se Paulo e Clara juntaram $\frac{3}{8}$ das figurinhas do álbum, que fração do total de figurinhas falta para completar o álbum?

Para responder a essa pergunta, devemos calcular $1 - \frac{3}{8}$.

Transformando 1 inteiro em uma fração equivalente com denominador 8, temos:

$$\frac{8}{8} - \frac{3}{8} = \frac{5}{8}$$

Portanto, para completar o álbum faltam $\frac{5}{8}$ do total de figurinhas.

> Para calcular a soma ou a diferença de duas frações com denominadores diferentes, encontramos frações equivalentes às iniciais, com um mesmo denominador, e então efetuamos a operação desejada.

Veja alguns exemplos a seguir.

a) $\frac{6}{5} + \frac{9}{4} = \frac{24}{20} + \frac{45}{20} = \frac{69}{20}$

b) $\frac{1}{3} - \frac{1}{15} + \frac{1}{5} = \frac{5}{15} - \frac{1}{15} + \frac{3}{15} = \frac{7}{15}$

MÍNIMO MÚLTIPLO COMUM (MMC)

Para adicionar ou subtrair frações com denominadores diferentes, podemos usar quaisquer frações equivalentes às iniciais, com mesmo denominador; porém, nem sempre percebe-se de imediato um denominador comum.

Podemos usar como denominador qualquer múltiplo comum dos denominadores iniciais.

Por exemplo, para calcular $\frac{3}{12} + \frac{4}{15}$, podemos verificar os múltiplos comuns de 12 e 15:

Múltiplos de 12 → 12, 24, 36, 48, 60, 72, 84, 96, 108, 120, 132, ...

Múltiplos de 15 → 15, 30, 45, 60, 75, 90, 105, 120, 135, ...

Múltiplos comuns de 12 e 15 → 60, 120, ...

Poderíamos, então, encontrar frações equivalentes às iniciais com denominadores 60, 120 ou qualquer outro múltiplo comum de 12 e 15. Para facilitar os cálculos, pode-se usar o menor desses múltiplos; nesse caso, o 60.

Usando o menor múltiplo comum, ou **mínimo múltiplo comum (mmc)** de 12 e 15, temos:

$$\frac{3}{12} = \frac{15}{60} \quad \text{e} \quad \frac{4}{15} = \frac{16}{60}$$

Então: $\frac{3}{12} + \frac{4}{15} = \frac{15}{60} + \frac{16}{60} = \frac{31}{60}$

Jogo: *Fractio*

Explore a relação entre parte e todo, encontre frações equivalentes e realize algumas operações com frações.

Disponível em <http://mod.lk/ddmxo>.

OBSERVAÇÃO

Indicamos o mínimo múltiplo comum de 12 e 15 por: mmc (12, 15) = 60

Veja alguns exemplos a seguir.

a) $\dfrac{1}{3} - \dfrac{1}{13}$

mmc (3, 13) = 39

$\dfrac{1}{3} - \dfrac{1}{13} = \dfrac{13}{39} - \dfrac{3}{39} = \dfrac{10}{39}$

b) $\dfrac{4}{5} + \dfrac{3}{10} + \dfrac{1}{4}$

mmc (5, 10, 4) = 20

$\dfrac{4}{5} + \dfrac{3}{10} + \dfrac{1}{4} = \dfrac{16}{20} + \dfrac{6}{20} + \dfrac{5}{20} = \dfrac{27}{20} = 1\dfrac{7}{20}$

ATIVIDADES

VAMOS PRATICAR

1. Escreva as frações que representam a parte azul e a parte amarela de cada figura. Depois, efetue a adição dessas frações.

   a)

   b)

   c)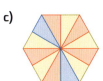

2. Copie as frases em seu caderno substituindo os ■ pelas palavras dos quadros.

   | conservamos | reduzimos | denominador | iguais |

   | diferentes | múltiplo comum | numeradores |

   a) Para calcular a soma ou a diferença de duas ou mais frações com denominadores ■, adicionamos ou subtraímos os ■ e ■ os denominadores.

   b) Para calcular a soma ou a diferença de duas ou mais frações com denominadores ■, encontramos um ■ aos denominadores, ■ as frações a esse ■ comum e depois adicionamos ou subtraímos as frações.

3. Efetue as operações indicadas e simplifique o resultado quando possível.

   a) $\dfrac{1}{4} + \dfrac{5}{4}$
   b) $\dfrac{7}{9} - \dfrac{1}{9}$
   c) $\dfrac{18}{11} - \dfrac{4}{11}$
   d) $\dfrac{6}{3} + \dfrac{2}{3}$
   e) $2\dfrac{1}{4} + \dfrac{3}{4}$
   f) $3\dfrac{1}{6} - \dfrac{5}{6}$
   g) $\dfrac{1}{4} + \dfrac{1}{2}$
   h) $\dfrac{2}{8} + \dfrac{1}{4}$
   i) $\dfrac{1}{4} - \dfrac{1}{6}$
   j) $\dfrac{2}{3} - \dfrac{1}{2}$
   k) $\dfrac{2}{5} + 3\dfrac{1}{2}$
   l) $1\dfrac{1}{6} - \dfrac{3}{4}$
   m) $\dfrac{1}{3} + \dfrac{2}{3} + \dfrac{4}{3}$
   n) $\dfrac{9}{4} - \dfrac{1}{4} - \dfrac{3}{4}$

4. Calcule o valor das expressões. Não esqueça a simplificação.

   a) $\dfrac{1}{10} + \dfrac{7}{10} - \dfrac{3}{10}$
   b) $\dfrac{7}{15} - \dfrac{3}{15} + \dfrac{1}{15}$
   c) $\dfrac{7}{8} + \dfrac{2}{8} - \dfrac{1}{4}$
   d) $\dfrac{3}{4} + 1\dfrac{1}{2} - \dfrac{5}{8}$
   e) $2\dfrac{3}{5} - \dfrac{5}{6} + \dfrac{7}{10}$

R1. Que fração da figura abaixo representa a parte pintada de verde?

Resolução

Como a figura está dividida em partes de tamanhos diferentes, temos de subdividir as partes maiores de forma que todas tenham o mesmo tamanho da menor.

Nesse caso, podemos dividir a parte que representa $\dfrac{1}{2}$ (laranja) em 3 partes, e cada parte será $\dfrac{1}{6}$ do inteiro.

Já a parte que representa $\dfrac{1}{3}$ (amarela), dividimos em 2 partes, para que cada uma represente, também, $\dfrac{1}{6}$ do inteiro.

O inteiro, portanto, será dividido em 6 partes iguais.

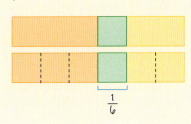

A parte verde representa $\frac{1}{6}$ do inteiro.

Outra forma de resolver esse problema é subtrair do inteiro as frações conhecidas.

$1 - \frac{1}{2} - \frac{1}{3}$

Transformando as frações em frações equivalentes com denominadores iguais, temos:

$1 = \frac{6}{6}$ $\quad \frac{1}{2} = \frac{3}{6} \quad \frac{1}{3} = \frac{2}{6}$

$\frac{6}{6} - \frac{3}{6} - \frac{2}{6} = \frac{1}{6}$

Então, a parte verde representa $\frac{1}{6}$ da figura.

5. Que fração representa a parte verde de cada figura?

a)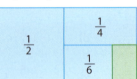

b)

R2. Complete com + ou − para tornar a sentença abaixo verdadeira:

$\frac{14}{18}$ ■ $\frac{1}{9}$ ■ $\frac{3}{9} = \frac{5}{9}$

Resolução

Observando os denominadores, verificamos que nem todos são iguais. Então, fazemos as transformações necessárias para que todas as frações tenham denominadores iguais.

Nesse caso, basta simplificar a fração $\frac{14}{18}$.

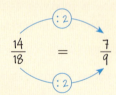

Agora, tentamos combinar os sinais + e − até que a sentença seja verdadeira.

$\frac{7}{9}$ ■ $\frac{1}{9}$ ■ $\frac{3}{9} = \frac{5}{9}$

$\frac{7}{9} + \frac{1}{9} + \frac{3}{9} = \frac{11}{9} \neq \frac{5}{9}$

$\frac{7}{9} - \frac{1}{9} - \frac{3}{9} = \frac{3}{9} \neq \frac{5}{9}$

$\frac{7}{9} + \frac{1}{9} - \frac{3}{9} = \frac{5}{9}$

6. Substitua o ■ por + ou − para tornar a sentença verdadeira.

a) $\frac{8}{10}$ ■ $\frac{4}{10}$ ■ $\frac{7}{10} = \frac{5}{10}$

b) $7\frac{1}{9}$ ■ $\frac{3}{9} = 7\frac{4}{9}$

c) $\frac{15}{8}$ ■ $\frac{1}{2}$ ■ $\frac{1}{4} = \frac{13}{8}$

d) $3\frac{2}{5}$ ■ $\frac{7}{5} = \frac{10}{5}$

e) $3\frac{1}{4}$ ■ $2\frac{1}{3} = \frac{11}{12}$

f) $\frac{3}{4}$ ■ $\frac{2}{3}$ ■ $\frac{1}{6} = \frac{1}{4}$

VAMOS APLICAR

7. Resolva os problemas.

a) O ponteiro do marcador de combustível de um carro apontava para $\frac{3}{4}$ de tanque. Após dirigir por certo tempo, o motorista notou que o marcador apontava para $\frac{1}{4}$ de tanque. Quanto do tanque foi gasto nesse percurso?

b) Ontem Marta leu $\frac{5}{9}$ das páginas de um livro. Hoje ela leu $\frac{2}{5}$ das páginas do mesmo livro. Que fração do livro Marta leu nos dois dias?

c) Adriana viajou para a praia. Durante a primeira hora de viagem, ela percorreu $\frac{1}{3}$ do caminho e, na segunda hora, mais $\frac{2}{5}$. Que fração do caminho Adriana já percorreu, no total?

8. Analise a afirmação e verifique se está correta.

Com 3 copos de $\frac{1}{4}$ de litro e 4 copos de $\frac{1}{5}$ de litro posso encher, sem sobrar ou faltar, uma garrafa de $1\frac{1}{2}$ litro.

9. Elabore um problema:

a) cuja resposta seja a fração $\frac{4}{5}$;

b) cuja resolução envolva adicionar as frações $\frac{1}{4}$ e $\frac{3}{8}$;

c) que envolva a subtração de duas frações quaisquer.

2 MULTIPLICAÇÃO COM FRAÇÕES

MULTIPLICAÇÃO DE UM NÚMERO NATURAL POR UMA FRAÇÃO

Acompanhe a situação a seguir.

Laura serviu três *pizzas* de mesmo tamanho e de diferentes sabores para seus amigos. Depois de todos comerem, sobrou $\frac{1}{4}$ de cada *pizza*. Laura conseguirá guardar as sobras em uma única embalagem?

Observe como esse problema pode ser resolvido.

$$3 \cdot \frac{1}{4} = \frac{1}{4} + \frac{1}{4} + \frac{1}{4} = \frac{3}{4}$$

Ou seja, sobraram $\frac{3}{4}$ de *pizza*, que é menos que uma *pizza* inteira. Portanto, Laura conseguirá guardar em uma única embalagem todos os pedaços que sobraram.

O cálculo acima pode, ainda, ser feito assim: $3 \cdot \frac{1}{4} = \frac{3 \cdot 1}{4} = \frac{3}{4}$

Veja alguns exemplos a seguir.

a) $5 \cdot \frac{7}{4} = \frac{5 \cdot 7}{4} = \frac{35}{4}$
b) $9 \cdot \frac{3}{2} = \frac{9 \cdot 3}{2} = \frac{27}{2}$

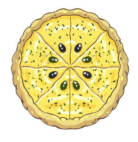

MULTIPLICAÇÃO COM DUAS FRAÇÕES

Agora, vamos calcular $\frac{1}{2} \cdot \frac{2}{3}$. Para isso, faremos uma representação gráfica. Observe a figura ao lado, que representa 1 inteiro e, em destaque, $\frac{2}{3}$ desse inteiro.

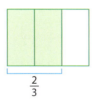

Calcular $\frac{1}{2} \cdot \frac{2}{3}$ significa calcular $\frac{1}{2}$ de $\frac{2}{3}$, ou seja, metade de $\frac{2}{3}$.

Então, vamos dividir a figura em 2 partes.

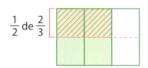

Portanto, $\frac{1}{2} \cdot \frac{2}{3}$ é igual a $\frac{2}{6}$, ou seja: $\frac{1}{2} \cdot \frac{2}{3} = \frac{2}{6}$

O produto de dois números na forma de fração tem como numerador o produto dos numeradores e como denominador o produto dos denominadores.

Veja alguns exemplos a seguir.

a) $\frac{1}{7} \cdot \frac{4}{5} = \frac{1 \cdot 4}{7 \cdot 5} = \frac{4}{35}$
b) $\frac{5}{2} \cdot \frac{6}{10} = \frac{5 \cdot 6}{2 \cdot 10} = \frac{30}{20}$

CÁLCULO MENTAL

No preparo de geleias de frutas, para cada 1 quilograma de fruta, adiciona-se $\frac{1}{4}$ de quilograma de açúcar. Se tenho $\frac{1}{2}$ quilograma de morango, quantos quilogramas de açúcar devo utilizar?

TÉCNICA DO CANCELAMENTO

Algumas multiplicações podem ser simplificadas antes de obter o produto. Observe o exemplo a seguir.

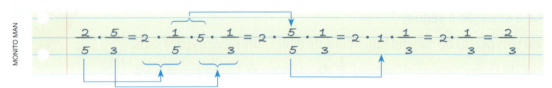

$$\frac{2}{5} \cdot \frac{5}{3} = 2 \cdot \frac{1}{5} \cdot 5 \cdot \frac{1}{3} = 2 \cdot \frac{5}{5} \cdot \frac{1}{3} = 2 \cdot 1 \cdot \frac{1}{3} = 2 \cdot \frac{1}{3} = \frac{2}{3}$$

De uma forma prática, fazemos: $\dfrac{2}{\underset{1}{\cancel{5}}} \cdot \dfrac{\overset{1}{\cancel{5}}}{3} = \dfrac{2}{3}$

Veja o exemplo a seguir.

$\dfrac{12}{\underset{1}{\cancel{5}}} \cdot \dfrac{\overset{2}{\cancel{10}}}{8}$ ⟶ Dividimos 10 e 5 por 5.

$\dfrac{\overset{3}{\cancel{12}}}{1} \cdot \dfrac{2}{\underset{2}{\cancel{8}}}$ ⟶ Dividimos 12 e 8 por 4.

Então: $\dfrac{12}{5} \cdot \dfrac{10}{8} = \dfrac{\overset{3}{\cancel{12}}}{\underset{1}{\cancel{5}}} \cdot \dfrac{\overset{2}{\cancel{10}}}{\underset{2}{\cancel{8}}} = \dfrac{3}{1} \cdot \dfrac{2}{2} = 3 \cdot 1 = 3$

ATIVIDADES

VAMOS PRATICAR

1. Encontre o produto em cada caso.

a) $4 \cdot \dfrac{1}{3}$ c) $\dfrac{1}{2} \cdot \dfrac{2}{5}$ e) $\dfrac{7}{3} \cdot \dfrac{4}{5}$

b) $7 \cdot \dfrac{2}{9}$ d) $\dfrac{1}{3} \cdot \dfrac{2}{5}$ f) $\dfrac{2}{3} \cdot \dfrac{7}{4}$

2. Efetue as multiplicações aplicando a técnica do cancelamento.

a) $\dfrac{5}{3} \cdot \dfrac{9}{5} \cdot \dfrac{1}{3}$ d) $\dfrac{16}{3} \cdot \dfrac{27}{8} \cdot \dfrac{1}{5}$

b) $\dfrac{12}{5} \cdot \dfrac{10}{3} \cdot \dfrac{2}{4}$ e) $4 \cdot \dfrac{6}{64} \cdot \dfrac{1}{12}$

c) $\dfrac{25}{3} \cdot \dfrac{12}{5} \cdot \dfrac{3}{4}$ f) $5 \cdot \dfrac{2}{27} \cdot \dfrac{9}{4} \cdot \dfrac{3}{35}$

VAMOS APLICAR

R1. Júlio separa $\dfrac{1}{3}$ de seu salário para alimentação. Dessa parte, $\dfrac{3}{4}$ são destinados às compras no supermercado, e o restante, à feira. Que fração do salário Júlio reserva para a feira?

Resolução

Grande parte dos problemas com frações pode ser representada por meio de esquemas que facilitam a visualização do problema e sua resolução.

Este problema é um deles. Vamos representar o salário de Júlio com uma figura.

Salário de Júlio

Dividimos essa figura em 3 partes iguais, pois Júlio reserva $\dfrac{1}{3}$ do salário para alimentação.

Em seguida, dividimos a parte destacada, ou seja, $\dfrac{1}{3}$, em 4 partes iguais e indicamos as partes que ele reserva para as compras no supermercado e para a feira.

Pelo esquema, Júlio reserva para a feira $\dfrac{1}{12}$ do salário.

Outra forma de resolver esse problema é fazendo cálculos. Primeiro, determinamos a fração que corresponde à feira e depois, como esse problema traduz uma situação de fração de uma fração, usamos a operação de multiplicação.

$1 - \frac{3}{4} = \frac{4}{4} - \frac{3}{4} = \frac{1}{4}$

$\frac{1}{4}$ de $\frac{1}{3}$ é o mesmo que $\frac{1}{4} \cdot \frac{1}{3} = \frac{1}{12}$

3. Oscar separa $\frac{1}{4}$ de sua mesada para comprar roupas. Dessa parte, $\frac{3}{5}$ são destinados para comprar bermudas, e o restante, para comprar camisetas. Que fração de sua mesada Oscar reserva para comprar camisetas?

4. Resolva os problemas em seu caderno.

a) Em uma entrevista feita com os alunos, verificou-se que $\frac{5}{8}$ são ouvintes da rádio do colégio. Desses alunos, apenas $\frac{4}{15}$ gostam de MPB. Que fração de alunos ouve a rádio do colégio e gosta de MPB?

b) Dos alunos de uma sala, $\frac{4}{6}$ praticaram algum esporte durante o intervalo. Desses alunos, $\frac{4}{5}$ jogaram basquete. Que fração dos alunos da sala jogou basquete?

R2. Amanda tem metade da idade de André. Bruna tem $\frac{1}{3}$ da idade de Amanda. Quem é mais novo, Amanda, André ou Bruna? Que fração indica a idade de Bruna em relação à idade de André?

Resolução

Primeiro, vamos descobrir quem é o mais novo.
Pela frase "Amanda tem metade da idade de André", concluímos que Amanda é mais nova que André.
Já a frase "Bruna tem um terço da idade de Amanda" informa que Bruna é mais nova que Amanda.
Então, Bruna é a mais nova, Amanda tem idade intermediária, e André é o mais velho.

| André | Amanda | Bruna |

Idade de Amanda é $\frac{1}{2}$ da idade de André.
Idade de Bruna é $\frac{1}{3}$ da idade de Amanda.

Faremos a seguir um retângulo para representar a idade de André, que é a pessoa mais velha.

A idade de Bruna é $\frac{1}{6}$ da idade de André.
Outra forma de resolver é fazendo cálculos:
$\frac{1}{3} \cdot \frac{1}{2} = \frac{1}{6}$

5. Leia o texto e responda às questões.
Carolina tem $\frac{1}{3}$ da quantidade de bolinhas de gude de Rodrigo. Álvaro tem $\frac{1}{4}$ da quantidade de Carolina.

a) Quem tem mais bolinhas de gude? E quem tem menos bolinhas?

b) Que fração indica a quantidade de bolinhas de Álvaro em relação à quantidade de bolinhas de Rodrigo?

6. Em uma classe de 30 alunos, $\frac{1}{3}$ é formado por meninas. Certo dia, metade das meninas dessa classe foi à escola de calças *jeans*. Quantas meninas dessa classe vestiram calças *jeans* nesse dia?

7. Desenhe um retângulo. Pinte a parte correspondente a $\frac{1}{2}$ de uma cor e, depois, pinte de outra cor $\frac{1}{3}$ da parte não pintada. Que fração do retângulo você coloriu por último?

8. Resolva.

a) Cleber reservou $\frac{3}{4}$ da área de sua fazenda para plantação. Da área reservada, $\frac{1}{5}$ ele usou para plantar café, $\frac{1}{3}$ para plantar algodão e o restante para plantar cana-de-açúcar. Que fração da área da fazenda representa o cultivo de cana-de-açúcar?

b) Em uma classe, $\frac{2}{3}$ dos alunos participam de atividades esportivas. Metade dos alunos restantes está no grupo de pesquisa, e os outros estão no grupo de teatro. Sabendo que os alunos que fazem uma atividade não participam de outra, responda:
- Que fração do total de alunos representa a quantidade de alunos do grupo de pesquisa?
- Quantos alunos há nessa classe se o grupo de teatro é composto de 5 integrantes?

173

3 DIVISÃO COM FRAÇÕES

DIVISÃO DE UMA FRAÇÃO POR UM NÚMERO NATURAL

Analise a situação a seguir.

Para o café da manhã, o pai de Pedro e de Isabela dividiu um queijo em 3 partes iguais. Pedro e Isabela comeram $\frac{1}{3}$ do queijo cada um.

Representando o queijo por um círculo, temos:

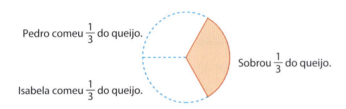

Depois do almoço, Pedro e Isabela compraram uma goiabada para comer com o queijo que sobrou. Para isso, eles dividiram o terço restante em 2 partes iguais. Ou seja, cada um comeu $\frac{1}{3} : 2$ do queijo. Veja.

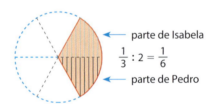

Assim, podemos escrever: $\frac{1}{3} : 2 = \frac{1}{6}$

Então, cada um comeu $\frac{1}{6}$ do queijo que sobrou.

Veja alguns exemplos.

a) $\frac{1}{4} : 3$

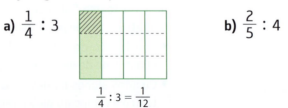

$\frac{1}{4} : 3 = \frac{1}{12}$

b) $\frac{2}{5} : 4$

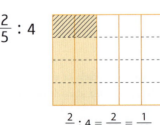

$\frac{2}{5} : 4 = \frac{2}{20} = \frac{1}{10}$

DIVISÃO DE UM NÚMERO NATURAL POR UMA FRAÇÃO

Observe a ilustração e responda: Quantos copos com capacidade para $\frac{1}{4}$ de litro são necessários para encher uma jarra de 2 litros?

Para resolver esse problema, usamos a ideia de medida. De acordo com a ilustração, percebemos que são necessários 8 copos com capacidade para $\frac{1}{4}$ de litro para encher uma jarra de 2 litros.

Poderíamos resolver esse problema calculando quantas vezes $\frac{1}{4}$ cabe em 2, o que é equivalente a efetuar $2 : \frac{1}{4}$. Portanto:

$$2 : \frac{1}{4} = 8$$

DIVISÃO DE UMA FRAÇÃO POR OUTRA FRAÇÃO

Vamos efetuar a divisão de $\frac{3}{4}$ por $\frac{3}{8}$. Isso significa que queremos saber quantas vezes $\frac{3}{8}$ cabem em $\frac{3}{4}$. Para isso, vamos considerar a figura abaixo como 1 inteiro e destacar $\frac{3}{4}$ dela.

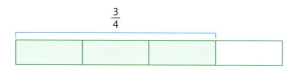

Agora, para representar $\frac{3}{8}$, dividimos o inteiro em 8 partes iguais e verificamos quantas vezes $\frac{3}{8}$ cabem em $\frac{3}{4}$.

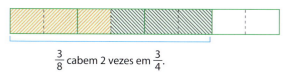

$\frac{3}{8}$ cabem 2 vezes em $\frac{3}{4}$.

Logo: $\frac{3}{4} : \frac{3}{8} = 2$

Veja alguns exemplos.

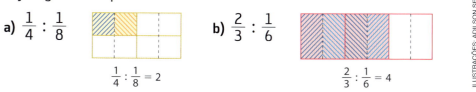

a) $\frac{1}{4} : \frac{1}{8}$

$\frac{1}{4} : \frac{1}{8} = 2$

b) $\frac{2}{3} : \frac{1}{6}$

$\frac{2}{3} : \frac{1}{6} = 4$

> **OBSERVAÇÃO**
>
> Para representar a divisão de frações, podemos usar também a notação:
>
> $$\frac{\frac{1}{4}}{\frac{3}{4}} = \frac{1}{4} : \frac{3}{4}$$

PROCESSO PRÁTICO

As divisões efetuadas até aqui também poderiam ser resolvidas pelo processo prático, que veremos adiante. Antes, porém, você precisa conhecer o conceito de números inversos.

> Dois números não nulos são **inversos** quando seu produto é igual a 1.

Veja alguns exemplos.

a) Como $\frac{4}{5} \cdot \frac{5}{4} = \frac{20}{20} = 1$, dizemos que $\frac{4}{5}$ é o inverso de $\frac{5}{4}$ e que $\frac{5}{4}$ é o inverso de $\frac{4}{5}$.

b) Como $23 \cdot \frac{1}{23} = \frac{23}{23} = 1$, dizemos que 23 é o inverso de $\frac{1}{23}$ e que $\frac{1}{23}$ é o inverso de 23.

O inverso do número 2 é $\frac{1}{2}$ pois $2 \cdot \frac{1}{2} = 1$.

MONITO MAN

Note que, para obter o inverso de uma fração, basta inverter o numerador e o denominador.

Para entender o processo prático, vamos analisar algumas divisões feitas anteriormente.

a) Vimos que $\frac{1}{3} : 2 = \frac{1}{6}$. Agora, observe que $\frac{1}{3} \cdot \frac{1}{2} = \frac{1}{6}$. Como os dois resultados são iguais, podemos escrever:

$$\frac{1}{3} : 2 = \frac{1}{3} \cdot \frac{1}{2} = \frac{1}{6}$$
inverso

b) Sabemos que $2 : \frac{1}{4} = 8$ e $2 \cdot 4 = 8$. Então:

$$2 : \frac{1}{4} = 2 \cdot 4 = 8$$
inverso

c) Temos que $\frac{2}{3} : \frac{1}{6} = 4$ e $\frac{2}{3} \cdot 6 = \frac{12}{3} = 4$. Ou seja:

$$\frac{2}{3} : \frac{1}{6} = \frac{2}{3} \cdot 6 = \frac{12}{3} = 4$$
inverso

> Para dividir uma fração por outra fração, multiplicamos a primeira pelo inverso da segunda.

ATIVIDADES

VAMOS PRATICAR

1. Determine, por meio de desenhos, o quociente da divisão por 2 das frações representadas abaixo.

a)    c)

b)   d)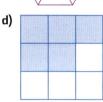

2. Determine o inverso dos números abaixo.

a) 7   c) $\dfrac{21}{6}$ e) 3

b) $\dfrac{2}{5}$ d) 12   f) $\dfrac{7}{9}$

3. Encontre o quociente das divisões abaixo usando a técnica do cancelamento.

a) $6 : \dfrac{36}{7}$ f) $\dfrac{13}{9} : \dfrac{169}{3}$

b) $27 : \dfrac{3}{4}$ g) $\dfrac{25}{4} : \dfrac{125}{8}$

c) $\dfrac{3}{4} : 5$ h) $\dfrac{64}{49} : \dfrac{16}{7}$

d) $\dfrac{14}{23} : 7$ i) $2\dfrac{1}{3} : \dfrac{5}{9}$

e) $\dfrac{1}{2} : \dfrac{5}{2}$ j) $\dfrac{4}{5} : 1\dfrac{1}{3}$

VAMOS APLICAR

R1. Escreva os dois próximos termos da sequência abaixo.

$\dfrac{2}{3}, \dfrac{2}{9}, \dfrac{2}{27}, \ldots$

Resolução

Em uma sequência numérica de frações, para descobrir a relação entre um termo e o termo que lhe é imediatamente anterior, precisamos descobrir qual número, em operação com o termo anterior, resulta no termo seguinte.

Nesse caso, vamos tentar dividir um termo pelo termo anterior e verificar se a relação se mantém para todos os termos da sequência apresentados.

$\dfrac{2}{9} : \dfrac{2}{3} = \dfrac{\cancel{2}}{\cancel{9}_3} \cdot \dfrac{\cancel{3}}{\cancel{2}} = \dfrac{1}{3}$

$\dfrac{2}{27} : \dfrac{2}{9} = \dfrac{\cancel{2}}{\cancel{27}_3} \cdot \dfrac{\cancel{9}}{\cancel{2}} = \dfrac{1}{3}$

O "segredo" para formar essa sequência é multiplicar cada termo por $\dfrac{1}{3}$ para obter o seguinte.

Verificamos que essa relação observada é válida para todos os termos apresentados na sequência. Então, para encontrar os próximos termos, basta multiplicar o termo anterior por $\dfrac{1}{3}$.

4º termo: $\dfrac{2}{27} \cdot \dfrac{1}{3} = \dfrac{2}{81}$

5º termo: $\dfrac{2}{81} \cdot \dfrac{1}{3} = \dfrac{2}{243}$

O 4º e o 5º termos são respectivamente $\dfrac{2}{81}$ e $\dfrac{2}{243}$.

4. Escreva os dois próximos termos das sequências abaixo, observando as regularidades.

a) $\dfrac{2}{3}, \dfrac{2}{6}, \dfrac{2}{12}, \ldots$ b) $\dfrac{3}{7}, \dfrac{3}{49}, \dfrac{3}{343}, \ldots$

R2. Calcule e simplifique a expressão numérica abaixo.

$$\dfrac{\dfrac{2}{3} + \dfrac{1}{4}}{\dfrac{1}{5} - \dfrac{1}{8}}$$

Resolução

Para calcular o valor dessa expressão numérica, primeiramente vamos efetuar a adição que está no numerador e, em seguida, a subtração que está no denominador. Note que, na adição e na subtração, as frações têm denominadores diferentes. Então:

- para o numerador: mmc (3, 4) = 12;
- para o denominador: mmc (5, 8) = 40.

Logo:

$$\dfrac{\dfrac{2}{3} + \dfrac{1}{4}}{\dfrac{1}{5} - \dfrac{1}{8}} = \dfrac{\dfrac{8}{12} + \dfrac{11}{12}}{\dfrac{8}{40} - \dfrac{5}{40}} = \dfrac{\dfrac{11}{12}}{\dfrac{3}{40}} =$$

$$= \dfrac{11}{12} : \dfrac{3}{40} = \dfrac{11}{\cancel{12}_3} \cdot \dfrac{\cancel{40}^{10}}{3} = \dfrac{110}{9}$$

inversos

5. Calcule e simplifique as expressões numéricas.

a) $\dfrac{\dfrac{1}{2} \cdot \left(\dfrac{5}{6} - \dfrac{1}{2}\right)}{\left(\dfrac{1}{4} + \dfrac{1}{3}\right) \cdot \dfrac{1}{2}}$

b) $\left[1 - \left(\dfrac{3}{4} + \dfrac{1}{5}\right)\right] : \dfrac{3}{40}$

c) $\left[\dfrac{7}{4} \cdot \left(2 : \dfrac{16}{3} - \dfrac{1}{4}\right)\right] : \dfrac{32}{7}$

6. Rui tem $\dfrac{1}{4}$ de um bolo e quer dividi-lo em 6 partes iguais. Que fração do bolo representará cada parte que Rui obtiver?

7. Observe como Douglas dividiu uma folha de papel quadrada em pedaços menores de mesmo tamanho.

Figura 1  Figura 2

Figura 3   Figura 4

a) Que fração da folha representa um dos pedaços que Douglas obteve na primeira divisão?
b) Que fração da folha representa o pedaço de papel da figura 4?
c) Represente, em um único desenho, as divisões feitas por Douglas na folha de papel.
d) Escreva a sequência de frações que representam cada uma das partes que Douglas obteve em cada divisão.
e) Escreva as duas próximas frações da sequência acima.

8. Uma receita de bolo pede $\dfrac{1}{8}$ de quilograma de castanha-de-caju. Com $\dfrac{3}{4}$ de quilograma de castanha, dá para fazer quantas receitas?

9. Na classe de Vanessa, $\dfrac{2}{3}$ dos alunos participarão do campeonato de futebol da escola. Os alunos serão divididos em 4 equipes. Que fração dos alunos da classe representará cada equipe?

R3. Um município iniciou em 2013 uma campanha de incentivo à reciclagem de lixo. O esquema permite visualizar o aumento da quantidade de lixo reciclado, em relação ao total de lixo reciclável, em 5 anos de campanha.

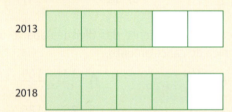

a) Que fração do total reciclável representa o aumento de lixo reciclado de 2013 para 2018?
b) Que fração esse aumento representa em relação à quantidade de lixo reciclado em 2013?

Resolução

a) A barra inteira representa a quantidade de lixo que é possível reciclar, e as partes pintadas representam quanto dessa quantidade de lixo foi de fato reciclado.

Em 2013, foram reciclados $\dfrac{3}{5}$ do lixo reciclável; já em 2018 foram reciclados $\dfrac{4}{5}$.

Como $\dfrac{4}{5} - \dfrac{3}{5} = \dfrac{1}{5}$, concluímos que, de 2013 para 2018, o aumento do lixo reciclado corresponde a $\dfrac{1}{5}$ do total reciclável.

b) Observando o esquema, vemos que o aumento de $\dfrac{1}{5}$ representa um terço da quantidade de lixo reciclado em 2013 $\left(\dfrac{3}{5}\right)$.

Ou podemos calcular por meio da divisão $\frac{1}{5} : \frac{3}{5}$.

$$\frac{1}{5} : \frac{3}{5} = \frac{1}{\cancel{5}} \cdot \frac{\cancel{5}}{3} = \frac{1}{3}$$

O aumento do lixo reciclado corresponde a $\frac{1}{3}$ do lixo reciclado em 2013.

10. Um estado brasileiro propôs algumas medidas para os municípios recuperarem a mata nativa. Observe os esquemas que mostram a situação em 2008 e em 2018, permitindo visualizar a recuperação da mata em dois municípios desse estado. Cada área de mata nativa foi representada por um retângulo.

a) Que fração da mata nativa foi recuperada nesse período em cada município?

b) Que fração esse aumento representa em relação à área de mata nativa existente em 2008?

11. Hermes comprou 5 quilogramas de balas para distribuir igualmente entre algumas crianças. Ele deseja colocar as balas em caixas de $\frac{1}{4}$ de quilograma cada uma.

a) Quantas crianças serão presenteadas?

b) Para presentear 40 crianças, que fração de quilograma Hermes deverá colocar em cada caixa?

12. Elabore um problema que envolva a divisão de uma fração por um número natural.

13. Elabore um problema, envolvendo divisão ou multiplicação de frações, que possa ser resolvido pelo esquema abaixo.

COMPARE ESTRATÉGIAS

Adição e subtração com frações

A professora solicitou a quatros alunos que calculassem $\frac{1}{2} + \frac{2}{7}$ no quadro de giz. Veja como cada um fez.

Cálculo de Joel

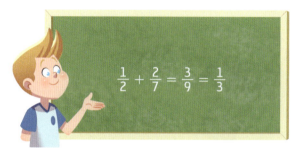

$$\frac{1}{2} + \frac{2}{7} = \frac{3}{9} = \frac{1}{3}$$

Cálculo de Bruna

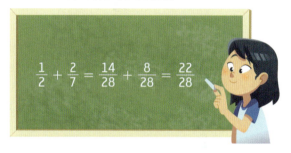

$$\frac{1}{2} + \frac{2}{7} = \frac{14}{28} + \frac{8}{28} = \frac{22}{28}$$

Cálculo de Carol

mmc (2, 7) = 14

$$\frac{1}{2} + \frac{2}{7} = \frac{7}{14} + \frac{4}{14} = \frac{11}{14}$$

Cálculo de Tomas

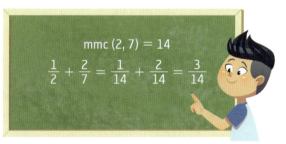

mmc (2, 7) = 14

$$\frac{1}{2} + \frac{2}{7} = \frac{1}{14} + \frac{2}{14} = \frac{3}{14}$$

COMPARE ESTRATÉGIAS

REFLITA

a) Explique como cada aluno calculou o valor de $\frac{1}{2} + \frac{2}{7}$.

b) O que há de parecido e de diferente entre as estratégias de Carol e Bruna? E entre a de Carol e a de Tomas? Converse com os colegas.

c) Quais deles **não** obtiveram o valor correto de $\frac{1}{2} + \frac{2}{7}$? Como você sabe?

DISCUTA E CONCLUA

a) Observe o diálogo entre Hélio e Simone.

- Por que Simone, sem fazer nenhuma conta, sabe que o cálculo de Hélio não está correto? Converse com os colegas.
- Qual foi o erro de Hélio?
- Qual é o resultado correto de $\frac{1}{2} + \frac{1}{2}$? Explique como você fez e compare sua estratégia com a dos colegas.

b) Veja como Verônica calculou o resultado de $\frac{1}{3} - \frac{1}{4}$.

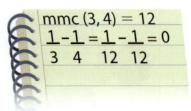

- Dê alguns exemplos de subtrações cuja diferença seja zero. O que elas têm em comum?
- O resultado de $\frac{1}{3} - \frac{1}{4}$ pode ser zero? Por quê? Qual foi o erro de Verônica?
- Qual é o resultado correto de $\frac{1}{3} - \frac{1}{4}$? Explique como você fez e compare sua estratégia com a dos colegas.
- Volte às questões do Reflita e veja se você mudaria alguma resposta dada.

4 PORCENTAGEM

Você sabia que 11% das espécies de tartarugas conhecidas estão presentes em território brasileiro? Mas o que significa 11% (lemos: "onze por cento") das espécies de tartarugas conhecidas?

Por cento quer dizer "em cem". Assim, 11% significa "11 em cada 100"; então, de cada 100 espécies de tartarugas conhecidas, 11 estão presentes em território brasileiro.

11% das espécies de tartarugas é o mesmo que $\frac{11}{100}$ das espécies de tartarugas.

A representação usando o símbolo **%** é chamada de **porcentagem**.

Nas porcentagens, o todo sempre é indicado por 100%, que significa "100 partes em cada 100", que é equivalente a $\frac{100}{100} = 1$.

Tartaruga-de-pente na Baía do Sueste. Fernando de Noronha, PE. Foto de 2016.

Podemos sempre associar porcentagens a frações. Veja estes exemplos.

- 50% é o mesmo que $\frac{50}{100} = \frac{1}{2}$.

- 30% é o mesmo que $\frac{30}{100} = \frac{3}{10}$.

- 25% é o mesmo que $\frac{25}{100} = \frac{1}{4}$.

- 9% é o mesmo que $\frac{9}{100}$.

É possível representar graficamente uma porcentagem. Para isso, podemos transformar a porcentagem na fração correspondente. Observe.

- $25\% = \frac{25}{100} = \frac{1}{4}$

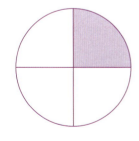

- $10\% = \frac{10}{100} = \frac{1}{10}$

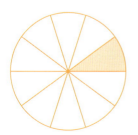

> Organize o que você aprendeu fazendo a atividade 3 da página 192.

181

Veja, agora, como Luciana, Márcio e Geane resolveram um problema envolvendo um cálculo de porcentagem.

Na escola de música Dó Ré Mi, há 300 alunos. Para a apresentação de fim de ano, serão escolhidos 20% dos alunos. Quantos alunos serão selecionados?

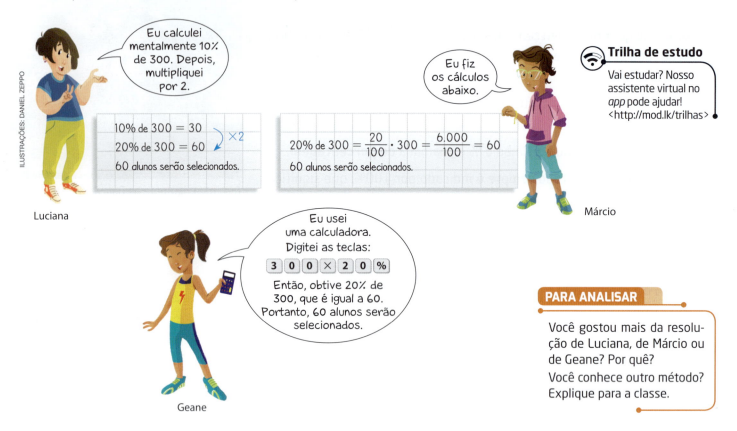

Trilha de estudo

Vai estudar? Nosso assistente virtual no *app* pode ajudar!
<http://mod.lk/trilhas>

PARA ANALISAR

Você gostou mais da resolução de Luciana, de Márcio ou de Geane? Por quê?

Você conhece outro método? Explique para a classe.

ATIVIDADES

VAMOS PRATICAR

1. Calcule mentalmente as porcentagens.

a) 50% de 10
b) 30% de 50
c) 70% de 40
d) 80% de 70
e) 60% de 40
f) 25% de 80

2. Associe as partes pintadas das figuras às porcentagens correspondentes.

I 25% II 40% III 50% IV 75%

VAMOS APLICAR

3. Observe o diálogo e responda à pergunta.

• Quem acertou mais questões da prova?

4. Em uma pesquisa realizada em maio de 2020, sobre a preferência entre três marcas de sabão em pó, foram entrevistadas 100 pessoas em um supermercado. O resultado obtido está na tabela abaixo.

PREFERÊNCIA DE SABÃO EM PÓ	
Marca	Quantidade de pessoas
A	31
B	47
C	13
Nenhuma das três	9

Dados obtidos por AJD Pesquisas em maio de 2020.

a) Escreva as porcentagens correspondentes à quantidade de pessoas que preferem cada uma das marcas de sabão em pó pesquisadas.
b) Agora, escreva a porcentagem correspondente às pessoas entrevistadas que não têm preferência pelas marcas pesquisadas.
c) Das três marcas, qual agrada à maioria das pessoas pesquisadas?

R1. Jair disse que apenas 5% dos 200 torcedores que assistiram à partida final do torneio de basquete da escola em que estuda eram do time visitante. Quantas pessoas torceram para o time visitante?

Resolução

- 1% de 200 é o mesmo que $\frac{1}{100}$ de 200.
- Para calcular $\frac{1}{100}$ de 200, basta calcular o resultado da divisão de 200 por 100, que é 2. Então, 1% de 200 é igual a 2.
- Se 1% de 200 é igual a 2, então 5% de 200 é igual a 5 vezes 2, que é igual a 10.

Portanto, apenas 10 pessoas torceram para o time visitante.

5. Resolva os problemas.
a) Após comprar 1.500 lâmpadas para revender, o dono de uma loja teve de trocar 26% delas, pois estavam com defeito. Quantas lâmpadas foram trocadas?
b) Henrique pagou a uma financeira 15% de juro sobre o valor de seu carro, que é 15.000 reais. Quanto Henrique pagou à financeira?

6. Elton emprestou 1.200 reais para seu irmão comprar uma televisão. Eles combinaram que o irmão lhe pagaria 5% a mais sobre esse valor quando quitasse a dívida. Quantos reais Elton recebeu do irmão?

7. Observe a situação e responda às questões.

a) O que a garota está calculando mentalmente?
b) Qual é o preço desse vestido com desconto?

8. Segundo o IBGE, em 2015, nasceram vivos cerca de 2.953.000 bebês no Brasil. Desse total, aproximadamente 10% foi registrado na região Norte, aproximadamente 28% na região Nordeste e cerca de 40% na região Sudeste. Usando uma calculadora, calcule o número aproximado de bebês registrado em cada uma das regiões mencionadas.

Berçário do Hospital Maternidade Santa Catarina em São Paulo, SP. Foto de 2008.

9. Antes do lançamento de um novo *videogame* foram entrevistados 200 adolescentes, e apenas 70 disseram estar interessados por jogos desse tipo. Qual porcentagem dos entrevistados manifestou interesse pelo jogo?

10. Elabore dois problemas que envolvam o cálculo de porcentagens. Passe seus problemas para um colega resolver e resolva os problemas criados por ele.

ESTATÍSTICA E PROBABILIDADE
LEITURA E INTERPRETAÇÃO DE DADOS EM TABELAS DE DUPLA ENTRADA

Observe a tabela de dupla entrada ao lado, referente ao número de veículos em cada região do Brasil em dezembro de 2006 e dezembro de 2016.

- Que região tinha mais veículos em dezembro de 2016? Que região tinha menos veículos?
- De quanto foi o aumento no número de veículos da Região Nordeste de dezembro de 2006 a dezembro de 2016?
- E no número total de veículos do Brasil?
- Pode-se dizer que o número total de veículos mais que dobrou no período considerado?

FROTA DE VEÍCULOS POR REGIÃO DO BRASIL		
Mês / Região	Dez./2006	Dez./2016
Norte	1.699.302	4.821.542
Nordeste	5.797.638	15.984.360
Sudeste	24.173.136	45.799.566
Sul	9.842.584	18.562.858
Centro-Oeste	3.859.980	8.698.690
Total	45.372.640	93.867.016

Dados obtidos em: <http://www.denatran.gov.br/estatistica/237-frota-veiculos>. Acesso em: 21 maio 2018.

Analisando a segunda coluna de dados da tabela, podemos concluir que em dezembro de 2016 a maior quantidade de veículos era 45.799.566, referente à Região Sudeste, e a menor quantidade era 4.821.542, referente à Região Norte. Portanto, a região que tinha mais veículos era a Sudeste e a que tinha menos era a Região Norte.

O aumento no número de veículos da Região Nordeste foi de:

$$15.984.360 - 5.797.638 = 10.186.722$$

Já o aumento no número total de veículos foi de:

$$93.867.016 - 45.372.640 = 48.494.376$$

Portanto, como em dezembro de 2006 o Brasil tinha menos de 46 milhões de veículos, o número de veículos mais que dobrou no período considerado.

PARA PENSAR

Que impactos você acha que o crescimento no número de veículos apontado na tabela gerou na vida da população?

ATIVIDADES

1. A tabela a seguir mostra o movimento nos aeroportos da Região Nordeste do Brasil, tanto de voos domésticos quanto de internacionais. Observe a tabela e responda às questões.

MOVIMENTO ANUAL DE PASSAGEIROS NOS AEROPORTOS DO NORDESTE EM VOOS REGULARES (EMBARCADOS + DESEMBARCADOS)		
Ano / Tipo de voo	2015	2016
Doméstico	29.676.628	27.424.035
Internacional	824.932	775.454

Dados obtidos em: <http://www.infraero.gov.br/images/stories/Estatistica/anuario/anuario_2016.pdf>. Acesso em: 21 maio 2018.

Note que os dados dessa tabela também poderiam estar em duas tabelas: uma com os dados de 2015 e outra com os dados de 2016.

a) A qual assunto se referem os dados apresentados nessa tabela?

b) Onde esses dados foram obtidos?

c) Em qual dos dois anos houve maior movimento de passageiros nos aeroportos do Nordeste? Quantas pessoas embarcaram e desembarcaram nesse ano?

d) Qual foi o tipo de voo regular que teve menor movimento nesses dois anos nos aeroportos do Nordeste?

2. Os alunos do 6º ano arrecadaram alimentos não perecíveis ao longo de 2019 para entregar a instituições de caridade.

Em janeiro de 2020, o professor César organizou, na tabela a seguir, a quantidade de alimentos arrecadados em cada trimestre por cada uma das turmas de 6º ano.

QUANTIDADE DE ALIMENTOS ARRECADADOS (EM kg) NO ÚLTIMO ANO

Trimestre \ Turma	6º A	6º B	Total
1º	45	40	85
2º	56	36	92
3º	32	44	76
4º	44	45	89
Total	177	165	342

Dados obtidos pelo professor César em janeiro de 2020.

Alimentos não perecíveis.

a) Quantos quilogramas de alimentos foram arrecadados por cada turma em todo o ano?

b) Em qual trimestre houve a maior arrecadação de alimentos? Quantos quilogramas foram arrecadados nele?

c) De julho até setembro, quantos quilogramas foram arrecadados?

d) É possível determinar em qual mês houve maior arrecadação? Por quê?

e) Como você pode determinar, sem realizar cálculos, a quantidade de quilogramas arrecadados pelas duas turmas juntas? Que valor é esse?

3. Veja, na tabela a seguir, o valor total movimentado com as importações e as exportações brasileiras no primeiro semestre de 2017.

TOTAL MOVIMENTADO, EM MILHÕES DE DÓLARES, PELAS IMPORTAÇÕES E EXPORTAÇÕES BRASILEIRAS NO 1º SEMESTRE DE 2017

Mês \ Tipo de movimentação	Importação	Exportação	Total
Janeiro	12.200	14.908	27.108
Fevereiro	10.914	15.469	26.383
Março	12.937	20.074	33.011
Abril	10.716	17.680	28.396
Maio	12.129	19.790	31.919
Junho	12.593	19.780	32.373
Total	71.489	107.701	179.190

Dados obtidos em: <http://www.mdic.gov.br/index.php/comercio-exterior/estatisticas-de-comercio-exterior/balanca-comercial-brasileira-acumulado-do-ano?layout=edit&id=3056>. Acesso em: 21 maio 2018.

a) A qual assunto se referem os dados apresentados nessa tabela?

b) Em que mês a exportação movimentou o maior valor? De quanto foi esse movimento?

c) Em que mês a importação movimentou o menor valor? De quanto foi esse movimento?

d) Quantos milhões de dólares foram movimentados com as importações e as exportações brasileiras em cada mês do primeiro semestre de 2017?

e) Pode-se afirmar que o total movimentado das exportações no primeiro semestre de 2017 foi mais que o dobro em relação às importações nesse mesmo período?

ATIVIDADES COMPLEMENTARES

1. Divida as figuras sem usar régua graduada e pinte as frações pedidas.

a) $\dfrac{1}{4}$ b) $\dfrac{1}{6}$

2. (UFC-CE) O valor da soma $1 + \dfrac{1}{2} + \dfrac{1}{3} + \dfrac{1}{6}$ é:

a) 5.   c) 3.   e) 1.
b) 4.   d) 2.

3. Antônio acertou $\dfrac{4}{5}$ do simulado de uma faculdade, o dobro do que acertou Vinícius.

a) Que fração do simulado Vinícius acertou?
b) Se na prova havia 100 questões, quantas Antônio acertou? E Vinícius?

4. Efetue as operações.

a) $1\dfrac{7}{8} + \dfrac{1}{4} - \dfrac{1}{2}$ d) $\left(\dfrac{4}{3} - 1\right) : \dfrac{2}{3}$

b) $\dfrac{12}{5} \cdot \dfrac{10}{3} \cdot \dfrac{2}{4}$ e) $\dfrac{6}{7} + \left(\dfrac{1}{2} - \dfrac{2}{5}\right) \cdot 5$

c) $\dfrac{100}{7} : \dfrac{5}{49}$ f) $\left[\left(\dfrac{2}{3} + 2\right) \cdot \dfrac{1}{5}\right] : \dfrac{1}{2}$

5. Na página 87, você viu que uma igualdade não se altera quando realizamos a mesma operação com seus dois membros. Essa propriedade é válida sempre, mesmo que os termos sejam expressões com números não naturais. Usando essa propriedade, determine o valor de ■ em cada item.

a) ■ $+ \dfrac{1}{2} = 2$ c) ■ $: \dfrac{1}{2} = 2$

b) ■ $- \dfrac{1}{2} = \dfrac{2}{5}$ d) $\dfrac{3}{13} \cdot (1 + ■) = 5$

6. Heitor comprou um televisor no valor de 1.000 reais. Como pagou à vista, teve um desconto de 20%. Quanto ele pagou pelo televisor?

7. Faça um retângulo. Pinte $\dfrac{1}{2}$ dele e, depois, pinte $\dfrac{1}{5}$ do que não havia sido colorido. Que fração do retângulo você coloriu por último?

8. (Saresp) A parte que representa 25% da figura é:

a)   b)   c)   d)

9. Leia a tirinha e, depois, responda às questões.

a) Você já viu alguém fazer um pedido de *pizza* da mesma maneira que na tirinha?
b) A *pizza* veio conforme o pedido? Explique.

10. Numa fazenda, $\dfrac{1}{2}$ da área cultivada corresponde à plantação de laranjas, $\dfrac{1}{3}$, à plantação de pêssegos, e o restante, à pastagem. Que fração corresponde às áreas plantadas?

11. (CFSDFN-RJ) Em uma firma, $\dfrac{2}{5}$ dos funcionários são do sexo feminino. Se há, nessa firma, 60 funcionários do sexo masculino, então o número total de funcionários dessa firma é:

a) 120.   b) 100.   c) 96.   d) 84.

12. Sueli leu $\frac{2}{3}$ da metade de um livro de 102 páginas. Quantas páginas desse livro ela leu?

13. Para cozinhar $\frac{1}{4}$ de xícara de arroz, Lúcia seguiu as orientações da embalagem e usou $\frac{2}{5}$ de litro de água.

a) Que quantidade de água é necessária para cozinhar $\frac{1}{2}$ xícara desse arroz? E para $\frac{3}{4}$ de xícara de arroz? E para 1 xícara de arroz?

b) Que quantidade de arroz poderá ser cozida com 2 litros de água?

14. Fernando quer fazer uma viagem pelo interior do Brasil partindo da cidade de São Paulo e chegando ao estado do Acre. Ele já percorreu $\frac{2}{5}$ da distância total. Desse percurso, realizou $\frac{1}{3}$ em estradas de terra e o restante em vias asfaltadas. Qual fração da distância total Fernando percorreu em asfalto?

15. A avó de Luís preparou uma *pizza* para que ele e sua amiga Ana comessem no lanche da tarde. Luís comeu metade da quarta parte da *pizza*, e Ana comeu $\frac{3}{2}$ do que Luís comeu. Quanto da *pizza* comeu cada um? Quanto restou da *pizza*?

16. Tiago está rebocando um muro. Ele precisou de $\frac{2}{3}$ de um saco de cimento para rebocar $\frac{1}{4}$ desse muro. De que fração do saco de cimento Tiago precisará para rebocar $\frac{2}{5}$ de outro muro com as mesmas dimensões que o primeiro?

a) $\frac{16}{3}$ b) $\frac{20}{3}$ c) $\frac{16}{15}$ d) $\frac{3}{5}$

17. (UFJF-MG) Um comerciante tem um ponto em uma região do centro da cidade por onde passam 5.000 pessoas por dia, sendo que 40% passam pela manhã, 52% passam durante a tarde e 8% à noite. A frequência de pessoas no período da manhã e à tarde é, respectivamente:

a) 52 e 40.
b) 200 e 260.
c) 1.250 e 961.
d) 1.250 e 9.615.
e) 2.000 e 2.600.

18. Calcule as porcentagens mentalmente.

a) 50% de 20   c) 75% de 80   e) 20% de 40
b) 25% de 60   d) 40% de 160

19. (UFRPE) Júnior está lendo um livro com 420 páginas. No primeiro dia, ele leu metade do livro; no segundo dia, leu um terço do que restava para ser lido e, no terceiro dia, leu um quinto do que ainda restava. Quantas páginas restam para serem lidas?

a) 108   b) 110   c) 112   d) 114   e) 116

20. Juliana e Cristiane compraram juntas um bolo que custava 40 reais. Juliana contribuiu com 15 reais e Cristiane pagou o restante.

a) Quanto Cristiane pagou?
b) Que fração do valor total do bolo cada uma das meninas pagou?
c) O bolo que elas compraram veio cortado em 8 fatias de mesmo tamanho. Cristiane propôs dividir o bolo igualmente entre as duas. Juliana não achou justo e propôs que cada uma deveria ficar com uma fração do bolo correspondente a fração que pagou do valor total.
 - No caso da proposta de Cristiane, com quantas fatias de bolo cada uma ficaria?
 - E no caso da divisão proposta por Juliana?

21. Alexandre e seus irmãos Paula e Mario juntaram dinheiro e compraram um pacote com 60 bombons. Alexandre pagou $\frac{2}{3}$ do valor total do pacote, Paula pagou $\frac{1}{5}$ do valor que Alexandre pagou e Mario pagou o restante.

a) Que fração do valor total do pacote de bombons Paula pagou? E Mario?
b) Se eles dividiram os bombons de modo que cada um ficou com uma quantidade correspondente a fração que pagou do valor total, com quantos bombons cada um ficou?

22. Inspirando-se nas atividades 20 e 21, elabore um problema em que seja necessário dividir uma quantidade em duas partes desiguais usando frações. Passe seu problema para um colega resolver e resolva o problema criado por ele.

Mais questões no livro digital

COMPREENDER UM TEXTO

Desperdício de alimentos

Você sabia que conforme estimativas da Organização das Nações Unidas para a Alimentação e a Agricultura (FAO), um terço dos alimentos produzidos no mundo se perde? Ou seja, de cada 30 kg de alimentos produzidos, 10 kg vão simplesmente para o lixo.

As perdas ocorrem no início da cadeia produtiva, durante o transporte, e também no armazenamento e processo culinário. De um lado lidamos com perdas que poderiam ser perfeitamente minimizadas e de outro constatamos que quase um bilhão de pessoas vivem na insegurança alimentar. Ou seja, diariamente um em cada oito habitantes do planeta vai dormir com fome.

O mundo produz o suficiente para alimentar 12 bilhões de pessoas, mas quase um bilhão de seus habitantes vivem em insegurança alimentar. A conclusão bem óbvia a que chegamos é que a fome não é exatamente a falta de alimentos, mas sim uma má gestão do problema.

Reduzir o desperdício é a melhor alternativa para mudar essa equação. Cada um pode fazer sua parte para uma balança mais justa.

No Brasil, essa perda é ainda maior. Desperdiçamos 50% do que é produzido. Dados da Empresa Brasileira de Pesquisa Agropecuária (Embrapa) informam que 10% da perda das frutas e hortaliças ocorre ainda no campo e que metade de todo o desperdício está no transporte. Mas, se o alimento chega machucado, aí é motivo de mais descarte. No Brasil, 58% do lixo é de comida.

Faça sua parte, evite o desperdício e contribua para um planeta melhor e sem fome.

Desperdício de alimentos. *União*, Brasília, ano 31, n. 60, 15 abr. 2016. Disponível em: <http://portal.tcu.gov.br/lumis/portal/file/fileDownload.jsp?fileId=8A8182A1576F5DD10157826870601935>. Acesso em: 23 maio 2018.

Cebolas brancas e vermelhas descartadas para apodrecerem em uma fazenda no Sudoeste de Ontário, Canadá, 2017.

Frutas e hortaliças impróprias para comercialização descartadas em armazém da Ceasa, em Foz do Iguaçu, PR. Foto de 2010.

ATIVIDADES

1. Segundo dados da FAO, por ano, 1 bilhão e 300 milhões de toneladas de comida são desperdiçadas. Considerando esse fato e os dados do texto, responda:
   a) Em relação ao total produzido, que fração representa esse desperdício?
   b) Quantas toneladas de alimentos são produzidas anualmente no mundo?

2. Em que etapas ocorrem as perdas de alimentos?

3. Represente por meio de uma fração a quantidade diária de pessoas que vão dormir com fome em relação ao total de habitantes do planeta, segundo informações do texto. Na sua opinião, esse número é grande ou pequeno?

4. Desenhe um retângulo para representar o total de perda de frutas e hortaliças no Brasil. Em seguida, pinte, com duas cores diferentes, as frações do retângulo que correspondem às perdas ocorridas no campo e às perdas ocorridas no transporte. Que fração do retângulo foi pintada? Essa fração corresponde a que porcentagem do retângulo?

5. O mundo produz comida suficiente para alimentar quantas pessoas?

6. Segundo projeção da Organização das Nações Unidas (ONU), a população mundial em 2017 era de aproximadamente 7 bilhões e 550 milhões de habitantes. Caso não houvesse desperdício naquele ano, a comida produzida mundialmente teria sido suficiente para alimentar a todos? Justifique.

7. Você acha que jogar tanta comida fora causa impactos ao meio ambiente? Justifique.

8. E quanto a você? Suas atitudes evitam o desperdício de alimentos ou há algo que você pode mudar no seu dia a dia? Explique.

9. Reúnam-se em grupos e pesquisem outros dados a respeito do desperdício de alimentos no Brasil e as atitudes que podem prevenir esse desperdício. Montem cartazes e panfletos com os dados obtidos e façam uma campanha na escola contra o desperdício de alimentos.

    Esforçar-se por exatidão e precisão
   Pensar de maneira interdependente

Trabalhador indiano recolhe vegetais estragados, descartados por vendedores em um mercado atacadista de vegetais, em Hyderabad, Índia. Foto de 2016.

Garis recolhem os restos de legumes e verduras de feira em São Mateus, São Paulo. Foto de 2013.

EDUCAÇÃO FINANCEIRA
VOCÊ COSTUMA PESQUISAR PREÇOS?

Sabe aquele tênis que você quer comprar? Ou aquele produto eletrônico que pediu de aniversário? Já sabe onde adquirir ou vai comprar no primeiro lugar que encontrar?

Antes de adquirir um produto, em geral é interessante pesquisar e comparar preços.

É desse assunto que tratam as situações a seguir.

Situação 1

Situação 2

Situação 3

O QUE VOCÊ FARIA?

Imagine que você seja o responsável pelas compras de materiais de escritório para sua loja. A lista das compras que você precisa fazer tem cinco produtos (a maioria em grandes quantidades). Veja, ao lado, os itens dessa lista.

Reúna-se com um colega e escrevam como fariam a pesquisa de preços desses produtos e quais seriam os critérios que vocês adotariam para escolher o fornecedor.

Não é preciso fazer cálculos ou pesquisar preços reais; basta indicar quais seriam os meios de encontrar esses fornecedores.

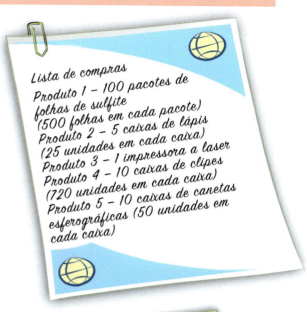

Lista de compras
Produto 1 – 100 pacotes de folhas de sulfite (500 folhas em cada pacote)
Produto 2 – 5 caixas de lápis (25 unidades em cada caixa)
Produto 3 – 1 impressora a laser
Produto 4 – 10 caixas de clipes (720 unidades em cada caixa)
Produto 5 – 10 caixas de canetas esferográficas (50 unidades em cada caixa)

CALCULE

Reportagens de jornais e revistas revelam muita diferença de preços de um mesmo produto em diversos estabelecimentos.

Pesquisa mostra que mesmo brinquedo custava quase o dobro do preço da loja que vendia mais barato.

Variação de preços de material escolar assusta os pais. Foram encontradas diferenças de até 25% em produtos de mesma marca.

Alguns celulares de marcas diferentes, que oferecem os mesmos recursos, podem variar bastante de preço.

Pesquise (em três estabelecimentos diferentes) o preço de um produto de cada categoria acima. Com base no menor preço encontrado, calcule quanto uma pessoa gastaria a mais caso comprasse o produto mais caro.

O que seria possível comprar com o valor economizado?

REFLITA

Reúna-se com alguns colegas e pensem nas questões a seguir.

a) Podemos confiar em preços muito baixos? O que eles podem estar "escondendo"?

b) Para fazer a comparação de preços de algo que se quer comprar, deve-se ficar atento se os produtos são também similares quanto à qualidade?

c) Você acha que a procedência e a qualidade dos produtos precisam ser consideradas ou a pesquisa de preços é suficiente para ajudar a decidir qual produto comprar?

d) Escreva no caderno uma frase para resumir o que você aprendeu nesta seção.

ORGANIZAR O CONHECIMENTO

1. Complete o quadro abaixo com as condições necessárias para que um número natural seja primo.

Números naturais que têm apenas dois divisores naturais distintos:
_____
_____

➡ Número primo

2. Complete o diagrama com < ou >.

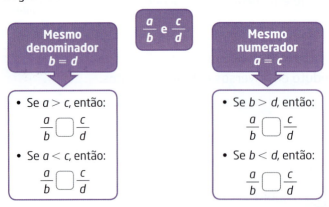

3. Complete o esquema, representando de formas diferentes as porcentagens.

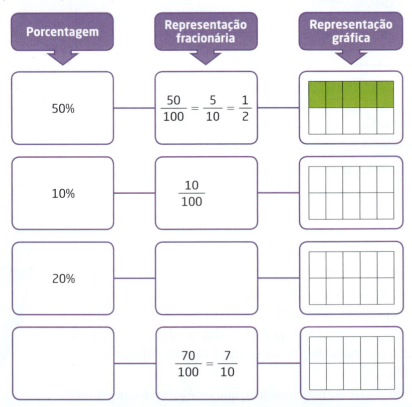

TESTES

1. (Saresp) Em uma turma há 10 meninos e 15 meninas. A fração que pode representar a relação entre o número de meninos e o total de estudantes dessa turma é:

a) $\dfrac{10}{15}$.

b) $\dfrac{15}{10}$.

c) $\dfrac{10}{25}$.

d) $\dfrac{25}{10}$.

2. (Enem) Nas construções prediais são utilizados tubos de diferentes medidas para a instalação da rede de água. Essas medidas são conhecidas pelo seu diâmetro, muitas vezes medido em polegada. Alguns desses tubos, com medidas em polegada, são os tubos de $\dfrac{1}{2}$, $\dfrac{3}{8}$ e $\dfrac{5}{4}$. Colocando os valores dessas medidas em ordem crescente, encontramos:

a) $\dfrac{1}{2}, \dfrac{3}{8}, \dfrac{5}{4}$.

b) $\dfrac{1}{2}, \dfrac{5}{4}, \dfrac{3}{8}$.

c) $\dfrac{3}{8}, \dfrac{1}{2}, \dfrac{5}{4}$.

d) $\dfrac{3}{8}, \dfrac{5}{4}, \dfrac{1}{2}$.

e) $\dfrac{5}{4}, \dfrac{1}{2}, \dfrac{3}{8}$.

3. (Obmep) Ana, Beatriz, Carolina, Diana e Elaine, em roda, brincam de falar números consecutivos. Ana começa falando 1, depois Beatriz fala 2 e assim por diante, conforme ilustrado na figura. Elas iniciam a brincadeira no sentido horário e mudam o sentido toda vez que o número falado for múltiplo de 7. Qual delas vai falar o número 32?

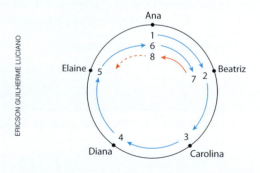

a) Ana
b) Beatriz
c) Carolina
d) Diana
e) Elaine

4. (Etec) Uma organização internacional de ajuda humanitária é formada apenas por mulheres, sendo 20 brasileiras e 16 não brasileiras. Após a formação de uma comissão para organizar uma festa beneficente, percebeu-se que a comissão era composta por dois quintos do total das brasileiras e por um quarto do total das não brasileiras.

Assim sendo, o número de integrantes da comissão era:

a) 6.
b) 8.
c) 10.
d) 12.
e) 16.

5. (Obmep) O número 4.580.254 é múltiplo de 7. Qual dos números abaixo também é múltiplo de 7?

a) 4.580.249
b) 4.580.248
c) 4.580.247
d) 4.580.246
e) 4.580.245

6. (Obmep) A figura mostra um quadrado dividido em 16 quadradinhos iguais. A área em preto corresponde a que fração da área do quadrado?

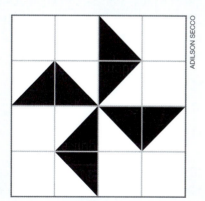

a) $\dfrac{1}{2}$

b) $\dfrac{1}{3}$

c) $\dfrac{1}{4}$

d) $\dfrac{1}{8}$

e) $\dfrac{1}{16}$

TESTES

7. (FGV) Em certo concurso inscreveram-se 192 pessoas, sendo a terça parte, homens. Desses, apenas a quarta parte passou. O número de homens que passaram no concurso foi:

a) 12.
b) 15.
c) 16.
d) 18.
e) 20.

8. (Prova Brasil) Quatro amigos, João, Pedro, Ana e Maria, saíram juntos para fazer um passeio por um mesmo caminho. Até agora, João andou $\frac{6}{8}$ do caminho; Pedro, $\frac{9}{12}$; Ana, $\frac{3}{8}$; e Maria, $\frac{4}{6}$. Os amigos que se encontram no mesmo ponto do caminho são:

a) João e Pedro.
b) João e Ana.
c) Ana e Maria.
d) Pedro e Ana.

9. (Obmep) Mônica e seu namorado foram assistir a uma peça de teatro. O auditório era organizado em fileiras paralelas ao palco, todas com o mesmo número de cadeiras dispostas lado a lado. Eles se sentaram um ao lado do outro nos dois últimos lugares vagos. Mônica percebeu que havia, no total, 14 pessoas nas fileiras à sua frente e 21 pessoas nas fileiras atrás da sua. Quantas cadeiras havia no auditório?

a) 27
b) 38
c) 40
d) 42
e) 49

10. (Obmep) Isabel escreveu em seu caderno o maior número de três algarismos que é múltiplo de 13. Qual é a soma dos algarismos do número que ela escreveu?

a) 23
b) 24
c) 25
d) 26
e) 27

11. (Obmep) A figura representa um retângulo de área 36 m², dividido em três faixas de mesma largura. Cada uma das faixas está dividida em partes iguais: uma em quatro partes, outra em três e a terceira em duas. Qual é a área total das partes sombreadas?

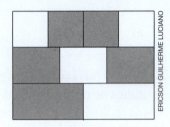

a) 18 m²
b) 20 m²
c) 22 m²
d) 24 m²
e) 26 m²

12. (Obmep) Ângela tem uma caneca com capacidade para $\frac{2}{3}$ L de água. Que fração dessa caneca ela encherá com $\frac{1}{2}$ L de água?

a) $\frac{7}{12}$
b) $\frac{2}{3}$
c) $\frac{3}{4}$
d) $\frac{5}{6}$
e) $\frac{4}{3}$

13. (Enem) Até novembro de 2011, não havia uma lei específica que punisse fraude em concursos públicos. Isso dificultava o enquadramento dos fraudadores em algum artigo específico do Código Penal, fazendo com que eles escapassem da Justiça mais facilmente. Entretanto, com o sancionamento da Lei 12.550/11, é considerado crime utilizar ou divulgar indevidamente o conteúdo sigiloso de concurso público, com pena de reclusão de 12 a 48 meses (1 a 4 anos). Caso esse crime seja cometido por um funcionário público, a pena sofrerá um aumento de $\frac{1}{3}$.

Disponível em: www.planalto.gov.br. Acesso em: 15 ago. 2012.

Se um funcionário público for condenado por fraudar um concurso público, sua pena de reclusão poderá variar de:

a) 4 a 16 meses.
b) 16 a 52 meses.
c) 16 a 64 meses.
d) 24 a 60 meses.
e) 28 a 64 meses.

ATITUDES PARA A VIDA

1. Associe cada cena a uma atitude.

| Pensar com flexibilidade | Esforçar-se por exatidão e precisão | Pensar de maneira interdependente |

2. Observe as situações.

- Em qual das situações a menina da cena pensou com flexibilidade?

3. O que você faria no lugar do menino da situação a seguir?

PARTE 3

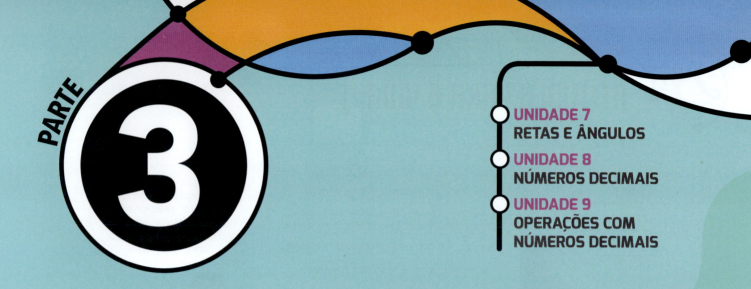

- **UNIDADE 7** — RETAS E ÂNGULOS
- **UNIDADE 8** — NÚMEROS DECIMAIS
- **UNIDADE 9** — OPERAÇÕES COM NÚMEROS DECIMAIS

FAST-FOOD

Você sabe o que é fast-food? Essa palavra, de origem inglesa, significa "comida rápida". O fast-food surgiu nos Estados Unidos, mas o conceito de uma alimentação rápida e prática como forma de ganhar tempo se espalhou pelo mundo. Sanduíches, pizzas, batatas fritas, pastéis e cachorros-quentes, por exemplo, são servidos em restaurantes, lanchonetes e até mesmo nas ruas. Mas, apesar de muito apreciados, esses alimentos são gordurosos, muito calóricos e nada saudáveis. Por isso, algumas empresas já investem em cardápios fast-food mais saudáveis, que incluem sanduíches pouco calóricos e sucos naturais. Fique atento! Mesmo quando tiver pouco tempo para se alimentar, procure fazer escolhas saudáveis.

QUANTO VALE UM SANDUÍCHE?

Uma empresa de fast-food vende todos os dias milhões de sanduíches com aparência, sabor e ingredientes industrialmente iguais em mais de cem países, mas, em cada lugar, eles têm valores diferentes.

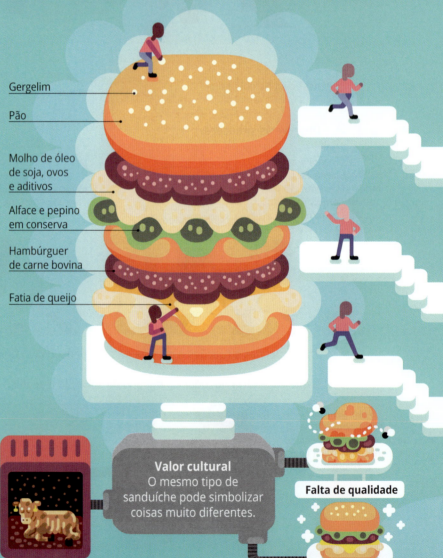

Dados obtidos em: <http://waterfootprint.org/en/water-footprint/product-water-footprint/water-footprint-crop-and-animal-products/>; <http://waterfootprint.org/en/resources/interactive-tools/product-gallery/>; <http://www.economist.com/content/big-mac-index/>; <http://www.fao.org/news/story/pt/item/197623/icode/>; <http://www4.bcb.gov.br/pec/conversao/conversao.asp>. Acessos em: 3 abr. 2018.

Valor monetário
Veja o preço médio desse tipo de sanduíche em alguns países.

Estados Unidos
Dólar americano
US$ 5,28

Brasil
Real
R$ 16,50

China
Renminbi
¥ 20,40

Índia
Rúpia indiana
₹ 180,00

Austrália
Dólar australiano
A$ 5,90

França
Euro
€ 3,95

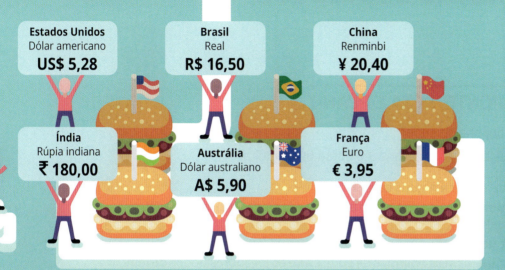

PARA RESPONDER

Responda às questões.

1. Que números você identifica neste infográfico? Todos são números naturais? Caso existam números não naturais, quais são eles?

2. Determine, em real, o preço do sanduíche em cada país citado neste infográfico, em março de 2018, considerando que nessa época 1 dólar americano equivalia a R$ 3,30, 1 renminbi, a R$ 0,53, 1 rúpia indiana, a R$ 0,05, 1 dólar australiano, a R$ 2,55, e 1 euro, a R$ 4,11. Use uma calculadora para fazer os cálculos.

3. Em que situações são usados números com vírgula (números na forma decimal)?

Valor nutricional
Quem adota o *fast-food* como refeição habitual corre mais risco de contrair doenças. Com o consumo de refrigerante e de batatas fritas, a refeição fica mais calórica e pobre em nutrientes.

Calorias
494 kcal
Isso equivale à energia gasta em duas horas andando sem parar.

Carboidratos
40 g

Gorduras
26 g

Sódio
817 mg
Isso equivale a 16,3% do consumo diário de sódio recomendado pela Organização Mundial da Saúde (5 gramas).

Proteínas
25 g

Valor ambiental
Para produzir sanduíches aos milhões, as empresas de *fast-food* consomem muitos recursos naturais e geram poluição. Veja o custo aproximado de um sanduíche.

15.415 litros
É a quantidade de água utilizada para produzir 1 kg de carne bovina, considerando o cultivo de grãos e a manutenção dos pastos e das fazendas para a criação do gado.

1.608 litros
É a quantidade de água para produzir 1 kg de pão.

Gases do efeito estufa
Cerca de 300 kg de gás carbônico (por quilograma de carne). A maior parte é emitida na criação de gado e na produção de ração.

ATITUDES PARA A VIDA
- Aplicar conhecimentos prévios a novas situações.
- Persistir.
- Assumir riscos com responsabilidade.

UNIDADE 7
RETAS E ÂNGULOS

1 IDEIA DE PONTO, RETA E PLANO

Você já jogou bolinha de gude?

A seguir, vamos explicar uma variação dessa brincadeira.

Você deve se reunir a alguns colegas.

- Façam um círculo no chão com aproximadamente trinta centímetros de diâmetro.
- A partir dele, deem um passo e risquem uma linha.
- A seguir, dividam as bolinhas de gude entre os jogadores. Todos devem receber a mesma quantidade.
- Decidam quem começa o jogo. Com a mão sobre a linha marcada, ele deve jogar uma de suas bolinhas tentando deixá-la bem perto do círculo, mas sem que ela pare dentro dele. Esta rodada acaba quando todos jogarem uma bolinha.
- Nas rodadas seguintes, cada jogador poderá tentar jogar suas bolinhas o mais próximo possível do círculo ou empurrar as bolinhas dos adversários para longe dele.
- Quando todas as bolinhas forem arremessadas o jogo acaba, e o vencedor é aquele que tiver deixado a sua mais perto do círculo.

Jogo de bolinha de gude.

PARA RESPONDER

- Você conhece outra variação desse jogo?
- Quais figuras geométricas são descritas no texto?
- Faça um esquema do jogo no caderno.

REPRESENTAÇÃO DE PONTO, RETA E PLANO

Na Parte 1, você conheceu algumas figuras geométricas, que são os poliedros e os corpos redondos. Agora, vai conhecer alguns conceitos básicos da Geometria e estudar figuras planas.

Na Geometria, nem tudo pode ser definido. O **ponto**, a **reta** e o **plano**, por exemplo, não têm definição; podemos apenas imaginá-los. Por isso, eles são denominados conceitos primitivos da Geometria.

Veja como algumas imagens do cotidiano dão ideia desses conceitos.

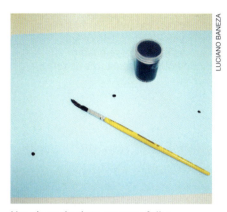
Um pingo de tinta em uma folha de papel dá ideia de um ponto.

As linhas de uma folha de caderno dão ideia de partes de retas.

A superfície do tampo de uma mesa dá ideia de parte de um plano.

Agora, observe o poliedro representado abaixo.

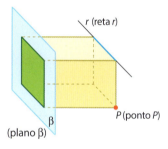

- Os vértices de um poliedro são pontos. Representamos um ponto assim:

  P
  •

- Podemos imaginar que cada aresta do poliedro está contida em uma reta. As retas não têm espessura e são ilimitadas nos dois sentidos. Ao representá-las, desenhamos apenas parte delas.

- Podemos imaginar que a face verde do poliedro está contida em um plano. Os planos também não têm espessura e são ilimitados em todas as direções. Ao representá-los, desenhamos apenas parte deles.

> **OBSERVAÇÃO**
>
> Para nomear:
> - os pontos, usamos letras maiúsculas do nosso alfabeto (P, Q, R, M etc.);
> - as retas, usamos letras minúsculas do nosso alfabeto (r, s, t, v etc.);
> - os planos, usamos letras minúsculas do alfabeto grego (α (alfa), β (beta), δ (delta) etc.).

SEMIRRETA E SEGMENTO DE RETA

Observe a reta r a seguir e alguns de seus pontos.

De uma reta podemos obter **semirretas** e **segmentos de reta**.

- **Semirreta**

  Um ponto P em uma reta r determina duas semirretas em r. Esse ponto é a **origem** das semirretas.

  A semirreta que tem origem em P e passa pelo ponto A é indicada por $\vec{PA}$. E a semirreta de origem P e que passa por B é indicada por $\vec{PB}$.

- **Segmento de reta**

  Considere os pontos A e B da reta r e os pontos compreendidos entre eles.

  O segmento de reta $\overline{AB}$ é o conjunto de pontos formado pelo ponto A, pelo ponto B e por todos os pontos da reta compreendidos entre A e B.

  Os pontos A e B são as **extremidades** do segmento de reta.

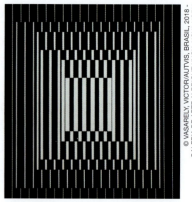

Victor Vasarely. *Bora III*, 1964, 148,27 cm × 140,02 cm. As linhas desse quadro lembram segmentos de reta.

ATIVIDADES

VAMOS PRATICAR

1. Considere o ponto B e a reta t.

   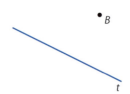

   Desenhe:
   a) uma semirreta cuja origem seja o ponto B;
   b) um ponto C na reta t;
   c) um segmento de reta cujas extremidades sejam os pontos B e C.

2. Considere a reta v e os pontos F, G e H e responda.

   Os pontos F, G e H determinam quais segmentos de reta em v?

3. Assinale a alternativa correta.

   Por um ponto A, passam:
   a) no máximo, 2 retas.
   b) no máximo, 10 retas.
   c) no máximo, 30 retas.
   d) infinitas retas.

4. Indique quantos e quais são os segmentos de reta determinados em cada figura.

   a)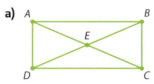

   b)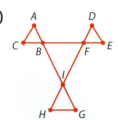

VAMOS APLICAR

5. Observe esta cena.

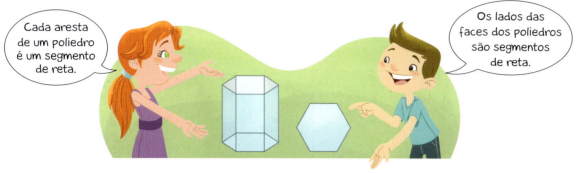

- Agora, responda: quantas arestas há em cada poliedro representado abaixo? E quantos lados tem cada face lateral?

a)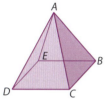

b)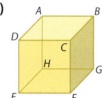

MEDIDA DE UM SEGMENTO DE RETA

Você sabe medir o comprimento de um segmento de reta com uma régua, não é?

O ato de medir significa comparar em relação a uma unidade de medida. Por exemplo, medimos o comprimento de um segmento de reta comparando-o com o comprimento de outro segmento, que é tomado como unidade de medida.

Ao medir o segmento de reta com uma régua, você compara o comprimento do segmento com o comprimento de um segmento de 1 centímetro.

O segmento $\overline{AB}$ tem 5 cm de comprimento; indicamos: $AB = 5$ cm

Para medir esse segmento, poderíamos ter usado o milímetro ou o metro ou outra unidade de medida. Veja como isso é possível.

Tomando como unidade de medida a medida do segmento $\overline{CD}$, podemos descobrir a medida de $\overline{AB}$.

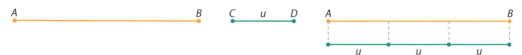

Assim, podemos dizer que a medida do segmento $\overline{AB}$ é $3u$, ou seja, $AB = 3u$.

201

O compasso é um instrumento que também pode ser usado para medir um segmento de reta. Deixamos sua abertura no comprimento da unidade e verificamos quantas vezes essa unidade cabe no segmento a ser medido.

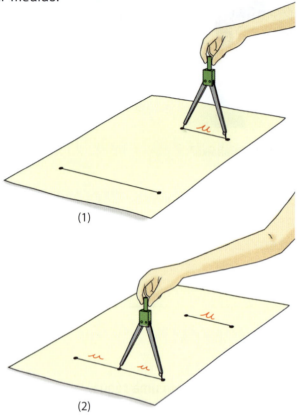

(1)

(2)

Nesse caso, o segmento maior mede 2u.

Em alguns casos, segmentos de reta podem ter a mesma medida.

> Segmentos que têm medidas iguais são chamados **congruentes**.

PARA RESPONDER

a) Que outras unidades de medida de comprimento você conhece?

b) Nós também medimos o tempo. Que unidade de medida de tempo você conhece?

c) Podemos medir a quantidade de memória de um computador. Que unidade de medida de memória do computador você conhece?

 ATIVIDADES

VAMOS PRATICAR

1. Meça os segmentos com uma régua e indique os valores obtidos.

   a) A———B

   b) C————————D

   c) E——————————————F

2. Tomando a medida u do segmento $\overline{AB}$ como unidade de medida, indique a medida dos segmentos $\overline{CD}$, $\overline{EF}$ e $\overline{GH}$.

   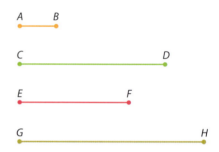

3. Meça os segmentos da figura abaixo com uma régua e responda à questão.

   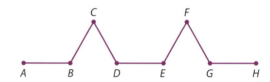

   • Quais são os segmentos congruentes?

VAMOS APLICAR

4. Usando apenas o compasso, compare as medidas dos segmentos e depois responda às questões.

   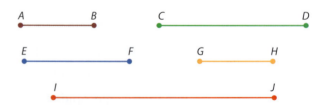

   a) Quais são os segmentos congruentes?

   b) Que segmento tem o dobro da medida do segmento $\overline{GH}$?

   c) Que segmento tem o triplo da medida do segmento $\overline{AB}$?

5. Faça um desenho de acordo com as instruções abaixo.

1º) Desenhe um segmento $\overline{AB}$ de medida igual a 2 cm.

2º) A partir do ponto B, desenhe um segmento $\overline{BC}$ de medida igual a 3 cm.

3º) A partir do ponto C, desenhe um segmento $\overline{CD}$ de medida igual a 2 cm.

4º) A partir do ponto D, desenhe um segmento $\overline{DA}$ de medida igual a 3 cm.

(*Dica*: note que a extremidade A do segmento $\overline{DA}$ deve coincidir com a extremidade A do segmento $\overline{AB}$.)

- Compare seu desenho com o de um colega e responda às questões.

   a) As figuras obtidas são idênticas?

   b) Pode-se afirmar que as figuras obtidas têm dois pares de segmentos congruentes? Se sim, quais?

   c) Pode-se afirmar que as figuras são planas?

2 ÂNGULOS

A ideia de ângulo ocorre em nosso dia a dia com mais frequência do que imaginamos.

Para construir uma rampa de acesso a cadeiras de rodas em um cinema, por exemplo, é preciso saber a inclinação adequada que essa rampa deve ter. Para isso, pode-se empregar uma das ideias de ângulo.

Inclinação

A inclinação de uma rampa dá ideia de ângulo.

A inclinação de uma reta em relação à horizontal determina um ângulo.

horizontal

Veja outras ideias de ângulo.

Abertura	Giro ou rotação	Região

A abertura de uma tesoura dá ideia de ângulo.	O giro do ponteiro de um relógio dá ideia de ângulo.	O cruzamento de duas ruas dá ideia de ângulo.
Dadas duas semirretas unidas pela origem, a abertura entre elas determina um ângulo.	A rotação (giro) de uma semirreta em torno da origem descreve um ângulo.	O cruzamento de duas retas sobre o plano determina quatro regiões que são ângulos.
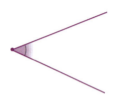		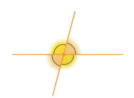

REPRESENTAÇÃO DE ÂNGULOS

Observe, na figura abaixo, que as semirretas $\overrightarrow{OA}$ e $\overrightarrow{OB}$ separam o plano que as contém em duas regiões (a verde e a laranja).

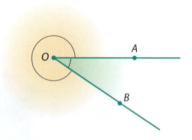

Cada região forma um ângulo com as semirretas. Destacamos abaixo a região do ângulo de que vamos tratar.

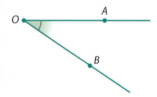

- Indicamos esse ângulo por $A\hat{O}B$ ou $B\hat{O}A$ ou, simplesmente, $\hat{O}$.
- As semirretas $\overrightarrow{OA}$ e $\overrightarrow{OB}$, de mesma origem, são os **lados** do ângulo.
- A origem O é o **vértice** do ângulo.

Ângulo é a união de duas semirretas de mesma origem em um plano com uma das regiões determinada por elas.

MEDIDA DE UM ÂNGULO

Vimos que a rotação (ou o giro) de uma semirreta em torno de um ponto de origem descreve um ângulo.

Se esse giro for de uma volta completa, então o ângulo terá medida igual a 360° (lemos: "trezentos e sessenta graus").

Se o giro for de $\frac{1}{2}$ volta, então o ângulo terá medida igual a 180°.

Da mesma forma, se o giro for de $\frac{1}{4}$ de volta, sua medida será igual a 90°.

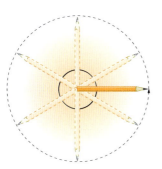

Giro de 1 volta – ângulo de 360°

Giro de $\frac{1}{2}$ volta – ângulo de 180°

Giro de $\frac{1}{4}$ de volta – ângulo de 90°

Para medir ângulos em graus, podemos usar um transferidor. Veja como:

1º) O centro do transferidor (destacado com ponto vermelho nas fotos a seguir) deve coincidir com o vértice do ângulo.

2º) A linha do transferidor que indica zero grau deve estar alinhada com um dos lados do ângulo.

3º) A medida do ângulo, a ser lida nas marcas numéricas do transferidor, estará indicada pelo outro lado do ângulo.

Transferidor de 360°.

Transferidor de 180°.

OBSERVAÇÕES

- Quando o giro for de $\frac{1}{2}$ volta, o ângulo terá medida igual a 180° e será chamado de **ângulo raso**.

- Quando não houver giro, o ângulo terá medida igual a 0° e será denominado **ângulo nulo**.

O   A

EXEMPLOS

O ângulo do primeiro transferidor mede 30°, e o do segundo, 120°.

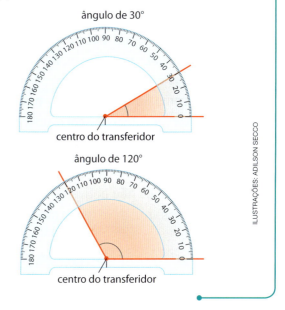

ângulo de 30°

centro do transferidor

ângulo de 120°

centro do transferidor

CLASSIFICAÇÃO DOS ÂNGULOS EM RETO, AGUDO OU OBTUSO

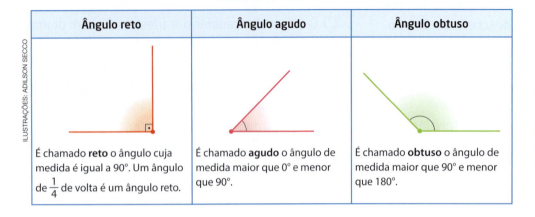

Ângulo reto	Ângulo agudo	Ângulo obtuso
É chamado **reto** o ângulo cuja medida é igual a 90°. Um ângulo de $\frac{1}{4}$ de volta é um ângulo reto.	É chamado **agudo** o ângulo de medida maior que 0° e menor que 90°.	É chamado **obtuso** o ângulo de medida maior que 90° e menor que 180°.

Organize o que você aprendeu fazendo a atividade 1 da página 264.

COMPARE ESTRATÉGIAS

Medida de ângulos com transferidor

Veja como quatro alunos mediram o mesmo ângulo $A\hat{O}B$ usando um transferidor.

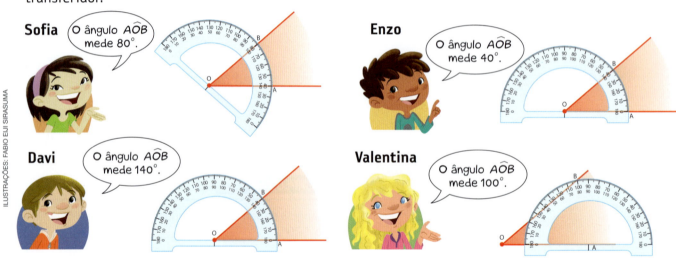

Sofia: O ângulo $A\hat{O}B$ mede 80°.

Enzo: O ângulo $A\hat{O}B$ mede 40°.

Davi: O ângulo $A\hat{O}B$ mede 140°.

Valentina: O ângulo $A\hat{O}B$ mede 100°.

REFLITA

a) Explique como Enzo e Davi mediram o ângulo $A\hat{O}B$. O que há de diferente nessas duas estratégias?

b) Explique como Sofia e Valentina mediram o ângulo $A\hat{O}B$.

c) Só de observar o ângulo, sem o auxílio do transferidor, você acha que esse ângulo é maior ou menor que 90°?

DISCUTA E CONCLUA

a) Quais dos alunos **não** obtiveram a medida correta para o ângulo $A\hat{O}B$?

b) Que cuidados você deve ter ao medir um ângulo? Converse com os colegas sobre isso.

c) Volte às questões do *Reflita* e veja se você mudaria alguma resposta dada.

ATIVIDADES

VAMOS PRATICAR

1. Observe os ângulos representados abaixo e escreva quais são os lados e o vértice de cada um.

a)   b)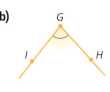

2. Usando um transferidor, meça os ângulos a seguir e classifique-os em reto, agudo ou obtuso.

a)   c)

b)   d)

3. Descubra a medida, em grau, de cada ângulo.

a) Ângulo de $\frac{3}{4}$ de volta.

b) Ângulo de $\frac{1}{8}$ de volta.

c) Ângulo de $\frac{3}{8}$ de volta.

VAMOS APLICAR

4. Roberto estava diante do espelho vendo se a camiseta que tinha ganhado era de seu tamanho. Sem sair do lugar, ele deu um giro de uma volta. Em que posição ele parou ao terminar de girar?

- Em outro momento, Roberto estava se olhando de frente para o espelho. Depois, ele se virou de costas para o espelho e andou em linha reta. Que giro ele teve que dar para ficar de costas para o espelho?

5. Observe as ilustrações abaixo. Elas mostram como fazer uma dobradura que tenha um ângulo de 90°.

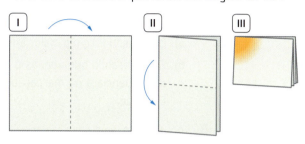

a) Faça a dobradura e use-a para medir alguns ângulos em objetos e verificar quais deles são ângulos retos.

b) Desenhe os objetos cujos ângulos você mediu e marque com cada ângulo reto.

6. Leia as informações e responda às questões.

Alguns profissionais, como pedreiros, arquitetos e engenheiros, usam em seu trabalho um instrumento chamado esquadro.

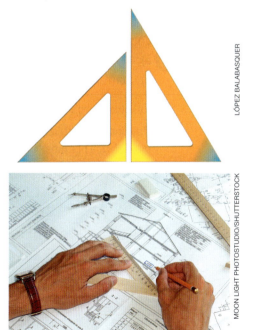

Exemplo de uso do esquadro na Arquitetura.

a) Em cada esquadro representado acima, um ângulo reto está destacado com uma cor. Que cor é essa?

b) Os outros dois ângulos destacados nos esquadros são agudos ou obtusos? Justifique.

7. Jorge e João veem a trave de diferentes ângulos, como mostra a figura a seguir.

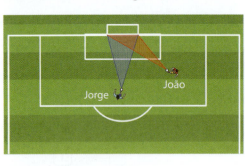

a) Qual jogador tem o maior ângulo de visão?

b) Considerando que apenas o ângulo de visão de cada jogador mostrado na figura influenciará na marcação do gol, quem teria maior chance de marcar o gol? Explique.

8. Ao projetar uma casa, os arquitetos também desenham o telhado. A inclinação do telhado é definida no projeto, determinando o estilo da casa e o tipo de telha a ser usado. Veja um exemplo.

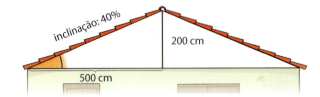

Nesse telhado, a inclinação é: $\dfrac{200}{500} = \dfrac{40}{100} = 40\%$. Essa inclinação significa que a cada 100 cm (1 metro) na horizontal, temos 40 cm na vertical. Ela é equivalente a um ângulo de aproximadamente 22° (destacado em laranja).

a) Agora, desenhe com régua e esquadro um telhado que tenha 60% de inclinação.

b) Com um transferidor, descubra qual é o ângulo correspondente a essa inclinação.

9. Resolva o problema.

Uma indústria utilizou um círculo para representar a quantidade de cada tipo de roupa que fabrica por mês. A parte azul representa a quantidade de roupas infantis, a amarela, a de roupas masculinas, e a vermelha, a de roupas femininas.

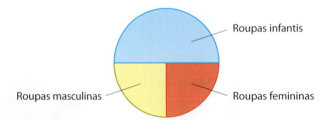

a) Que fração do círculo representa cada parte colorida?

b) A parte azul representa um ângulo de que medida? E a amarela? E a vermelha?

c) Se a indústria fabricou 1.000 unidades de roupas em um mês, quantas unidades de cada tipo de roupa foram fabricadas?

d) Discuta com um colega como a resposta do item anterior pode ser dada por meio de uma porcentagem em relação ao total fabricado.

3 RETAS NO PLANO

POSIÇÃO ENTRE DUAS RETAS NO PLANO

Jair quer explicar para Carla como chegar ao teatro onde vão se encontrar. O teatro fica na rua Pitangueiras, e Jair está observando um mapa, cujo trecho está ao lado.

De acordo com esse trecho do mapa, Jair pode dizer a Carla que a rua Pitangueiras e a rua Mar são paralelas? E que a rua Pitangueiras é paralela à rua Onda?

De acordo com o mapa, a rua Pitangueiras cruza a rua Mar. Então, Jair não pode dizer que essas duas ruas são paralelas. Por outro lado, a rua Pitangueiras e a rua Onda, nesse trecho, não se cruzam e mantêm a mesma distância entre si. Assim, Jair pode dizer que, nesse trecho, a rua Pitangueiras é paralela à rua Onda.

As linhas que representam as ruas paralelas lembram **retas paralelas**, e as linhas que representam as ruas não paralelas lembram **retas concorrentes**.

> Duas retas de um plano são **concorrentes** quando têm apenas um ponto em comum.

Observe abaixo dois exemplos de retas concorrentes.

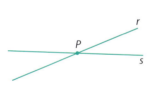
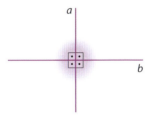

A reta r é concorrente à reta s. O ponto P é o único ponto que está em r e também em s.
Indicamos: $r \perp s$

A reta a é concorrente à reta b. Além disso, elas formam quatro ângulos retos.

Quando duas retas concorrentes formam quatro ângulos retos, dizemos que são **retas perpendiculares**.

Há ruas perpendiculares no mapa acima? Se sim, quais?

> Duas retas de um plano são **paralelas** quando não têm pontos em comum.

Veja, abaixo, um exemplo de retas paralelas.

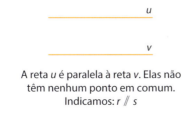

A reta u é paralela à reta v. Elas não têm nenhum ponto em comum.
Indicamos: $r \parallel s$

OBSERVAÇÃO

Duas retas de um plano são **coincidentes** quando têm todos os pontos em comum. Indicamos que as retas c e d são coincidentes por: $c \equiv d$

$c \equiv d$

TRAÇANDO RETAS PARALELAS E RETAS PERPENDICULARES

Veja como Luís traçou retas paralelas com o auxílio de um esquadro e de uma régua.

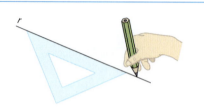

Primeiro, com a régua ou o esquadro, ele traçou uma reta r qualquer e posicionou o esquadro conforme a figura.

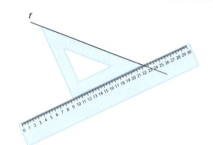

Em seguida, colocou a régua em um dos lados do esquadro, mantendo-a fixa.

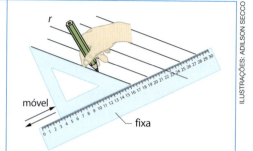

Depois, deslizou o esquadro sobre a régua (nos dois sentidos) e traçou várias retas paralelas a r.

PARA PENSAR

a) Por que as retas que Luís traçou são paralelas à reta r?
b) Se Luís tivesse usado outro tipo de esquadro (como o da imagem ao lado), também teria conseguido traçar retas paralelas?
c) Copie a reta s no caderno e desenhe retas paralelas a ela usando outro processo.

Agora, veja como Luís traçou retas perpendiculares com o auxílio de um esquadro e de uma régua.

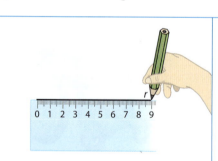

Primeiro, ele traçou uma reta r qualquer e manteve a régua fixa.

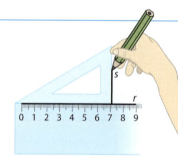

Em seguida, colocou um dos lados do ângulo reto do esquadro apoiado na régua e traçou a reta s.

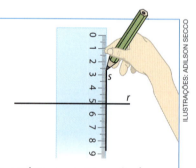

Depois, prolongou a reta s. Assim, r e s são retas perpendiculares.

PARA PENSAR

a) Por que a reta s é perpendicular à reta r?
b) Luís poderia ter usado o esquadro em outra posição para traçar retas perpendiculares? Por quê?
c) Copie a reta r ao lado no caderno e trace uma reta perpendicular a ela usando outro processo.

Trilha de estudo

Vai estudar? Nosso assistente virtual no *app* pode ajudar!
<http://mod.lk/trilhas>

INFORMÁTICA E MATEMÁTICA

Figuras geométricas

Nesta seção, você vai utilizar o *software* de Geometria dinâmica que seu professor vai indicar para construir pontos, retas paralelas, retas perpendiculares, semirretas, segmentos de reta e ângulos.

CONSTRUA

Siga os passos para construir as figuras geométricas.

- **Pontos (A, B e C), retas paralelas (f e g) e retas perpendiculares (h e g)**
  1º) Marque três pontos não alinhados: A, B e C.
  2º) Trace a reta f que passa pelos pontos A e B.
  3º) Trace a reta g, paralela a f que passa pelo ponto C.
  4º) Trace a reta h, perpendicular a g que passa pelo ponto C.

Normalmente, nos *softwares* de Geometria dinâmica há uma barra superior com diversos botões. Ao clicar em cada um deles, é possível ver diversas opções de ferramentas com as quais podemos marcar pontos, traçar retas, construir polígonos, medir segmentos etc.

Neste exemplo de tela, este botão foi clicado e surgiram as ferramentas para traçar retas perpendiculares, paralelas, mediatrizes e bissetrizes.

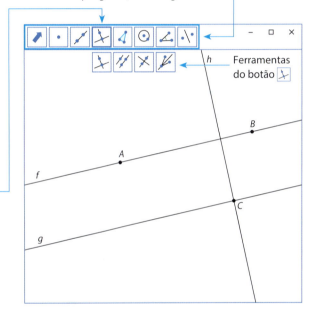

- **Semirreta ($\overrightarrow{EA}$) e segmentos de reta ($\overline{AE}$ e $\overline{CD}$)**
  5º) Encontre o ponto de intersecção entre as retas f e h. Indique esse ponto por D.
  6º) Marque um ponto E qualquer sobre a reta g e trace a semirreta com origem E que passa pelo ponto A.
  7º) Trace o segmento de reta com extremidades nos pontos C e D.
  8º) Trace o segmento de reta com extremidades nos pontos A e E.

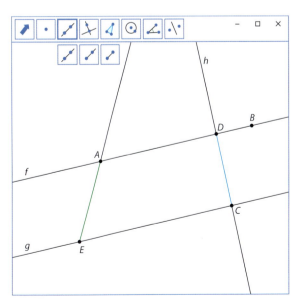

INFORMÁTICA E MATEMÁTICA

INVESTIGUE

a) Faça o que se pede utilizando as ferramentas do *software*.

- Utilize a ferramenta "medida de ângulo" e encontre a medida do ângulo $C\hat{E}A$ e do ângulo $D\hat{C}E$.

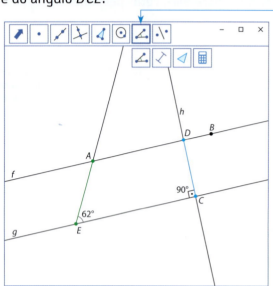

Neste exemplo de tela, este botão foi clicado e surgiram as ferramentas medida de ângulo, medida de segmento, área e calculadora.

- Utilize a ferramenta "medida de segmento" e meça os segmentos $\overline{CD}$ e $\overline{AE}$ (com 5 casas decimais).

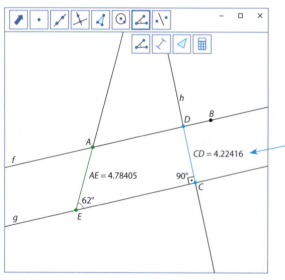

Em alguns *softwares* de Geometria dinâmica, ao clicar com o botão direito do *mouse* sobre uma medida, é possível escolher o número de casas decimais para o qual ela será arredondada.

b) Agora, arraste o ponto E sobre a reta g e compare as medidas AE e CD. Essa investigação sugere que o ângulo $C\hat{E}A$ deve ter que medida para que $AE = CD$?

c) Continue arrastando o ponto E e verifique se é possível obter um segmento com extremidades nas retas f e g cujo comprimento seja menor que o de $\overline{CD}$.

d) O que a investigação sugere a respeito da medida de um segmento com extremidades em duas retas paralelas? Quando essa medida é mínima?

ATIVIDADES

VAMOS PRATICAR

1. Classifique os pares de reta em paralelas ou concorrentes.

a) 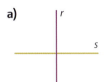 b)   c)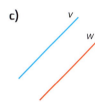

VAMOS APLICAR

2. Pegue uma folha de papel retangular e faça o que se pede.

1º) Dobre a folha ao meio.

2º) Dobre-a novamente ao meio.

3º) Desdobre-a e, utilizando uma régua, trace linhas sobre os vincos que se formaram com as dobras.

- Agora, responda às questões.
  a) As linhas que você traçou dão ideia de retas paralelas ou de retas concorrentes?
  b) Essas linhas são perpendiculares? Justifique.

3. Observe as retas que Karina traçou no quadro de giz e responda à questão.

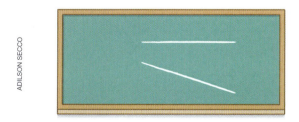

- As retas que Karina traçou são paralelas? Justifique a resposta por meio de uma figura.

4. Observe atentamente a figura e responda à questão.

- As linhas horizontais dessa figura são paralelas?

5. Observe o trecho de um mapa e responda às questões de acordo com esse trecho.

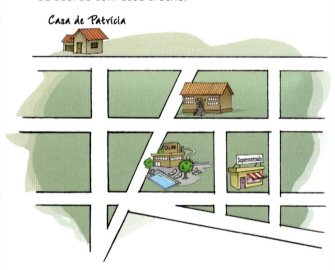

Partindo de sua casa, Patrícia atravessa a rua e segue em frente pela rua perpendicular à de sua casa. Depois, vira à esquerda e pega a primeira rua paralela à sua. Em seguida, entra na primeira rua perpendicular à rua em que está e vai até o final do quarteirão.

a) Aonde Patrícia chegou?
b) Descreva um caminho que levaria Patrícia ao clube.

6. Reúna-se com dois colegas para fazer um mapa dos arredores de sua escola.

Utilizem régua e esquadro para desenhar as ruas. Desenhem pontos de referência, como farmácias, semáforos, hospitais etc. Depois, elaborem questões para os outros grupos sobre caminhos que uma pessoa pode fazer para sair de determinado lugar e chegar a outro.

Aplicar conhecimentos prévios a novas situações

ESTATÍSTICA E PROBABILIDADE
CONSTRUÇÃO DE GRÁFICOS DE BARRAS DUPLAS

Eduardo mora no município de Tranquilidade. Para fazer um trabalho sobre o crescimento populacional de sua cidade, ele coletou em maio de 2019 dados nos arquivos da prefeitura e os organizou na tabela a seguir.

DISTRIBUIÇÃO DA POPULAÇÃO URBANA DO MUNICÍPIO DE TRANQUILIDADE		
Ano \ População	Feminina	Masculina
1987	5.000	4.000
1997	7.000	5.500
2007	9.000	7.000
2017	10.000	8.500

Dados obtidos por Eduardo em maio de 2019.

- Como Eduardo poderá representar os dados da tabela em um gráfico de barras horizontais duplas? E em um gráfico de barras verticais duplas?

Construção do gráfico de barras horizontais duplas

Como a pesquisa de Eduardo divide a população urbana em masculina e feminina, cada ano deverá ser representado por duas barras horizontais: uma para representar a população masculina e outra, a população feminina, identificadas por cores diferentes.

Para apoiar as barras, Eduardo deverá traçar uma linha vertical e, para determinar o comprimento de cada barra, deverá usar uma escala, assim como se faz na construção de um gráfico de barras simples. Nesse caso, ele poderá utilizar a escala variando de 1.000 em 1.000.

Para não confundir as barras, ele deverá fazer uma legenda, identificando-as.

Assim como a tabela, o gráfico deverá ter título e indicação da fonte dos dados. Dessa forma, Eduardo obterá o gráfico abaixo.

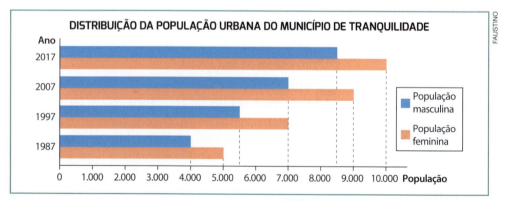

Dados obtidos por Eduardo em maio de 2019.

Lembre-se de que as barras devem ter sempre a mesma largura.

Construção do gráfico de barras verticais duplas

Neste gráfico, assim como no de barras horizontais duplas, Eduardo deverá representar cada ano por duas barras de cores diferentes, uma para indicar a população masculina e outra, a população feminina. Esse código de cores deverá ser mostrado em uma legenda.

Eduardo deverá traçar uma linha horizontal para apoiar as barras verticais, que devem ter a mesma largura, e, para determinar a altura de cada barra, deverá usar uma escala.

Acrescentando o título e a indicação da fonte dos dados, Eduardo obterá o gráfico a seguir.

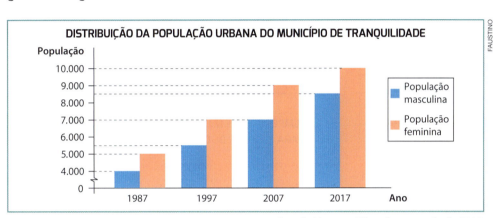

Dados obtidos por Eduardo em maio de 2019.

Na linha vertical deste gráfico, você vê o símbolo ⚡ para indicar que no trecho de zero a 4.000 a escala adotada (de 1.000 em 1.000) não está sendo obedecida.

ATIVIDADES

1. Na fase final do campeonato de basquete em maio de 2018, as equipes X e Y disputaram o título em uma série de três partidas. A tabela abaixo registra o tempo de posse de bola de cada equipe.

POSSE DE BOLA DURANTE O JOGO (EM %)		
Equipe / Partida	X	Y
1ª	39	61
2ª	48	52
3ª	55	45

Dados obtidos pela equipe organizadora do campeonato em maio de 2018.

- Construa um gráfico de barras verticais duplas. Considerando o tempo das três partidas juntas, que equipe ficou mais tempo com a posse de bola?

2. Fernando, técnico do time de futebol de salão Bola na Rede, organizou, em novembro de 2018, uma tabela com os gols marcados e os gols sofridos pelo time durante as últimas quatro partidas.

GOLS MARCADOS E GOLS SOFRIDOS PELO TIME BOLA NA REDE		
Gols / Data	Marcados	Sofridos
3/10/2018	7	2
10/10/2018	5	0
17/10/2018	9	4
24/10/2018	2	5

Dados obtidos por Fernando em novembro de 2018.

- Construa um gráfico de barras horizontais duplas para representar os dados indicados na tabela.

ESTATÍSTICA E PROBABILIDADE

3. Segundo a *Pesquisa Nacional por Amostra de Domicílios (Pnad) 2015*, divulgada pelo Instituto Brasileiro de Geografia e Estatística (IBGE), as mulheres brasileiras ainda recebem salários inferiores aos dos homens para o mesmo cargo ou posto de trabalho. Em média, a diferença entre os salários de homens e de mulheres, em 2015, era de R$ 491,00. Veja na tabela abaixo as médias salariais por ano.

RENDIMENTO SALARIAL MÉDIO DE BRASILEIROS (EM REAL)		
Ano \ Gênero	Masculino	Feminino
2011	1.877	1.313
2012	1.993	1.385
2013	2.065	1.453
2014	2.071	1.464
2015	1.965	1.432

Dados obtidos em: <https://biblioteca.ibge.gov.br/visualizacao/livros/liv98887.pdf>. Acesso em: 18 maio 2018.

Linha de produção em indústria automobilística no Brasil. Foto de 2017.

a) Em qual ano da tabela o salário médio masculino foi maior? Quanto foi o salário médio feminino nesse mesmo ano?

b) É possível afirmar que o salário médio do brasileiro vem crescendo a cada ano? Por quê?

c) Construa um gráfico de barras duplas, horizontais ou verticais, organizando os dados das médias salariais de homens e de mulheres por ano no Brasil. Não se esqueça de fazer uma legenda indicando quais barras representam os homens e quais representam as mulheres.

 d) Você acha justo que mulheres tenham salários inferiores aos dos homens para o mesmo posto de trabalho? Converse com um colega sobre isso.

4. Observe, nos gráficos a seguir, as temperaturas mínimas e máximas previstas para alguns dias do mês de novembro de 2017 na cidade de Gramado, Rio Grande do Sul.

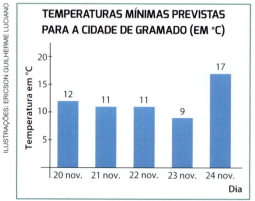

Dados obtidos em: <http://www.inmet.gov.br/portal/>. Acesso em: 19 nov. 2017.

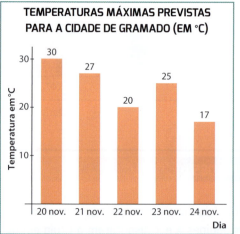

Dados obtidos em: <http://www.inmet.gov.br/portal/>. Acesso em: 19 nov. 2017.

a) Nesse período, para qual dia foi prevista a temperatura mais baixa em Gramado? E a mais alta?

b) Nesse período, para qual dia foi prevista a maior variação de temperatura em Gramado? De quantos graus Celsius é essa variação?

c) Como esses gráficos apresentam as temperaturas máximas e mínimas previstas para o mesmo período na mesma cidade, os dados podem ser representados em um único gráfico. Construa um gráfico de barras verticais duplas para representar os dados observados nos gráficos acima. Não se esqueça de fazer uma legenda de cores para identificar as barras.

ATIVIDADES COMPLEMENTARES

1. Descubra o que há em comum nos ângulos destacados a seguir.

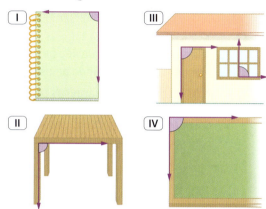

2. Classifique em agudo, obtuso ou reto os ângulos destacados nas letras a seguir.

3. Classifique em reto, agudo ou obtuso o ângulo formado em cada caso.

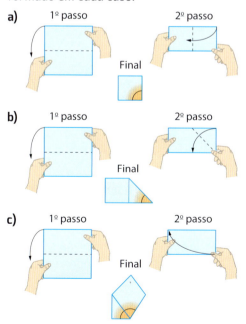

4. Observe os 12 pontos ilustrados abaixo.

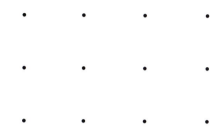

- Trace cinco segmentos de reta, sem tirar o lápis do papel, passando por todos os pontos.

5. Observe os giros que Jade fez com seu *skate*.

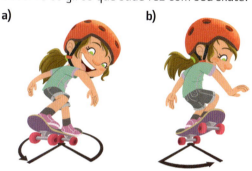

- Aproximadamente, que fração de uma volta Jade descreveu em cada giro?

6. Observe as sequências a seguir. Supondo que o padrão se mantenha em cada uma delas, desenhe as duas próximas figuras de cada sequência.

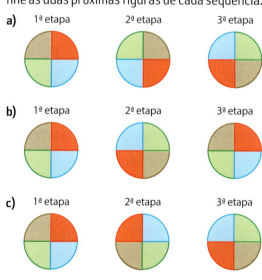

- Agora, escreva como você pensou para desenhar as figuras.

ATIVIDADES COMPLEMENTARES

7. Transcreva no caderno apenas as afirmações verdadeiras.

a) Juca desenhou um ângulo de medida menor que 120°. Esse ângulo pode ser reto, agudo ou obtuso.

b) O ângulo obtuso está associado a um giro de menos de $\frac{1}{4}$ de volta.

c) O ângulo de $\frac{1}{2}$ volta mede 180°.

8. Observe a ilustração e a descrição do caminho que Kátia percorreu.

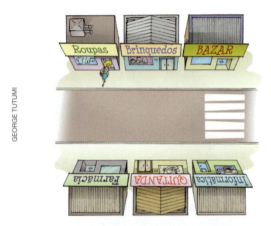

1º Kátia saiu da loja de roupas e deu um giro de $\frac{1}{4}$ de volta para a esquerda;

2º andou em frente, passou por duas lojas e parou;

3º deu um giro de $\frac{1}{4}$ de volta para a direita e atravessou a rua;

4º deu um giro de $\frac{1}{4}$ de volta para a direita, andou em frente, passou por duas lojas e parou;

5º deu um giro de $\frac{1}{2}$ volta, andou em frente e entrou na segunda loja.

• Agora, responda às questões.

a) Onde Kátia entrou?

b) Se Kátia saísse da loja de roupas, desse um giro de $\frac{1}{2}$ volta e andasse em frente, onde ela entraria?

c) Por que não foi necessário dizer no 5º passo se o giro de $\frac{1}{2}$ volta foi para a direita ou para a esquerda?

9. Desenhe no caderno dois segmentos, $\overline{AB}$ e $\overline{BD}$, de forma que sejam congruentes e estejam em uma mesma reta *r*. Em seguida, trace a reta *r* passando pelos pontos A e D.

Marque um ponto C que não pertença à reta *r* e desenhe uma reta *s* passando pelos pontos B e C.

• As retas *r* e *s* são paralelas ou concorrentes?

10. Copie os pontos abaixo no caderno. Depois, unindo-os com segmentos de reta, desenhe:

a) um ângulo reto;
b) um ângulo obtuso;
c) um ângulo agudo;
d) uma figura plana que tenha um ângulo reto;
e) uma figura plana que tenha um ângulo agudo.

11. Responda às questões.

a) O giro que o ponteiro das horas de um relógio faz em uma hora está associado a um ângulo de quantos graus?

b) Os destaques nos relógios abaixo estão associados a ângulos de quantos graus?

c) O giro que o ponteiro dos minutos faz em 25 minutos está associado a um ângulo de quantos graus?

• Converse com um colega sobre como cada um raciocinou para responder a essas questões.

Mais questões no livro digital

UNIDADE 8

NÚMEROS DECIMAIS

1 REPRESENTAÇÃO DECIMAL DE UMA FRAÇÃO

Em muitos locais públicos, como hospitais, rodoviárias e estações de trem e de metrô, há máquinas que vendem salgadinhos, bijuterias, bebidas, CDs, livros, entre outros produtos. As pessoas que passam por esses locais podem comprar vários produtos sem ter de ir a uma loja.

Veja como funciona uma dessas máquinas.

Esta máquina aceita moedas de R$ 0,25, R$ 0,50 e R$ 1,00 e cédulas de R$ 2,00, R$ 5,00 e R$ 10,00.
1. Selecione o livro.
2. Coloque o dinheiro.
3. Retire o livro.
4. Aperte o botão "troco" e boa leitura.

Os produtos disponíveis estão expostos na própria máquina. O comprador escolhe um produto, coloca o dinheiro, retira o produto e aperta o botão para recolher o troco, se houver.

Imagine que você vá comprar o livro de *sudoku* na máquina acima.

- Qual é o preço desse livro?
- Quais cédulas e moedas essa máquina aceita?
- Que cédulas e moedas você deverá colocar na máquina para comprar 5 livros de *sudoku*?

Nesse tipo de situação e em outras do dia a dia, temos de empregar números com vírgula, ou seja, números na **forma decimal**.

Números escritos na forma de fração – como $\frac{1}{2}$, $\frac{5}{25}$ e $2\frac{2}{5}$ – também podem ser escritos na forma decimal. Nesta unidade, estudaremos essa forma de expressar os números. Para começar, veremos o valor de algumas moedas de nosso dinheiro na forma decimal.

Para jogar *sudoku*, devem-se escrever números de 1 a 9 em cada linha e coluna de cada quadrado formado por 9 quadradinhos, sem repetir nenhum número. Tente completá-lo.

RECORDE

Na Unidade 2, você estudou as potências de base 10.
- $10^1 = 10$
- $10^2 = 100$
- $10^3 = 1.000$
- $10^4 = 10.000$

Observe que $\frac{1}{10}$ e $\frac{1}{100}$ são frações cujo denominador é uma potência de base 10.

FRAÇÕES DECIMAIS

As frações cujo denominador é uma potência de base 10 são denominadas **frações decimais**.

As frações decimais podem ser representadas na forma decimal. Veja:

- a fração $\frac{1}{10}$ pode ser representada por 0,1 (lemos: "um **décimo**");

- a fração $\frac{1}{100}$ pode ser representada por 0,01 (lemos: "um **centésimo**");

- a fração $\frac{1}{1.000}$ pode ser representada por 0,001 (lemos: "um **milésimo**").

QUADRO DE ORDENS

Assim como fizemos com os números naturais, também podemos representar números racionais na forma decimal em um quadro de ordens do sistema decimal.

Veja, no quadro de ordens, a representação de 1; 0,1; 0,01; e 0,001:

Centena C	Dezena D	Unidade U		Décimo d	Centésimo c	Milésimo m
		1				
		0	,	1		
		0	,	0	1	
		0	,	0	0	1

Os números escritos com vírgula estão na forma decimal; por isso, costumamos chamá-los de **números decimais**.

Observe a representação de alguns números decimais nas respectivas ordens:

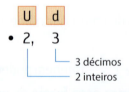
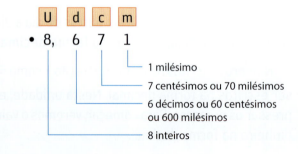

Números racionais na forma decimal e operações

Assista ao vídeo e entenda como Itamar conseguiu realizar sua viagem para conhecer o mar. Disponível em <http://mod.lk/8oidb>.

220

Na representação de números na forma decimal, a parte inteira fica separada da parte decimal por uma vírgula.

Essa identificação ajuda na leitura dos números decimais. Veja:

- 2,3 → Lemos: "dois inteiros e três décimos".
- 8,671 → Lemos: "oito inteiros e seiscentos e setenta e um milésimos".

OBSERVAÇÃO

Um número decimal pode ser escrito de diversas formas, considerando o valor de cada um de seus algarismos. Observe, por exemplo, algumas formas de representar 8,671:

- 8 + 0,6 + 0,07 + 0,001 → 8 inteiros, 6 décimos, 7 centésimos e 1 milésimo
- 8 + 0,67 + 0,001 → 8 inteiros, 67 centésimos e 1 milésimo
- 8 + 0,6 + 0,071 → 8 inteiros, 6 décimos e 71 milésimos

O MATERIAL DOURADO E OS NÚMEROS DECIMAIS

Observe um cubo do material dourado. Vamos considerá-lo uma unidade.

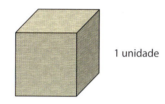

1 unidade

Dividimos a unidade em 10 partes iguais.

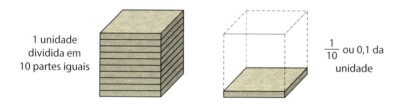

1 unidade dividida em 10 partes iguais

$\frac{1}{10}$ ou 0,1 da unidade

Agora, dividimos a mesma unidade em 100 partes iguais.

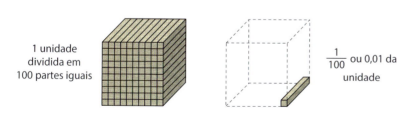

1 unidade dividida em 100 partes iguais

$\frac{1}{100}$ ou 0,01 da unidade

E, por fim, dividimos a unidade em 1.000 partes iguais.

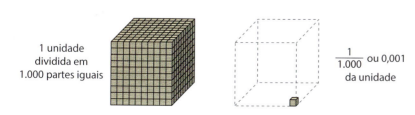

1 unidade dividida em 1.000 partes iguais

$\frac{1}{1.000}$ ou 0,001 da unidade

PARA RESPONDER

As calculadoras e os computadores estão cada vez mais presentes nas atividades do dia a dia. Isso intensificou o uso dos números na forma decimal.

Além disso, há instrumentos como o termômetro e a balança digitais, que também indicam as medidas na forma decimal.

- Dê exemplos de outras situações em que os números são expressos na forma decimal.

Organize o que você aprendeu fazendo a atividade 2 da página 264.

Assim, o material dourado pode ser usado para representar números decimais. Veja alguns exemplos:

- 2,14

- 0,253

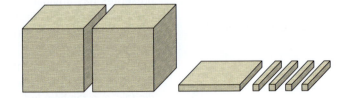

- 1,006

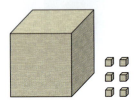

PROPRIEDADE DOS NÚMEROS DECIMAIS

Observe algumas representações com o material dourado.

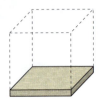 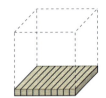 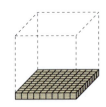

$$\frac{1}{10} = \frac{10}{100} = \frac{100}{1.000}$$

Na forma decimal, temos:

$$0,1 = 0,10 = 0,100$$

Veja como representar esses números no quadro de ordens.

D	U	,	d	c	m
	0	,	1		
	0	,	1	0	
	0	,	1	0	0

Quando acrescentamos ou eliminamos zeros à direita de um número decimal, seu valor não muda.

EXEMPLOS

a) 0,6 = 0,60 = 0,600
b) 2 = 2,0 = 2,00 = 2,000
c) 4,500 = 4,50 = 4,5
d) 3,2100 = 3,210 = 3,21

As duas embalagens indicam a mesma quantidade de suco.

ATIVIDADES

VAMOS PRATICAR

1. Considerando o cubo maior do material dourado como uma unidade, escreva o número decimal representado em cada item.

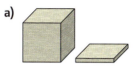

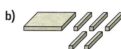

2. Represente cada número a seguir em um quadro de ordens.

a) 101,11   b) 0,451   c) 10,005

3. Escreva somente com algarismos cada número a seguir.

a) 5 décimos
b) 1 inteiro e 8 décimos
c) 23 centésimos
d) 276 milésimos

4. Observe as ilustrações e escreva cada valor por extenso.

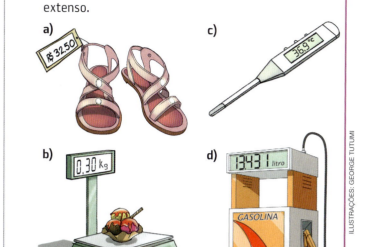

2 TRANSFORMAÇÕES

TRANSFORMAÇÃO DE UM NÚMERO DA FORMA DECIMAL PARA A FORMA DE FRAÇÃO

Acompanhe alguns exemplos de como transformar um número que está expresso na forma decimal para a forma de fração.

- 2,4 (dois inteiros e quatro décimos)

$$2,4 = 2 + \frac{4}{10} = \frac{20}{10} + \frac{4}{10} = \frac{24}{10} = \frac{12}{5}$$ —— fração irredutível

- 0,12 (doze centésimos)

$$0,12 = 0 + \frac{12}{100} = \frac{12}{100} = \frac{3}{25}$$ —— fração irredutível

- 3,71 (três inteiros e setenta e um centésimos)

$$3,71 = 3 + \frac{71}{100} = \frac{300}{100} + \frac{71}{100} = \frac{371}{100}$$ —— fração irredutível

- 9,007 (nove inteiros e sete milésimos)

$$9,007 = 9 + \frac{7}{1.000} = \frac{9.000}{1.000} + \frac{7}{1.000} = \frac{9.007}{1.000}$$ —— fração irredutível

PROCESSO PRÁTICO

Observe a quantidade de casas decimais que o número apresenta:

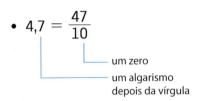

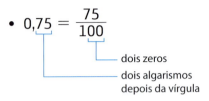

> Na transformação de um número decimal para a forma de fração decimal, o numerador da fração será o número decimal sem a vírgula, e o denominador será uma potência de 10 com uma quantidade de zeros igual à quantidade de casas decimais do número decimal.

TRANSFORMAÇÃO DE UM NÚMERO DA FORMA DE FRAÇÃO DECIMAL PARA A FORMA DECIMAL

Acompanhe, agora, alguns exemplos de como transformar um número que está expresso na forma de fração decimal para a forma decimal.

- $\dfrac{21}{10} = \dfrac{20+1}{10} = \dfrac{20}{10} + \dfrac{1}{10} = 2 + \dfrac{1}{10} = 2{,}1$

  dois inteiros — um décimo

- $\dfrac{102}{100} = \dfrac{100+2}{100} = \dfrac{100}{100} + \dfrac{2}{100} = 1 + \dfrac{2}{100} = 1{,}02$

  um inteiro — dois centésimos

- $\dfrac{86}{1.000} = \dfrac{80+6}{1.000} = \dfrac{80}{1.000} + \dfrac{6}{1.000} = \dfrac{8}{100} + \dfrac{6}{1.000} = 0{,}086$

  oito centésimos — seis milésimos

PARA TRANSFORMAR

Escreva na forma decimal os seguintes números:

a) $\dfrac{4}{10}$ c) $\dfrac{7}{2}$

b) $\dfrac{15}{4}$ d) $\dfrac{3}{12}$

Como você resolveu os itens **b**, **c** e **d**? Apresente sua resolução para a classe e verifique se algum colega resolveu de forma diferente da sua.

PROCESSO PRÁTICO

Observe a quantidade de zeros do denominador da fração:

- $\dfrac{52}{10} = 5{,}2$

  um algarismo depois da vírgula
  um zero

- $\dfrac{423}{100} = 4{,}23$

  dois algarismos depois da vírgula
  dois zeros

> Para representar uma fração decimal por meio de um número na forma decimal, basta escrever o numerador da fração e separar com uma vírgula a parte inteira da parte decimal, de modo que a parte decimal tenha a mesma quantidade de algarismos quantos forem os zeros do denominador da fração.

Gamamemória

Teste sua memória e encontre as cartas equivalentes.

ATIVIDADES

VAMOS PRATICAR

1. Represente a parte pintada das figuras na forma de fração e na forma decimal.

a)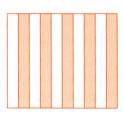

c)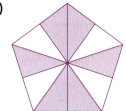

b)

d)

2. (Obmep) Guilherme está medindo o comprimento de um selo com um pedaço de uma régua, graduada em centímetros, como mostra a figura. Qual é o comprimento do selo?

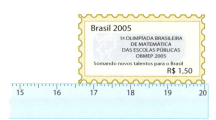

a) 3 cm
b) 3,4 cm
c) 3,6 cm
d) 4 cm
e) 4,4 cm

3. Transforme os números decimais para a forma de fração decimal.

a) 0,6
b) 0,24
c) 1,5
d) 25,4
e) 8,75
f) 0,205
g) 12,23
h) 4,01
i) 8,123
j) 0,015

4. Represente as frações decimais na forma decimal.

a) $\frac{4}{10}$
b) $\frac{32}{10}$
c) $\frac{502}{100}$
d) $\frac{1.688}{100}$
e) $\frac{61}{1.000}$
f) $\frac{62.101}{1.000}$

R1. Escreva a fração $\frac{3}{4}$ em forma de número decimal.

Resolução

A fração não está representada na forma de fração decimal. Usando a propriedade das frações equivalentes, encontramos uma fração decimal equivalente a $\frac{3}{4}$.

$$\frac{3}{4} \xrightarrow{\times 25} \frac{75}{100} = 0,75$$

Podemos ainda resolver o exercício dividindo 3 por 4, já que a fração $\frac{3}{4}$ significa também uma divisão. Essa divisão pode ser feita usando uma calculadora.

$$3 : 4 = 0,75$$
$$\frac{3}{4} = 0,75$$

5. Encontre uma fração decimal equivalente a cada número e represente-a na forma decimal.

a) $\frac{3}{5}$
b) $1\frac{1}{5}$
c) $3\frac{3}{5}$
d) $\frac{13}{20}$
e) $\frac{70}{40}$
f) $\frac{7}{35}$

6. Associe.

A	7 inteiros e 90 centésimos	I	7,09
B	$7\frac{9}{1.000}$	II	0,7
C	$\frac{49}{70}$	III	7,90
D	709 centésimos	IV	7,009
E	$\frac{7}{100}$	V	0,07

225

7. Observe como alguns números decimais foram escritos por extenso e reescreva corretamente os números escritos de forma incorreta.

a) 3,5: três inteiros e cinco décimos

b) 6,70: seis inteiros e sete centésimos

c) 7,05: setecentos e cinco centésimos

d) 21,302: vinte e um inteiros e trinta e dois centésimos

e) 0,50: cinquenta décimos

f) 4,001: quatro inteiros e um centésimo

g) 18,018: dezoito inteiros e dezoito milésimos

VAMOS APLICAR

8. Responda às questões com base nos esquemas.

Luísa quer revestir o piso de sua sala com um mosaico em dois tons de cerâmica.

a) Que número representa a quantidade de cerâmica mais escura em relação a todo o piso da sala?

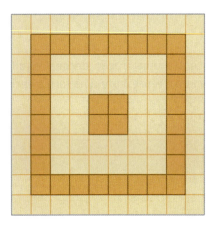

b) Luísa também poderá escolher outro mosaico em dois tons. Que número representa a cerâmica mais escura em relação a todo o piso da sala?

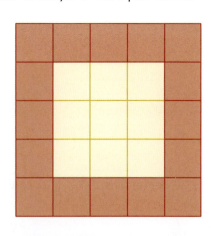

9. Desenhe no caderno um segmento de 10 cm com uma régua e, depois, guarde-a.

Marque numa das extremidades o número 0 e na outra extremidade o número 1.

Depois, sobre esse segmento, marque as frações abaixo determinando de forma aproximada as suas posições.

$\frac{1}{10}$, $\frac{2}{10}$, $\frac{5}{10}$, $\frac{6}{10}$, $\frac{8}{10}$ e $\frac{9}{10}$

Volte a pegar a régua e comprove se você estimou bem.

10. Faça o que se pede.

Escreva esta sequência de números na forma de fração: 0,1; 0,10; 0,100; 0,1000.

Depois, simplifique até encontrar a fração irredutível. O que aconteceu?

Escreva uma conclusão.

11. Em abril de 2017 foi feita uma pesquisa sobre a preferência de gênero musical com 100 alunos da Escola Aprender.

PREFERÊNCIA DE GÊNERO MUSICAL DOS ALUNOS DA ESCOLA APRENDER	
Gênero musical	Quantidade de alunos
Rock	42
MPB	38
Sertanejo	16
Pagode	4

Dados obtidos pela Escola Aprender, em abril de 2017.

- Represente com uma fração decimal a preferência, pelos alunos, de cada um dos gêneros musicais e escreva as frações na forma decimal.

12. Escreva na forma decimal cada número na forma de fração a seguir.

a) A torta de morango que Pedro fez foi repartida da seguinte maneira: $\frac{1}{4}$ da torta foi colocado no *freezer* e $\frac{3}{4}$ da torta foram servidos.

b) Numa receita, entre outros ingredientes, foram colocados: 2 ovos, $\frac{2}{5}$ de uma xícara (chá) de leite e $\frac{10}{8}$ de uma xícara (chá) de açúcar.

3 COMPARAÇÃO DE NÚMEROS DECIMAIS

Na comparação de números decimais, podemos analisar dois casos: quando as partes inteiras são diferentes ou quando elas são iguais.

- **Quando as partes inteiras são diferentes**

  Qual número é maior: 4,1 ou 2,51?

  4,1 — 4 inteiros   2,51 — 2 inteiros

  Como 4 inteiros é maior que 2 inteiros, então 4,1 > 2,51.

  EXEMPLOS

  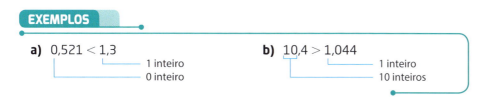

  a) 0,521 < 1,3 (1 inteiro / 0 inteiro)
  b) 10,4 > 1,044 (1 inteiro / 10 inteiros)

- **Quando as partes inteiras são iguais**

  Qual número é maior: 1,41 ou 1,041?

  Nesse caso, como as partes inteiras são iguais (1 inteiro), devemos comparar as partes decimais. Para facilitar, primeiro igualamos o número de casas decimais.

  1,410 — 410 milésimos / 1 inteiro   1,041 — 41 milésimos / 1 inteiro

  Como 410 milésimos é maior que 41 milésimos, então 1,41 > 1,041.

  EXEMPLOS

  a) 0,025 > 0,020 (20 milésimos / 25 milésimos)
  b) 1,11 < 1,20 (20 centésimos / 11 centésimos)

Na etapa de Varna, Bulgária, da Copa do Mundo de Ginástica Artística 2017, a brasileira Thais Fidelis terminou a disputa do solo com 13,5 pontos, dividindo o pódio com a canadense Shallon Olsen (12,95 pontos) e a egípcia Farah Hussein (12,75 pontos). Qual ginasta ficou em primeiro, qual ficou em segundo e qual ficou em terceiro lugar?

Uma conversa sobre frações

Escute o áudio e aprenda com a Kátia como transformar frações em números decimais e compará-los.

4 NÚMEROS DECIMAIS E FRACIONÁRIOS NA RETA NUMÉRICA

Assim como os números naturais, os números na forma decimal ou fracionária também podem ser representados na reta numérica.

Observe esta reta numérica com a representação de alguns pontos correspondentes a números naturais.

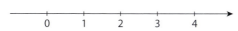

Cada número natural corresponde a um ponto, e a distância entre dois pontos consecutivos é sempre a mesma, correspondente a uma unidade.

E como representar na reta numérica um número na forma de fração, por exemplo, $\frac{1}{5}$?

Observe como Ricardo e Maria localizaram esse número na reta numérica.

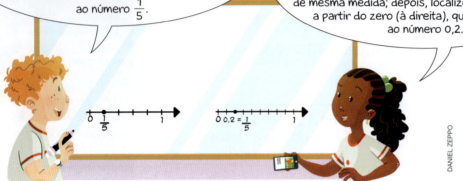

PARA ANALISAR

a) Se você colocar a reta construída por Ricardo sobre a reta construída por Maria, fazendo coincidir as origens, os dois pontos encontrados vão coincidir?

b) Que procedimento você julgou mais fácil, o de Ricardo ou o de Maria? Justifique sua escolha.

Veja mais alguns exemplos.

- 1,3

  O número 1,3 está entre 1 e 2. Então, dividimos o intervalo da reta entre 1 e 2 em 10 partes iguais e localizamos o terceiro ponto a partir do 1 para a direita, que corresponde a 1,3.

- $\frac{9}{4}$

  A fração $\frac{9}{4}$ corresponde ao número misto $2\frac{1}{4}$; portanto, $\frac{9}{4}$ está entre 2 e 3. Então, dividimos o intervalo da reta entre 2 e 3 em 4 partes iguais e localizamos o primeiro ponto a partir do 2 para a direita, que corresponde a $2\frac{1}{4}$, ou seja, a $\frac{9}{4}$.

PARA PENSAR

Se um número decimal é maior que outro, ele está localizado à direita ou à esquerda desse número na reta numérica?

Trilha de estudo

Vai estudar? Nosso assistente virtual no *app* pode ajudar!
<http://mod.lk/trilhas>

Comparação de números decimais

Veja como três alunos compararam 0,17 e 0,3.

Estratégia de Ana

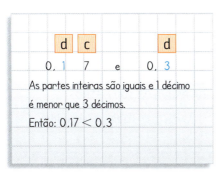

Estratégia de Gabriel

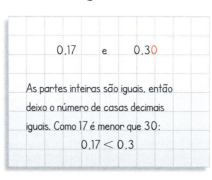

Estratégia de João

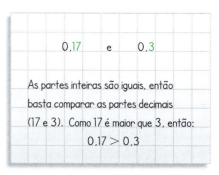

REFLITA

a) O que há de parecido e de diferente nas estratégias de Ana e de Gabriel?

b) Explique a estratégia de João para comparar os dois números.

c) Qual deles **não** fez corretamente a comparação? Converse com seus colegas.

DISCUTA E CONCLUA

Veja, a seguir, como podemos representar 0,17 e 0,3.

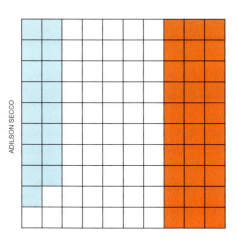

0,17 é o mesmo que $\frac{17}{100}$.

Representamos essa fração pintando de azul 17 dos 100 quadradinhos.

0,3 é o mesmo que $\frac{3}{10}$ ou $\frac{30}{100}$.

Representamos essa fração pintando de laranja 30 dos 100 quadradinhos.

a) Na representação dos números 0,17 e 0,3, o que você pode concluir? Qual número decimal é maior?

b) Volte às questões do *Reflita* e veja se você mudaria alguma resposta dada.

ATIVIDADES

VAMOS PRATICAR

1. Faça uma comparação dos pares de números de cada item usando os símbolos > (maior), < (menor) ou = (igual).

   a) 0,2 e 1,257
   b) 2,7 e 2,07
   c) $3\frac{1}{10}$ e 3,1
   d) $\frac{78}{100}$ e 1,78
   e) 5,236 e 5,263
   f) 2,02 e 2,002

2. Coloque os números decimais de cada item em ordem crescente.

   a) 0,030   0,300   0,003
   b) 3,101   3,110   3,011
   c) 20,202   22,202   20,022

3. Leia a afirmação de Carla e descubra se o raciocínio dela está certo. Justifique sua resposta.

   Eu consigo comparar 1,3 e 1,03 sem igualar as casas decimais. Como 3 décimos é maior que 3 centésimos, 1,3 é maior que 1,03.

4. Represente, em uma mesma reta numérica, os números a seguir.

   a) 0,5
   b) 2,3
   c) $\frac{1}{2}$
   d) $\frac{7}{4}$

   • Qual desses números é o maior?

5. Sabendo que A e B dividem na reta numérica o segmento de 3 a 4 em 3 partes iguais e que C, D e E dividem o segmento de 4 a 5 em 4 partes iguais, quais são as frações correspondentes a esses pontos?

VAMOS APLICAR

6. Analise a situação e responda à questão.

   O segundo colocado chegou apenas 3 décimos de segundo depois do primeiro. Não, não! Desculpem-me o engano! Foram 30 centésimos de segundo.

   • O comentarista estava mesmo enganado quando informou que o segundo colocado chegou 3 décimos de segundo depois do primeiro? Por quê?

7. Miguel tem dois caminhões: um pode transportar até 5,4 toneladas, e outro, até 5,8 toneladas. Qual dos dois caminhões pode transportar maior massa?

8. Cinco atletas participaram da final de uma corrida de 100 metros na Escola Voo Rasteiro.

   O quadro abaixo apresenta o tempo que cada um levou para terminar a prova.

TEMPO DA PROVA DE 100 METROS	
Atleta	Tempo (segundo)
Carlos	12,5
Paco	10,3
Ferdinando	10,5
Geraldo	11,4
Alfredo	13,9

   a) Qual dos atletas levou doze segundos e meio para completar a prova?
   b) Ferdinando chegou antes ou depois de Paco?
   c) Qual foi a classificação dos atletas nessa prova?

9. A professora da Academia Nadebem registrou as alturas dos alunos de uma de suas turmas: Cecília, 1,63 metro; Fábio, 1,67 metro; Débora, 1,59 metro; Dario, 1,65 metro; e Mara, 1,61 metro.

   a) Qual dos alunos tem menor altura? Qual deles tem maior altura?
   b) Como ficaria essa lista se a professora colocasse os nomes em ordem crescente de altura?

10. Nas calculadoras há uma tecla para indicar a vírgula de um número decimal. Em algumas calculadoras, a tecla é ⸴. Mas em outras é usada a tecla · . Nesse caso, no visor, o ponto representa a vírgula.

    Por exemplo, para digitar o número 1,2, apertamos as teclas:

    Imaginando que uma calculadora como essa estivesse com a tecla · quebrada, quais teclas poderíamos apertar para obter os números abaixo?

    a) 0,3
    b) 0,03
    c) 0,003
    d) 0,8

ESTATÍSTICA E PROBABILIDADE
LEITURA E INTERPRETAÇÃO DE GRÁFICOS DE BARRAS DUPLAS

Lorenzo e Gabriela estão fazendo uma pesquisa sobre a participação dos alunos da Escola Saber nos quatro últimos campeonatos de futebol interclasses.

Para isso, eles construíram um gráfico de barras duplas horizontais separando os alunos entre meninos e meninas. Observe.

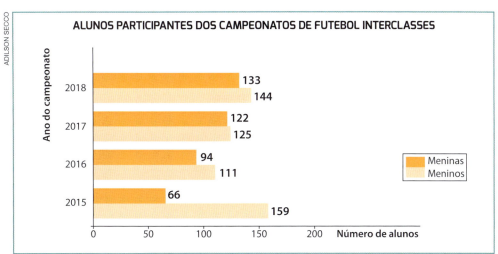

Dados obtidos por Lorenzo e Gabriela, em maio de 2019.

▶ Em qual campeonato interclasses a diferença entre o número de meninos e o de meninas participantes, nessa ordem, foi menor?

▶ Em que ano mais alunos participaram do campeonato?

Cada par de barras apoiado na linha vertical representa os quatro últimos campeonatos interclasses da Escola Saber. As cores das barras são diferentes, pois uma representa a quantidade de meninas, e a outra, a de meninos, conforme a legenda no lado direito do gráfico.

Os números registrados ao lado direito de cada barra indicam o número de alunos.

Para saber em que ano ocorreu a menor diferença entre o número de meninos e o de meninas, basta observar, ano a ano, a diferença de comprimento entre a barra que representa os meninos e a que representa as meninas. Analisando o gráfico, concluímos que a menor diferença de comprimento está nas barras de 2017.

Também podemos chegar a essa conclusão comparando as quantidades de meninos e meninas de cada campeonato. Observe:

- No campeonato do ano de 2015, participaram 159 meninos e 66 meninas, uma diferença de 93 alunos.
- No campeonato de 2016, participaram 111 meninos e 94 meninas, uma diferença de 17 alunos.
- No campeonato de 2017, participaram 125 meninos e 122 meninas, uma diferença de apenas 3 alunos.

ESTATÍSTICA E PROBABILIDADE

- No campeonato de 2018, participaram 144 meninos e 133 meninas, aumentando a diferença para 11 alunos.

Logo, o campeonato interclasses em que houve a menor diferença entre o número de meninos e o de meninas foi o do ano de 2017.

Agora, para saber em que ano mais alunos participaram do campeonato interclasses, basta calcular a soma do número de meninos e do de meninas participantes em cada ano.

- 2015: 159 + 66 = 225
- 2016: 111 + 94 = 205
- 2017: 125 + 122 = 247
- 2018: 144 + 133 = 277

Assim, mais alunos participaram do campeonato em 2018.

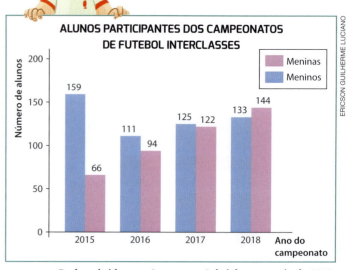

Se o gráfico construído fosse de barras verticais, teríamos os pares de barras apoiados na linha horizontal e os números de alunos indicados acima de cada barra, mas a interpretação seria a mesma.

Dados obtidos por Lorenzo e Gabriela, em maio de 2019.

ATIVIDADES

1. Para organizar uma Semana de Cinema, a Escola Caruaru realizou em junho de 2020 uma pesquisa sobre os gêneros de filmes que seus alunos preferem.

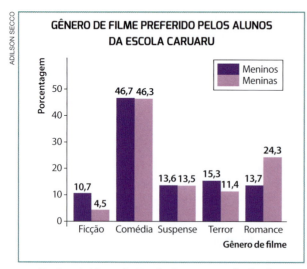

Dados obtidos pela Escola Caruaru, em junho de 2020.

- De acordo com o gráfico, que gênero de filme a escola deverá selecionar para agradar ao maior número de alunos?

2. Solange e Adílson participarão de um concurso de dança. Veja abaixo a quantidade de horas que cada um ensaiou ao longo da semana.

Dados obtidos por Solange e Adílson, em junho de 2020.

a) Com base no gráfico, em qual dia da semana Solange ensaiou mais horas? E Adílson?

b) Eles ensaiaram a mesma quantidade de horas nessa semana?

3. Observe, no gráfico a seguir, qual era a expectativa de vida ao nascer (em anos) do brasileiro.

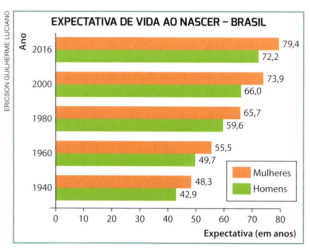

Dados obtidos em: <ftp://ftp.ibge.gov.br/Tabuas_Completas_de_Mortalidade/Tabuas_Completas_de_Mortalidade_2016/tabua_de_mortalidade_2016_analise.pdf>. Acesso em: 7 dez. 2017.

De acordo com os anos apresentados no gráfico, responda às questões.

a) O que aconteceu com a expectativa de vida do brasileiro ao longo do tempo?

b) Qual era a expectativa de vida para uma menina nascida no ano de 2016? E para um menino?

c) Nos anos apresentados, a expectativa de vida ao nascer dos homens era menor ou maior que a das mulheres?

d) Compare a expectativa de vida ao nascer de uma mulher nascida em 2000 com a de um homem nascido em 2016.

e) Um indivíduo nascido em 2016 tinha expectativa de viver mais ou menos tempo que um nascido em 1940? Por que você acha que essa expectativa mudou?

4. Observe, no gráfico a seguir, dados publicados na pesquisa *TIC Educação 2016*: Pesquisa Sobre o Uso das Tecnologias de Informação e Comunicação nas Escolas Brasileiras.

Para cada tipo de escola (pública ou particular), há seis barras, uma para cada tipo de equipamento (celular, computador, *notebook*, *tablet*, televisão ou *videogame*).

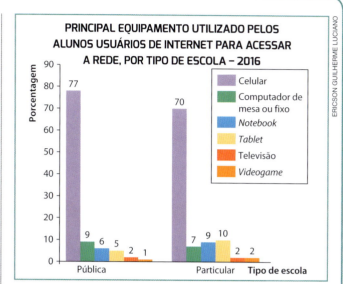

Dados obtidos em: <http://cetic.br/media/docs/publicacoes/2/TIC_EDU_2016_LivroEletronico.pdf>. Acesso em: 19 abr. 2018.

a) Qual foi o principal equipamento usado pela maioria dos alunos de escolas públicas e particulares para acessar a internet em 2016?

b) Qual foi a porcentagem de alunos de escolas públicas que teve o *tablet* como principal equipamento de acesso à rede?

c) Nas escolas públicas, mais alunos usaram computador de mesa ou *notebook* como principal aparelho para acessar a internet? E nas escolas particulares?

5. Na empresa Quinase, o balanço do número de funcionários é feito anualmente. Veja a seguir o resultado dos últimos anos.

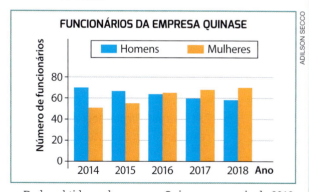

Dados obtidos pela empresa Quinase, em maio de 2019.

• Compare o número de homens com o de mulheres no decorrer dos anos e escreva um parágrafo com sua conclusão.

233

ATIVIDADES COMPLEMENTARES

1. Represente na forma de fração e na forma decimal a parte pintada de cada figura.

   a)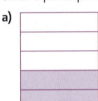
   b)

2. Escreva por extenso o preço das roupas a seguir.

   a)  R$ 22,90
   c)  R$ 87,59
   b)  R$ 39,98
   d)  R$ 47,99

3. Represente os números em um quadro de ordens.
   a) 1,1   c) 12,01   e) 0,009
   b) 8,66   d) 251,135   f) 1.432,001
   - Como cada um desses números pode ser lido?

4. Em cada item, identifique os números que representam a mesma quantidade.
   a) 2,1   2,01   2,100   2,010
   b) 5,060   5,06   5,6000   5,600
   c) 3,18   3,018   3,180   3,108
   d) 6,921   6,021   6,9210   6,9201
   e) 16,1   1,61   161,0   1,610

5. Escreva na forma decimal o número racional resultante em cada item.
   a) $14 + \frac{3}{10} + \frac{5}{100} + \frac{6}{1.000}$
   b) $3 + \frac{5}{10} + \frac{18}{1.000}$
   c) $47 + \frac{11}{100} + \frac{8}{1.000}$
   d) $10 + \frac{68}{100} + \frac{2}{10.000}$

6. Transforme as frações decimais em números racionais na forma decimal.
   a) $\frac{27}{10}$ c) $\frac{145}{100}$ e) $\frac{5.702}{100}$
   b) $\frac{4}{100}$ d) $\frac{320}{10}$ f) $\frac{3.867}{1.000}$

7. Associe os pares de frações equivalentes.

   A $\frac{3}{4}$ B $\frac{7}{20}$ C $\frac{15}{5}$ D $\frac{13}{2}$

   I $\frac{300}{100}$ II $\frac{35}{100}$ III $\frac{75}{100}$ IV $\frac{65}{10}$

8. Complete o quadro.

Fração irredutível	$\frac{3}{5}$	■	■	$\frac{5}{2}$	■
Fração decimal equivalente	■/10	$\frac{25}{100}$	■	■	$\frac{60}{100}$
Número decimal	■	■	0,45	■	■

9. Observe como Cláudia decompôs o número 2,514.

   $$2,514 = 2 + \frac{5}{10} + \frac{1}{100} + \frac{4}{1.000}$$

   - Agora, decomponha os seguintes números:
     a) 0,15   c) 6,04   e) 0,0001
     b) 1,001   d) 4,015   f) 1,61

10. Transforme os números decimais para a forma de fração decimal.
    a) 76,1   c) 12,06   e) 9,023
    b) 4,76   d) 0,001   f) 10,005

11. Substitua o ■ pelo número correto.
    a) $0,1 = \frac{1}{10} = \frac{10}{■} = \frac{■}{1.000}$
    b) $■ = \frac{12}{10} = \frac{■}{100} = \frac{1.200}{■}$
    c) $3,21 = 3\frac{■}{100} = \frac{321}{■} = \frac{■}{1.000}$
    d) $5,017 = ■\frac{17}{1.000} = \frac{■}{1.000} = \frac{50.170}{■}$

12. Observe os números dos cartões e responda às questões a seguir.

A	0,37	0,03	0,370	3,7
B	3,5	3,50	3,6	3,04
C	8,1	0,81	0,810	0,081

a) Qual é o maior número de cada sequência?
b) Qual é o menor número de cada sequência?
c) Quais números são iguais?

13. Classifique cada afirmação em V (verdadeira) ou F (falsa).

a) O número 3,475 é maior que 3,405.
b) A fração $4\frac{3}{10}$ é menor que 4,1.
c) O número 9,019 é maior que $9\frac{19}{100}$.
d) O número 1,27 é maior que 1.
e) O número 7,15 é igual a $\frac{715}{1.000}$.

14. Responda às questões.

A atleta Maurren Maggi entrou para a história ao ser a primeira brasileira a conquistar uma medalha de ouro em um esporte individual, na prova de salto em distância nas Olimpíadas de Pequim, em 2008.

Observe a tabela com a distância atingida por Maurren Maggi e pelas atletas que conquistaram as medalhas de prata e de bronze.

| RESULTADO DA PROVA DE SALTO EM DISTÂNCIA ||
Atleta	Distância
Blessing Okagbare	6,91 m
Maurren Maggi	7,04 m
Tatyana Lebedeva	7,03 m

Dados obtidos em: <https://olimpiadas.uol.com.br/2008/resultados/atletismo-22-08.jhtm>. Acesso em: 20 abr. 2018.

a) Como podemos ler cada número dessa tabela?
b) Quem ficou em segundo e quem ficou em terceiro lugar?

15. Leia as informações e responda à questão.

O Índice de Massa Corporal (IMC) identifica a faixa de massa corporal mais saudável para uma pessoa. Segundo a Organização Mundial de Saúde (OMS), o resultado desse índice é considerado adequado quando está entre 18,5 e 25.

• Luciano calculou seu IMC, e o resultado foi 24,9. Ele apresenta um índice adequado?

16. Escreva em seu caderno, em ordem crescente, os números do quadro a seguir.

| PONTOS OBTIDOS NA GINCANA "OS CAMPEÕES" ||
Equipe	Número de pontos
Verde	120,74
Azul	79,73
Amarela	127,73
Vermelha	127,59
Branca	120,79

17. O jornal de uma cidade registrou, entre segunda-feira e quarta-feira, as temperaturas mostradas neste quadro.

| TEMPERATURAS REGISTRADAS (EM GRAU CELSIUS) ||||
Dia da semana	Segunda-feira	Terça-feira	Quarta-feira
Temperatura máxima	23,8	25,4	23,6
Temperatura mínima	18,5	20,9	19,8

• Raul foi a essa cidade na mesma semana e viu um termômetro que indicava a temperatura de 19 °C. Qual é o dia mais provável em que Raul visitou a cidade?

18. Na prova de inglês da escola de idiomas Aprenda Bem, Rosana tirou 7,50; Amanda, 8,25; Rogério, 6,75; Patrícia, 9,50; Sérgio, 8,75; e Cristina, 9,25. Para que os alunos sejam aprovados, é necessário obter nota mínima de 7,00 pontos.

a) Quem obteve a maior nota: Amanda ou Sérgio?
b) Qual desses alunos não conseguiu nota suficiente para ser aprovado?
c) Como ficaria a lista desses alunos se as notas fossem registradas da menor para a maior?

Mais questões no livro digital

UNIDADE 9
OPERAÇÕES COM NÚMEROS DECIMAIS

1 ADIÇÃO E SUBTRAÇÃO COM NÚMEROS DECIMAIS

As operações com números decimais aparecem em várias situações diárias. Veja, por exemplo, o cupom fiscal de uma lanchonete e depois confira as explicações da adição e da subtração.

```
  U   d   c
  1
  4 , 8   0
+ 2 , 8   0
  7 , 6   0
```

- 8 décimos mais 8 décimos é igual a 16 décimos. Deixamos **6** décimos e trocamos 10 décimos por 1 inteiro ("vai um").
- 4 unidades mais 2 unidades mais 1 unidade (do "vai um") é igual a **7** unidades.

```
  D   U   d   c
      0   9
      1  10 , 1   0
  −       7 , 6   0
          2 , 4   0
```

- Para subtrair 6 décimos, transformamos 1 unidade (das 10 unidades) em 10 décimos e efetuamos a subtração: 10 décimos menos 6 décimos é igual a **4** décimos.
- 9 unidades menos 7 unidades é igual a **2** unidades.

Em algumas operações, os números não têm a mesma quantidade de casas decimais. Nesses casos, veja como efetuá-las:

- 5,2 + 0,75

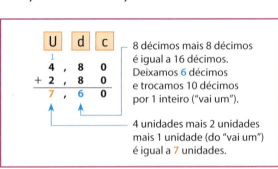

Acrescentamos **um zero** para igualar a quantidade de casas decimais.

- 3,417 − 1,2

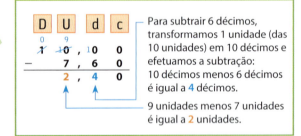

Acrescentamos **dois zeros** para igualar a quantidade de casas decimais.

Para adicionar ou subtrair números decimais, devemos:

1º) alinhar vírgula debaixo de vírgula;
2º) igualar a quantidade de casas decimais dos números, acrescentando zeros à direita, se necessário;
3º) efetuar a operação indicada;
4º) colocar a vírgula do resultado alinhada com as outras vírgulas.

OPERAÇÕES COM CALCULADORA, CÁLCULO MENTAL E ARREDONDAMENTO

No dia a dia, podemos contar com outros recursos para efetuar adições e subtrações com números decimais: a calculadora, o arredondamento e o cálculo mental. A escolha do melhor recurso depende da situação.

Recurso	Situação	Procedimento
Calculadora	Quando temos de fazer muitos cálculos e necessitamos de precisão.	Para adicionar ou subtrair, usamos as teclas + (mais) e − (menos), que já conhecemos. Para representar a vírgula que separa a parte inteira da parte decimal, usamos a tecla • (ponto).
Arredondamento	Quando queremos um resultado aproximado.	Primeiro, escolhemos a ordem para a qual é mais interessante arredondar: unidade, décimos etc. Se queremos arredondar para décimos, analisamos o algarismo que está na casa dos centésimos; se for do 0 ao 4, desconsideramos os centésimos; se for do 5 ao 9, acrescentamos 1 décimo e eliminamos os centésimos.
Cálculo mental	Quando conhecemos alguns métodos para realizar os cálculos mentalmente.	Há vários métodos que facilitam a obtenção do resultado, mas cada pessoa deve criar o seu.

ATIVIDADES

VAMOS PRATICAR

1. Calcule o resultado das operações.
   a) $0{,}1 + 0{,}2 + 0{,}3$
   b) $0{,}35 + 0{,}4$
   c) $1{,}25 + 6$
   d) $7{,}56 - 5{,}98$
   e) $2 - 0{,}5$
   f) $7{,}009 - 1{,}005$
   g) $4{,}69 + 19{,}77 - 6{,}12$
   h) $7{,}58 - 5{,}95 + 4{,}98$

2. Escreva cada igualdade a seguir, substituindo o ■ pelo número correto.
   a) $0{,}26 + 6{,}23 = $ ■
   b) ■ $+ 6{,}54 = 8{,}93$
   c) $5{,}63 - 2{,}21 = $ ■
   d) ■ $- 3{,}69 = 3{,}69$
   e) $8{,}45 + 26{,}79 - $ ■ $= 7{,}52$

3. Escreva os dois próximos termos das sequências numéricas.
   a) 0,1 0,2 0,3 0,4 0,5 0,6
   b) 1,0 0,9 0,8 0,7 0,6 0,5
   c) 4,5 5,0 5,5 6,0 6,5 7,0
   d) 0,04 0,08 0,12 0,16 0,20
   e) 1,005 1,010 1,015 1,020

4. Com o auxílio de uma calculadora, corrija os resultados incorretos.
   a) $4{,}96 + 0{,}75 = 4{,}7$
   b) $5{,}21 - 0{,}003 = 5{,}18$
   c) $4{,}02 + 0{,}009 + 3{,}4 = 7{,}429$
   d) $9 - 0{,}9 - 0{,}009 = 8{,}99$

237

5. Calcule mentalmente.

a) $11,33 + 0,9$
b) $11,03 - 0,9$
c) $1,12 + 0,09$
d) $1,12 - 0,09$

6. Faça arredondamentos para décimos e depois efetue.

a) $7,47 + 1,21$
b) $9,76 - 2,32$
c) $9,07 + 0,554$
d) $10,75 - 1,537$

R1. Descubra o valor de cada quadradinho.

$$\begin{array}{r} 1,\square\ 0\ 2 \\ +\ 1,\ 9\ 8\ \square \\ \hline \square,\ 0\ 8\ 2 \end{array}$$

Resolução

Como, ao resolver uma adição, começamos a calcular os números da direita para a esquerda, também devemos descobrir o valor de cada quadradinho nessa ordem.

$$\begin{array}{r} 1,\square\ 0\ 2 \\ +\ 1,\ 9\ 8\ \square \\ \hline \square,\ 0\ 8\ 2 \end{array}$$

$2 + \boxed{0} = 2$

$\boxed{1} + 9 = 10$

"vai um"

$1 + 1 + 1 = \boxed{3}$

Verificando:

$$\begin{array}{r} \overset{1}{1},\ \boxed{1}\ 0\ 2 \\ +\ 1,\ 9\ 8\ \boxed{0} \\ \hline \boxed{3},\ 0\ 8\ 2 \end{array}$$

7. Complete as operações de modo que a adição e a subtração sejam verdadeiras.

a) $\begin{array}{r} 1,\blacksquare\ 0\ 2 \\ +\ \blacksquare,\ 5\ 3 \\ \hline 2,\ 2\ \blacksquare\ 2 \end{array}$

b) $\begin{array}{r} \blacksquare,\ 0\ 1 \\ -\ 5,\ \blacksquare \\ \hline 2,\ 6\ \blacksquare \end{array}$

VAMOS APLICAR

8. Em um time de vôlei, Serginho é um dos jogadores de menor estatura, com 0,12 metro de altura a menos que André. Sabendo que a altura de Giba é 1,92 metro e que ele tem 0,03 metro a menos que André, calcule a altura de Serginho.

9. Rafael é lutador de boxe. Quinze dias antes de uma luta, ele estava pesando 58 kg, mas em sua categoria o lutador deve ter no máximo 54 kg.

Para poder competir, Rafael iniciou um treinamento intensivo e, no dia da luta, estava pesando 4,2 kg a menos. Ele atingiu seu objetivo?

10. Sabendo que cada letra equivale à soma dos números que estão nos blocos imediatamente abaixo dela, determine o valor da letra A.

11. Elabore um problema em que seja necessário calcular a soma e a diferença de números decimais. Passe seu problema para um colega resolver e resolva o problema criado por ele.

12. Descubra o número que substitui cada símbolo sabendo que símbolos diferentes representam números diferentes.

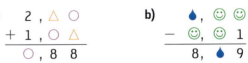

COMPARE ESTRATÉGIAS

A professora solicitou a Lívia e a Henrique que fossem ao quadro de giz calcular 0,13 + 0,4 + 2. Veja como cada um fez.

Cálculo de Lívia | Cálculo de Henrique

REFLITA

a) Explique como Lívia fez para calcular o valor de 0,13 + 0,4 + 2.
b) Explique como Henrique calculou essa soma.

DISCUTA E CONCLUA

a) Converse com seus colegas sobre as duas estratégias. Ao adicionar 2 unidades com outros números decimais, a soma será maior ou menor que 2?
b) Qual dos alunos **não** obteve o valor correto de 0,13 + 0,4 + 2?
c) Explique uma estratégia correta para adicionar números na forma decimal.

2 MULTIPLICAÇÃO COM NÚMEROS DECIMAIS

MULTIPLICAÇÃO DE UM NÚMERO NATURAL POR UM NÚMERO DECIMAL

Na volta às aulas deste ano, Marilu foi a uma papelaria e viu que os cadernos estavam em oferta. Cada um custava R$ 9,32. Se Marilu comprou 4 desses cadernos, quanto ela gastou?

Podemos fazer:

$4 \cdot 9{,}32 = 9{,}32 + 9{,}32 + 9{,}32 + 9{,}32$

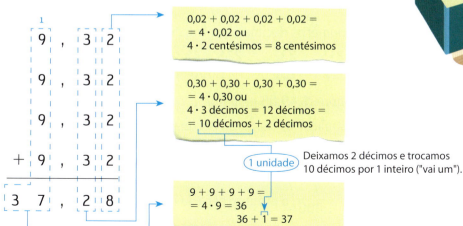

0,02 + 0,02 + 0,02 + 0,02 =
= 4 · 0,02 ou
4 · 2 centésimos = 8 centésimos

0,30 + 0,30 + 0,30 + 0,30 =
= 4 · 0,30 ou
4 · 3 décimos = 12 décimos =
= 10 décimos + 2 décimos

Deixamos 2 décimos e trocamos 10 décimos por 1 inteiro ("vai um").

9 + 9 + 9 + 9 =
= 4 · 9 = 36
36 + 1 = 37

Ou, então, podemos fazer:

	U	d	c
	1		
	9,	3	2
×			4
	3 7,	2	8

→ 4 · 2 centésimos = 8 centésimos

→ 4 · 3 décimos = 12 décimos = 1 inteiro + 2 décimos

→ 4 · 9 = 36 e 36 + 1 = 37

Podemos, ainda, calcular usando fração decimal:

$$4 \cdot 9{,}32 = 4 \cdot \frac{932}{100} = \frac{4 \cdot 932}{100} = \frac{3.728}{100} = 37{,}28$$

Portanto, Marilu gastou R$ 37,28 com a compra de 4 cadernos.

PARA DESCOBRIR

Observe a multiplicação de um número decimal por algumas potências de 10.

- $3{,}145 \cdot 10 = \frac{3.145}{1.000} \cdot 10 = \frac{31.450}{1.000} = 31{,}450 = 31{,}45$

- $3{,}145 \cdot 100 = \frac{3.145}{1.000} \cdot 100 = \frac{314.500}{1.000} = 314{,}500 = 314{,}5$

- $3{,}145 \cdot 1.000 = \frac{3.145}{1.000} \cdot 1.000 = \frac{3.145.000}{1.000} = 3.145{,}000 = 3.145$

- $3{,}145 \cdot 10.000 = \frac{3.145}{1.000} \cdot 10.000 = \frac{31.450.000}{1.000} = 31.450{,}000 = 31.450$

Agora, reúna-se com um colega e faça o que se pede.

a) Analisem a posição da vírgula nessas multiplicações. O que esses resultados sugerem? Existe um modo mais prático de realizar a multiplicação de um número decimal por uma potência de 10?

b) Com o auxílio de uma calculadora, escolham dois números decimais quaisquer e façam multiplicações por potências de 10. Observe se o que foi respondido no item anterior se confirma para esses números.

CÁLCULO MENTAL

Calcule.
a) 0,23 · 10
b) 1.000 · 2,34
c) 0,005 · 100
d) 568,1 · 1.000
e) 10 · 0,3

MULTIPLICAÇÃO DE UM NÚMERO DECIMAL POR UM NÚMERO DECIMAL

Considere a situação a seguir.

Jonas comprou 21,5 metros de um fio que custava R$ 2,32 o metro. Quanto ele pagou pelo fio?

Transformando os números decimais em frações decimais, temos:

$$21{,}5 \cdot 2{,}32 = \frac{215}{10} \cdot \frac{232}{100} = \frac{215 \cdot 232}{1.000} = \frac{49.880}{1.000} = 49{,}880$$

Portanto, Jonas pagou R$ 49,88 pelo fio.

Repare que, ao multiplicar os números decimais como se eles não tivessem vírgula, temos:

$$215 \cdot 232 = 49.880$$

Como $\frac{1}{10} \cdot \frac{1}{100} = \frac{1}{1.000}$, o produto será da ordem dos milésimos, ou seja, terá 3 casas decimais.

Então: 21,5 · 2,32 = 49,880

- 1 algarismo à direita da vírgula
- 2 algarismos à direita da vírgula
- 3 algarismos à direita da vírgula

No algoritmo usual da multiplicação com números decimais, multiplicamos os números desconsiderando a vírgula e, depois, contamos quantas casas decimais têm os fatores para colocar a vírgula corretamente no produto.

```
         2, 3  2     → 2 algarismos à direita da vírgula
      × 2 1,  5      → 1 algarismo à direita da vírgula
      —————————
         1 1  6  0
         2 3  2  0
    + 4 6 4  0  0
      —————————
      4 9, 8  8  0   → 3 algarismos (2 + 1) à direita da vírgula
```

Observe os exemplos a seguir.

a) 7,3 · 1,8

```
         7,  3     → 1 algarismo à direita da vírgula
      × 1,  8     → 1 algarismo à direita da vírgula
      ————————
         5  8  4
      + 7  3  0
      ————————
      1 3,  1  4   → 2 algarismos (1 + 1) à direita da vírgula
```

b) 3,09 · 0,45

```
         3,  0  9    → 2 algarismos à direita da vírgula
      × 0,  4  5    → 2 algarismos à direita da vírgula
      —————————
         1  5  4  5
       1 2  3  6  0
    + 0 0  0  0  0
      —————————
      1, 3  9  0  5  → 4 algarismos (2 + 2) à direita da vírgula
```

PRODUTO APROXIMADO

Em muitas situações, um valor aproximado do resultado de uma multiplicação é suficiente, sendo desnecessário o resultado exato. Mesmo quando usamos a calculadora é necessário fazer cálculos de valores aproximados, pois, por engano, podemos digitar um número errado.

Por exemplo, vamos verificar se o produto de 2,36 · 52 é igual a 1.227,2. Como 2,36 está entre 2 e 3, podemos concluir que esse produto é um número entre 2 · 52 e 3 · 52.

Calculando mentalmente, temos:

$$2 \cdot 52 = 104$$
$$3 \cdot 52 = 156$$

Ou seja, o produto de 2,36 · 52 está entre 104 e 156. Então, não pode ser igual a 1.227,2, mas pode ser 122,72.

241

ATIVIDADES

VAMOS PRATICAR

1. Calcule mentalmente o resultado de cada multiplicação.

   a) 10 · 12,34
   b) 0,87 · 100
   c) 1.000 · 45,6
   d) 10.000 · 0,456
   e) 34,786 · 100
   f) 0,005 · 1.000

2. Efetue.
   a) 5 · 7,9
   b) 0,32 · 15
   c) 2,07 · 4,6
   d) 12 · 0,039
   e) 8 · 45,8
   f) 19,92 · 0,11

3. Estime a parte inteira de cada produto para verificar se as multiplicações estão corretas. Depois, confirme sua estimativa com uma calculadora.
   a) 2,36 · 89 = 210,04
   b) 56,2 · 6,1 = 3.428,2
   c) 15,8 · 57,56 = 90,94
   d) 12,97 · 1,14 = 14,8
   e) 100,6 · 42,3 = 425,54

4. Efetue as operações indicadas.
   a) 4 · 3,2 · 7
   b) 3,9 · 10 · 0,9
   c) 0,7 + 3,5 · 4,1
   d) 4,96 · 100 + 0,06 · 10
   e) (5,4 − 3,07) · 6,5
   f) 9,14 · 1,6 − 13,7 · 0,9

VAMOS APLICAR

5. Observe a ilustração e depois responda à questão.

   Gustavo   Isabela   Lina

   • Quantos reais cada um gastou?

6. Resolva os problemas.

   a) Rita foi a um supermercado e aproveitou a promoção de Páscoa, comprando 3 ovos. Quanto Rita gastou?

   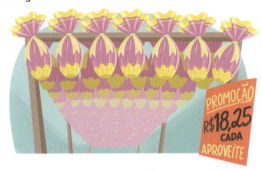

   b) Carla mora em um prédio de 10 andares, incluindo o térreo. Sabendo que cada andar tem 2,8 metros de altura, qual é a altura do prédio em que Carla mora?

   c) Maurício vai viajar e parou no posto de combustível para abastecer o seu automóvel. Maurício então calculou que o valor a pagar era R$ 168,36.

   • Maurício calculou o valor que vai pagar corretamente? Justifique.

   d) Mauro ganhou uma bolsa de estudos para fazer um curso no Canadá e, por isso, precisava de 508 dólares para a viagem. Se Mauro tinha R$ 1.700,00 e 1 dólar estava cotado a R$ 3,32 no dia em que ele foi à casa de câmbio, seu dinheiro foi suficiente para obter os 508 dólares?

   e) A passagem de ônibus em minha cidade custa R$ 3,30. Minha mãe pagou as passagens de minha irmã, de meu pai e a dela. Descubra quanto ela deu para o cobrador, sabendo que ele lhe devolveu R$ 0,10 de troco.

7. Elabore um problema envolvendo a multiplicação de dois ou mais números decimais. Passe seu problema para um colega resolver e resolva o problema criado por ele.

3 DIVISÃO COM NÚMEROS DECIMAIS

DIVISÃO POR UM NÚMERO NATURAL DIFERENTE DE ZERO

Observe a situação a seguir.

Henrique comprou 6 metros de barbante e precisa dividi-lo em 5 pedaços de mesma medida. Qual deve ser o comprimento de cada pedaço?

Para dividir 6 metros de barbante em 5 pedaços de mesma medida, Henrique pode proceder da seguinte maneira:

Cada pedaço de barbante terá pelo menos 1 metro de comprimento, e sobrará 1 metro.

Como sobrou 1 metro de barbante, Henrique vai dividi-lo igualmente em 5 partes. Para isso, ele continua a mesma operação.

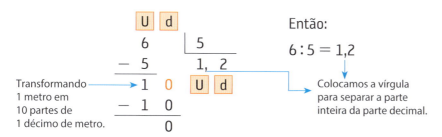

Transformando 1 metro em 10 partes de 1 décimo de metro.

Então:

$6 : 5 = 1,2$

Colocamos a vírgula para separar a parte inteira da parte decimal.

Analisando a divisão que Henrique fez, é possível concluir que cada pedaço de barbante terá 1 metro e 2 décimos do metro, ou seja, 1,2 metro.

Vamos agora dividir 32,2 por 4. Observe como devemos fazer.

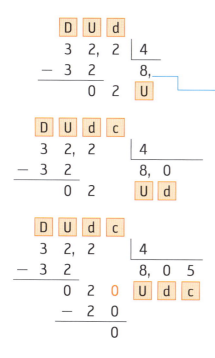

32 unidades divididas por 4 é igual a 8 unidades. Ainda temos 2 décimos para dividir.

Já colocamos a vírgula para separar a parte inteira.

Dividindo 2 décimos por 4, obtemos 0 décimo, pois 4 "não cabe" nenhuma vez em 2, e restam 2 décimos. Por isso, colocamos 0 décimo no quociente.

Acrescentando 0 à direita de 2, no resto, transformamos 2 décimos em 20 centésimos, pois 2 décimos = 20 centésimos. Dividindo os 20 centésimos por 4, obtemos 5 centésimos. Observe que, quando escrevemos 5 centésimos (0,05) no quociente, temos 0 décimo.

Portanto, $32,2 : 4 = 8,05$.

> Organize o que você aprendeu fazendo a atividade 3 da página 264.

PARA DESCOBRIR

Investigue com a calculadora o que ocorre com os quocientes da divisão de um número decimal por 10, 100, 1.000, ... Explique por escrito o que os resultados obtidos sugerem como padrão para essas divisões?

CÁLCULO MENTAL

Calcule mentalmente.
a) $345 : 100$
b) $26,689 : 10$
c) $19.352,1 : 10.000$
d) $0,001 : 100$

DIVISÃO POR UM NÚMERO DECIMAL

Para efetuar a divisão por um número decimal, vamos recorrer a uma propriedade da divisão. Veja:

a) $10 : 4 = 2{,}5$ → $5 : 2 = 2{,}5$ (÷2, ÷2) — O quociente não se altera.

b) $150 : 25 = 6$ → $600 : 100 = 6$ (·4, ·4)

c) $18 : 6 = 3$ → $6 : 2 = 3$ (÷3, ÷3)

d) $126 : 12 = 10{,}5$ → $630 : 60 = 10{,}5$ (·5, ·5)

OBSERVAÇÃO

- $\dfrac{10}{4} = \dfrac{5}{2} = 2{,}5$

- $\dfrac{150}{25} = \dfrac{600}{100} = 6$

- $\dfrac{18}{6} = \dfrac{6}{2} = 3$

- $\dfrac{126}{12} = \dfrac{630}{60} = 10{,}5$

Se o dividendo e o divisor de uma divisão forem divididos ou multiplicados por um mesmo número diferente de zero, a nova divisão terá o mesmo resultado.

Nas divisões por um número decimal, usamos essa propriedade para transformar o divisor em um número natural. Como é mais fácil multiplicar um número decimal por 10, 100, 1.000 etc., escolhemos uma das potências de 10 para obter um divisor natural. Observe os exemplos a seguir.

a) $9 : 0{,}25$

$9 : 0{,}25$ (·100, ·100)

$900 : 25$

Fazendo a divisão, temos:

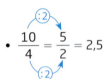

b) $45 : 0{,}015$

$45 : 0{,}015$ (·1.000, ·1.000)

$45.000 : 15$

Fazendo a divisão, temos:

```
  4 5 0 0 0 | 1 5
- 4 5 0 0 0   3 0 0 0
          0
```

c) $9{,}23 : 1{,}3$

$9{,}23 : 1{,}3$ (·100, ·100)

$923 : 130$

Fazendo a divisão, temos:

```
  9 2 3   | 1 3 0
- 9 1 0     7, 1
    1 3 0
  - 1 3 0
        0
```

Calculadora quebrada 3

Resolva os desafios com o auxílio de uma calculadora. Algumas teclas não estão funcionando.
Disponível em <http://mod.lk/hslzf>.

PROCESSO PRÁTICO

Primeiro, igualamos o número de casas decimais; em seguida, cortamos a vírgula; e, depois, dividimos.

Por exemplo:

```
  9, 2 3  | 1, 3        9, 2 3  | 1, 3 0
                      - 9 1 0     7, 1
                          1 3 0
                        - 1 3 0
                              0
```

PARA PENSAR

a) Com base no que você aprendeu, esse processo prático faz sentido?

b) No caso do exemplo acima, o que significa "igualamos o número de casas decimais e cortamos a vírgula"?

ATIVIDADES

VAMOS PRATICAR

1. Efetue as divisões.
   a) 3 : 2
   b) 10 : 4
   c) 120 : 50
   d) 1 : 8
   e) 18 : 5
   f) 27 : 5

2. Calcule mentalmente o resultado das operações indicadas.
   a) 456 : 100
   b) 54,689 : 10
   c) 0,37 · 100
   d) 1.456 : 1.000
   e) 9.783 : 10.000
   f) 5.678 : 100
   g) 0,0001 · 1.000
   h) 8,02 : 2
   i) 15,60 : 3
   j) 80,4 : 4
   k) 2,008 : 2
   l) 5,25 : 5

3. Corrija as afirmações.
   a) O quociente de 286,649 por 23,69 é 12.
   b) O quociente de 1,854 por 0,3 é 6,2.
   c) O quociente de 24,516 por 0,04 é 613.

4. Complete cada divisão com o número que falta.
   a) 76 : 100 = _____
   b) 600 : _____ = 0,6
   c) _____ : 10 = 3,27
   d) 4,6 : _____ = 0,046
   e) _____ : 1.000 = 3,2
   f) _____ : 10 = 0,57
   g) 240 : _____ = 0,24
   h) _____ : 100 = 0,07
   i) 0,8 : _____ = 0,08
   j) _____ : 100 = 0,6
   k) _____ : 10 = 0,03
   l) 0,1 : _____ = 0,001

5. Agora, complete cada multiplicação com o número que falta.
   a) 0,274 · 10 = _____
   b) 100 · _____ = 13,2
   c) 0,53 · _____ = 530
   d) _____ · 1.000 = 5
   e) 0,65 · _____ = 65
   f) 10 · _____ = 3,8
   g) _____ · 1.000 = 250
   h) _____ · 6,3 = 630
   i) 3,27 · _____ = 32,7
   j) _____ · 7,15 = 7.150
   k) 10 · _____ = 9,3
   l) _____ · 0,08 = 80

6. Analise o que os meninos estão dizendo.

Tadeu: Dividi 2,02 por 2 e obtive o resultado 1,1.
Ademir: Dividi 2,02 por 2 e obtive o resultado 1,01.

• Quem calculou corretamente? Efetue a divisão no caderno e tente descobrir o erro que um dos meninos cometeu.

7. Classifique em V (verdadeiro) ou F (falso).
   a) Para saber o resultado da divisão de 1,5 por 3, podemos dividir 15 por 30.
   b) O resultado da divisão 0,5 : 4 é o mesmo que o da divisão 0,005 : 0,4.
   c) A forma decimal de $\frac{5}{3}$ é 5,3.
   d) 1,2 : 0,2 tem o mesmo resultado de 12 : 2.

R1. Calcule o valor da expressão:

[(3,64 + 5,405) − 6,3 : 3] : 1,5

Resolução

Calculamos o que está entre parênteses e, depois, o que está entre colchetes, seguindo a regra: primeiro, resolvemos a divisão e a multiplicação e, depois, a adição e a subtração.

[(3,64 + 5,405) − 6,3 : 3] : 1,5 =
= [9,045 − 6,3 : 3] : 1,5 =
= [9,045 − 2,1] : 1,5 =
= 6,945 : 1,5 =
= 4,63

8. Calcule o valor de cada expressão.

a) 6 : 1,5 + 2,4 · 3

b) (3,7 + 2,5) : 2

c) 5,4 · 3,1 − 4 : 0,5

d) 3,24 : 0,3 − 70,5 : 10

e) 124,7 : 10 + 32,4 : 100

VAMOS APLICAR

R2. Elias abriu o cofrinho em que guardava suas moedas, pois queria comprar um CD e um DVD que estavam em promoção. Ele tinha 32 moedas de 25 centavos, 47 moedas de 50 centavos e 18 moedas de 1 real. Com esse dinheiro, conseguiu comprar o que queria e não sobrou troco. Quanto ele pagou pelo CD e pelo DVD se o CD custou metade do preço do DVD?

Resolução

Primeiro, calculamos quanto Elias tinha no cofrinho.

32 moedas de 25 centavos: 32 · 0,25 = 8

47 moedas de 50 centavos: 47 · 0,50 = 23,50

18 moedas de 1 real: 18 · 1 = 18

Total: 8 + 23,50 + 18 = 49,50 reais

Em seguida, dividimos o resultado em 3 partes iguais (duas para o DVD e uma para o CD).

Portanto, Elias pagou R$ 16,50 pelo CD e R$ 33,00 pelo DVD (2 · 16,5 = 33).

9. Resolva os problemas.

a) Laura comprou 3 ursos de pelúcia iguais para dar a suas filhas, pagando o total de R$ 36,45. Quanto custou cada um?

b) Cida pediu ao frentista de um posto de combustível que colocasse 18 litros de álcool no automóvel dela. Considerando que Cida pagou R$ 63,90, qual era o preço do litro de álcool?

10. Adriana é professora e recebe o salário de acordo com o número de aulas dadas durante o mês.

Neste mês, após o desconto de R$ 320,00 em seu salário, Adriana recebeu R$ 2.200,00. Determine quanto ela recebe por aula, sem desconto, sabendo que neste mês ela deu um total de 100 aulas.

11. (Obmep) Lucinda manchou com tinta dois algarismos em uma conta que ela tinha feito, como mostra a figura. Qual foi o menor dos algarismos manchados?

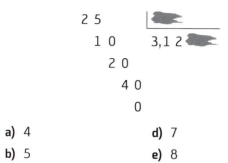

a) 4
b) 5
c) 6
d) 7
e) 8

R3. Um estacionamento cobra R$ 3,50 por automóvel estacionado pelo período de 30 minutos. Para o período de 1 hora, o valor dobra. Para o período de 2 horas, o cliente paga R$ 10,00. Após 2 horas, são cobrados R$ 2,50 para cada hora excedente.

a) Quanto pagará um cliente que estacionou o carro por um período de 3 horas?

b) Por quanto tempo um carro ficou estacionado se o cliente pagou R$ 22,50 pelo período?

Resolução

a) 2 horas: R$ 10,00

1 hora excedente: R$ 2,50

$$\begin{array}{r} 10,00 \\ +\ 2,50 \\ \hline 12,50 \end{array}$$

Por 3 horas, o cliente pagará R$ 12,50.

b) Vamos resolver esse item de dois modos.

Podemos fazer:

2 horas: R$ 10,00
3 horas: R$ 12,50 + R$ 2,50
4 horas: R$ 15,00 + R$ 2,50
5 horas: R$ 17,50 + R$ 2,50
6 horas: R$ 20,00 + R$ 2,50
7 horas: R$ 22,50 + R$ 2,50

Logo, o carro ficou estacionado por 7 horas.

Podemos, ainda, calcular quanto o cliente pagou além das 2 horas iniciais (R$ 10,00) e verificar quantas vezes R$ 2,50 cabe nesse valor:

R$ 22,50 − R$ 10,00 = R$ 12,50
R$ 12,50 : R$ 2,50

$$\begin{array}{r|l} 12,5 & 2,5 \\ -12,5 & 5 \\ \hline 0 & \end{array}$$

Portanto, o carro ficou estacionado as 2 primeiras horas (R$ 10,00) mais 5 horas excedentes (R$ 12,50), totalizando 7 horas.

12. Um estacionamento cobra certo valor para que um carro fique estacionado por um período de 1 hora. Para um período de 2 horas, esse valor dobra. Após 2 horas, são cobrados R$ 3,50 a cada meia hora. Um cliente estacionou seu carro por um período de 3 horas e pagou R$ 23,00. Quanto esse cliente teria pago se tivesse permanecido por apenas 1 hora?

13. Rogério comprou fio para fazer a instalação de um telefone em sua casa. Observe, no quadro abaixo, as opções que Rogério tinha.

Marca de fio	Forma de venda	Valor
A	Pacote com 2 metros	R$ 6,41
B	Pacote com 1 metro	R$ 4,33
C	Pacote com 3 metros	R$ 17,25

Descubra a marca de fio que ele comprou, sabendo que ele optou pelo menor preço por metro.

14. Elabore um problema envolvendo divisão com números decimais.

15. Lucas, Marina e Sabrina foram à sorveteria.

Como Marina e Sabrina estavam sem dinheiro, Lucas pagou os três sorvetes. Depois, as duas pagaram a Lucas o que consumiram.

a) Levando em conta que todos pagaram a mesma quantia, quanto Marina pagou a Lucas?

b) Quanto custa o quilograma do sorvete? (Lembre-se de que 1.000 gramas equivalem a 1 quilograma.)

QUOCIENTE APROXIMADO

Algumas divisões têm quociente na forma decimal e resto zero. Observe.

```
  2 5  | 2
 -2    | 12,5
   0 5
  - 4
    1 0
   -1 0
      0
```

```
  4 5    | 3 6
 -3 6    | 1,25
   0 9 0
    -7 2
     1 8 0
    -1 8 0
         0
```

```
  0,1 5 0 0    | 1,2 0 0
   -1 2 0 0    | 0,125
      3 0 0 0
     -2 4 0 0
        6 0 0 0
       -6 0 0 0
             0
```

Os números 12,5; 1,25 e 0,125 são quocientes denominados **decimais exatos**. Mas há divisões com quociente decimal em que, por mais que continuemos a dividir, sempre sobrará resto diferente de zero.

Acompanhe uma situação que ilustra esse fato.

Joel queria dividir 23 peças de queijo, todas de mesmo tamanho, entre 17 parentes.

Veja como ele efetuou a operação.

```
  2 3  | 1 7
 -1 7  |  1
    6
```
A divisão não é exata.

Joel pensou: "Distribuo 1 peça de queijo para cada parente e sobram 6 peças. Vou continuar dividindo".

```
  2 3    | 1 7
 -1 7    | 1,3
   6 0
  -5 1
     9
```
A divisão ainda não é exata. Podemos dizer que essa operação tem 1,3 como quociente aproximado.

E Joel continuou: "Distribuo 0,3 de peça de queijo para cada um e sobra 0,9 de uma peça de queijo. Continuo dividindo".

```
  2 3      | 1 7
 -1 7      | 1,35
   6 0
  -5 1
     9 0
    -8 5
       5
```
A divisão ainda não é exata. Podemos, então, dizer que 1,35 é o quociente aproximado até a casa dos centésimos.

Se Joel continuar dividindo, terá sempre como resultado um número na forma decimal denominado **quociente aproximado**.

QUOCIENTE APROXIMADO USANDO A CALCULADORA

Ao fazer a divisão 49 : 13 em uma calculadora simples, obtemos 3,7692307 no visor.

Mas será que essa divisão tem resto zero e esse número é um decimal exato?

O número 3,7692307 ocupou todas as casas decimais possíveis da calculadora, mas não sabemos se ele é um decimal exato ou um quociente aproximado (até a sétima casa decimal).

Para verificar, multiplicamos 3,7692307 por 13. Se o resultado for 49, então esse quociente será um decimal exato; caso contrário, será um quociente aproximado.

Veja os resultados obtidos.

49 : 13   3,7692307 · 13

ILUSTRAÇÕES: DANIEL ZEPPO

Portanto, o resultado 3,7692307 é um quociente aproximado.

ATIVIDADES

VAMOS PRATICAR

1. Calcule o quociente aproximado até a casa dos décimos das divisões a seguir.

   a) 15 : 7
   b) 124 : 9
   c) 75 : 13
   d) 48,7 : 3
   e) 85,4 : 6
   f) 5,6 : 1,8
   g) 19,07 : 4,2
   h) 15 : 0,7
   i) 28 : 5,3
   j) 25,896 : 8,3

2. Classifique cada afirmação em V (verdadeira) ou F (falsa).

   a) 0,33 é um valor aproximado do quociente de 1 por 3.
   b) 0,666 é um valor aproximado do quociente de 4 por 6.
   c) Podemos obter o valor exato do quociente de 15 por 9.

3. Com o auxílio de uma calculadora, calcule em cada caso o valor aproximado, com três algarismos na parte decimal, do quociente da divisão de:

   a) 89 por 3;   b) 89 por 6;   c) 29 por 6.

4. Identifique o número que mais se aproxima do resultado de cada operação.

7,5 : 1,5	1	5	10
12 : 6,6	2	6	12
1,25 : 0,1	0,1	1	12

VAMOS APLICAR

5. Álvaro foi a um posto de combustível e colocou R$ 77,00 de gasolina em seu automóvel. Quantos litros de gasolina Álvaro colocou no automóvel se pagou R$ 3,838 por litro?

4 POTENCIAÇÃO DE NÚMEROS DECIMAIS

Você já sabe que, ao fazer uma multiplicação de fatores iguais, como 3 · 3 · 3, está efetuando a operação chamada **potenciação**.

Podemos efetuar a potenciação de números na forma decimal de dois modos:
- transformando os fatores iguais em frações decimais;
- usando o algoritmo tradicional da multiplicação.

Observe os exemplos a seguir.

a) $(0,1)^2 = \dfrac{1}{10} \cdot \dfrac{1}{10} = \dfrac{1}{100} = 0,01$
$(0,1)^2 = 0,1 \cdot 0,1 = 0,01$

b) $(2,3)^3 = \dfrac{23}{10} \cdot \dfrac{23}{10} \cdot \dfrac{23}{10} = \dfrac{12.167}{1.000} = 12,167$
$(2,3)^3 = 2,3 \cdot 2,3 \cdot 2,3 = 12,167$

OBSERVAÇÕES

- Potências de expoente zero e base diferente de zero são iguais a 1.
$(54,69)^0 = 1$ $(3,7)^0 = 1$ $(0,375)^0 = 1$

- Potências de expoente 1 são iguais à base.
$(18,951)^1 = 18,951$ $(5,03)^1 = 5,03$ $(0,002)^1 = 0,002$

ATIVIDADES

VAMOS PRATICAR

1. Calcule.

a) $(2,4)^2$
b) $(0,1)^3$
c) $(10,9)^1$
d) $(17,9)^0$
e) $(13,7)^2$
f) $(0,2)^4$
g) $(1,48965)^1$
h) $(0,3)^5$
i) $(23,473)^0$
j) $(1,1)^3$

2. Associe as colunas.

A $(10,7)^2$ I   0,00001
B $(0,1)^5$ II 0,125
C $(1,6897)^0$ III 114,49
D $(0,5)^3$ IV 1

3. Calcule o valor das expressões.

a) $(2,3)^2 \cdot 10$
b) $[5 : (0,1)^2] : 5$
c) $(3,7)^0 + (0,81)^2$

4. Escreva em seu caderno as seguintes potências em ordem crescente:

$(2,5)^2, (15,4)^0, (1,02)^2, (0,13)^2, (0,2)^3, (0,001)^2$

5. Classifique cada afirmação em V (verdadeira) ou F (falsa).

a) $(0,1)^1$ é menor que $0,1 \cdot 0,1$.
b) $0,6 \cdot 0,6 \cdot 0,6$ é menor que $(0,6)^4$.
c) $(0,5)^2$ é igual a 0,25.
d) $(0,9)^3$ é maior que $(0,9)^2$.

VAMOS APLICAR

6. Descubra o valor da letra A, sabendo que cada letra equivale ao produto dos números dos blocos imediatamente abaixo.

7. Investigue e responda em seu caderno. Calcule $(0,1)^2$, $(0,1)^3$ e $(0,1)^4$.

a) Em cada potência, qual é a quantidade de algarismos na parte decimal?
b) E na potência $(0,1)^5$?
c) Qual é a quantidade de algarismos na parte decimal da potência $(0,1)^{25}$?

 d) Reúna-se com um colega e comparem suas respostas. Escrevam um texto que explique o que os resultados obtidos sugerem.

5 CÁLCULO DE PORCENTAGENS

A Escola ABC realizou em março de 2018 uma pesquisa sobre trabalho voluntário com 150 alunos.

Veja no gráfico a seguir como esses alunos responderam à pergunta formulada.

Dados obtidos pela Escola ABC em março de 2018.

Das pessoas entrevistadas, quantas responderam que já são voluntárias?

Como as informações estão em porcentagem, temos a ideia de comparação do número de pessoas de determinado grupo com o total de pessoas entrevistadas. Por exemplo, pelo gráfico sabemos que 24% das pessoas entrevistadas responderam "Eu já sou voluntário". Porém, ainda não sabemos exatamente quantas pessoas responderam isso. Para calcular esse número, como temos o número total de entrevistados, basta efetuar o seguinte cálculo:

$$24\% \text{ de } 150 = \frac{24}{100} \text{ de } 150 = \frac{24}{100} \cdot 150 = 36$$

(total)

Portanto, 36 pessoas responderam que já são voluntárias.

Com essa situação, relembramos que podemos expressar uma porcentagem na forma de fração e vice-versa.

Com base no gráfico, podemos obter outras informações. Veja:

a) Quantas pessoas responderam "Não, pois não tenho interesse"?

$$6\% \text{ de } 150 = \frac{6}{100} \cdot 150 = 9$$

Portanto, 9 pessoas responderam que não têm interesse em ser voluntárias.

b) Quantas pessoas responderam "Sim, mas não sei por onde começar"?

$$36\% \text{ de } 150 = \frac{36}{100} \cdot 150 = 54$$

Portanto, 54 pessoas responderam que seriam voluntárias, mas que não sabem por onde começar.

Os números escritos na forma decimal também podem ser representados como porcentagem. Para isso, transformamos o número decimal em uma fração com denominador 100.

EXEMPLOS

a) $0,544 = \dfrac{54,4}{100} = 54,4\%$

b) $0,0985 = \dfrac{9,85}{100} = 9,85\%$

Usamos a representação em porcentagem quando queremos indicar uma comparação, como nas situações a seguir.

Situação 1

Nas turmas de Educação Física de uma escola, há 100 alunos, dos quais 12 são meninos. Que porcentagem do total de alunos das turmas esses 12 meninos representam?

Podemos dizer que 12 centésimos do total de alunos equivalem a 12 meninos, ou seja:

12 meninos correspondem a $\dfrac{12}{100}$ das turmas, ou 0,12, ou 12% das turmas.

Portanto, 12% dos alunos dessas turmas são meninos.

CÁLCULO MENTAL

Na situação 1, calcule mentalmente que porcentagem do total de alunos das turmas corresponde às meninas.

Situação 2

Em uma eleição para escolher o representante de sala do 6º ano C, 40 alunos votaram nos candidatos Fabrício e Sílvia, conforme o quadro abaixo.

VOTAÇÃO DO REPRESENTANTE DE SALA	
Candidato	Número de votos
Fabrício	28
Sílvia	12

Que porcentagem do total de votos do 6º ano C cada candidato recebeu?

- Fabrício obteve 28 dos 40 votos, ou seja, $\dfrac{28}{40}$ dos votos.

$$\dfrac{28}{40} = 0,7 = 0,70 = \dfrac{70}{100} = 70\%$$

Então, Fabrício recebeu 70% dos votos do 6º ano C.

- Sílvia obteve 12 dos 40 votos, ou seja, $\dfrac{12}{40}$ dos votos.

$$\dfrac{12}{40} = 0,3 = 0,30 = \dfrac{30}{100} = 30\%$$

Logo, Sílvia recebeu 30% dos votos do 6º ano C.

Trilha de estudo

Vai estudar? Nosso assistente virtual no *app* pode ajudar!
<http://mod.lk/trilhas>

ATIVIDADES

VAMOS PRATICAR

1. Represente cada porcentagem na forma decimal.
   a) 38%
   b) 79%
   c) 1,5%
   d) 230%
   e) 24,6%
   f) 0,568%

2. Associe as colunas.

   A) 45%
   B) 0,76%
   C) 89%
   D) 3,33%

   I) $\dfrac{333}{10.000}$
   II) 0,45
   III) $\dfrac{0,76}{100}$
   IV) 0,89

3. Observe a parte pintada de amarelo em cada figura e depois responda à questão.

   a)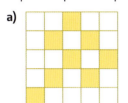
   b)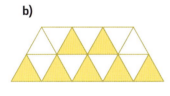

   • Que porcentagem de cada figura está pintada de amarelo?

VAMOS APLICAR

4. Dos 40 alunos do 6º ano B, 12 praticam natação, 18 jogam futebol e 10 lutam judô. Que porcentagem do total de alunos corresponde a cada uma dessas atividades?

5. Observe a ilustração e responda.

   a) Qual é o preço de cada perfume para pagamento à vista?
   b) Dalila comprou um perfume feminino e um masculino. Quais perfumes ela comprou, sabendo que pagou, à vista, R$ 98,32 pelos dois?

6. Veja a promoção desta semana do supermercado O Comilão.

   • Um consumidor fez as contas e percebeu que o preço de um dos produtos anunciados não está com o desconto prometido. Qual é esse produto? Justifique.

7. Resolva os problemas.
   a) Daniel foi com seus pais a um rodízio de *pizza* que cobra R$ 20,90 por pessoa. Pediram 2 refrigerantes, a R$ 3,50 cada um, 2 garrafas de água, a R$ 1,80 cada uma, e 3 sobremesas, a R$ 5,50 cada uma. Ao receber a conta, Daniel percebeu que houve um acréscimo de 10% sobre o valor total consumido como taxa de serviço dos garçons.
      • Quanto eles consumiram?
      • Qual foi o valor total da conta?
   b) Na escola em que Ricardo estuda, 50% dos alunos preferem sorvete de chocolate, 30% preferem sorvete de coco, 19% preferem sorvete de frutas e o restante da escola, que são 5 alunos, não gosta de sorvete. Quantos alunos há nessa escola?
   c) Em uma pesquisa sobre a linha de produtos de limpeza da marca Perfumex, foram ouvidas 120 pessoas. Dessas pessoas, 30% já haviam usado essa linha de produtos de limpeza, mas não a aprovavam; 20% nunca haviam usado a marca; e o restante usava regularmente os produtos Perfumex e estava satisfeito com eles.
      • Quantas pessoas entrevistadas nunca haviam usado os produtos Perfumex?
      • Quantas pessoas entrevistadas já haviam usado os produtos da linha, mas não os aprovavam?

8. Elabore um problema em que seja necessário calcular porcentagens de números decimais. Passe seu problema para um colega resolver e resolva o problema criado por ele.

ESTATÍSTICA E PROBABILIDADE
CONSTRUÇÃO DE GRÁFICOS DE SETORES

Uma pesquisa foi realizada pelos alunos do 6º ano B em junho de 2018 para saber a porcentagem de alunos que já haviam viajado de trem. A conclusão foi registrada na tabela ao lado.

Os alunos queriam representar os dados da tabela em um gráfico. Então, após pesquisar alguns tipos, escolheram o gráfico de setores. Mas surgiu a seguinte dúvida:

▶ Como dividir o círculo para construir esse gráfico de setores?

Para construir o gráfico, é preciso saber a parte do círculo que corresponde a cada dado da tabela.

O círculo inteiro representa todos os alunos, ou seja, 100% dos alunos, e temos que 25% dos alunos já viajaram de trem e 75% não viajaram.

$$25\% \text{ corresponde a } \frac{25}{100} = \frac{1}{4} \text{ e } 75\% \text{ corresponde a } \frac{75}{100} = \frac{3}{4}.$$

Portanto, 25% dos alunos correspondem a $\frac{1}{4}$ do círculo e 75% dos alunos correspondem a $\frac{3}{4}$ do círculo. Assim, dividimos o círculo em duas partes: uma com $\frac{1}{4}$ e a outra com $\frac{3}{4}$ do círculo. Cada uma dessas partes é chamada de **setor**.

Note que o círculo completo corresponde a uma volta completa ou ao ângulo de 360°. Assim, $\frac{1}{4}$ do círculo corresponde a um setor com ângulo de 90° e $\frac{3}{4}$ do círculo corresponde a um setor com ângulo de 270°.

Porcentagem de alunos que já viajaram ou não de trem	
Alunos que viajaram	25%
Alunos que não viajaram	75%

Dados obtidos pelos alunos do 6º ano B em junho de 2018.

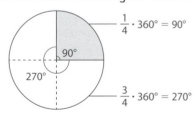

Dados obtidos pelos alunos do 6º ano B em junho de 2018.

Em seguida, pintamos cada setor de uma cor e inserimos no gráfico um título, a fonte dos dados e uma legenda de cores (quando necessário).

Locomotiva chegando na estação ferroviária no centro histórico de Tiradentes (MG). Foto de 2015.

ATIVIDADES

1. Em seu programa ambiental, a prefeitura da cidade de Jatobá prevê o plantio de algumas mudas de árvores. Observe a tabela abaixo, que mostra como foi feita a distribuição das espécies de mudas.

DISTRIBUIÇÃO DAS ESPÉCIES DE MUDAS	
Espécie de muda	Porcentagem
Ipê	25%
Jacarandá	50%
Pau-brasil	25%

Dados obtidos pelo Programa de Reflorestamento da prefeitura de Jatobá em agosto de 2018.

- Construa um gráfico de setores com os dados apresentados nessa tabela.

2. No ginásio de esportes da Cidade Olímpica, cada atleta pratica apenas um tipo de esporte. A tabela apresenta a porcentagem de atletas que praticam cada tipo de esporte.

ESPORTES PRATICADOS PELOS ATLETAS	
Esporte	Porcentagem de praticantes
Futebol	37,5%
Vôlei	25%
Basquete	25%
Handebol	12,5%

Dados obtidos pelo ginásio de esportes da Cidade Olímpica em fevereiro de 2018.

> Como todos os valores indicados na tabela são múltiplos de 12,5% ou $\frac{1}{8}$, podemos dividir o círculo, que representa 100% dos atletas, em 8 partes iguais. Assim, o setor que representará os praticantes de vôlei corresponderá a 2 partes dessas 8, ou seja, a $\frac{2}{8}$ ou 25% do círculo.

a) Com base nos dados da tabela e com o auxílio de um transferidor, construa um gráfico de setores em uma folha de papel sulfite.

b) Qual é o título do gráfico? E a fonte?

c) Quais dados foram representados pelos setores?

d) O setor que representa a porcentagem dos praticantes de futebol corresponde a que fração do círculo?

e) Quanto mede o ângulo associado ao setor que representa a porcentagem dos praticantes de futebol?

3. No primeiro semestre de 2018, uma faculdade de cinema fez uma pesquisa entre alguns cinéfilos (apaixonados por cinema) para saber sua preferência por gênero de filme. Os dados da pesquisa estão apresentados, em porcentagem, na tabela.

PREFERÊNCIA POR GÊNERO DE FILME	
Gênero de filme	Porcentagem de apreciadores
Drama	25%
Suspense	12,5%
Comédia	12,5%
Ação	12,5%
Documentário	12,5%
Terror	12,5%
Desenho animado	6,25%
Romance	6,25%

Dados obtidos pela faculdade de cinema no primeiro semestre de 2018.

> Nesse caso, podemos dividir o círculo, que representará 100% dos cinéfilos, em 16 partes iguais.

- Construa em uma folha de papel sulfite, com o auxílio de um transferidor, um gráfico de setores com os dados dessa tabela.

ESTATÍSTICA E PROBABILIDADE

Leitura e interpretação de gráficos de setores

Antes de iniciar a campanha de reciclagem de lixo na cidade, a prefeitura do município de Girafas fez, em outubro de 2018, uma pesquisa sobre as embalagens de produtos utilizadas pela população durante um mês. Foram consideradas as embalagens de papel, de vidro, de alumínio e de materiais não recicláveis. O resultado da pesquisa está representado no gráfico de setores abaixo.

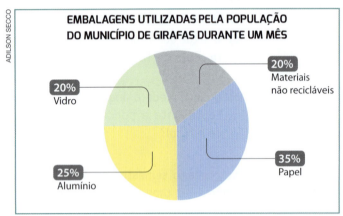

Dados obtidos pela prefeitura do município de Girafas em outubro de 2018.

Observe que o círculo todo representa o total de embalagens utilizadas pela população e que a soma das porcentagens é igual a 100%.

▸ Do total de embalagens utilizadas, que fração indica a quantidade de embalagens recicláveis? Escreva a resposta na forma de fração irredutível.

▸ O município de Girafas produz mensalmente 15.000 toneladas de lixo. As embalagens representam $\frac{1}{3}$ desse lixo. Se a prefeitura pretende fazer coleta seletiva para reciclar embalagens, quantas toneladas desse lixo ela poderá reciclar?

Para responder às perguntas acima, vamos analisar os dados do gráfico.

Para saber a fração do total de embalagens utilizadas que indica a quantidade de embalagens recicláveis, podemos proceder da seguinte maneira:

- adicionar as porcentagens relativas às embalagens recicláveis;
- escrever o resultado na forma de fração;
- simplificar a fração até obter a fração irredutível.

Observe:

$$20\% + 25\% + 35\% = 80\% = \frac{80}{100} = \frac{8}{10} = \frac{4}{5}$$

Portanto, $\frac{4}{5}$ das embalagens utilizadas são recicláveis.

Como a quantidade mensal de embalagens coletadas é igual a $\frac{1}{3}$ de 15.000 toneladas, temos:

$$\frac{1}{3} \cdot 15.000 = \frac{15.000}{3} = 5.000$$

Mensalmente, são coletadas 5.000 toneladas de embalagens.

OBSERVAÇÃO

Também podemos obter a porcentagem de embalagens recicláveis subtraindo 20% (embalagens não recicláveis) de 100% (total).
100% − 20% = 80%

Sabemos que $\frac{4}{5}$ dessas embalagens são de materiais recicláveis. Portanto:

$$\frac{4}{5} \cdot 5.000 = \frac{4 \cdot 5.000}{5} = \frac{20.000}{5} = 4.000$$

Assim, a prefeitura do município de Girafas poderá reciclar 4.000 toneladas de embalagens por mês.

ATIVIDADES

1. No Zoológico da Vida, há 3.200 animais, distribuídos entre aves, mamíferos, répteis, anfíbios e outras classes. Veja, no gráfico abaixo, a porcentagem dos animais por classe.

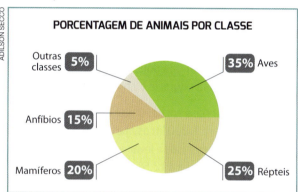

Dados obtidos pelo Zoológico da Vida em junho de 2018.

   a) Qual é a quantidade de animais de cada classe?
   b) Que fração representa a quantidade de cada classe de animais no Zoológico da Vida?
   c) Que classe representa exatamente $\frac{1}{4}$ da quantidade de animais do zoológico?
   d) Em sua opinião, se os dados do gráfico fossem apresentados por meio de frações, a compreensão ficaria mais fácil ou mais difícil? Por quê?

2. As Leis Federais nº 10.098/00 e nº 10.741/2003 estabelecem a obrigatoriedade de reservar parte do total de vagas em estacionamentos privados ou públicos para veículos conduzidos ou que transportem pessoas portadoras de deficiência física ou visual e idosos. Veja, no gráfico a seguir, como deve ser a distribuição mínima de vagas para essas categorias.

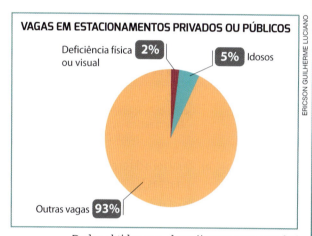

Dados obtidos em: <http://www.cetsp.com.br/media/392055/msu-vol-10-parte-5-deficiente-fisico-rev-05.pdf> e <https://www2.senado.leg.br/bdsf/bitstream/handle/id/496305/000907593.pdf?sequence=1>. Acessos em: 28 maio 2018.

   a) Qual é a porcentagem de vagas destinada às pessoas não idosas e que não possuem deficiência física ou visual?
   b) Em um estacionamento com 500 vagas, no mínimo quantas devem ser destinadas aos idosos? E às pessoas com deficiência física ou visual?

3. Reúna-se com três colegas e façam uma pesquisa em jornais ou revistas.
   a) Procurem gráficos de setores e conversem sobre o que cada gráfico está informando.
   b) Selecionem um desses gráficos e colem em uma folha de papel sulfite. Caso o gráfico não apresente título, criem um título e insiram a fonte de dados.
   c) Escrevam um texto explicando as informações apresentadas no gráfico.

ATIVIDADES COMPLEMENTARES

1. Calcule o valor das expressões numéricas.
   a) $3,01 + 5,74 - 2,207$
   b) $15 + [(4,7 - 0,02) - 3] + 5,9$
   c) $4,75 - 1,002 - (3,15 - 0,14) + 7$

2. Analise a pontuação final de dois ginastas brasileiros nas argolas no Campeonato Sul-Americano Adulto de Ginástica Artística, em 2017, na Colômbia.

PONTUAÇÃO DOS GINASTAS		
Ginasta	Péricles Silva	Petrix Barbosa
Número de pontos	14,167	13,533

   Dados obtidos em: <http://www.cbginastica.com.br/noticia/392/brasil-fecha-sul-americano-de-ginastica-artistica-com-grande-numero-de-medalhas>. Acesso em: 28 maio 2018.

   a) Qual foi a diferença entre a pontuação desses ginastas?
   b) Qual deles conseguiu a melhor pontuação?

3. Uma empresa comprou algumas moedas estrangeiras em 1º de novembro e as revendeu em 1º de dezembro. Observe na tabela a seguir a cotação dessas moedas para esses dias.

COTAÇÃO DE MOEDAS ESTRANGEIRAS		
Moeda	Cotação em real no dia 1º/11/2017	Cotação em real no dia 1º/12/2017
Euro	3,8068	3,8702
Libra esterlina	4,3436	4,3930
Peso argentino	0,1853	0,1892

   Dados obtidos em: <http://www4.bcb.gov.br/pec/conversao/conversao.asp>. Acesso em: 26 dez. 2017.

   a) Quanto a empresa ganhou, em real, na venda unitária de cada moeda?
   b) Na venda unitária de qual moeda estrangeira a empresa ganhou mais dinheiro?

4. Davi precisa comprar 7 lapiseiras. Se cada uma custa R$ 1,95, quanto Davi gastará?

5. Carlos estuda no interior. Durante o mês de junho, ele fez ligações telefônicas de 15 minutos, todas as noites, para sua namorada, que mora na capital. Graças a uma promoção, pagou R$ 0,09 o minuto nesse mês. Quanto Carlos pagou em junho pelas ligações para a namorada?

6. Interprete os dados das propagandas de um mesmo chocolate e depois responda à questão.

   - Em qual dos dois supermercados é mais vantajoso adquirir o chocolate? Justifique.

7. Rui precisa encher uma caixa-d'água com capacidade para 1.000 litros, mas a única forma disponível para fazer isso é levar a água em um balde com capacidade para 12,5 litros. Quantas viagens Rui terá de fazer da torneira à caixa-d'água para enchê-la?

8. Luciana faz um curso e durante as aulas deixa seu carro em um estacionamento, que cobra R$ 3,00 pela primeira hora e mais R$ 1,50 por hora adicional. Neste mês, o estacionamento está fazendo uma promoção cobrando R$ 10,00 por dia, sem limite de tempo.
   a) Se Luciana deixar seu carro no estacionamento por um período de 6 horas, quanto ela pagará, considerando o preço normal do estacionamento?
   b) O que é mais vantajoso para Luciana: pagar o preço normal ou aproveitar a promoção? Qual é a diferença entre os preços?

9. (Saresp) No recreio, um aluno comprou 3 balas a R$ 0,20 cada uma e um lanche de R$ 1,50. Se ele pagou com uma nota de R$ 5,00, recebeu de troco a quantia de:
   a) R$ 4,10.
   b) R$ 3,30.
   c) R$ 2,90.
   d) R$ 2,10.

10. Otávio foi a uma loja de jogos de computador em rede para jogar durante 3 horas, pagando R$ 2,17 a hora. Como ele tinha somente R$ 10,00 no bolso da calça, queria saber se, além de jogar durante as 3 horas, poderia comprar um suco de fruta por R$ 1,50 e um salgado por R$ 1,80. Otávio tinha dinheiro suficiente para essa compra?

11. Flávia foi à papelaria e comprou uma régua por R$ 3,80, uma borracha por R$ 1,35 e duas canetas por R$ 1,90 cada uma.
a) Qual foi o valor total da compra?
b) Se Flávia deu uma nota de R$ 20,00 para pagar a compra, quanto recebeu de troco?
c) Quanto Flávia gastaria se tivesse comprado mais duas canetas?

12. No final do mês, Camila abriu o cofrinho em que guardava suas moedas. Ela tinha 25 moedas de 1 centavo, 47 moedas de 5 centavos, 21 moedas de 25 centavos, 43 moedas de 50 centavos e 11 moedas de 1 real. Com esse dinheiro, ela comprou 3 CDs de mesmo preço. Quanto custou cada CD?

13. Associe as colunas.

A	$0,4 \cdot 2 + (1,2 - 0,61)$	I	0,36
B	$(0,73 + 0,17) \cdot 0,4$	II	1,39
C	$0,4 + 0,33 : 3$	III	0,84
D	$1,44 : 12 + 0,72$	IV	0,51

14. Na unidade 2, você viu que uma igualdade não se altera quando realizamos a mesma operação com seus dois membros. Usando essa propriedade, determine o valor do ■ em cada item.
a) ■ + 0,3 = 2,75
b) ■ − 16,5 = 0,8
c) ■ : $\frac{2}{3}$ = 6,9
d) 2 · (0,25 + ■) = 5

15. O pacote de 1 kg de uma determinada marca de arroz custa R$ 2,90 e o pacote de 5 kg, considerado econômico, custa R$ 9,70. Sabendo que Iara comprou 12 kg desse arroz, calcule o valor mínimo pago por ela pelo arroz.

16. (Obmep) Ana e Beatriz compraram dezoito bombons de mesmo preço. Ana pagou por oito deles e Beatriz, pelos outros dez. Na hora do lanche, dividiram os bombons com Cecília e cada uma delas comeu seis. Para dividir igualmente o custo dos bombons, Cecília deveria pagar R$ 1,80 para Ana e Beatriz. Ela pensou em dar R$ 0,80 para Ana e R$ 1,00 para Beatriz, mas percebeu que essa divisão estava errada. Quanto ela deve pagar para Beatriz?
a) R$ 0,90   c) R$ 1,20   e) R$ 1,50
b) R$ 1,10   d) R$ 1,30

17. A fábrica de rações Floc e Bizi fez uma pesquisa com 2.800 pessoas que têm cães para saber qual sabor de ração seus animais preferem. Cada pessoa entrevistada tem um cão.
Analise o gráfico e depois responda às questões.

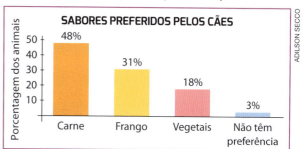

Dados obtidos pela Floc e Bizi em abril de 2018.

a) Qual é o sabor preferido pelos animais de estimação das pessoas pesquisadas? Quantos animais preferem esse sabor?
b) Quantos animais preferem o sabor de frango?
c) Quantas pessoas responderam que os animais de estimação não têm preferência?

18. Cláudio tinha 360 dólares e queria trocá-los por reais. A cotação do dólar estava R$ 3,32, mas a previsão era de que ocorreria um aumento nos próximos dias, e ele decidiu esperar. Considerando que tenha ocorrido um aumento de 10% no valor do dólar, quanto Cláudio recebeu a mais?

19. Observe as multiplicações.
1,2345679 · 0,27 = 0,333333333
1,2345679 · 0,36 = 0,444444444
1,2345679 · 0,63 = 0,777777777
Que número devemos multiplicar por 1,2345679 para obter 0,999999999? Analise bem os números antes de responder.
a) 0,72   b) 0,81   c) 0,29   d) 0,42   e) 0,75
• O que você observa em comum nos fatores 0,27; 0,36 e 0,63?

COMPREENDER UM TEXTO
GRÁFICOS QUE ENGANAM

No dia a dia, estamos cercados de informações transmitidas por meio de gráficos, porém alguns desses gráficos podem nos levar a conclusões equivocadas, pois nem sempre eles são construídos de maneira adequada.

Em determinada ocasião, um importante canal brasileiro de TV apresentou o gráfico de barras a seguir, mostrando a inflação do Brasil de 2009 a 2013.

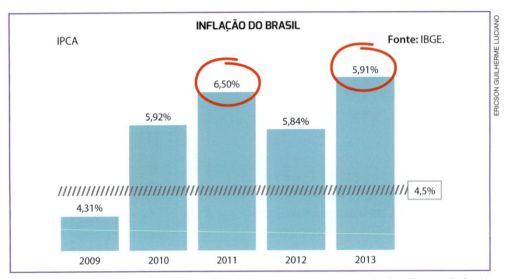

Disponível em: <http://gizmodo.uol.com.br/mentir-visualizacao-dados/>. Acesso em: 26 abr. 2018.

> Inflação é quanto o preço de produtos e serviços variou em um determinado período.
>
> Índice de Preços ao Consumidor Amplo (IPCA) é a inflação oficial do Brasil. No cálculo desse indicador, entra de tudo: gasolina, lazer, transporte, taxas, alimentação, escola etc. Cada um desses itens tem um peso diferente, de acordo com o que o brasileiro consome mais.

Nesse gráfico, a barra relativa ao ano de 2013 trazia o valor de 5,91%. Observe que, em 2013, temos uma inflação menor que a de 2010 e a de 2011, porém a altura da barra é maior.

O erro na altura das barras pode levar um espectador mais distraído a entender a informação de maneira errada; pela altura das barras, o espectador diria que a inflação em 2013 foi a maior registrada nos anos apresentados, o que não é verdade.

Além disso, a escala não é respeitada no gráfico. Observe que a primeira barra equivale a 4,31% e a segunda, a 5,92%, uma diferença de 1,61%; porém, a altura da barra correspondente a 2010 é mais que o triplo da altura da barra correspondente a 2009.

Erros dessa natureza, às vezes cometidos propositadamente, distorcem a informação e podem levar o cidadão a conclusões equivocadas.

A tirinha a seguir "brinca" com a ideia de comparar a altura de barras em gráficos com escalas diferentes para transmitir uma mensagem distorcida da realidade.

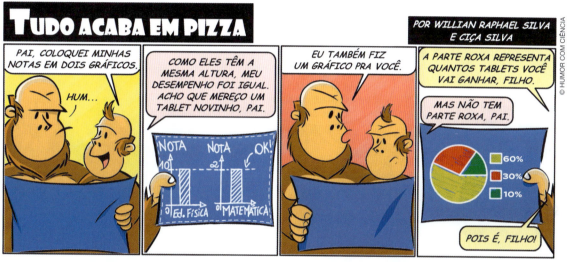

Disponível em: <http://www.humorcomciencia.com/blog/131-matematica/>. Acesso em: 28 maio 2018.

Por isso é tão importante saber ler e interpretar gráficos, ser crítico e estar atento para não ser manipulado.

ATIVIDADES

1. Com base nas informações do texto e no gráfico sobre inflação, responda.
   a) Quais foram os erros cometidos no gráfico?
   b) Você acha que esses erros podem ter gerado uma interpretação equivocada por parte do espectador?

2. Releia a tirinha "Tudo acaba em *pizza*" e faça o que se pede.
   a) Identifique quais foram as notas tiradas pelo filho nas disciplinas de Educação Física e Matemática.
   b) Como o filho tentou enganar o pai?
   c) Pode-se comparar a altura de barras em gráficos com escalas diferentes?
   d) O pai acreditou na informação que lhe foi apresentada? Explique.
   e) Construa um único gráfico para representar as notas do filho nas duas disciplinas.

3. Você já viu outros casos de gráficos que conduzem a uma interpretação equivocada?

EDUCAÇÃO FINANCEIRA
O ÁLBUM DE FIGURINHAS

Quando é época de Copa do Mundo, as bancas de jornal ficam muito movimentadas. Só se fala sobre o álbum de figurinhas das seleções de futebol.

O que você faria?

Suponha que você esteja quase completando aquele álbum tão desejado, mas, das 220 figurinhas, ainda faltam 30. Da última vez que você comprou figurinhas, gastou 9 reais e apenas duas não eram repetidas. O que você faria para completar o álbum? Analise as alternativas abaixo e escolha uma delas. Você pode também criar uma resposta diferente.

a) Pediria ao pai ou à mãe que adiantasse a mesada e usaria esse dinheiro para comprar o máximo de figurinhas antes que elas acabem nas bancas.

b) Procuraria trocar as figurinhas repetidas com colegas, primos e vizinhos que estivessem colecionando o mesmo álbum.

c) Desistiria de completar esse álbum, assim como já fez com outros.

d) Utilizaria o sistema de compras de figurinha que o fabricante oferece.

Assumir riscos com responsabilidade

CALCULE

Antonio é dono de uma banca de jornal e tomou a seguinte decisão: parou de vender as figurinhas da Copa do Mundo em pacotes e agora só vende ou troca figurinhas avulsas. Ele cobra R$ 0,35 por figurinha.

Nas outras bancas de jornal e diretamente com o fabricante, os preços praticados são os seguintes:

Preço do álbum	Pacote com 4 figurinhas	Pedidos para o fabricante
R$ 4,00	R$ 0,90	R$ 0,25 por figurinha + R$ 7,50 de frete (máximo de 40 figurinhas por pedido)

Você tem 40 figurinhas repetidas e ainda faltam 30 para completar seu álbum. Qual será seu gasto se você optar por:

a) comprar figurinhas em pacotes fechados?
b) fazer o pedido ao fabricante?
c) ir à banca de Antonio e apenas fazer trocas?
d) ir à banca de Antonio e comprar apenas as figurinhas que não encontrar para troca?

REFLITA

Antes de começar algum tipo de coleção, você já parou para pensar em questões como estas?

a) Quanto vai custar a coleção completa?
b) Você pretende terminar a coleção?
c) O que fará com a coleção assim que ela estiver concluída?
d) Já começou outras coleções? Se sim, conseguiu ir até o fim?
e) Quais são as opções para continuar a coleção até o fim?
f) Você já trocou com os colegas figurinhas ou outra coisa que estivesse colecionando?
g) Por que distribuir um álbum gratuitamente não traz prejuízo ao fabricante?

DICA

Converse com os colegas e seus pais a respeito dessas questões antes de adquirir produtos que envolvem coleções.

ORGANIZAR O CONHECIMENTO

1. Classifique os ângulos de acordo com suas medidas, completando o esquema a seguir.

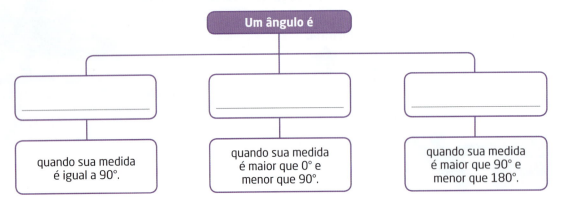

- quando sua medida é igual a 90°.
- quando sua medida é maior que 0° e menor que 90°.
- quando sua medida é maior que 90° e menor que 180°.

2. Complete o esquema.

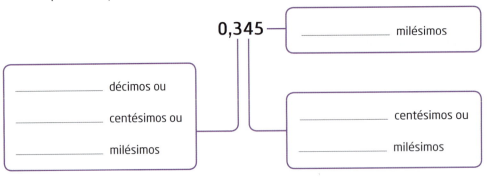

0,345

_____ milésimos

_____ décimos ou
_____ centésimos ou
_____ milésimos

_____ centésimos ou
_____ milésimos

3. Complete.

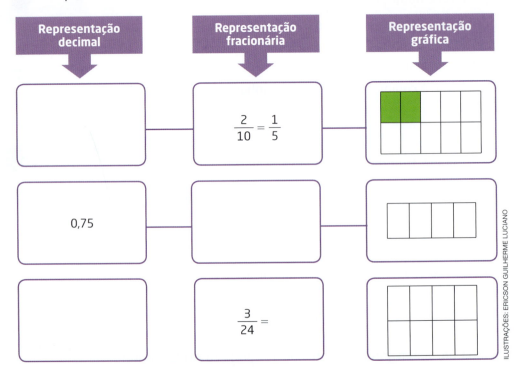

Representação decimal	Representação fracionária	Representação gráfica
	$\frac{2}{10} = \frac{1}{5}$	
0,75		
	$\frac{3}{24} =$	

TESTES

1. (Prova Brasil) Para chegar à escola, Carlos realiza algumas mudanças de direção, como mostra a figura a seguir.

As mudanças de direção que formam ângulos retos estão representadas nos vértices:

a) B e G. b) D e F. c) B e E. d) E e G.

2. (Obmep) Qual é a medida do menor ângulo formado pelos ponteiros de um relógio quando ele marca 2 horas?

a) 30°
b) 45°
c) 60°
d) 75°
e) 90°

3. O brinquedo da imagem abaixo é conhecido como "gira-gira". Note que ele possui 8 cadeiras igualmente espaçadas.

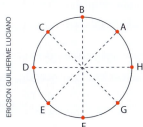

A vista superior simplificada desse brinquedo foi ilustrada a seguir, em que cada ponto representa uma cadeira:

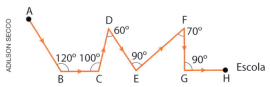

Sabendo que esse "gira-gira" só gira em um sentido, para que uma criança na posição G chegue à posição C, o brinquedo deve girar:

a) 45°.
b) 90°.
c) 135°.
d) 180°.
e) 360°.

4. (Enem) Deseja-se comprar lentes para óculos. As lentes devem ter espessuras mais próximas possíveis da medida 3 mm. No estoque de uma loja, há lentes de espessuras: 3,10 mm; 3,021 mm; 2,96 mm; 2,099 mm e 3,07 mm.

Se as lentes forem adquiridas nessa loja, a espessura escolhida será, em milímetros, de:

a) 2,099.
b) 2,96.
c) 3,021.
d) 3,07.
e) 3,10.

5. (Enem) O Ministério da Saúde e as unidades federadas promovem frequentemente campanhas nacionais e locais de incentivo à doação voluntária de sangue, em regiões com menor número de doadores por habitante, com o intuito de manter a regularidade de estoques nos serviços hemoterápicos. Em 2010, foram recolhidos dados sobre o número de doadores e o número de habitantes de cada região conforme o quadro seguinte:

TAXA DE DOAÇÃO DE SANGUE, POR REGIÃO, EM 2010			
Região	Doadores	Número de habitantes	Doadores/ habitantes
Nordeste	820.959	53.081.950	1,5%
Norte	232.079	15.864.454	1,5%
Sudeste	1.521.766	80.364.410	1,9%
Centro-Oeste	362.334	14.058.094	2,6%
Sul	690.391	27.386.891	2,5%
Total	3.627.529	190.755.799	1,9%

Os resultados obtidos permitiram que estados, municípios e o governo federal estabelecessem as regiões de doação de sangue.

A campanha deveria ser intensificada nas regiões em que o percentual de doadores por habitantes fosse menor ou igual ao do país.

Disponível em: <http://bvsms.saude.gov.br>. Acesso em: 2 ago. 2013 (adaptado).

As regiões brasileiras onde foram intensificadas as campanhas na época são:

a) Norte, Centro-Oeste e Sul.
b) Norte, Nordeste e Sudeste.
c) Nordeste, Norte e Sul.
d) Nordeste, Sudeste e Sul.
e) Centro-Oeste, Sul e Sudeste.

265

TESTES

6. A roda-gigante ilustrada abaixo gira sempre no sentido indicado pela seta. Sabendo que a distância entre duas cadeiras é sempre a mesma, para que Ana vá para a posição em que está Maria, o giro deve ser de:

a) $\frac{1}{4}$ de volta.

b) $\frac{1}{2}$ volta.

c) $\frac{3}{4}$ de volta.

d) $\frac{7}{8}$ de volta.

e) 1 volta.

7. (Enem) A cidade de Guarulhos (SP) tem o 8º PIB municipal do Brasil, além do maior aeroporto da América do Sul. Em proporção, possui a economia que mais cresce em indústrias, conforme mostra o gráfico.

Fonte: IBGE, 2002-2008 (adaptado).

Analisando os dados percentuais do gráfico, qual a diferença entre o maior e o menor centro em crescimento no polo das indústrias?

a) 75,28
b) 64,09
c) 56,95
d) 45,76
e) 30,07

8. (Enem) No contexto da Matemática recreativa, utilizando diversos materiais didáticos para motivar seus alunos, uma professora organizou um jogo com um tipo de baralho modificado. No início do jogo, vira-se uma carta do baralho na mesa e cada jogador recebe em mãos nove cartas. Deseja-se formar pares de cartas, sendo a primeira carta a da mesa e a segunda uma carta na mão do jogador, que tenha um valor equivalente àquele descrito na carta da mesa. O objetivo do jogo é verificar qual jogador consegue o maior número de pares. Iniciado o jogo, a carta virada na mesa e as cartas da mão de um jogador são como no esquema:

Carta da mesa   Cartas da mão

Segundo as regras do jogo, quantas cartas da mão desse jogador podem formar um par com a carta da mesa?

a) 9   b) 7   c) 5   d) 4   e) 3

9. (Enem) Uma ponte precisa ser dimensionada de forma que possa ter três pontos de sustentação. Sabe-se que a carga máxima suportada pela ponte será de 12 t. O ponto de sustentação central receberá 60% da carga da ponte, e o restante da carga será distribuído igualmente entre os outros dois pontos de sustentação.

No caso de carga máxima, as cargas recebidas pelos três pontos de sustentação serão, respectivamente:

a) 1,8 t; 8,4 t; 1,8 t.
b) 3,0 t; 6,0 t; 3,0 t.
c) 2,4 t; 7,2 t; 2,4 t.
d) 3,6 t; 4,8 t; 3,6 t.
e) 4,2 t; 3,6 t; 4,2 t.

10. (Obmep) Pedrinho colocou 1 copo de suco em uma jarra e, em seguida, acrescentou 4 copos de água. Depois decidiu acrescentar mais água até dobrar o volume que havia na jarra. Ao final, qual é o percentual de suco na jarra?

a) 5%   b) 10%   c) 15%   d) 20%   e) 25%

11. (IBFC-SP) Uma determinada empresa vendeu 7.500 produtos no primeiro semestre de 2016, sendo que a tabela ao lado indica a representação decimal percentual em relação ao total, mês a mês. Com base nesses dados, o número total de produtos vendidos nos meses de maio e junho foi de:

Mês	Representação decimal
Janeiro	0,10
Fevereiro	0,13
Março	0,15
Abril	0,17
Maio	0,20
Junho	0,25

a) 1.125.
b) 1.275.
c) 2.350.
d) 3.190.
e) 3.375.

ATITUDES PARA A VIDA

1. Associe cada cena a uma atitude.

"Como acabei de começar a preencher o álbum de figurinhas, vou comprar pacotes fechados, que são mais baratos; mas, depois, vou começar a trocar as figurinhas repetidas com os colegas."

"Como você conseguiu completar o *sudoku*? Nem sei por onde começar."
"No começo é difícil, é preciso fazer várias tentativas até encontrar valores que deem certo em cada fila."

"Na aula, aprendemos a traçar retas paralelas e perpendiculares. Isso vai ajudar a desenhar as ruas no nosso mapa."

Aplicar conhecimentos prévios a novas situações

Assumir riscos com responsabilidade

Persistir

2. Observe as situações a seguir.

"Já arremessei a bola várias vezes e não fiz nenhuma cesta. Já chega, não serei escalada para o jogo mesmo!"

"Não vou desistir! Se eu treinar por uma hora todos os dias, vou melhorar e pode ser que eu seja escalada para o jogo."

- Em qual das situações a menina agiu com persistência?

3. O que você faria no lugar do menino da situação a seguir?

"Se sair do jogo agora, você leva todos os brinquedos que já conquistou. Se for para a próxima pergunta e acertar, ganha todos os brinquedos e mais um *videogame*; porém, se errar, termina o jogo sem nada."
"Quero tanto o *videogame*, mas será que vale a pena arriscar?"

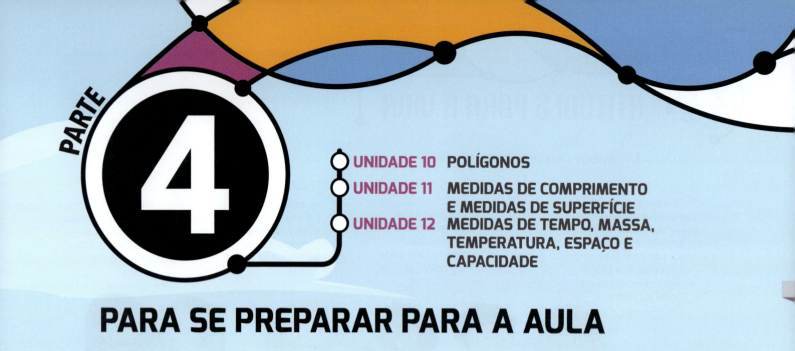

PARTE 4

- **UNIDADE 10** POLÍGONOS
- **UNIDADE 11** MEDIDAS DE COMPRIMENTO E MEDIDAS DE SUPERFÍCIE
- **UNIDADE 12** MEDIDAS DE TEMPO, MASSA, TEMPERATURA, ESPAÇO E CAPACIDADE

PARA SE PREPARAR PARA A AULA

Você sabia que o simples ato de escovar os dentes com a torneira aberta por 5 minutos gasta, em média, 12 litros de água?

Pois é, às vezes, ao realizar algumas atividades do dia a dia, não percebemos a quantidade de água que gastamos dentro da nossa própria casa.

Para saber mais, assista ao vídeo e veja o que podemos fazer para evitar o desperdício de água.

Consumo de água em uma casa

Neste vídeo, são descritos hábitos comuns que geram desperdício de água, como lavar a calçada com mangueira ou escovar os dentes com a torneira aberta. Além disso, informa quantos litros de água são gastos com cada hábito e quanto poderia ser economizado se esse comportamento fosse corrigido, gerando um consumo consciente.

Disponível em <http://mod.lk/a490z>.

ATITUDES PARA A VIDA

- Questionar e levantar problemas.
- Pensar e comunicar-se com clareza.
- Imaginar, criar e inovar.

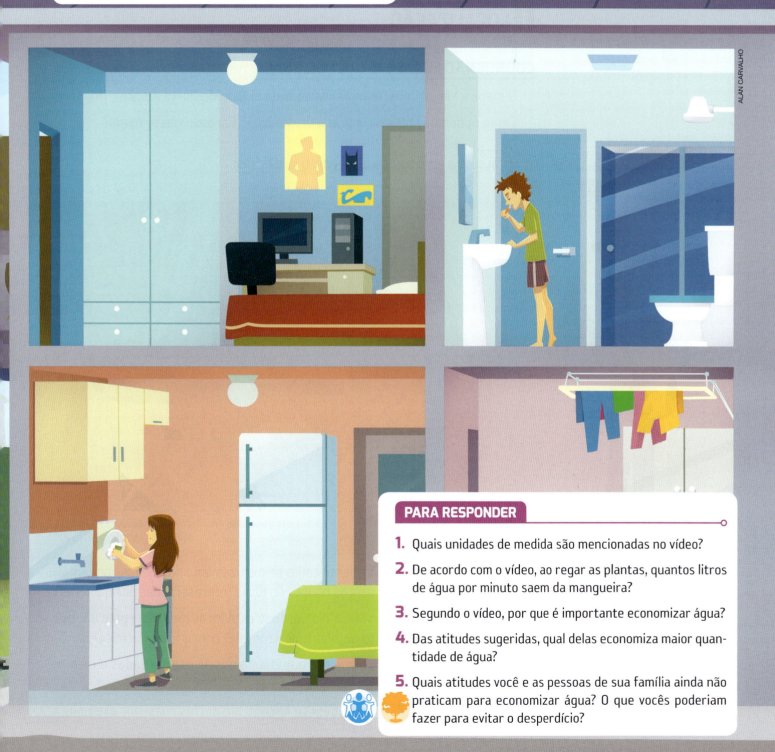

PARA RESPONDER

1. Quais unidades de medida são mencionadas no vídeo?
2. De acordo com o vídeo, ao regar as plantas, quantos litros de água por minuto saem da mangueira?
3. Segundo o vídeo, por que é importante economizar água?
4. Das atitudes sugeridas, qual delas economiza maior quantidade de água?
5. Quais atitudes você e as pessoas de sua família ainda não praticam para economizar água? O que vocês poderiam fazer para evitar o desperdício?

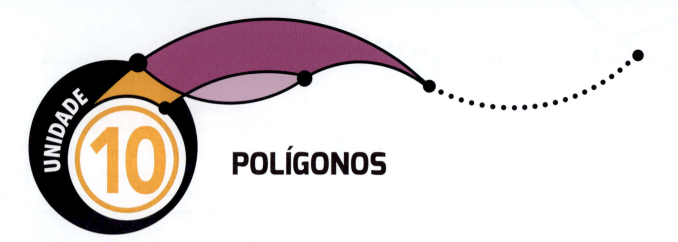

UNIDADE 10
POLÍGONOS

1 LOCALIZAÇÃO

COORDENADAS EM UM GUIA DE RUAS

O mapa a seguir mostra algumas ruas da cidade de Porto Alegre (RS).

Como podemos localizar a praça Dr. Maurício Cardoso nesse mapa?

Dê o nome de duas avenidas que estão na região A3.

ALGUMAS RUAS DA CIDADE DE PORTO ALEGRE (RS)

Elaborado com base em: *Guia Quatro Rodas*: Brasil, 2015. São Paulo: Abril, 2014. p. 507.

Nesse mapa, as regiões são identificadas pelo cruzamento das fileiras horizontais (representadas por letras) com as fileiras verticais (representadas por números).

Dessa forma, a praça Dr. Maurício Cardoso está localizada na região B3, que corresponde ao cruzamento da fileira horizontal B com a fileira vertical 3.

Essa letra e esse número formam o que chamamos de **coordenadas** da região em que se encontra a praça.

Repare que na região B3 também se encontram outras ruas, por exemplo, a rua Olavo B. Viana.

COORDENADAS GEOGRÁFICAS

Você já deve ter visto mapas-múndi, como o que apresentamos abaixo, em que há linhas horizontais, chamadas paralelos, e verticais, denominadas meridianos. Os paralelos indicam a latitude e os meridianos, a longitude. A latitude e a longitude são medidas em graus e têm como ponto de origem, respectivamente, a linha do Equador e o meridiano de Greenwich.

A latitude e a longitude de um ponto na superfície da Terra são representadas pelas **coordenadas geográficas** desse local.

- As coordenadas do ponto A, na Ásia, são: 30° de latitude norte e 90° de longitude leste.
- As coordenadas do ponto B, na Oceania, são: 30° de latitude sul e 150° de longitude leste.

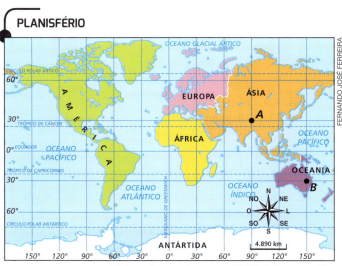

Elaborado com base em: IBGE. *Atlas geográfico escolar*. 7 ed. Rio de Janeiro: IBGE, 2016. p. 34.

COORDENADAS CARTESIANAS

Em Matemática, a localização de pontos em um plano é feita com o auxílio de duas retas numéricas perpendiculares, chamadas de **eixos**, que, em geral, indicamos por x (eixo horizontal) e y (eixo vertical). Esses eixos determinam um plano chamado **plano cartesiano**.

O ponto de intersecção dos dois eixos é chamado **origem** e é representado pela letra O. Cada ponto desse plano é representado por dois números entre parênteses, que chamamos **par ordenado**. Veja o exemplo a seguir.

Para indicar a posição do ponto P, usamos o par ordenado de números (3, 4).

Os números 3 e 4 são chamados de **coordenadas cartesianas** do ponto P. A primeira coordenada é a **abscissa** do ponto, e a segunda é a **ordenada** do ponto. Observe que a abscissa do ponto é um número do eixo x e a ordenada do ponto é um número do eixo y.

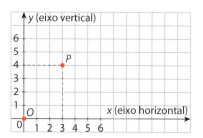

HISTÓRIA DA MATEMÁTICA

RENÉ DESCARTES

O filósofo e matemático francês René Descartes viveu no século XVII e foi o principal criador da ideia de representar pontos por meio de pares ordenados de números.

Retrato de René Descartes (1596-1650). Franz Hals, 12,7 cm × 10,3 cm.

EXEMPLOS

a) O ponto A tem coordenadas 2 e 3; indicamos A(2, 3).
b) O ponto B tem coordenadas 4 e 5; indicamos B(4, 5).
c) O ponto C tem coordenadas 1 e 4; indicamos C(1, 4).
d) O ponto O tem coordenadas 0 e 0; indicamos O(0, 0).

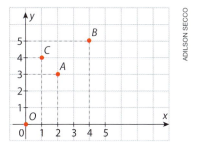

PARA PENSAR

Os pares ordenados (2, 5) e (5, 2) representam o mesmo ponto no plano? Justifique sua resposta localizando esses pontos no plano cartesiano do exemplo acima.

ATIVIDADES

VAMOS PRATICAR

1. Considere o sistema de eixos abaixo e escreva as coordenadas dos pontos destacados.

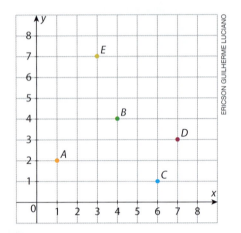

VAMOS APLICAR

2. Observe o mapa de um trecho da cidade de Manaus (AM).

Elaborado a partir de: *Guia Quatro Rodas*: Brasil, 2015. São Paulo: Abril, 2014. p. 400.

Escreva coordenadas da região em que se encontra:
a) a Praça Osvaldo Cruz;
b) o Porto Flutuante;
c) o cruzamento da avenida Quintino Bocaiuva com a avenida Lourenço de Silva;
d) o Hospital Beneficência Portuguesa;
e) o cruzamento da avenida Quintino Bocaiuva com a avenida Joaquim Nabuco.

3. Observe o mapa e escreva em seu caderno apenas as afirmações verdadeiras.

Elaborado com base em: IBGE. *Atlas geográfico escolar*. 7. ed. Rio de Janeiro: IBGE, 2016. p. 34.

a) O ponto A, no Brasil, tem coordenadas 0° de latitude e 60° de longitude oeste.
b) O ponto B, na China, tem coordenadas 30° de latitude sul e 120° de longitude leste.
c) Existe um ponto no Brasil de coordenadas 15° de latitude sul e 45° de longitude oeste.
d) Existe um ponto nos Estados Unidos de coordenadas 30° de latitude norte e 60° de longitude leste.

4. Uma formiga está caminhando em um plano cartesiano na direção determinada pelos pontos (0, 3) e (4, 3). Em (3, 3), ela muda de ideia e dá um giro de 45° para a direita, caminhando em frente até o segundo cruzamento da malha. Nesse ponto, a formiga gira 90° para a esquerda e segue em frente até o primeiro cruzamento da malha. Descubra as coordenadas do ponto de chegada da formiga.

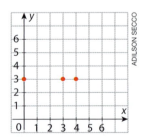

2 POLÍGONO

Na pintura reproduzida ao lado, o artista representou diferentes tipos de figuras planas. Vamos destacar algumas delas.

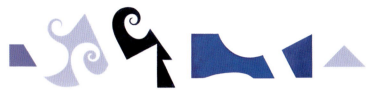

Nadir Afonso. *Jeu*, 1956, 51,5 cm × 95 cm.

Considerando os contornos, podemos separar essas figuras em dois grupos.

O contorno é formado apenas por segmentos de reta.

Cada um desses contornos forma uma **linha poligonal**.

O contorno não é formado apenas por segmentos de reta.

Cada um desses contornos forma uma **linha não poligonal**.

As linhas poligonais podem ser classificadas em abertas ou fechadas, não simples ou simples. Observe o quadro abaixo.

	Não simples (com cruzamento)	Simples (sem cruzamento)
Abertas		
Fechadas		

Uma linha poligonal plana fechada e simples divide o plano em duas regiões, ambas com infinitos pontos e sem pontos em comum.

Região interna   Região externa

Uma linha poligonal plana fechada e simples com sua região interna é um **polígono**.

EXEMPLO

Essas figuras são polígonos.

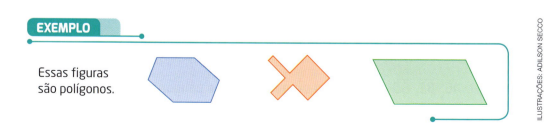

273

POLÍGONO CONVEXO E POLÍGONO NÃO CONVEXO

Um polígono pode ser **convexo** ou **não convexo**.

POLÍGONO CONVEXO

Se todos os segmentos de reta com extremidades no interior de um polígono tiverem todos os seus pontos situados no interior desse polígono, ele será convexo.

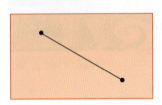 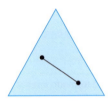 

POLÍGONO NÃO CONVEXO

Se um segmento de reta tiver extremidades no interior de um polígono, mas nem todos os seus pontos estiverem situados no interior desse polígono, ele será não convexo.

   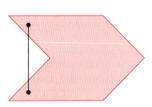

ELEMENTOS DOS POLÍGONOS

Observe o polígono a seguir. Nele, destacamos quatro de seus elementos: lados, vértices, diagonais e ângulos.

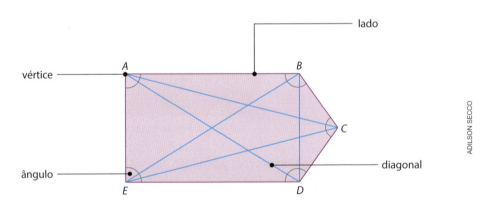

- Os segmentos $\overline{AB}$, $\overline{BC}$, $\overline{CD}$, $\overline{DE}$ e $\overline{EA}$ são os **lados** desse polígono.
- As extremidades dos lados, ou seja, os pontos A, B, C, D e E, são seus **vértices**.
- Os segmentos $\overline{AD}$, $\overline{AC}$, $\overline{BE}$, $\overline{BD}$ e $\overline{CE}$ são as **diagonais** desse polígono.
- Os ângulos $D\hat{E}A$, $E\hat{A}B$, $A\hat{B}C$, $B\hat{C}D$ e $C\hat{D}E$ são seus **ângulos internos**.

Os polígonos recebem nomes especiais de acordo com o número de lados e o número de vértices. Veja alguns exemplos neste quadro.

Nome do polígono	Número de lados	Número de vértices	Número de ângulos internos
Triângulo	3	3	3
Quadrilátero	4	4	4
Pentágono	5	5	5
Hexágono	6	6	6
Heptágono	7	7	7
Octógono	8	8	8
Eneágono	9	9	9
Decágono	10	10	10
Undecágono	11	11	11
Dodecágono	12	12	12
Pentadecágono	15	15	15
Icoságono	20	20	20

PARA FAZER

Em uma folha de papel em branco, escolha e desenhe oito polígonos citados no quadro ao lado. Depois, compartilhe seus desenhos com um colega.

POLÍGONOS REGULARES

Há polígonos que têm todos os ângulos internos com a mesma medida. Observe alguns exemplos.

Há polígonos que têm todos os lados com a mesma medida. Observe.

Os polígonos que têm ângulos internos congruentes (ou seja, com a mesma medida) e também lados com a mesma medida são chamados de **polígonos regulares**. Veja alguns exemplos a seguir.

Triângulo regular | Quadrilátero regular | Pentágono regular | Hexágono regular

Max Bill. *Quinze variações em um único tema*, v. 1, 1935, 50 cm × 50 cm.
Para compor a obra, Max Bill usou alguns polígonos convexos. Quais são eles?

275

ATIVIDADES

VAMOS PRATICAR

1. Observe as linhas que Daniela fez e encontre as características comuns entre as que têm mesma cor.

a) roxa   b) verde   c) laranja   d) azul

2. Observe a figura ao lado e faça o que se pede.

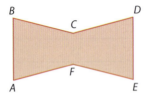

a) Identifique os vértices e os lados da figura.

b) Identifique o número de lados da figura e dê o nome do polígono.

3. Desenhe no caderno, quando possível:

a) um polígono não convexo com 8 lados;

b) um polígono regular com 4 lados;

c) um polígono convexo com 3 diagonais.

4. Observe os polígonos abaixo e responda às questões.

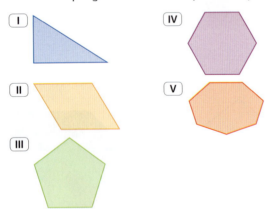

a) Qual é o número de lados, de vértices e de ângulos internos de cada um dos polígonos?

b) Qual é o nome de cada polígono?

c) Esses polígonos são convexos ou não convexos?

d) Há mais vértices ou lados em cada polígono?

e) Para cada um desses polígonos, há alguma relação entre o número de lados, o número de vértices e o número de ângulos internos? Se existe, qual é a relação?

VAMOS APLICAR

5. Observe o quebra-cabeça abaixo.

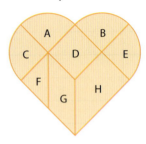

a) Quantas dessas peças são polígonos? Nomeie os polígonos de acordo com o número de lados.

b) Reorganizando essas 8 peças, é possível formar um polígono? Por quê?

6. Observe o poliedro representado a seguir.

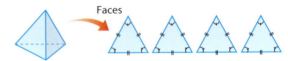

Tetraedro regular

Todas as faces desse poliedro são polígonos regulares. Além disso, o número de arestas que saem de cada vértice é sempre o mesmo (de cada vértice saem 3 arestas). Por esses dois motivos, esse poliedro é chamado **poliedro regular**.

Agora, observe os poliedros representados abaixo e suas faces e identifique quais delas são regulares. Justifique sua resposta.

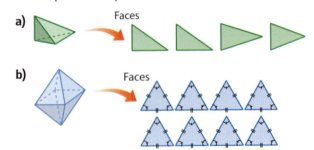

7. Determine a quantidade de triângulos que há na figura abaixo.

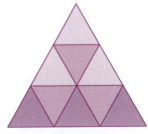

3 TRIÂNGULO

Você já conhece várias figuras geométricas planas que chamamos de polígonos. Agora, vai estudar um pouco mais os polígonos que têm três lados: os **triângulos**.

De acordo com a medida de seus lados, os triângulos podem ser classificados em equilátero, isósceles ou escaleno. Observe.

Triângulo equilátero	Triângulo isósceles	Triângulo escaleno
2 centímetros, 2 centímetros, 2 centímetros. Triângulo que tem os três lados com medidas iguais.	2 centímetros, 2 centímetros, 1 centímetro. Triângulo que tem dois lados com medidas iguais.	2 centímetros, 3 centímetros, 4 centímetros. Triângulo que tem todos os lados com medidas diferentes.

Os triângulos também podem ser classificados, de acordo com as medidas de seus ângulos, em retângulo, acutângulo ou obtusângulo. Veja:

Triângulo retângulo	Triângulo acutângulo	Triângulo obtusângulo
Triângulo que tem um ângulo reto.	Triângulo que tem os três ângulos internos agudos.	Triângulo que tem um ângulo obtuso.

Para verificar se um triângulo tem um ângulo reto, podemos usar uma régua e um esquadro. Veja.

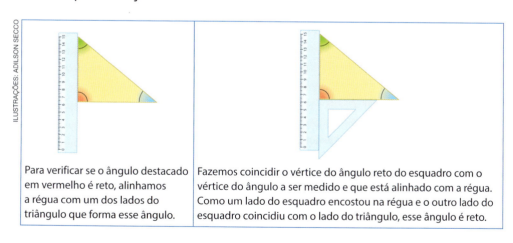

Para verificar se o ângulo destacado em vermelho é reto, alinhamos a régua com um dos lados do triângulo que forma esse ângulo.

Fazemos coincidir o vértice do ângulo reto do esquadro com o vértice do ângulo a ser medido e que está alinhado com a régua. Como um lado do esquadro encostou na régua e o outro lado do esquadro coincidiu com o lado do triângulo, esse ângulo é reto.

> Organize o que você aprendeu fazendo a atividade 1 da página 344.

Observe que, no ângulo pintado de verde, um lado do esquadro encostou na régua, mas o outro lado do esquadro não coincidiu com o lado do triângulo. Logo, esse ângulo não é reto.

PARA PENSAR

- Por que sempre podemos usar o procedimento acima para verificar se um triângulo é retângulo?
- Há outra forma de verificar se um triângulo é retângulo? Se sim, qual?

4 QUADRILÁTERO

Os polígonos que têm quatro lados são chamados de **quadriláteros**.

Os quadriláteros podem ser classificados de acordo com vários critérios. Um deles é o paralelismo dos lados: assim, os quadriláteros podem ter dois pares de lados paralelos, apenas um par de lados paralelos ou nenhum par de lados paralelos. Observe.

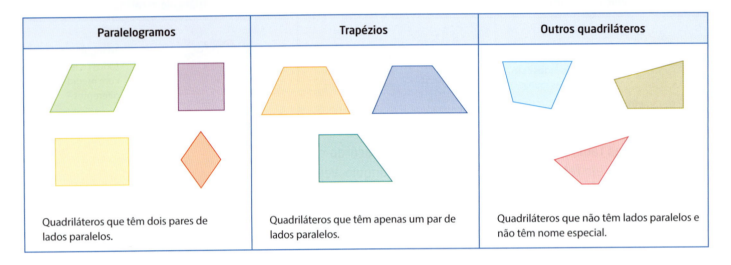

Paralelogramos	Trapézios	Outros quadriláteros
Quadriláteros que têm dois pares de lados paralelos.	Quadriláteros que têm apenas um par de lados paralelos.	Quadriláteros que não têm lados paralelos e não têm nome especial.

Para verificar se há pares de lados paralelos em um quadrilátero, podemos usar uma régua e um esquadro. Veja como isso pode ser feito.

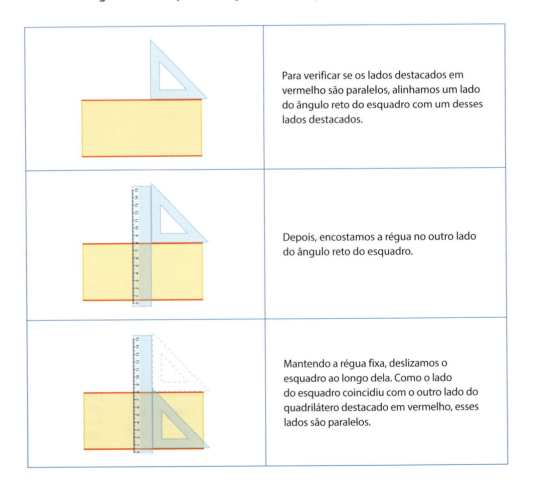

Para verificar se os lados destacados em vermelho são paralelos, alinhamos um lado do ângulo reto do esquadro com um desses lados destacados.

Depois, encostamos a régua no outro lado do ângulo reto do esquadro.

Mantendo a régua fixa, deslizamos o esquadro ao longo dela. Como o lado do esquadro coincidiu com o outro lado do quadrilátero destacado em vermelho, esses lados são paralelos.

O mesmo procedimento pode ser adotado para verificar o paralelismo em qualquer quadrilátero. No caso a seguir, há um par de lados paralelos e o outro, não.

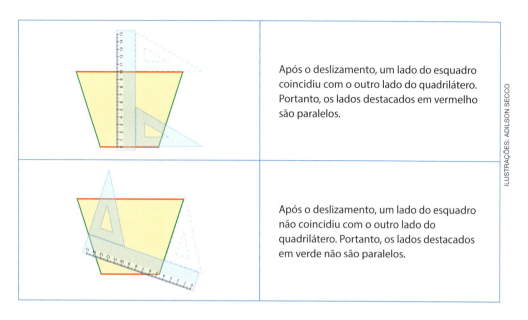

Após o deslizamento, um lado do esquadro coincidiu com o outro lado do quadrilátero. Portanto, os lados destacados em vermelho são paralelos.

Após o deslizamento, um lado do esquadro não coincidiu com o outro lado do quadrilátero. Portanto, os lados destacados em verde não são paralelos.

 Composição de polígonos

Assista ao vídeo e aprenda conceitos sobre polígonos, observando a composição desses objetos matemáticos.

PARALELOGRAMO

Por suas características específicas, alguns paralelogramos recebem nomes especiais. Veja:

Retângulos		Paralelogramos que têm quatro ângulos retos.
Losangos		Paralelogramos cujos lados têm mesma medida.
Quadrados		Paralelogramos que têm lados de mesma medida e quatro ângulos retos.

INFORMÁTICA E MATEMÁTICA

Quadriláteros

Nesta seção, você vai utilizar um *software* de Geometria dinâmica para construir quadriláteros e investigar uma das propriedades do paralelogramo.

CONSTRUA

Quadrilátero qualquer

Para construir um quadrilátero qualquer, selecione a ferramenta para construir polígonos e clique em 4 pontos quaisquer da tela. A construção deve ser finalizada clicando novamente no ponto em que a construção foi iniciada.

A ferramenta Polígonos possibilita também construir quadriláteros a partir de 4 pontos já marcados na tela.

- Transforme o quadrilátero construído em convexo ou não convexo, arrastando um de seus 4 vértices.

Ao clicar neste botão, serão abertas ferramentas para a construção de qualquer polígono.

Paralelogramo

Siga os passos abaixo para construir um paralelogramo.

1º) Marque 3 pontos não colineares *A*, *B* e *C*.

2º) Trace a reta *r* que passa por *A* e *B* e a reta *s* que passa por *B* e *C*.

3º) Trace uma reta *p*, paralela à reta *r*, passando por *C*.

4º) Trace uma reta *q*, paralela à reta *s*, passando por *A*.

5º) Marque o ponto *D*, intersecção das retas *p* e *q*.

6º) Utilize a ferramenta Polígonos e construa o quadrilátero *ABCD*, que será um paralelogramo.

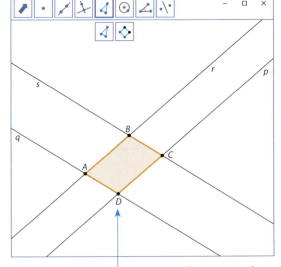

Uma das maneiras de marcar o ponto *D* é usar a ferramenta Intersecção de dois objetos. Ao selecionar essa ferramenta, clique na reta *p* e depois na reta *q* (objetos) para gerar o ponto de intersecção.

- Verifique que qualquer reta perpendicular ao lado $\overline{AB}$ também é perpendicular ao lado $\overline{CD}$ e que qualquer reta perpendicular ao lado $\overline{BC}$ também é perpendicular ao lado $\overline{DA}$.
- Por que o quadrilátero *ABCD* é um paralelogramo?
- Arraste os pontos *A*, *B* e *C*. Ao fazer isso, o quadrilátero *ABCD* continua sendo um paralelogramo?

Trapézio

Siga os passos abaixo para construir um trapézio.

1º) Marque 3 pontos não colineares *A*, *B* e *C*.
2º) Trace a reta *t* que passa por *A* e *B*.
3º) Trace uma reta *u*, paralela à reta *t*, passando por *C*.
4º) Marque um ponto *D* qualquer de modo que o segmento $\overline{AD}$ não cruze o segmento $\overline{BC}$.
5º) Utilize a ferramenta Polígonos e construa o trapézio *ABCD*.

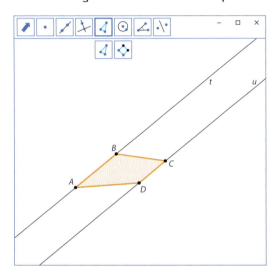

- Verifique que qualquer reta perpendicular ao lado $\overline{AB}$ também é perpendicular ao lado $\overline{CD}$ e que qualquer reta perpendicular ao lado $\overline{BC}$ **não** é perpendicular ao lado $\overline{DA}$ e vice-versa.
- Por que o quadrilátero *ABCD* construído acima é um trapézio?
- O que acontece se marcamos um ponto *D* de modo que o segmento $\overline{AD}$ cruze o segmento $\overline{BC}$?

INVESTIGUE

Meça todos os lados do paralelogramo e investigue o que ocorre com as medidas dos lados opostos ao mover a figura.

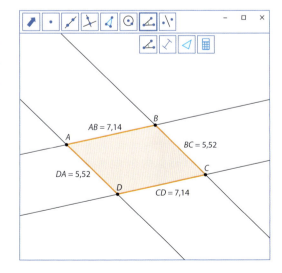

ATIVIDADES

VAMOS PRATICAR

1. Classifique os triângulos quanto à medida dos lados.

   a) 　b) 　c) 　d)

2. Classifique os triângulos quanto à medida dos ângulos.

   a) 　b) 　c)

3. Observe os quadriláteros desenhados na malha quadriculada e depois responda às questões.

   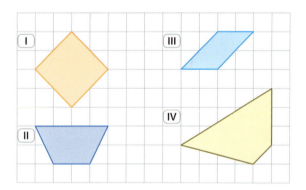

   a) Dos quadriláteros acima, quais não têm lados paralelos?
   b) Quais deles têm apenas um par de lados paralelos?
   c) Quais deles têm dois pares de lados paralelos?

4. Quatro amigos estavam estudando para a prova de Geometria. Observe o que cada um entendeu do conteúdo sobre polígonos.

   • Quais dos amigos estão corretos em suas afirmações? Justifique sua resposta.

5. Observe os paralelogramos desenhados na malha quadriculada a seguir.

   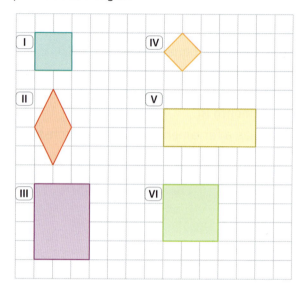

   • Agora, responda às questões.
     a) Quais deles são losangos?
     b) Quais deles são retângulos?
     c) Quais deles são quadrados?

6. Desenhe em seu caderno:
   a) um quadrilátero que tenha apenas um par de lados paralelos;
   b) um quadrilátero que não tenha lados paralelos;
   c) um triângulo com um ângulo reto;
   d) um triângulo com dois lados de medidas iguais;
   e) um quadrilátero com dois ângulos retos.

7. Copie os quadrados a seguir no caderno e, usando segmentos de reta, divida cada um em triângulos conforme indicado. Observe o exemplo.

   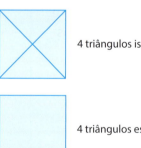 4 triângulos isósceles

    4 triângulos escalenos

    2 triângulos retângulos

VAMOS APLICAR

8. Desenhe no caderno três planos cartesianos como este:

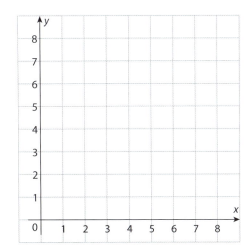

Em cada plano, localize os pontos relacionados a seguir e trace um triângulo. Em seguida, classifique os triângulos que você desenhou de acordo com as medidas dos lados e dos ângulos.

a) $A(1, 1)$, $B(4, 4)$ e $C(7, 1)$.

b) $A(1, 5)$, $B(6, 5)$ e $C(6, 1)$.

c) $A(1, 3)$, $B(3, 2)$ e $C(7, 5)$.

9. Ricardo desenhou no caderno um triângulo isósceles como a professora pediu.

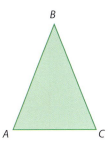

Se ele tivesse feito o lado $\overline{AC}$ com a mesma medida que $\overline{AB}$ e $\overline{BC}$, o triângulo obtido também seria isósceles? Justifique.

10. Quantos quadrados é possível identificar no esquema abaixo?

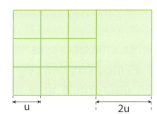

11. A professora Alice pediu aos alunos que desenhassem um retângulo com quatro lados de mesma medida. Veja alguns resultados.

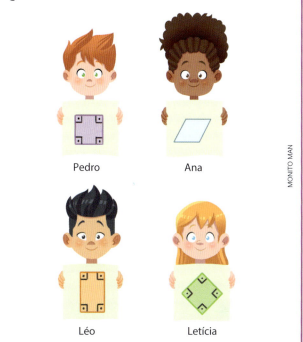

- Quais alunos acertaram? E quais não acertaram? Por quê?

12. Observe o quadrilátero representado no plano cartesiano abaixo.

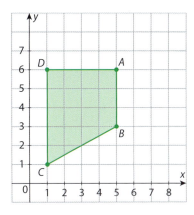

- Agora, responda às questões.
  a) O quadrilátero acima tem lados paralelos? Se sim, quais?
  b) Quais são as coordenadas dos vértices do quadrilátero acima?

13. Represente em um plano cartesiano o quadrilátero de vértices $P(6, 7)$, $Q(4, 2)$, $R(2, 2)$ e $S(4, 7)$. Depois, responda: esse quadrilátero é um paralelogramo ou um trapézio?

283

5 CONSTRUÇÃO DE FIGURAS SEMELHANTES

Aline desenhou uma figura em uma malha quadriculada e, depois, ampliou seu desenho. Veja.

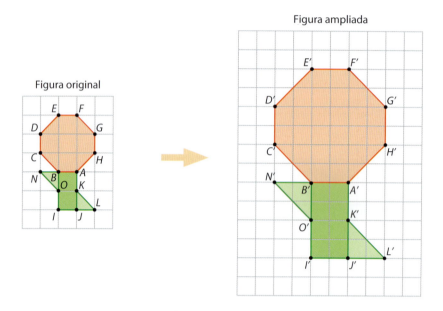

Observe que, na ampliação da figura original, sua forma não foi alterada e a medida de cada segmento da figura ampliada é o dobro da medida do segmento correspondente na figura original.

Podemos decompor a figura original e sua ampliação em polígonos: um octógono, um retângulo e dois triângulos. Note que as medidas dos ângulos correspondentes são iguais.

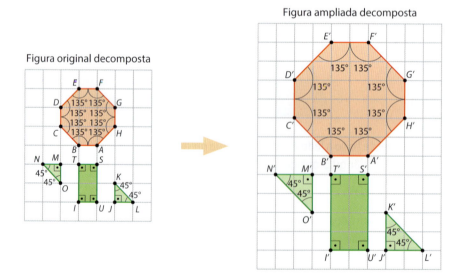

Quando ampliamos proporcionalmente uma figura, as medidas dos ângulos correspondentes não são alteradas e as medidas dos segmentos correspondentes são proporcionais, ou seja, se dobrarmos uma das medidas, todas deverão ser dobradas; se triplicarmos uma medida, todas deverão ser triplicadas; e assim por diante.

Agora, observe o desenho de um catavento e de sua redução, feitos em uma malha quadriculada.

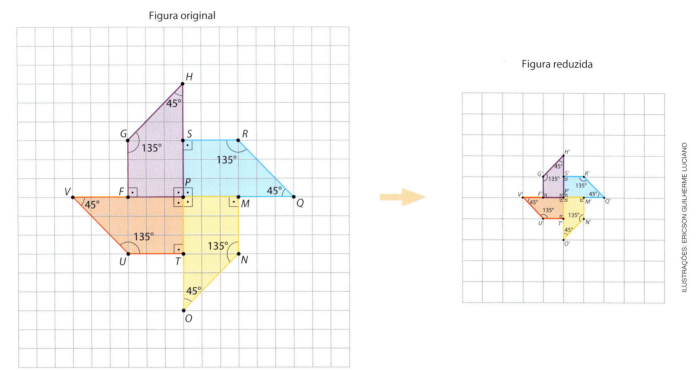

Note que as figuras têm a mesma forma e que cada segmento da figura reduzida mede $\frac{1}{3}$ do seu correspondente na figura original. Além disso, as medidas dos ângulos correspondentes são iguais.

Quando reduzimos proporcionalmente uma figura, as medidas dos ângulos correspondentes não são alteradas e as medidas dos segmentos correspondentes são proporcionais, ou seja, se dividirmos uma das medidas por 2, todas deverão ser divididas por 2; se dividirmos uma medida por 3, todas deverão ser divididas por 3; e assim por diante.

Quando fazemos ampliação ou redução, dizemos que a figura original e a figura obtida são **figuras semelhantes**. Assim, para construir uma figura semelhante a uma dada, podemos ampliá-la ou reduzi-la.

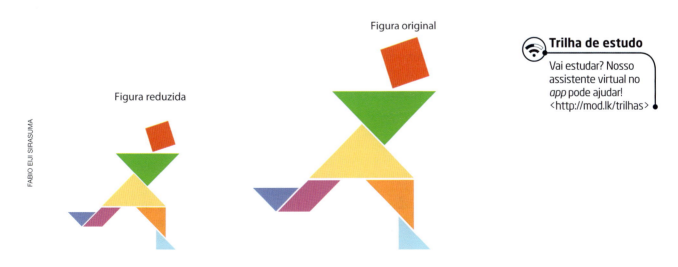

Trilha de estudo

Vai estudar? Nosso assistente virtual no *app* pode ajudar!
<http://mod.lk/trilhas>

285

ATIVIDADES

VAMOS PRATICAR

1. Observe as figuras abaixo.

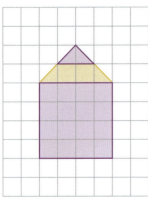

Figura 1

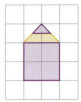

Figura 2

- Agora, responda às questões.

   a) Há alguma relação entre os lados correspondentes das figuras 1 e 2? Se sim, qual?

   b) O que podemos afirmar sobre as medidas dos ângulos correspondentes das figuras 1 e 2?

   c) O que você pode afirmar sobre as figuras 1 e 2?

2. Observe os retângulos abaixo e responda às questões.

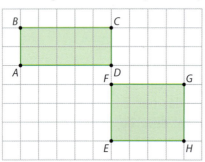

   a) Os ângulos correspondentes têm a mesma medida?

   b) Podemos dizer que os retângulos acima são semelhantes? Por quê?

VAMOS APLICAR

3. Em um plano cartesiano, construa um trapézio semelhante ao da figura abaixo, ampliando-o ou reduzindo-o.

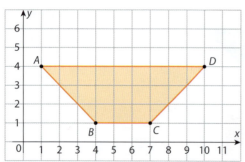

4. Em uma folha de papel quadriculado, construa uma figura semelhante à figura abaixo.

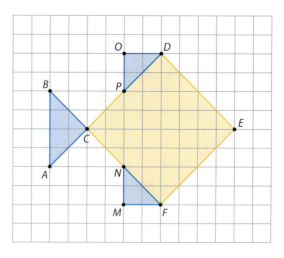

5. Ivo representou, em um plano cartesiano, um quadrilátero cujos vértices têm as seguintes coordenadas: $P(5, 2)$, $Q(6, 1)$, $R(8, 1)$ e $S(4, 5)$.

   a) Classifique o quadrilátero que ele desenhou.

   b) Podemos dizer que o quadrilátero representado por Ivo e o de vértices $T(8, 4)$, $U(10, 2)$, $V(12, 2)$ e $X(10, 4)$ são semelhantes? Por quê?

6. Observe a figura abaixo e, depois, responda às questões.

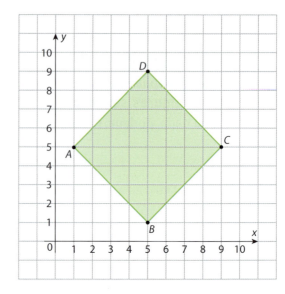

   a) Podemos afirmar que o polígono acima é regular? Por quê?

   b) Em um plano cartesiano, construa um polígono semelhante ao da figura acima.

ESTATÍSTICA E PROBABILIDADE
CÁLCULO DA PROBABILIDADE DE UM EVENTO

Acompanhe a situação a seguir.

A escola onde Paula estuda está rifando uma bicicleta. Nessa rifa, há 100 números, e somente um será premiado. Paula comprou 3 números dessa rifa e Davi, 4.

Sabendo que todos os números têm a mesma chance de serem sorteados, Paula quis calcular a medida da chance, isto é, a **probabilidade** de ela ganhar a bicicleta. Observe como ela fez.

- Se a rifa tem 100 números, então há 100 possibilidades de um número ser sorteado.
- Todos os números têm a mesma chance de serem sorteados. Então, para cada número há 1 possibilidade em 100. Assim, a probabilidade de um número ser sorteado é:

$$\frac{1}{100} \text{ ou } 0,01 \text{ ou } 1\%$$

- Como eu comprei 3 números, tenho 3 possibilidades em 100 de ganhar. Logo, a probabilidade de eu ganhar a bicicleta é:

$$\frac{3}{100} \text{ ou } 0,03 \text{ ou } 3\%$$

A probabilidade pode ser indicada por uma fração, por um número na forma decimal ou por uma porcentagem.

Davi comprou 4 números e, portanto, tem 4 possibilidades em 100 de ganhar. Então, a probabilidade de Davi ganhar é:

$$\frac{4}{100} = \frac{1}{25} \text{ ou } 0,04 \text{ ou } 4\%$$

Vamos, agora, analisar o que acontece com o lançamento de um "dado honesto".

Os resultados possíveis ao lançar um "dado honesto" são:

$$1, 2, 3, 4, 5, 6$$

Nessa situação, há 6 resultados possíveis e todos têm a mesma chance de ocorrer. Veja como podemos calcular a probabilidade de sair uma face com número par no lançamento de um "dado honesto".

Para isso, observamos que, entre as possibilidades, há 3 faces com números pares: as faces 2, 4 e 6. Isso significa que a probabilidade de sair uma face com número par é de 3 em 6, que podemos indicar por:

$$\frac{3}{6} = \frac{1}{2} \text{ ou } 0,5 \text{ ou } 50\%$$

ESTATÍSTICA E PROBABILIDADE

Investigando probabilidade com experimentos

No lançamento de uma "moeda honesta", a probabilidade de sair cara é $\frac{1}{2}$ ou 0,5 ou 50%. Assim, seria possível pensar que, se lançarmos a moeda um número qualquer de vezes, vai sair cara em metade delas. Mas, quando se realiza um experimento para testar essa hipótese, isso pode não ocorrer. Veja:

Note que, à medida que o número de lançamentos aumentava, a porcentagem de lançamentos que saiu cara ficava cada vez mais próxima da probabilidade de esse evento ocorrer, ou seja, ficava cada vez mais próxima de 50%. O mesmo ocorreu com a porcentagem de lançamentos que saiu coroa. Veja.

Número de lançamentos da "moeda honesta"	Porcentagem de resultados cara	Porcentagem de resultados coroa
10	20%	80%
50	36%	64%
100	55%	45%

ATIVIDADES

 Pensar e comunicar-se com clareza.

1. Leia a tirinha e responda às questões.

a) Supondo que o dado lançado pelo tucano seja "honesto", responda: qual é a probabilidade de sair a face com o número 12? E a face com o número 13?

b) Por que Bugio foi otimista?

2. A professora de Lucas levou pirulitos para a turma. Ela colocou em um saquinho 10 pirulitos, sendo 3 verdes e 7 vermelhos. Sabendo que Lucas vai pegar um pirulito do saquinho sem olhar, qual é a probabilidade de ele pegar um único pirulito vermelho?

3. Ronaldo e mais 24 colegas de classe participarão de um sorteio para a apresentação do trabalho de história da Matemática. A professora pretende sortear 4 alunos, de uma única vez, para a apresentação.

Qual é a probabilidade de Ronaldo ser um dos alunos sorteados? (Considere que todos os alunos têm a mesma probabilidade de serem sorteados.)

4. Para arrecadar fundos, uma instituição beneficente resolveu rifar um som portátil com uma cartela contendo 100 nomes. O valor a ser pago pela rifa dependia da letra que aparecesse após o comprador raspar o nome escolhido. Esses valores variavam de acordo com o seguinte quadro:

Letra	G	A	B	C
Valor	Grátis	2 reais	4 reais	6 reais

Sabe-se que nessa cartela havia 5 nomes com a letra G, 10 com a letra A, 15 com a letra B e 70 com a letra C.

a) Quanto a instituição vai arrecadar com a rifa?

b) Cássio foi a primeira pessoa a comprar um nome dessa cartela. Qual é a probabilidade de ele escolher um nome pelo qual não terá de pagar? E qual é a probabilidade de ele escolher um nome pelo qual terá de pagar 6 reais?

c) Felipe foi a segunda pessoa a comprar um nome dessa cartela. Ele viu que Cássio pagou 6 reais pelo nome escolhido. Qual é a probabilidade de Felipe escolher um nome pelo qual não terá de pagar? E qual é a probabilidade de ele escolher um nome pelo qual terá de pagar 6 reais? Escreva as respostas na forma de fração.

5. Um dado foi lançado 1.200 vezes, sendo que em 800 delas saiu a face de número 4. Em sua opinião, esse dado é "honesto"? Por quê?

289

ATIVIDADES COMPLEMENTARES

1. Escreva as coordenadas dos pontos indicados pelas letras.

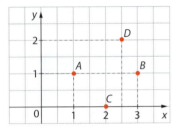

2. Observe a figura a seguir e responda às questões.

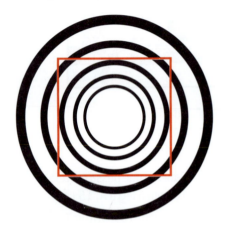

a) A linha vermelha da figura é uma poligonal? De que tipo?

b) E as linhas pretas, representam linhas poligonais?

3. Em cada uma das figuras a seguir, identifique os vértices, os lados, o número de lados e o nome do polígono.

a) 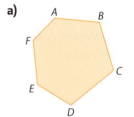   b)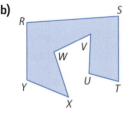

4. O mosaico é um desenho composto de figuras geométricas que se encaixam perfeitamente umas nas outras. Podemos desenhar um mosaico sobre uma malha, que pode ser quadriculada, triangular ou de outros formatos.

Identifique as representações de figuras geométricas presentes nos mosaicos.

5. Observe a figura e depois responda às questões.

a) Quantos deles triângulos há nessa figura?
b) Quantos deles são acutângulos?
c) Quantos deles são equiláteros?
d) Quantos deles são isósceles?
e) Quantos deles são escalenos e obtusângulos?

6. Desenhe o que se pede e responda à questão.

a) Um polígono cujo número de vértices seja maior que o número de lados.

b) Um quadrilátero convexo cujas medidas dos lados sejam iguais.

c) Um polígono convexo cujo número de diagonais seja igual ao número de vértices.

• Em quais desses casos não foi possível desenhar o polígono pedido? Explique.

7. Identifique a afirmação falsa e corrija-a.

a) Existem triângulos isósceles que são triângulos retângulos.

b) Existem triângulos escalenos que são acutângulos.

c) Existem triângulos equiláteros que são obtusângulos.

d) Existem triângulos escalenos que são obtusângulos.

8. Observe o quadrilátero no plano cartesiano abaixo e responda às questões.

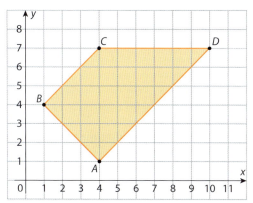

a) Quais são as coordenadas dos vértices desse quadrilátero?

b) Esse quadrilátero é um paralelogramo ou um trapézio? Por quê?

9. Observe as figuras abaixo.

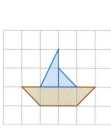 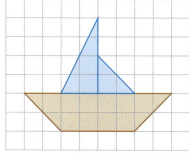

Figura 1   Figura 2

- Agora, identifique a afirmação falsa.
a) A figura 2 é uma ampliação da figura 1.
b) A figura 1 é uma redução da figura 2.
c) Ambas as figuras são formadas por dois triângulos retângulos e um paralelogramo.
d) As figuras 1 e 2 são semelhantes.

10. Luís e Norma vão montar um mural com as fotos de 7 amigos. Luís vai emoldurar as fotos dos meninos com um quadrado, e Norma, as fotos das meninas com um pentágono. A soma dos números de vértices dos polígonos é 31. Quantos meninos e quantas meninas há no grupo?

11. Faça o que se pede.
- Primeiro, decalque a figura abaixo em uma folha de papel sulfite.

- Depois, recorte nas linhas vermelhas, obtendo as peças do quebra-cabeça.
- Com as peças, monte um triângulo isósceles, como o representado abaixo.

12. Observe, abaixo, o *tangram*, um quebra-cabeça chinês formado por sete peças.

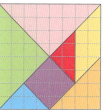

Com essas peças, é possível formar diversas figuras. Veja algumas delas.

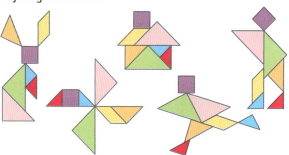

- Copie as peças do *tangram* em uma cartolina e recorte-as. Depois, tente formar os seguintes polígonos convexos:
a) um paralelogramo, com duas peças;
b) um retângulo, com três peças;
c) um triângulo retângulo, com todas as peças;
d) um trapézio, com todas as peças;
e) um hexágono, com todas as peças.

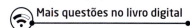
Mais questões no livro digital

UNIDADE 11
MEDIDAS DE COMPRIMENTO E MEDIDAS DE SUPERFÍCIE

1 GRANDEZAS

Observe algumas informações do manual da geladeira que Ramon comprou.

Especificações técnicas	
Altura máxima	1,79 m
Largura	89,5 cm
Profundidade com porta fechada e sem puxador	73 cm
Profundidade com porta da geladeira aberta	1,15 m
Capacidade de armazenamento	504 L
Massa	115 kg
Tensão	127 V
Potência	265 W

Esse manual fornece várias informações sobre a geladeira, como as dimensões, a capacidade, a massa, a tensão e a potência. Todos esses atributos podem ser medidos; esses são exemplos de **grandezas**.

No dia a dia, lidamos com diferentes grandezas: comprimento, massa, capacidade, tempo, superfície, temperatura, velocidade, entre outras.

OBSERVAÇÃO

Embora massa e peso estejam estreitamente relacionados, são grandezas diferentes. A **massa** é a grandeza que pode ser medida por meio de uma balança. Já o **peso** é a força com que os corpos são atraídos para o centro de um astro.

O astronauta Buzz Aldrin caminhou na superfície da Lua em 1969. Na Lua e na Terra, a massa do astronauta é a mesma.

Já seu peso na Lua equivale a cerca de $\frac{1}{6}$ do valor que tem na Terra.

IDEIA DE MEDIDA

Nas imagens abaixo, um clipe e o palmo de uma pessoa serviram de unidade para medir duas grandezas: o comprimento e a largura (de um caderno).

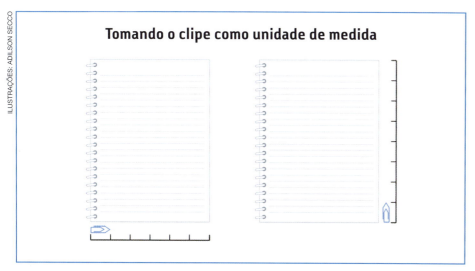

A medida da largura do caderno equivale a 6 clipes, e a medida do comprimento, a 8 clipes.

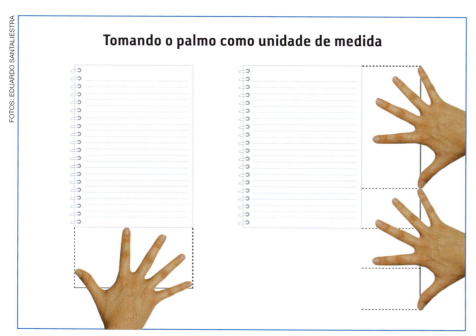

A medida da largura do caderno equivale a 1 palmo dessa pessoa, e a medida do comprimento, a $1\frac{1}{3}$ de palmo.

Para medir qualquer grandeza, é necessário escolher uma unidade adequada e compará-la com o que será medido. Depois, deve-se fazer a contagem das unidades obtidas na comparação.

A escolha da unidade vai depender da precisão desejada ao medir. Quanto maior o tamanho da unidade, menor é o número de vezes que a utilizamos na medição.

PARA FAZER

Meça seu caderno usando seu palmo como unidade de medida. Registre a medida mais exata possível.

Para escrever essa medida, você usou um número na forma de fração ou na forma decimal? Como estimou a parte não inteira?

Qual deles está errado? Por quê?

Posso comparar minha altura com minha massa.

Posso comparar a altura de uma pessoa com a largura de um campo de futebol.

293

O SISTEMA INTERNACIONAL DE UNIDADES (SI)

A necessidade de medir é muito antiga e, por um longo tempo, cada povo desenvolveu seu próprio sistema de medidas. Muitas das unidades de medida tinham como referência o corpo humano: palmo, pé, polegada, braça etc.

Como as pessoas de uma região não estavam habituadas com o sistema de medidas de outras regiões e como os padrões eram muitas vezes subjetivos, ocorriam diversos problemas na comunicação e no comércio.

Após a Revolução Francesa, em 1789, a Academia de Ciências da França unificou o sistema de medidas no país com base em padrões simples, fixos e científicos. Assim, foi construído o Sistema Métrico Decimal, do qual constava, entre outras unidades, o metro (que deu nome ao sistema). O Brasil adotou esse sistema em 1862.

Em 1799, foi construído o metro padrão: uma barra de liga de platina de 1 metro de comprimento. Somente em 1983 foi proposta a definição atual, baseada na velocidade da luz.

Réplica do metro padrão.

Em 1960, foi aprovado em Paris, pela Conferência Geral de Pesos e Medidas (CGPM), o Sistema Internacional de Unidades (SI), versão moderna e atualizada do Sistema Métrico Decimal. O Brasil adotou o SI em 1962.

ALGUMAS UNIDADES DO SI

Observe o quadro a seguir com algumas unidades do SI de uso mais frequente.

Grandeza	Unidade de medida-padrão		
	Nome	Plural do nome	Símbolo
Comprimento	metro	metros	m
Superfície	metro quadrado	metros quadrados	m^2
Espaço	metro cúbico	metros cúbicos	m^3
Tempo	segundo	segundos	s
Velocidade	metro por segundo	metros por segundo	m/s
Massa	quilograma	quilogramas	kg
Vazão	metro cúbico por segundo	metros cúbicos por segundo	m^3/s

OBSERVAÇÃO

Há ainda a unidade litro (símbolo: L), que o SI incluiu por prazo indeterminado. A unidade litro é usada no dia a dia quando o volume (medida do espaço) está relacionado com a capacidade. Na unidade 12, você estudará mais sobre volume e capacidade.

ATIVIDADES

VAMOS PRATICAR

1. Faça uma lista de todas as unidades de medida que você conhece relativas a:
   a) comprimento;
   b) massa;
   c) tempo;
   d) temperatura;
   e) área;
   f) volume.

2. Resolva o problema a seguir considerando o ano com 12 meses de 30 dias, como se fosse uma situação comercial.

"Estou namorando há 3 meses, 5 dias e 2 horas."

- Qual é a data e o horário em que o rapaz começou a namorar?

3. Márcio estava se sentindo febril. Sua mãe mediu sua temperatura e verificou que o termômetro marcava 38,7 °C. Ela telefonou para a pediatra, que receitou um antitérmico e pediu-lhe que verificasse a temperatura de Márcio a cada meia hora. Observe abaixo as anotações que a mãe de Márcio fez e, em seguida, responda: quantos graus Celsius a temperatura de Márcio baixou a cada meia hora?

Temperatura inicial: 38,7 °C
Depois de meia hora: 38,3 °C
Depois de uma hora: 37,5 °C
Depois de uma hora e meia: 36,9 °C

2 MEDIDAS DE COMPRIMENTO

Já vimos que as unidades de medida passaram a ser estabelecidas pelo Sistema Internacional de Unidades, que adota o **metro** (m) como unidade padrão para medir comprimentos.

Mas será que o metro é a unidade de medida adequada para todas as situações? Que unidade devemos usar para medir, por exemplo, a distância entre duas cidades? E para medir o comprimento de uma cochonilha? Para casos como esses, foram criadas unidades maiores que o metro e unidades menores que o metro.

A cochonilha, inseto usado na indústria de cosméticos e de alimentos, mede de 3 a 4 milímetros de comprimento.

A ponte Rio-Niterói tem extensão total de 13,29 km, dos quais 8,83 km são sobre a água. Ela tem 72 m de altura em seu ponto mais alto. Foto de 2016.

METRO E CENTÍMETRO

Como vimos, o metro é a unidade padrão de medida de comprimento. Ele é adequado para medir, por exemplo, a altura de uma pessoa, a altura de um prédio ou o comprimento de uma sala.

No entanto, há situações em que outras unidades de medida são mais adequadas. Veja um exemplo a seguir.

A figura abaixo representa o pedaço de madeira que o marceneiro vai serrar ao meio.

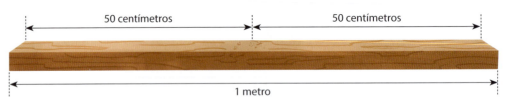

Sabemos que 50 centímetros mais 50 centímetros é igual a 100 centímetros, que é o mesmo que 1 metro.

Então, são necessários 100 centímetros para formar 1 metro.

> 1 metro equivale (ou corresponde) a 100 centímetros.

Assim, podemos escrever:

$$1\text{ m} = 100\text{ cm} \quad \text{ou} \quad 1\text{ cm} = \frac{1}{100}\text{ m} = 0{,}01\text{ m}$$

OBSERVAÇÃO

Indicamos 1 centímetro por 1 cm.

CENTÍMETRO E MILÍMETRO

Para medir o comprimento de alguns objetos, podemos utilizar como unidade de medida o **milímetro**.

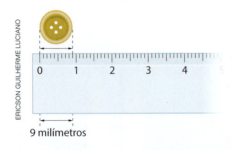

9 milímetros

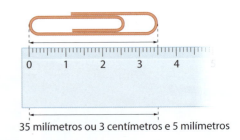

35 milímetros ou 3 centímetros e 5 milímetros

Dividindo 1 centímetro em 10 partes iguais, cada uma das partes equivale a 1 milímetro.

Um centímetro equivale a dez milímetros.

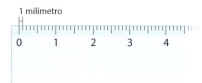

Assim, podemos escrever:

$$1\text{ cm} = 10\text{ mm} \quad \text{ou} \quad 1\text{ mm} = \frac{1}{10}\text{ cm} = 0{,}1\text{ cm}$$

OBSERVAÇÃO

Indicamos 1 milímetro por 1 mm.

PARA PENSAR

Quantos milímetros formam 1 metro?

QUILÔMETRO E METRO

Manoela iniciou sua caminhada diária caminhando 600 metros da sua casa até a padaria e, depois, mais 400 metros até a farmácia. Veja.

Manoela caminhou 600 metros mais 400 metros, que são 1.000 metros ou 1 quilômetro.

Dividindo 1 quilômetro em 1.000 partes iguais, cada uma das partes equivale a 1 metro.

Um quilômetro equivale a mil metros.

Assim, podemos escrever:

$$1\text{ km} = 1.000\text{ m} \text{ ou } 1\text{ m} = \frac{1}{1.000}\text{ km} = 0{,}001\text{ km}$$

OBSERVAÇÃO

Indicamos 1 quilômetro por 1 km.

PENSAMENTO COMPUTACIONAL

Lucas montou um carrinho-robô utilizando peças eletrônicas que seu pai lhe deu. Esse robô recebe instruções de um computador, e uma de suas funcionalidades é desenhar sobre uma superfície plana. O carro-robô de Lucas desenha andando sobre uma superfície e riscando-a com um lápis preso à sua estrutura. Veja, ao lado, a sequência de passos que Lucas enviou ao robô.

a) O robô de Lucas desenhou uma figura com essa sequência de passos na cartolina. Que figura é essa?

b) Qual é a medida do lado dessa figura?

c) Se o robô estava parado sobre o papel, já com o lápis posicionado quando começou a desenhar, qual foi o comprimento total do risco que o robô fez no papel?

ATIVIDADES

VAMOS PRATICAR

1. Escreva a unidade de medida mais adequada para medir:
   a) o comprimento de uma mangueira de jardim;
   b) a espessura de um livro;
   c) a distância entre Salvador e Manaus;
   d) sua altura;
   e) a espessura de uma moeda.

2. Corrija as afirmações abaixo.
   a) 1 centímetro equivale a 1 décimo do metro.
   b) 1 milímetro é o mesmo que $\frac{1}{1.000}$ do centímetro.
   c) 1 metro equivale a $\frac{1}{100}$ do quilômetro.
   d) 1 milímetro equivale a 0,01 metro.

3. Escreva, em cada item, a medida correspondente em metro.
   a) 2 km   b) 5 km   c) 0,37 km   d) 3,7 km

4. Expresse as medidas correspondentes em metro.
   a) 400 cm   b) 60 cm   c) 35 cm   d) 8 cm

VAMOS APLICAR

5. Com o auxílio de uma régua, meça o comprimento dos segmentos a seguir e dê suas medidas em centímetro.

   a)
      A   B

   b)
      C   D

   c)
      E   F

6. Priscila comprou retalhos em uma liquidação para usar na confecção de colchas artesanais. Ela escolheu cinco peças com estampas diferentes. As peças têm os comprimentos indicados abaixo.

   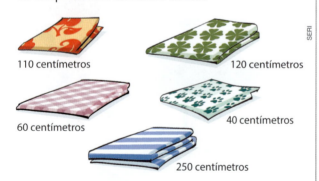

   110 centímetros   120 centímetros
   60 centímetros   40 centímetros
   250 centímetros

   • Quanto ela pagou no total se o metro do tecido custa R$ 4,50?

7. Qual é a medida de cada objeto em milímetro?

   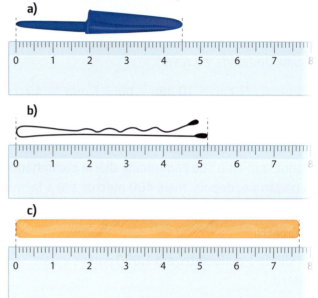

8. Para pescar, Jair percorre 8 quilômetros de carro, 700 metros a pé e 2,5 quilômetros de barco. Qual é a distância total, em metro, percorrida por Jair para ir à pescaria?

R1. Esta é a planta baixa do apartamento da família Silva. Nela, cada centímetro equivale a 100 cm na realidade. Com o auxílio de uma régua, meça o comprimento da sala e determine seu valor real em metro.

Resolução

Com uma régua, verificamos que o comprimento da sala na planta é 5,3 cm. Como cada centímetro na planta equivale a 100 cm na realidade, multiplicando 5,3 por 100, encontramos a medida real da sala em centímetro.

5,3 · 100 = 530

Logo, o comprimento real da sala é 530 cm. Agora, vamos transformar 530 cm em metro.

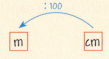

530 cm = (530 : 100) m = 5,3 m

Portanto, a sala da família Silva tem 5,3 metros de comprimento.

9. Observe a planta baixa de uma casa e depois faça o que se pede.

a) Quais cômodos há nessa casa?

b) Determine o comprimento real do banheiro e a largura real da cozinha, sabendo que, nessa planta, cada centímetro corresponde a 100 cm.

10. Use uma régua para resolver o problema.

Elaborado com base em: Graça Maria Lemos Ferreira. *Moderno atlas geográfico*. 6. ed. São Paulo: Moderna, 2016. p. 55.

A escala desse mapa (no canto inferior esquerdo) indica que cada centímetro equivale a 730 km. Determine a distância em linha reta entre as capitais relacionadas, na unidade de medida que se pede:

a) Entre Rio de Janeiro e Campo Grande, em quilômetro.

b) Entre Florianópolis e Rio Branco, em metro.

3 MEDIDAS DE SUPERFÍCIE

Quando queremos determinar a quantidade de tinta necessária para pintar uma parede, podemos medir a superfície da parede, ou seja, determinar sua **área**.

Para revestir um piso com cerâmica também é necessário saber a área desse piso

Considerando uma cerâmica como unidade de área, a área do piso será a quantidade de cerâmicas necessárias para revesti-lo. Observe no esquema que são necessárias 48 cerâmicas para revesti-lo.

Portanto, a área do piso é de 48 cerâmicas.

299

Como ficaria esse cálculo se o desenho das cerâmicas não estivesse na planta? E se não soubéssemos a medida da cerâmica? E se houvesse apenas o comprimento e a largura do cômodo?

No Sistema Internacional de Unidades, existem unidades de medida que facilitam esses cálculos, pois todas as pessoas podem usá-las como referência. No caso de medidas de superfície, a unidade padrão é o **metro quadrado** (m^2).

O **metro quadrado** corresponde à medida da superfície de um quadrado de lados medindo 1 metro.

ÁREA EM CENTÍMETRO QUADRADO

Olívia é enfermeira e está colocando no joelho de Pedro um curativo que lembra um quadrado com 1 centímetro de lado. Veja.

O curativo tem 1 **centímetro quadrado** de área.

O **centímetro quadrado** corresponde à medida da superfície de um quadrado de lados medindo 1 centímetro.

PARA PENSAR

- O que você entende por 1 milímetro quadrado (1 mm^2)?
- Quantos milímetros quadrados são necessários para cobrir uma superfície de 1 centímetro quadrado?
- A que fração do centímetro quadrado corresponde 1 milímetro quadrado?
- Imagine 1 metro quadrado dividido em quadradinhos de 1 cm de lado. Quantos centímetros quadrados são necessários para cobrir uma superfície de 1 metro quadrado?

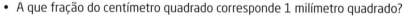

OBSERVAÇÃO

Indicamos 1 centímetro quadrado por 1 cm^2.

ÁREA EM QUILÔMETRO QUADRADO

Acompanhe a situação a seguir.

O **quilômetro quadrado** corresponde à medida da superfície de um quadrado de lados medindo 1 quilômetro.

OBSERVAÇÃO

Indicamos 1 quilômetro quadrado por 1 km².

No dia a dia, encontramos muitas informações expressas em quilômetros quadrados. Veja alguns exemplos.

Fato ocorrido em 12 de julho de 2017.

PARA PENSAR

A superfície em que está localizada sua escola tem área maior ou menor que 1 km²?

ATIVIDADES

VAMOS PRATICAR

1. Observe as representações do piso de duas salas.

 1 cerâmica

Piso da sala 1

 1 cerâmica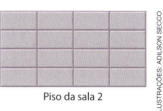

Piso da sala 2

a) Calcule a área do piso da sala 1, tendo como unidade de área a cerâmica .

b) Calcule a área do piso da sala 2, tendo como unidade de área a cerâmica .

2. Escreva a unidade de medida mais adequada para medir:

   a) a área da cidade de Maceió;
   b) a área do terreno de uma residência;
   c) a área de uma lajota;
   d) a área de cada retalho usado em uma colcha.

3. Determine a área de cada figura em centímetro quadrado.

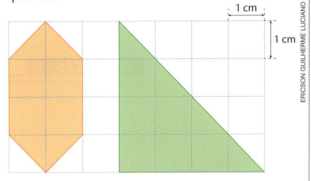

VAMOS APLICAR

4. Observe as figuras e responda às questões.

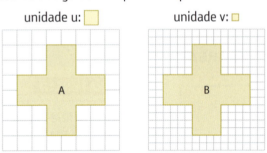

   a) Qual é a área da figura A? E da B?
   b) Qual das duas figuras tem maior área? (Considere que 1 u equivale a 4 v.)

5. Mariana mandou trocar o piso de seu quarto. Para isso, comprou lajotas de 0,09 m² de área. Quantas lajotas são necessárias para cobrir a superfície do piso se o quarto tem 9 m² de área?

6. Elabore um problema com base na seguinte notícia.

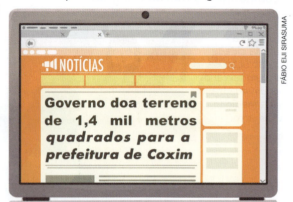

Informação divulgada no site do governo do estado do Mato Grosso do Sul, em 2015. Disponível em: <http://www.ms.gov.br/governo-doa-terreno-de-14-mil-metros-quadrados-para-prefeitura-de-coxim/>. Acesso em: 27 maio 2018.

R1. Calcule a área da superfície verde.

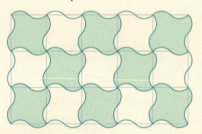

Considere que o quadrado da malha quadriculada tem 1 cm² de área.

Resolução

Como as figuras verdes têm a mesma área, basta calcular a área de uma delas e, depois, multiplicar o valor obtido pela quantidade de figuras (8 figuras verdes vão compor a superfície). Para calcular a área de uma figura, podemos desenhá-la separadamente e reorganizá-la.

A área se mantém.

Analisando a figura, vemos que as partes que estavam fora do quadrado se encaixam nas partes que não eram verdes. Portanto, a área de uma das figuras corresponde à área de um quadrado.

Área de uma figura: 1 cm²

Área da superfície:

$$(8 \cdot 1) \text{ cm}^2 = 8 \text{ cm}^2$$

7. Decomponha as figuras e componha-as de forma adequada para determinar a área de cada uma. (Considere que cada quadradinho da malha tem 1 cm² de área.)

a)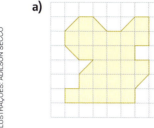

c)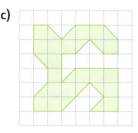

b)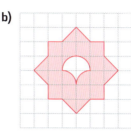

d)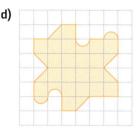

8. Em uma folha de papel quadriculado, desenhe os polígonos pedidos em cada caso considerando o quadradinho da malha a unidade de área.

a) Um polígono de área igual a 6 quadradinhos.
b) Um polígono de área igual a 15 quadradinhos.
c) Um quadrilátero com área igual a 7 quadradinhos.
d) Um octógono com área igual a 4 quadradinhos.

9. Eduardo quer desenhar, em uma folha de papel quadriculado, a planta baixa de seu terreno. Ele considerou que cada quadradinho da folha iria representar 1 m² de seu terreno.

Ajude Eduardo a fazer esse desenho, sabendo que o terreno tem 40 m² de área e 5 m de frente.

10. Observe a figura e responda às questões.

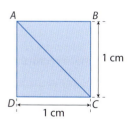

a) Qual é a área do quadrado ABCD?
b) Qual é a área do triângulo ACD?
c) Que relação há entre a área do triângulo ACD e a do quadrado ABCD?

4 PERÍMETRO E ÁREA

Michele cria porcos e galinhas em seu sítio. Observe a vista superior dos locais destinados a essas criações, representados em uma malha quadriculada.

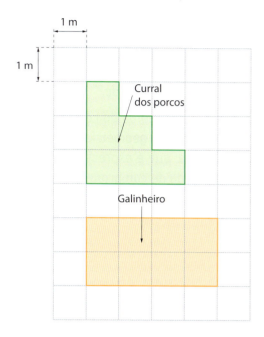

O lado de cada quadradinho da malha representa 1 metro de comprimento.

- Quais animais ficam no local de maior área: os porcos ou as galinhas?
- Michele vai cercar os dois locais com uma tela. Qual local tem o contorno de maior comprimento: o curral dos porcos ou o galinheiro?

Contando a quantidade de quadradinhos de 1 m², é possível observar que o curral dos porcos tem 6 m² de área e o galinheiro, 8 m². Então, as galinhas ficam no local de maior área.

Quanto à medida do comprimento do contorno do galinheiro, temos:

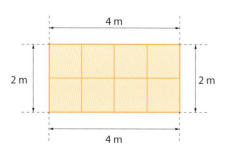

$$4\,m + 4\,m + 2\,m + 2\,m = 12\,m$$

Para cercar o galinheiro, Michele gastará 12 metros de tela.

303

Quanto à medida do comprimento do contorno do curral dos porcos, observe a figura ao lado.

Portanto, para cercar o curral dos porcos, Michele também gastará 12 metros de tela.

Logo, os dois locais têm contorno de mesmo comprimento.

Vimos que área é a medida de uma superfície e é expressa por uma unidade de área, por exemplo, o metro quadrado.

Já a medida do comprimento do contorno de uma figura geométrica plana é o **perímetro** dessa figura, que é expresso por uma das unidades de medida de comprimento, como o metro.

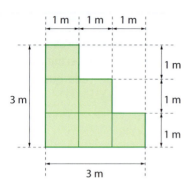

$3\,m + 1\,m + 1\,m + 1\,m + 1\,m + 1\,m + 1\,m + 3\,m = 12\,m$

EXEMPLO

Para obter o perímetro do retângulo ao lado, devemos adicionar as medidas de seus lados:
$0{,}5\,cm + 2{,}5\,cm + 0{,}5\,cm + 2{,}5\,cm = 6\,cm$
Então, o perímetro do retângulo é igual a 6 cm.

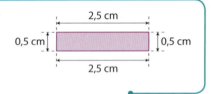

OBSERVAÇÃO

Podemos determinar o perímetro de qualquer figura plana. Veja como podemos determinar, com o auxílio de um barbante, o perímetro da figura a seguir, que não é um polígono.

A medida do comprimento do barbante que sobrepõe o contorno dessa figura é o seu perímetro.

ATIVIDADES

VAMOS PRATICAR

R1. Entre as figuras abaixo, encontre as que têm mesma área e perímetros diferentes.

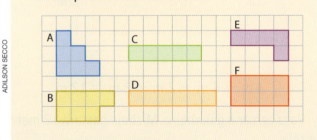

Resolução

Inicialmente, devemos encontrar a área de cada figura. Para isso, tomamos como unidade de área o quadradinho e contamos a quantidade de quadradinhos que cobrem a superfície de cada figura.

Área:

Figura A: 6 quadradinhos   Figura D: 6 quadradinhos
Figura B: 7 quadradinhos   Figura E: 5 quadradinhos
Figura C: 5 quadradinhos   Figura F: 8 quadradinhos

Como as figuras que têm a mesma área são A e D (6 quadradinhos) e C e E (5 quadradinhos), calculamos o perímetro dessas figuras. Para isso, consideramos como unidade de medida de comprimento o lado do quadradinho.

Perímetro:

Figura A: 12   Figura C: 12

Figura D: 14   Figura E: 12

Logo, as figuras que têm mesma área e perímetros diferentes são as figuras A e D.

1. Calcule a área e o perímetro de cada figura, considerando o quadradinho da malha a unidade de área e o lado dele a unidade de medida de comprimento. Depois, responda às questões.

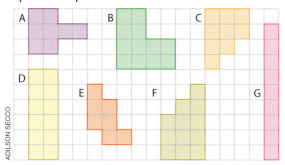

a) Que figuras têm a mesma área e perímetros diferentes?

b) Que figuras têm o mesmo perímetro e áreas diferentes?

c) Que figuras têm a mesma área e o mesmo perímetro?

2. Observe os quadrados abaixo e calcule a área e o perímetro de cada um deles.

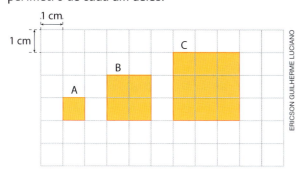

Comparando os quadrados, podemos afirmar que:

a) quando a medida dos lados dobra, o perímetro também dobra? E quando a medida dos lados triplica?

b) quando a medida dos lados dobra, a área também dobra? E quando a medida dos lados triplica?

VAMOS APLICAR

3. Em uma folha de papel quadriculado, construa:

a) dois retângulos diferentes de mesma área;

b) dois retângulos diferentes de mesmo perímetro;

c) duas figuras diferentes com a mesma área.

4. Observe a planta de uma casa retangular e responda às questões.

a) Qual é o perímetro da garagem, em metro?

b) Qual é o perímetro dessa casa, em metro?

5. As frases abaixo formam um problema. Veja.

a) Ordene as frases e escreva o problema.

b) Resolva o problema que você escreveu no item anterior.

6. Observe a figura e depois faça o que se pede.

a) Reposicione os quadradinhos da figura acima para formar um novo retângulo de maneira que ele tenha o maior perímetro possível.

b) E como a figura ficaria para ter o menor perímetro possível?

305

Área e perímetro

A professora solicitou aos alunos que calculassem a área e o perímetro das figuras A e B a seguir.

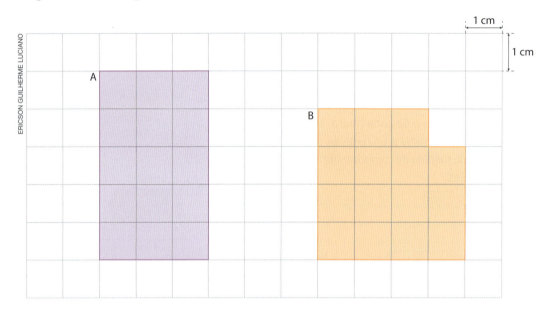

Veja como Yoko e Manoela fizeram:

REFLITA

a) Explique como cada uma encontrou o perímetro da figura B.

b) Podemos dizer que uma delas encontrou o valor correto do perímetro da figura B, mas utilizando uma estratégia equivocada? Se sim, qual delas? Justifique sua resposta.

DISCUTA E CONCLUA

Observe agora como Yoko e Manoela determinaram a área e o perímetro das figuras C e D a seguir.

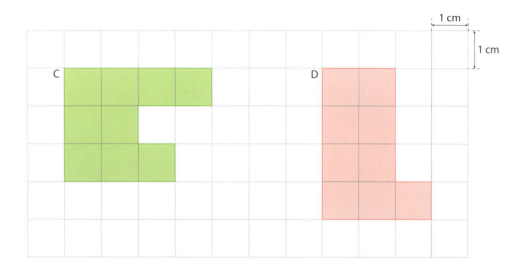

a) Qual delas **não** encontrou corretamente o perímetro da figura D? Por quê?

b) Em uma malha quadriculada, desenhe pares de figuras de mesma área, mas perímetros diferentes.

c) Volte ao **item b** do *Reflita* da página anterior e veja se você mudaria as respostas que deu lá.

INFORMÁTICA E MATEMÁTICA

Cálculo da área de um retângulo

Nesta seção, você vai utilizar o *software* de Geometria dinâmica que seu professor indicará para investigar a relação entre as medidas dos lados e a área de um retângulo.

CONSTRUA

Siga os passos abaixo para construir um retângulo.

1º) Marque os pontos A e B.
2º) Trace uma reta *f* passando pelos pontos A e B.
3º) Trace uma reta *g* perpendicular a *f* passando por A.
4º) Trace uma reta *h* perpendicular a *f* passando por B.
5º) Marque um ponto C sobre a reta *g*.
6º) Trace uma reta *i* paralela a *f* passando por C. Indique por D o ponto de intersecção entre as retas *i* e *h*.
7º) Construa o retângulo cujos vértices sejam os pontos A, B, D e C.

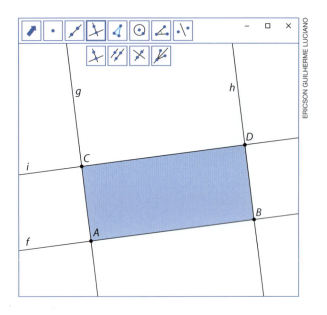

INVESTIGUE

Faça o que se pede usando as ferramentas do *software*.

a) Determine a medida dos lados $\overline{AB}$ e $\overline{AC}$ do retângulo ABDC construído anteriormente.
b) Utilize a ferramenta "área" para determinar a área do retângulo ABDC.
c) Arraste o ponto A ou o ponto B e investigue que relação há entre as medidas dos lados $\overline{AB}$ e $\overline{AC}$ e a área do retângulo ABDC. O que você observou?
d) Podemos dizer que a área de um quadrado é obtida da mesma maneira que a área de um retângulo? Por quê?

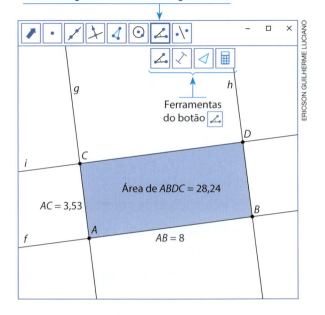

Neste exemplo de tela, um botão foi clicado e surgiram as ferramentas calculadora, medida de segmento, medida de ângulo e área.

Ferramentas do botão

Área de ABDC = 28,24
AC = 3,53
AB = 8

5 ÁREA DE RETÂNGULOS

Considere os retângulos representados a seguir.

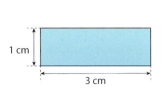 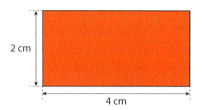 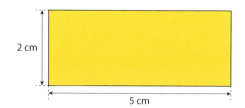

Vamos calcular a área desses retângulos tomando como unidade de área 1 cm². Para isso, vamos dividi-los em quadrados com 1 cm de lado.

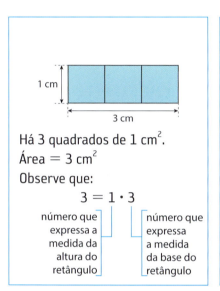

Há 3 quadrados de 1 cm².
Área = 3 cm²
Observe que:
$$3 = 1 \cdot 3$$
número que expressa a medida da altura do retângulo — número que expressa a medida da base do retângulo

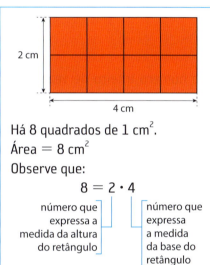

Há 8 quadrados de 1 cm².
Área = 8 cm²
Observe que:
$$8 = 2 \cdot 4$$
número que expressa a medida da altura do retângulo — número que expressa a medida da base do retângulo

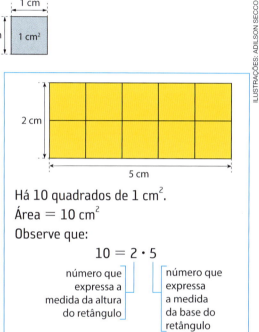

Há 10 quadrados de 1 cm².
Área = 10 cm²
Observe que:
$$10 = 2 \cdot 5$$
número que expressa a medida da altura do retângulo — número que expressa a medida da base do retângulo

Para calcular a área da superfície de um muro retangular de 30 metros de comprimento por 4 metros de altura, temos de desenhar os quadrados e contá-los?

Área = 30 m · 4 m = 120 m²

Usamos esse procedimento para determinar a área de qualquer retângulo.

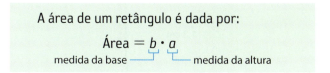

A área de um retângulo é dada por:
$$\text{Área} = b \cdot a$$
medida da base —— medida da altura

OBSERVAÇÃO

Ao calcular a área de um retângulo, deve-se verificar se a medida da base e da altura estão na mesma unidade de medida. Se os lados estão em centímetro (cm), a área é dada em centímetro quadrado (cm²); se os lados estão em metro (m), a área é dada em metro quadrado (m²); e assim por diante.

Veja, a seguir, um exemplo do cálculo da área de um retângulo cujos lados têm medidas não inteiras. Será que a área do retângulo ao lado pode ser obtida calculando 6,2 cm · 2,5 cm como nos exemplos anteriores?

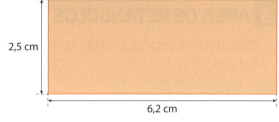

Vamos primeiro dividir a unidade de área 1 cm² em 100 quadrados iguais com lados de 0,1 cm. Temos que a área de cada um desses quadrados corresponde a um centésimo de 1 cm², ou seja, 0,01 cm². Vamos considerar um desses quadrados a unidade de área.

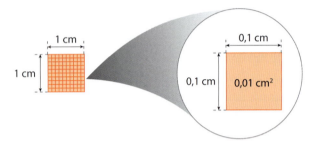

Temos que essa unidade de área cabe um número inteiro de vezes nesse retângulo.

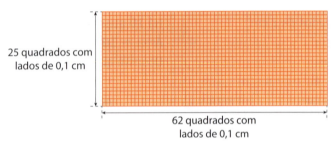

Planta baixa
Use o simulador e mobilie dois espaços com áreas diferentes.

Assim, a área desse retângulo será:

$(62 \cdot 25) \cdot 0{,}01 \text{ cm}^2 =$ ⎯⎯ número de quadrados com lados de 0,1 cm que cabem no retângulo

$= (62 \cdot 25) \cdot 0{,}1 \text{ cm} \cdot 0{,}1 \text{ cm} =$ ⎯⎯ $0{,}01 \text{ cm}^2 = \frac{1}{100} \text{ cm}^2 = \frac{1}{10} \text{ cm} \cdot \frac{1}{10} \text{ cm} = 0{,}1 \text{ cm} \cdot 0{,}1 \text{ cm}$

$= (62 \cdot 0{,}1 \text{ cm}) \cdot (25 \cdot 0{,}1 \text{ cm}) =$ ⎯⎯ propriedade associativa da multiplicação

$= 6{,}2 \text{ cm} \cdot 2{,}5 \text{ cm} =$

$= 15{,}5 \text{ cm}^2$

Portanto, a área do retângulo foi obtida calculando 6,2 cm · 2,5 cm. O exemplo acima sugere que o procedimento para o cálculo da área de um retângulo é válido mesmo que seus lados tenham medidas não inteiras.

OBSERVAÇÃO

Podemos calcular a área de qualquer retângulo com lados de medidas não inteiras multiplicando a medida da base pela medida de sua altura.

EXEMPLO

A área do retângulo representado ao lado é:
Área = 3 cm · 1,3 cm
Área = 3,9 cm²

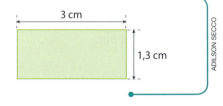

ÁREA DO QUADRADO

Já vimos que o quadrado é um caso particular de retângulo, cujos lados têm mesma medida.

Vamos, então, determinar a área do quadrado cujo lado mede 2 cm.

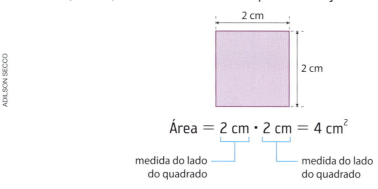

Área = 2 cm · 2 cm = 4 cm²

medida do lado do quadrado   medida do lado do quadrado

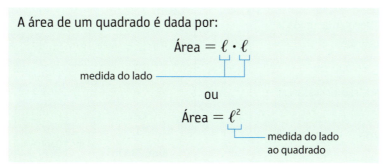

A área de um quadrado é dada por:

$$\text{Área} = \ell \cdot \ell$$

medida do lado

ou

$$\text{Área} = \ell^2$$

medida do lado ao quadrado

Organize o que você aprendeu fazendo a atividade 2 da página 344.

ATIVIDADES

VAMOS PRATICAR

1. Com o auxílio de uma régua, meça os lados dos retângulos e calcule o perímetro e a área de cada um.

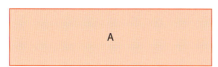

- Agora, responda às questões.

   a) Que retângulo tem maior área? É o retângulo que tem o maior perímetro?

   b) Que retângulo tem menor área? É o retângulo que tem o menor perímetro?

2. Guilherme comprou um terreno de formato retangular medindo 20 m de frente por 15 m na lateral. Qual é a área do terreno de Guilherme?

3. Desenhe em seu caderno:

   a) um quadrado de área igual a 9 cm²;

   b) um retângulo de área igual a 18 cm² e que tenha um dos lados medindo 6 cm;

   c) um retângulo de área igual a 3 cm².

4. Desenhe em seu caderno dois quadrados: um azul de 2 cm de lado e outro verde com 4 cm de lado. Depois, responda.

   a) Qual é a área do quadrado azul? E a do quadrado verde?

   b) Qual é a área do quadrado verde, considerado o azul como unidade?

VAMOS APLICAR

R1. Luana vai cobrir o chão de sua sala com lajotas que têm 400 cm² de área. A sala tem formato retangular, com 2 m de comprimento e 4 m de largura. Quantas lajotas, aproximadamente, serão necessárias para cobrir todo o chão da sala?

Resolução

Primeiro, devemos calcular a área da sala. Como o formato da sala é retangular, para calcular a área fazemos: 2 m · 4 m

Área da sala: A = 8 m²

Como a unidade de medida de área da lajota é o centímetro quadrado, vamos transformar a unidade de área da sala em centímetro quadrado.

8 m² = (8 · 10.000) cm² = 80.000 cm²

Agora, para saber quantas lajotas serão necessárias, basta fazer a divisão:

80.000 : 400 = 200

Portanto, serão necessárias 200 lajotas.

5. O chão de um quintal será coberto por ladrilhos de formato hexagonal. Cada ladrilho tem 300 cm², e o quintal é retangular, com 6 m de comprimento e 3 m de largura. Quantos ladrilhos, aproximadamente, serão necessários para cobrir o chão desse quintal?
(*Dica*: faça um esquema para representar a situação.)

R2. Desenhe um retângulo de área igual a 2 cm², com um dos lados medindo 2 cm.

Resolução

Para desenhar o retângulo, precisamos conhecer a medida de seus lados. Sabemos que a área do retângulo é dada pela multiplicação entre essas medidas. Devemos então descobrir qual é o outro número que, ao ser multiplicado por 2, resulta em 2.

   Área = b · a = 2 cm²

1 · 2 = 2 ⎫ só há essas duas
2 · 1 = 2 ⎭ possibilidades

Um retângulo de área igual a 2 cm² pode ser:

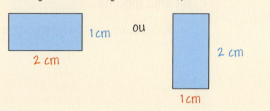

6. Observe a planta baixa a seguir.

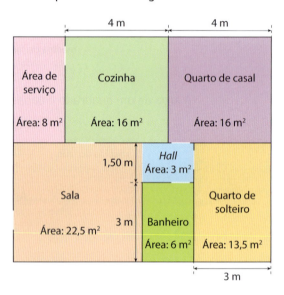

a) Qual é a medida da largura da cozinha? E a do comprimento da sala?

b) O que mudaria nas respostas do item anterior se a área da cozinha e a da sala fossem maiores que as indicadas na planta?

 Questionar e levantar problemas

7. Calcule a área de cada figura e explique sua estratégia.

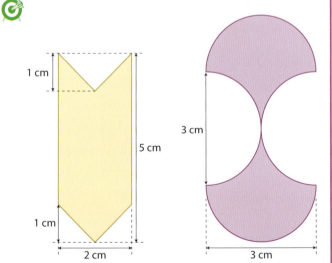

6 ÁREA DE UM TRIÂNGULO RETÂNGULO

Trilha de estudo
Vai estudar? Nosso assistente virtual no *app* pode ajudar!
<http://mod.lk/trilhas>

Em uma folha de papel, Gabriela construiu um molde de retângulo de 18 cm² de área. Veja a figura abaixo.

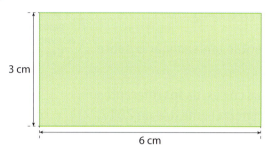

Em seguida, com o auxílio de uma régua, ela traçou um segmento de reta como o da figura abaixo e depois cortou o molde nesse segmento de reta.

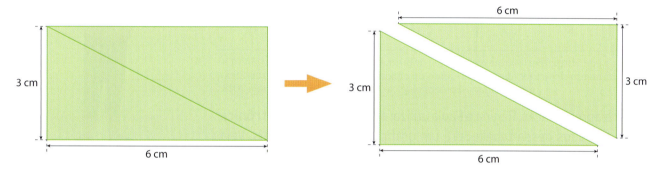

Ao fazer isso, ela obteve dois moldes idênticos de triângulos retângulos. A área de cada um deles é 9 cm², que corresponde à metade da área do retângulo, ou seja, metade do produto da medida de seu comprimento pela medida de sua altura.

A área de um triângulo retângulo é dada por:

medida da base ⟶ $\dfrac{b \cdot a}{2}$ ⟵ medida da altura

RECORDE
Um triângulo retângulo é aquele que tem um ângulo reto.

ATIVIDADE

VAMOS PRATICAR

1. Calcule a área de cada triângulo abaixo, imaginando que cada um deles seja a metade de um retângulo.

a)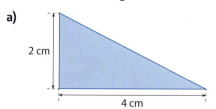

b)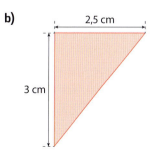

ESTATÍSTICA E PROBABILIDADE
CONSTRUÇÃO DE TABELAS E GRÁFICOS USANDO PLANILHAS ELETRÔNICAS

Regina e Paula estão se preparando para apresentar um seminário sobre saúde e prevenção das doenças.

Elas vão mostrar em uma apresentação, entre outras coisas, dados referentes aos óbitos confirmados por febre Chikungunya no primeiro semestre de 2017, no Brasil. Veja a tabela que ela fez.

ÓBITOS CONFIRMADOS POR FEBRE CHIKUNGUNYA – 1º SEMESTRE/2017 – BRASIL						
Mês	Janeiro	Fevereiro	Março	Abril	Maio	Junho
Número de óbitos confirmados	6	3	7	25	34	19

Dados obtidos em: <http://portalarquivos2.saude.gov.br/images/pdf/2017/setembro/15/2017-028-Monitoramento-dos-casos-de-dengue--febre-de-chikungunya-e-febre-pelo-virus-Zika-ate-a-Semana-Epidemiologica-35.pdf>. Acesso em: 7 maio 2018.

A febre Chikungunya é uma doença transmitida pelos mosquitos *Aedes aegypti* e *Aedes albopictus*. Em alguns casos, pode levar à morte.

Ao preparar a apresentação, Regina e Paula utilizaram uma **planilha eletrônica** para transpor os dados dessa tabela para um gráfico de barras verticais. Veja como foi feito.

	A	B	C	D	E	F	G	H
1	Óbitos confirmados por febre Chikungunya – 1º semestre/2017 – Brasil							
2	Mês	Janeiro	Fevereiro	Março	Abril	Maio	Junho	
3	**Número de óbitos confirmados**	6	3	7	25	34	19	
4								
5								
6								
7								
8								
9								
10								
11								
12								
13								
14								
15								
16								
17								
18								

Primeiro, inserimos os dados em uma planilha eletrônica.

Uma planilha eletrônica é dividida em linhas e em colunas. Em geral, cada linha é identificada por um número, e cada coluna, por uma letra. Isso serve para localizar o que chamamos de **células** (cruzamento entre uma linha e uma coluna). Por exemplo, a célula D3 corresponde ao cruzamento da coluna D com a linha 3 e indica o número de óbitos confirmados em março de 2017.

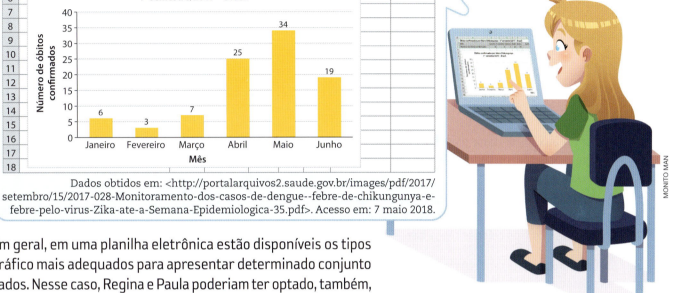

Dados obtidos em: <http://portalarquivos2.saude.gov.br/images/pdf/2017/setembro/15/2017-028-Monitoramento-dos-casos-de-dengue--febre-de-chikungunya-e-febre-pelo-virus-Zika-ate-a-Semana-Epidemiologica-35.pdf>. Acesso em: 7 maio 2018.

Em geral, em uma planilha eletrônica estão disponíveis os tipos de gráfico mais adequados para apresentar determinado conjunto de dados. Nesse caso, Regina e Paula poderiam ter optado, também, por um gráfico de barras horizontais.

ATIVIDADES

1. Com o auxílio de uma planilha eletrônica, Elisa organizou uma tabela com os dados referentes ao número de pessoas que visitaram o Museu da Cidade durante uma semana. Veja.

	A	B	C
1	Número de visitantes do Museu da Cidade		
2	Dia	Número de visitantes	
3	Segunda-feira	420	
4	Terça-feira	345	
5	Quarta-feira	540	
6	Quinta-feira	620	
7	Sexta-feira	640	
8	Sábado	1020	
9	Domingo	1215	

- Agora, responda às questões.

  a) O que está indicado na célula B4?

  b) O número de pessoas que visitaram o Museu da Cidade nessa semana é maior ou menor que 4.000?

  c) Em sua opinião, por que o museu recebeu mais visitantes no sábado e no domingo? Converse com os colegas sobre isso.

315

ESTATÍSTICA E PROBABILIDADE

2. Observe as anotações de Josué referentes às suas despesas no último mês.

Aluguel - R$ 1.200,00
Alimentação - R$ 420,00
Transporte - R$ 150,00
Plano de saúde - R$ 320,00
Lazer - R$ 170,00

a) Com o auxílio de uma planilha eletrônica, faça uma tabela com os dados referentes às despesas de Josué.

b) Você tem o hábito de anotar todas as suas despesas? Em sua opinião, por que isso é importante? Converse com os colegas sobre isso.

3. Em um município, foi realizada, em setembro de 2019, uma pesquisa para saber como as pessoas mais acessam a internet.

Como a senhora costuma utilizar a internet: por computador, por *tablet* ou pelo telefone celular?

Eu acesso a internet mais pelo celular.

Observe, na tabela abaixo, os dados dessa pesquisa.

PORCENTAGEM DOS MORADORES DE UM MUNICÍPIO QUE UTILIZAM MAIS O TELEFONE CELULAR, COMPUTADOR OU *TABLET* PARA ACESSAR A INTERNET	
Equipamento	Porcentagem
Telefone celular	75%
Computador	20%
Tablet	5%

Dados obtidos pela pesquisa em setembro de 2019.

a) Com o auxílio de uma planilha eletrônica, transponha os dados dessa tabela para um gráfico de setores.

b) Que fração do total de entrevistados representa as pessoas que utilizam mais o computador para acessar a internet?

c) Se 2.000 pessoas participaram dessa pesquisa, quantas utilizam mais o *tablet* para acessar a internet?

4. Leia o texto abaixo.

[...] A PNAD contínua 2/2016 identificou 820 mil estudantes de pós-graduação no Brasil, dos quais 515 mil em cursos de especialização, 200 mil em cursos de mestrado e 105 mil em cursos de doutorado. [...]

SCHWARTZMAN, Simon. Educação e trabalho em ciência e tecnologia no Brasil. *Ciência Hoje*, São Paulo, ed. 337, p. 33, jun. 2016.

Com o auxílio de uma planilha eletrônica, Rafaela construiu um gráfico de setores com base nos dados desse texto. Veja.

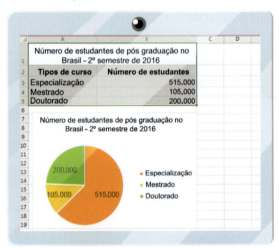

Fonte: SCHWARTZMAN, Simon. Educação e trabalho em ciência e tecnologia no Brasil. *Ciência Hoje*, São Paulo, ed. 337, p. 33, jun. 2016.

• Agora, faça o que se pede.

a) Qual foi o erro cometido por Rafaela ao construir o gráfico?

b) Com o auxílio de uma planilha eletrônica, corrija o erro de Rafaela.

c) Que outro tipo de gráfico ela poderia ter feito?

ATIVIDADES COMPLEMENTARES

1. Escreva a unidade de medida que, em sua opinião, é adequada para medir:
   a) o comprimento de um alfinete;
   b) a altura de um edifício de 10 andares;
   c) a distância entre duas cidades;
   d) o comprimento de uma formiga.

2. Qual é o comprimento da formiga abaixo em centímetro?

3. Veja o que Mário disse:

Todo dia eu caminho 1,5 quilômetro.

   a) Reescreva a fala de Mário, transformando a unidade de medida em metro.
   b) Se Mário caminhasse 3 quilômetros, quanto isso seria em metro? E se ele caminhasse 10 quilômetros?

4. Para instalar o telefone de sua casa, Lúcio comprou 10 metros e 50 centímetros de fio. Se o metro desse fio custou R$ 1,20, quanto Lúcio gastou para comprar o fio?

5. Quantas pastilhas de 16 cm² cabem em uma parede de 10.000 cm²?

6. Leia o anúncio abaixo e responda às questões.

   a) Em sua opinião, a área desse hotel é grande? Faça uma comparação com alguma área que você conhece.
   b) Se o anunciante quisesse escrever a área em quilômetro quadrado, a frase no final do cartaz seria:

   SÃO 0,012 QUILÔMETROS QUADRADOS DE PURO LAZER.

   Se você fosse criar outro anúncio para esse hotel, expressaria a área em quilômetro quadrado ou em metro quadrado? Por quê?

ATIVIDADES COMPLEMENTARES

7. Calcule a área das figuras a seguir, considerando que cada quadradinho tem 1 cm² de área.

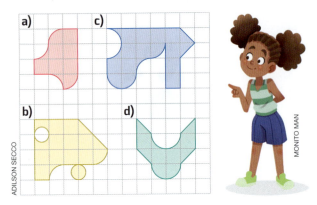

a) b) c) d)

8. Com o auxílio de uma malha quadriculada, desenhe a planta baixa de uma sala sabendo que sua área é de 56 unidades de área e que o perímetro é de 30 unidades de medida de comprimento.

9. Meça os lados dos polígonos a seguir e calcule o perímetro de cada um.

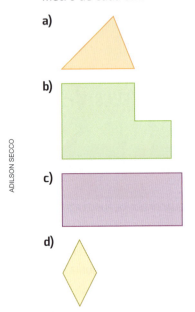

a)
b)
c)
d)

10. Responda às questões.
   a) Qual é a medida do lado de um quadrado que tem perímetro igual a 24 cm?
   b) Qual é a medida do lado de um losango que tem 36 cm de perímetro?
   c) Qual é a medida do lado de um triângulo equilátero que tem perímetro igual a 27 cm?

11. O telhado de uma casa tem duas caídas de formato retangular, como mostra a figura a seguir.

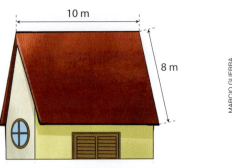

- Quantas telhas serão necessárias para preencher o telhado se, em cada metro quadrado, cabem 20 telhas?

12. A figura abaixo mostra a planta baixa de uma sala comercial.

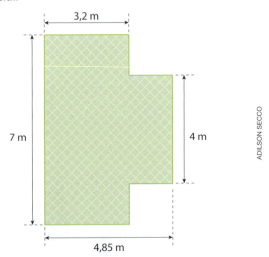

- Sabendo que o metro quadrado vale R$ 5.400,00, calcule o valor dessa sala.

13. Marque V para as afirmações verdadeiras e F para as falsas.
   a) 1 cm² corresponde à área de um quadrado com lados medindo 1 cm.
   b) Figuras de mesma área possuem o mesmo perímetro.
   c) A área de um retângulo é calculada multiplicando a medida de dois lados quaisquer.
   d) A área de um triângulo retângulo cuja base mede 6 cm e cuja altura mede 4 cm é de 12 cm².

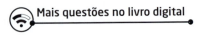 Mais questões no livro digital

UNIDADE 12 — MEDIDAS DE TEMPO, MASSA, TEMPERATURA, ESPAÇO E CAPACIDADE

1 MEDIDAS DE TEMPO

Observe as situações a seguir.

O **segundo** (s), o **minuto** (min) e a **hora** (h) são unidades de medida de tempo, sendo o **segundo** a unidade-padrão.

HORA E MINUTOS

Hugo trabalha em um escritório de contabilidade. Ele costuma fazer 1 hora de almoço todos os dias. As ilustrações abaixo mostram Hugo saindo para almoçar e retornando do almoço.

50 minutos mais 10 minutos é igual a 60 minutos, que é o mesmo que 1 hora.

Uma hora equivale (ou corresponde) a sessenta minutos.

PARA PENSAR

- Durante uma hora, o ponteiro dos minutos dá quantas voltas completas no relógio?
- Que fração de uma volta completa o ponteiro das horas dá quando o ponteiro dos minutos dá 6 voltas completas?

319

MINUTOS E SEGUNDOS

Joana está treinando para participar de um campeonato de atletismo. Veja.

45 segundos mais 15 segundos é igual a 60 segundos, que é o mesmo que 1 minuto.

> Um minuto equivale a sessenta segundos.

PARA PENSAR

- Durante um minuto, o ponteiro dos segundos dá quantas voltas completas no relógio?
- Quantos segundos tem 1 hora?

ATIVIDADES

VAMOS PRATICAR

1. Calcule a quantidade de minutos em cada caso.
   a) Duas horas.
   b) Meia hora.
   c) Um quarto de hora.
   d) Três horas.

2. Faça as transformações.
   a) 4 h 30 min em segundo.
   b) 75 min em hora e minuto.
   c) 1 h 25 min 15 s em segundo.
   d) 850 s em minuto e segundo.
   e) 20.000 s em hora, minuto e segundo.

VAMOS APLICAR

3. Descreva uma situação em que 1 segundo pode ser, em sua opinião, muito tempo.

4. Quanto tempo passou entre os horários registrados pelos relógios abaixo?

Manhã — Tarde

5. Luciana está treinando para participar de um campeonato estadual de triatlo. No último treino, ela conseguiu o tempo de 18 minutos e 37 segundos na natação, 34 minutos e 59 segundos no ciclismo e 1 hora e 59 segundos na corrida. Qual foi o tempo total de Luciana no treino?

2 MEDIDAS DE MASSA

Observe as situações a seguir.

Quilograma (kg), **grama** (g), **miligrama** (mg) e **tonelada** (t) são unidades de medida de massa. Segundo o Sistema Internacional de Medidas (SI), a unidade de medida de massa padrão é o **quilograma**.

As balanças são instrumentos utilizados para medir massa. De acordo com o que vamos medir, usamos a balança mais adequada. Veja algumas delas a seguir.

Balança digital de uso doméstico: registra de 0,01 em 0,01 quilograma; alguns modelos podem chegar a até 180 quilogramas.

Balança digital para bebês: registra de 0,001 em 0,001 quilograma; alguns modelos podem chegar a até 15 quilogramas.

Balança de precisão: registra de 0,0001 em 0,0001 grama; alguns modelos podem chegar a até 110 gramas.

Balança digital para comércio: registra de 0,1 em 0,1 quilograma; alguns modelos podem chegar a até 6 quilogramas.

Balança digital de cozinha: registra de 1 em 1 grama; alguns modelos podem chegar a até 3.000 gramas.

Balança rodoviária: registra de 20 em 20 quilogramas; alguns modelos podem chegar a até 130 toneladas.

QUILOGRAMA E GRAMA

Observe a situação ao lado.

700 gramas mais 300 gramas é igual a 1.000 gramas, que é o mesmo que 1 quilograma.

Assim, se dividirmos 1 quilograma em 1.000 partes iguais, cada parte corresponderá a 1 grama.

> Um quilograma equivale a mil gramas.

Logo, podemos escrever:

$$1 \text{ kg} = 1.000 \text{ g} \quad \text{ou} \quad 1 \text{ g} = \frac{1}{1.000} \text{ kg} = 0,001 \text{ kg}$$

OBSERVAÇÃO

A palavra "grama", quando se refere à unidade de medida de massa, é masculina. Por isso, dizemos *um grama*, e não *uma grama*.

TONELADA E QUILOGRAMA

Acompanhe a situação a seguir.

Se meia tonelada equivale a 500 quilogramas, então 1 tonelada equivale a 1.000 quilogramas.

Logo, se dividirmos 1 tonelada em 1.000 partes iguais, cada parte corresponderá a 1 quilograma.

Uma tonelada equivale a mil quilogramas.

Assim, podemos escrever:

$$1\text{ t} = 1.000\text{ kg ou }1\text{ kg} = \frac{1}{1.000}\text{ t} = 0{,}001\text{ t}$$

GRAMA E MILIGRAMA

Um farmacêutico mediu a massa de 10 comprimidos de 100 miligramas cada um para verificar sua balança de precisão e, para sua satisfação, a balança estava em ordem. Veja a balança ao lado.

10 vezes 100 miligramas é igual a 1.000 miligramas, que é o mesmo que 1 grama.

Assim, se dividirmos 1 grama em 1.000 partes iguais, cada parte corresponderá a 1 miligrama.

Um grama equivale a mil miligramas.

Então, podemos escrever:

$$1\text{ g} = 1.000\text{ mg ou }1\text{ mg} = \frac{1}{1.000}\text{ g} = 0{,}001\text{ g}$$

ATIVIDADES

VAMOS PRATICAR

1. Copie as frases em seu caderno substituindo o ■ pela unidade de medida adequada.
   a) Josué comprou 1,5 kg de batata, que é igual a 1.500 ■.
   b) A massa de um hipopótamo é de aproximadamente 4,5 t, ou seja, 4.500 ■.
   c) A ingestão de cálcio recomendada para um adulto é 1 g por dia, ou seja, 1.000 ■ diários.

VAMOS APLICAR

R1. Certo automóvel vazio tem massa de 1 t. Se ele transportar um adulto com 71 kg, outro com 66 kg, uma criança com 12 kg e bagagens com 80 kg, qual será a massa total desse automóvel:
   a) em quilograma?
   b) em tonelada?

Resolução

a) Para determinar a massa total, temos de adicionar todas as massas, que precisam estar em uma mesma unidade de medida. Para isso, representamos a massa do automóvel vazio em quilograma e, em seguida, efetuamos a adição.

$$1\ t = 1.000\ kg$$

Adicionando as massas, temos:

1.000 kg + 71 kg + 66 kg + 12 kg + 80 kg =
= 1.229 kg

A massa total é 1.229 kg.

b) Para responder a esse item, basta representar 1.229 kg em tonelada.

$$1.229\ kg = (1.229 : 1.000)\ t = 1,229\ t$$

A massa total é 1,229 t.

2. Um agricultor vai ensacar 35 t de milho em sacas como a ilustrada a seguir. Quantas sacas ele obterá?

3. Um guincho suporta até 1,5 tonelada. Um veículo com massa de 1.600 kg está estacionado em local proibido e deve ser guinchado. O guincho suportará o veículo? Por quê?

4. Observe as balanças e descubra a massa de cada moeda.

5. Elabore um problema cuja resposta possa ser encontrada fazendo os seguintes cálculos:

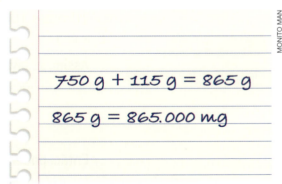

750 g + 115 g = 865 g

865 g = 865.000 mg

3 MEDIDA DE TEMPERATURA

O **grau Celsius** (°C) é a unidade usual de medida de temperatura. O aparelho usado para medir a temperatura é o termômetro. Veja alguns exemplos de como as medidas de temperatura estão presentes em nosso dia a dia.

> **OBSERVAÇÃO**
>
> A unidade de temperatura grau Celsius não é uma unidade de medida do SI.

ATIVIDADES

VAMOS PRATICAR

1. Observe as medidas de temperatura abaixo.

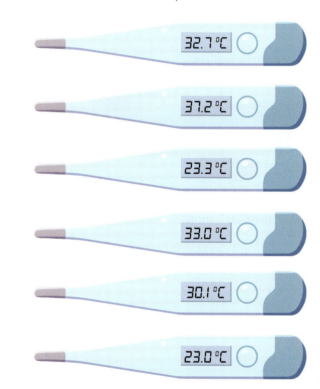

a) Escreva, em seu caderno, essas medidas em ordem crescente.

b) Qual é a diferença entre a maior e a menor dessas medidas de temperatura?

2. Qual é a temperatura registrada no termômetro abaixo?

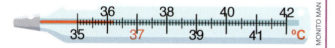

VAMOS APLICAR

3. Veja as temperaturas mínima e máxima em algumas capitais brasileiras no dia 4 de maio de 2018.

TEMPERATURAS MÍNIMA E MÁXIMA DE TRÊS CAPITAIS BRASILEIRAS		
Município	Temperatura mínima	Temperatura máxima
Curitiba – PR	16 °C	27 °C
Aracaju – SE	24 °C	31 °C
Teresina – PI	24 °C	34 °C

Disponível em: <https://www.climatempo.com.br/brasil>. Acesso em: 4 maio 2018.

a) Em qual município houve a maior diferença entre as temperaturas máxima e mínima?

b) Pesquise em jornais ou na internet a temperatura mínima e máxima previstas para hoje no município em que você mora.

4. Invente um problema envolvendo a diferença entre medidas de temperaturas em graus Celsius. Depois, troque de caderno com um colega e resolva o problema inventado por ele.

4 MEDIDAS DE ESPAÇO

Como podemos calcular a quantidade de areia que há na caçamba deste caminhão?

Para determinar a quantidade de areia que há na caçamba desse caminhão, precisamos medir o espaço que ela ocupa na caçamba, ou seja, calcular o seu volume.

> **Volume** é a medida do espaço ocupado por um corpo.

Vejamos como calcular a medida do espaço ocupado pelos tijolos ao lado, ou seja, vamos calcular o volume desse empilhamento de tijolos.

Considerando um 🧱 a unidade de volume, o volume desse empilhamento será a quantidade de 🧱 que ele contém. Como esse empilhamento contém 18 🧱, dizemos que seu volume é igual a 18 🧱.

Mas como ficaria esse cálculo se os tijolos estivessem cobertos com massa e não pudéssemos visualizá-los para contá-los? De que forma expressaríamos o volume desse empilhamento?

Nesse caso, precisaríamos conhecer as medidas de comprimento, largura e altura do empilhamento e usar uma unidade de medida padronizada que todas as pessoas conhecessem.

Assim como você já estudou com as medidas de comprimento, área, tempo, massa e temperatura, existe uma unidade-padrão no Sistema Internacional de Unidades; trata-se do **metro cúbico** (m^3), representado ao lado.

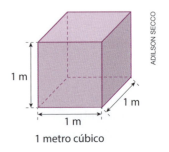

1 metro cúbico

> O **metro cúbico** é uma unidade de medida que corresponde ao espaço ocupado por um cubo com arestas de 1 metro de comprimento.

Além do metro cúbico, existem outras unidades de medida de espaço (ou unidades de volume).

VOLUME EM CENTÍMETRO CÚBICO

Uma fábrica de doces produz chocolates. Cada um dos chocolates produzidos tem o formato de um cubo com arestas que medem 1 centímetro.

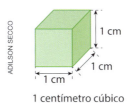

1 centímetro cúbico

O volume de cada um desses cubos de chocolate é de 1 centímetro cúbico (1 cm³).

> O **centímetro cúbico** é uma unidade de medida que corresponde ao espaço ocupado por um cubo com arestas de 1 centímetro de comprimento.

VOLUME EM DECÍMETRO CÚBICO

O decímetro (dm) é uma unidade de medida de comprimento que corresponde a 1 décimo do metro. Dessa forma, podemos escrever:

$$1 \text{ dm} = \frac{1}{10} \text{ m} = 0{,}1 \text{ m} = 10 \text{ cm}$$

PARA PENSAR

1 metro corresponde a quantos decímetros?

Observe a situação a seguir.

Anita comprou uma caixa de presentes que lembra um cubo com arestas que medem 1 decímetro. O volume do cubo associado a essa caixa é igual a 1 decímetro cúbico (1 dm³).

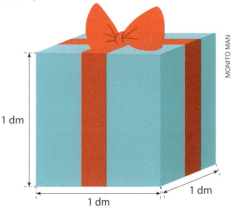

> O **decímetro cúbico** é uma unidade de medida que corresponde ao espaço ocupado por um cubo com arestas de 1 decímetro de comprimento.

327

PARA PENSAR

Observe a figura a seguir.

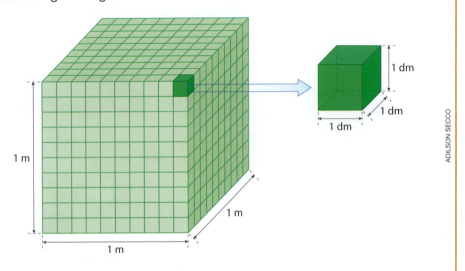

- Um metro cúbico equivale a quantos decímetros cúbicos?
- Se dividirmos um cubo de 1 dm de lado em cubinhos menores, com 1 cm de lado, quantos centímetros cúbicos terá o cubo com lado de 1 dm?

ATIVIDADES

VAMOS PRATICAR

1. Imagine que cada uma das caixas será totalmente preenchida por cubos.

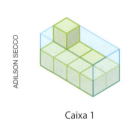
Caixa 1

Caixa 2

Considerando o uma unidade de medida, calcule o volume de cada caixa totalmente preenchida com cubos.

2. Escreva, em seu caderno, apenas as afirmações verdadeiras.
   a) 1 metro cúbico corresponde ao volume de um quadrado com lados que medem 1 metro de comprimento.
   b) 1 centímetro cúbico corresponde ao volume de um cubo com arestas que medem 0,01 metro de comprimento.
   c) 1 decímetro cúbico corresponde ao volume de um cubo com arestas que medem 10 centímetros de comprimento.
   d) 1 metro cúbico corresponde ao volume de um cubo com arestas que medem 10 decímetros de comprimento.

VAMOS APLICAR

3. Estime o volume de cada recipiente, sabendo que eles estão totalmente cheios.
   a) Garrafão de água.

   20 cm³   20 m³   20 dm³

   b) Lata de extrato de tomate.

   200 cm³   200 dm³   200 m³

5 VOLUME DE PARALELEPÍPEDOS

Para calcular o volume de um paralelepípedo, podemos eleger como unidade de medida de espaço o cubo de 1 cm de aresta e, depois, contar quantos desses cubos formam o paralelepípedo.

Observe.

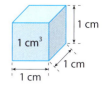
Unidade de medida

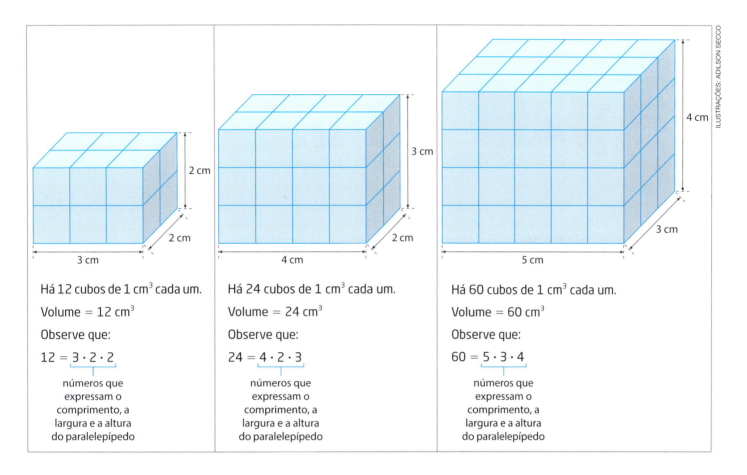

Há 12 cubos de 1 cm³ cada um.

Volume = 12 cm³

Observe que:

12 = 3 · 2 · 2

números que expressam o comprimento, a largura e a altura do paralelepípedo

Há 24 cubos de 1 cm³ cada um.

Volume = 24 cm³

Observe que:

24 = 4 · 2 · 3

números que expressam o comprimento, a largura e a altura do paralelepípedo

Há 60 cubos de 1 cm³ cada um.

Volume = 60 cm³

Observe que:

60 = 5 · 3 · 4

números que expressam o comprimento, a largura e a altura do paralelepípedo

Note que o volume desses paralelepípedos foram determinados pela multiplicação das medidas de suas três dimensões: comprimento, largura e altura.

Podemos usar esse processo para calcular o volume de qualquer paralelepípedo.

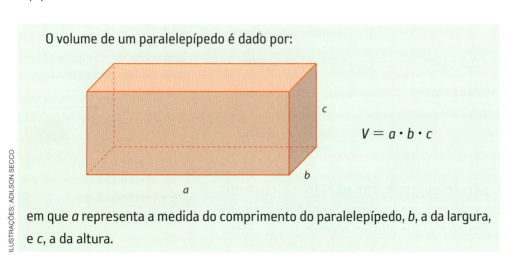

O volume de um paralelepípedo é dado por:

$$V = a \cdot b \cdot c$$

em que a representa a medida do comprimento do paralelepípedo, b, a da largura, e c, a da altura.

OBSERVAÇÃO

O cubo é um caso particular de paralelepípedo cujas faces são quadrados.

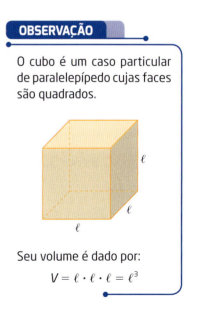

Seu volume é dado por:

$$V = \ell \cdot \ell \cdot \ell = \ell^3$$

329

Veja a seguir um exemplo do cálculo do volume de um paralelepípedo cujas arestas têm medidas não inteiras. Será que o volume do paralelepípedo ao lado pode ser obtido calculando 4,5 cm · 1,8 cm · 3,2 cm, como nos exemplos anteriores?

Inicialmente, vamos dividir a unidade de volume 1 cm³ em 1.000 cubos iguais com arestas de 0,1 cm. Sabendo que o volume de cada um desses cubos corresponde a um milésimo de 1 cm³, ou seja, 0,001 cm³, vamos considerar um desses cubos a unidade de volume.

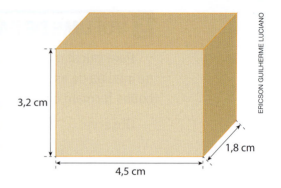

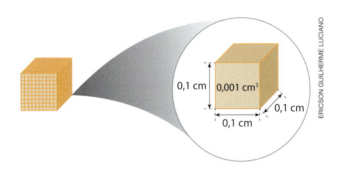

Temos que essa unidade de volume cabe um número inteiro de vezes nesse paralelepípedo.

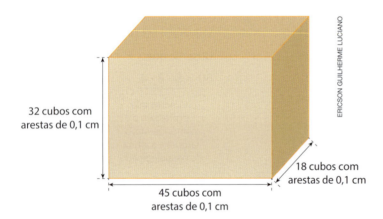

Assim, o volume desse paralelepípedo será:

$(45 \cdot 18 \cdot 32) \cdot 0{,}001 \text{ cm}^3 =$ — Número de cubos com arestas de 0,1 cm que cabem no paralelepípedo

$= (45 \cdot 18 \cdot 32) \cdot 0{,}1 \text{ cm} \cdot 0{,}1 \text{ cm} \cdot 0{,}1 \text{ cm} =$ — $0{,}001 \text{ cm}^3 = \frac{1}{1.000} \text{ cm}^3 =$

$= (45 \cdot 0{,}1 \text{ cm}) \cdot (18 \cdot 0{,}1 \text{ cm}) \cdot (32 \cdot 0{,}1 \text{ cm}) =$ — $\frac{1}{10} \text{ cm} \cdot \frac{1}{10} \text{ cm} \cdot \frac{1}{10} \text{ cm} =$
$= 0{,}1 \text{ cm} \cdot 0{,}1 \text{ cm} \cdot 0{,}1 \text{ cm}$

$= 4{,}5 \text{ cm} \cdot 1{,}8 \text{ cm} \cdot 3{,}2 \text{ cm} =$ — Propriedade associativa da multiplicação

$= 25{,}92 \text{ cm}^3$

Portanto, o volume desse paralelepípedo foi obtido calculando 4,5 cm · 1,8 cm · 3,2 cm. O exemplo acima sugere que esse procedimento para o cálculo do volume de um paralelepípedo é válido mesmo quando suas arestas têm medidas não inteiras.

OBSERVAÇÃO

Podemos calcular o volume de qualquer paralelepípedo com arestas de medidas não inteiras multiplicando-se a medida do comprimento pela medida da largura e da sua altura.

Organize o que você aprendeu fazendo a atividade 3 da página 344.

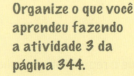

ATIVIDADES

VAMOS PRATICAR

1. Calcule o volume dos paralelepípedos a seguir e identifique os que têm mesmo volume.

A

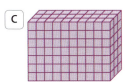
C

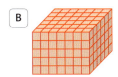
B

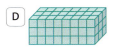
D

2. Calcule, em centímetro cúbico, o volume do paralelepípedo representado a seguir.

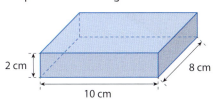
2 cm · 10 cm · 8 cm

VAMOS APLICAR

3. Qual é o volume de um paralelepípedo que lembra uma caixa-d'água que tem 1 m de largura, 2 m de comprimento e 1,5 m de altura? Considere que essa caixa-d'água esteja totalmente cheia.

R1. Adriano quer montar um cubo com 64 cubinhos. Quantos cubinhos ele deverá enfileirar para formar a quina do cubo?

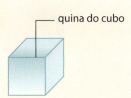
quina do cubo

Resolução

Podemos testar alguns valores para descobrir quantos cubinhos formam a quina desse cubo. Sabendo que no cubo as medidas do comprimento, da largura e da altura são iguais, basta descobrir um número que, elevado ao cubo, resulte em 64.

$$V = \ell^3$$
$\ell = 1 \rightarrow V = 1^3 = 1$
$\ell = 2 \rightarrow V = 2^3 = 8$
$\ell = 3 \rightarrow V = 3^3 = 27$
$\ell = 4 \rightarrow V = 4^3 = \boxed{64}$

Portanto, Adriano deverá colocar 4 cubinhos.

4. Observe o paralelepípedo e calcule seu volume. Depois, responda à questão.

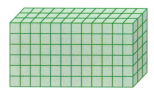

- Quantos cubinhos formam a quina de um cubo que tem o mesmo volume que esse paralelepípedo?

R2. Um cubo de arestas medindo 5 cm é formado por cubinhos de arestas com medida igual a 1 cm. Qual é o volume desse cubo? (Considere a unidade de medida de espaço 1 cubinho de aresta medindo 1 cm.)

Resolução

Como o cubo tem aresta de medida igual a 5 cm, serão necessários 5 cubinhos de aresta de medida igual a 1 cm para completar seu comprimento, assim como sua largura e sua altura.

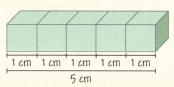
1 cm 1 cm 1 cm 1 cm 1 cm
5 cm

Então, para calcular o volume do cubo, basta fazer:

$$V = \ell^3$$
$$V = 5^3$$
$$V = 125$$

Portanto, o volume do cubo é 125 cubinhos.

5. Um paralelepípedo de arestas medindo 5 cm, 6 cm e 7 cm é formado por cubinhos de aresta com medida igual a 1 cm. Qual é o volume desse paralelepípedo? (Considere como unidade de volume 1 cubinho de aresta medindo 1 cm.)

6. Elabore um problema utilizando as palavras e as medidas abaixo.

| 10 dm | 50 cm | metros cúbicos |
| 0,75 m | volume | paralelepípedo |

- Agora, troque de problema com um colega e resolva o criado por ele.

7. Caio cortou 4 cantos quadrados iguais de um pedaço de papelão retangular. Depois, dobrou o pedaço de papelão para armar uma caixa sem tampa e colou-a com fita adesiva. Observe as figuras.

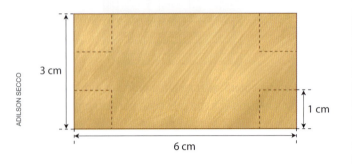

a) Qual é a medida do comprimento da caixa formada? E a medida da altura? E a da largura?

b) Quantos centímetros cúbicos de areia cabem nessa caixa?

8. Calcule o volume das figuras.

a) 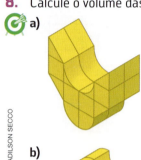 unidade de volume

b)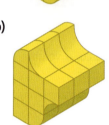

6 MEDIDAS DE CAPACIDADE

Você já deve ter visto nos rótulos de algumas embalagens e também em caixas-d'água unidades de medida de capacidade como o **litro** (L) e o **mililitro** (mL).

Capacidade é o volume interno de um recipiente.

OBSERVAÇÃO

O símbolo do litro pode ser ℓ ou L.

O litro e o mililitro são as unidades de medida de capacidade cujo uso é admitido pelo Sistema Internacional de Unidades, uma vez que são muito utilizadas no cotidiano.

Caixa-d'água com capacidade para 1.000 L.

Caixa com capacidade para 1 L.

Garrafa com capacidade para 500 mL.

LITRO E MILILITRO

Sara está fazendo um bolo. Veja.

Acabei de colocar 500 mL de leite de coco. A receita diz que essa quantidade é suficiente.

Observando a ilustração, verificamos que 500 mL equivalem a $\frac{1}{2}$ L (ou meio litro); então, 1.000 mL equivalem a 1 L.

Assim, se dividirmos 1 litro em 1.000 partes iguais, cada parte corresponderá a 1 mililitro.

Um litro equivale a mil mililitros.

Então, podemos escrever:

$1 \text{ L} = 1.000 \text{ mL}$ ou $1 \text{ mL} = \frac{1}{1.000} \text{ L} = 0,001 \text{ L}$

RELAÇÃO ENTRE VOLUME E CAPACIDADE

A capacidade é uma grandeza relacionada com a medida do espaço que um corpo ocupa, ou seja, é relacionada com o volume.

Imagine uma pessoa enchendo de água uma caixa em forma de um cubo com aresta de 1 dm. Nessa caixa, cabe exatamente 1 litro de água, ou seja, sua capacidade é de 1 litro.

Dessa forma, estamos relacionando o volume interno do cubo de aresta 1 dm com a capacidade da caixa. Ou seja, o volume de 1 dm³ equivale à capacidade de 1 litro.

Há outras relações entre o volume e a capacidade muito usadas no dia a dia. Veja alguns exemplos.

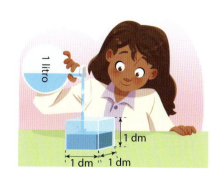

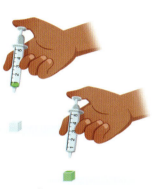

1 cm³ equivale a 1 mL.

1 m³ equivale a 1.000 L.

Trilha de estudo
Vai estudar? Nosso assistente virtual no *app* pode ajudar!
<http://mod.lk/trilhas>

ATIVIDADES

VAMOS PRATICAR

1. Escreva a unidade de medida mais adequada em cada caso.

a)

c)

b)

2. Responda às questões.
  a) A quantos litros equivalem 500 mililitros?
  b) Um quarto de litro equivale a quantos mililitros?
  c) Quantos mililitros são necessários para obtermos 1,5 L?

3. Responda às questões em seu caderno.
  a) A quantos decímetros cúbicos equivalem 10 litros?
  b) A quantos metros cúbicos equivalem 5.000 litros?

4. Responda à questão.

Quantos decímetros cúbicos de água esta caixa comporta?

VAMOS APLICAR

R1. A capacidade de uma latinha de refrigerante é de 350 mL. Vítor quer comprar 30 litros de refrigerante em lata. Quantas latinhas ele deverá comprar para obter os 30 litros de refrigerante?

Resolução

Inicialmente, devemos descobrir quantos mililitros equivalem a 30 litros.

30 L = (30 · 1.000) mL = 30.000 mL

Em seguida, é só dividir a quantidade de mililitros de refrigerante que Vítor quer comprar pela capacidade de uma latinha.

30.000 : 350 é aproximadamente igual a 85,71.

Como o resultado da divisão não foi exato, ou seja, foi de aproximadamente 85,71 latinhas, Vítor deverá comprar 86 latinhas para obter os 30 litros de refrigerante.

$$85 \cdot 350 = 29.750$$
$$86 \cdot 350 = 30.100$$

Portanto, Vítor deverá comprar 86 latinhas de refrigerante.

5. Na prateleira de uma loja de tintas, havia uma lata de 1 L, 3 latas de 500 mL e 5 latas de um quarto de litro. Quantos litros de tinta havia nessa prateleira?

R2. Um reservatório com o formato de um paralelepípedo tem as seguintes medidas:

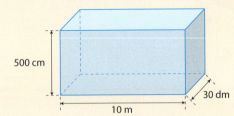

Quantos litros de água podem ser colocados nesse reservatório?

Resolução

Para descobrir o volume do reservatório, precisamos expressar suas medidas em uma mesma unidade. Então, podemos representar essas medidas em decímetro.

500 cm = (500 : 10) dm = 50 dm

10 m = (10 · 10) dm = 100 dm

Agora, calculamos o volume do recipiente em decímetro cúbico. Como o recipiente tem a forma de um paralelepípedo, basta fazer:

$V = a \cdot b \cdot c$

$V = 100 \text{ dm} \cdot 30 \text{ dm} \cdot 50 \text{ dm} = 150.000 \text{ dm}^3$

Para descobrir quantos litros podem ser colocados no reservatório, usamos a relação: $1 \text{ L} = 1 \text{ dm}^3$

Como $1 \text{ L} = 1 \text{ dm}^3$, então:

$$150.000 \text{ dm}^3 = 150.000 \text{ L}$$

Nesse reservatório, podem ser colocados 150.000 L de água.

6. Responda às questões.

a) Qual é o volume, em centímetro cúbico, de um paralelepípedo com 100 cm de comprimento, 3 dm de altura e 0,5 m de largura?

b) Um cubo tem volume de 729 dm³. Qual é a medida da aresta desse cubo?

7. Um condomínio compra água de uma empresa para encher duas piscinas, com capacidades de 36.000 L e 15.000 L. Essa empresa sempre leva água em caminhões-pipa com capacidade de 10 m³. Quantos caminhões são necessários para levar a água ao condomínio?

8. Invente um problema com base na seguinte manchete de jornal:

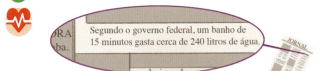

Segundo o governo federal, um banho de 15 minutos gasta cerca de 240 litros de água.

9. Uma garrafa pequena contém 290 mL de refrigerante. Se o despejarmos em uma caixa cúbica com aresta de 7 cm, ele caberá na caixa ou transbordará? Justifique.

10. De acordo com a recomendação da Organização das Nações Unidas (ONU), para atender a necessidades básicas de consumo, higiene e alimentação, uma pessoa precisa de 110 litros de água por dia.

Observe a conta de água da casa de Juliana e, depois, responda à questão.

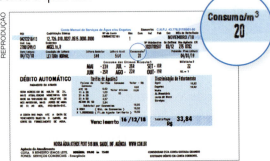

Consumo a/m³ 20

- Sabendo que na casa de Juliana moram 5 pessoas, o consumo da casa dela está abaixo ou acima do recomendado pela ONU?

ESTATÍSTICA E PROBABILIDADE
PESQUISA ESTATÍSTICA

Caíque e Marisa fizeram uma pesquisa estatística com seus colegas de turma. Acompanhe a situação a seguir.

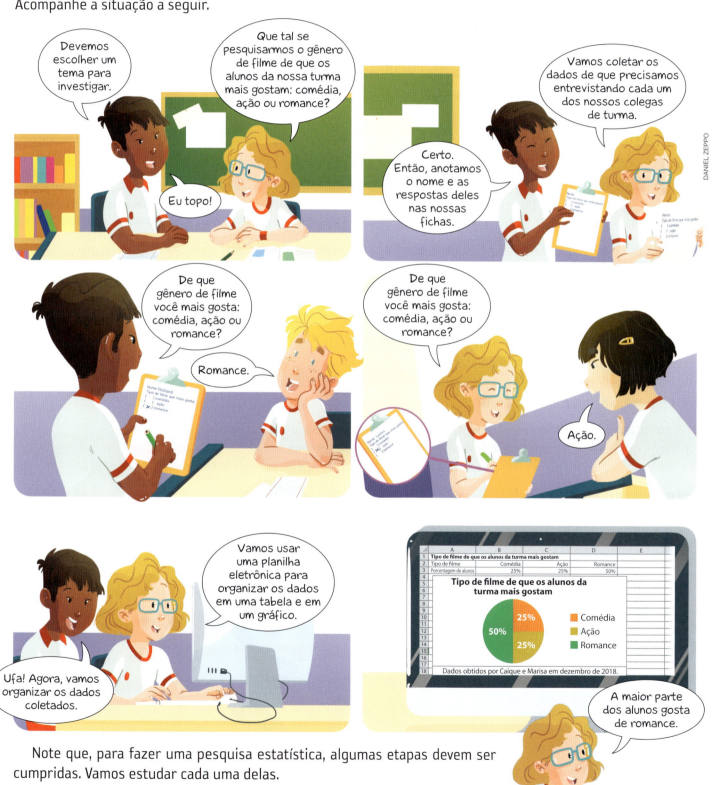

Note que, para fazer uma pesquisa estatística, algumas etapas devem ser cumpridas. Vamos estudar cada uma delas.

ESTATÍSTICA E PROBABILIDADE

Escolha do tema

A primeira etapa de uma pesquisa estatística consiste na escolha do tema e das perguntas que serão feitas na pesquisa.

No caso da pesquisa feita por Caíque e Marisa, o tema escolhido foi o *gênero de filme de que os alunos da turma deles mais gostam* e a pergunta formulada por eles foi: *De que gênero de filme você mais gosta: comédia, ação ou romance?*

Coleta dos dados

Após a escolha do tema, é preciso decidir como os dados serão coletados, ou seja, como buscar as informações que respondam à questão da pesquisa. Essa coleta pode ser feita, por exemplo, por meio de entrevista, observação ou aplicação de questionário.

No caso da pesquisa feita por Caíque e Marisa, eles coletaram os dados entrevistando todos os colegas de turma, ou seja, fizeram perguntas para cada um deles e anotaram as respostas.

Organização dos dados

Uma vez que os dados foram coletados, é preciso apresentá-los de forma organizada, facilitando sua leitura e compreensão. Essa apresentação pode ser feita por meio de tabelas e/ou gráficos.

Com o auxílio de uma planilha eletrônica, Caíque e Marisa organizaram os dados que coletaram em uma tabela e em um gráfico de setores.

Interpretação dos dados

Uma pesquisa não termina com a organização dos dados. Ao final precisamos voltar às questões que deram origem à pesquisa e buscar respondê-las.

Caíque e Marisa voltaram para sua questão inicial e concluíram que a maior parte dos seus colegas de turma gosta de filme do gênero romance. Veja, ao lado, outras conclusões a que eles chegaram.

> **OBSERVAÇÃO**
>
> O *gênero de filme* é a **variável** dessa pesquisa.
>
> As variáveis que assumem valores numéricos associados à contagem ou a medidas são chamadas de **quantitativas**. Variáveis quantitativas como *número de filhos de uma mulher*, *número de irmãos*, *idade*, *massa* e *altura* são classificadas como quantitativas.
>
> As variáveis que não possuem valores quantitativos são denominadas **qualitativas**. Na pesquisa feita por Caíque e Marisa, a variável *gênero de filme* é classificada como qualitativa.

"Metade dos alunos da turma gosta de romance."

"Verdade! Além disso, o número de alunos que gosta de filme de ação é igual ao número de alunos que gosta de filme de comédia."

ATIVIDADES

1. Tobias fez uma pesquisa estatística com seus colegas de trabalho. Observe as cenas e responda às questões.

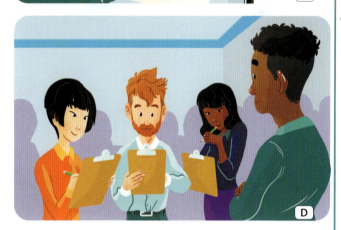

a) Em que ordem aconteceram as cenas acima?

b) Quais são as variáveis da pesquisa feita por Tobias? Classifique-as em quantitativas ou qualitativas.

c) Que gráficos você faria para representar os dados referentes ao grau de satisfação dos funcionários?

2. Agora é a sua vez! Reúna-se com os colegas e façam uma pesquisa seguindo o roteiro abaixo.

ROTEIRO

1º) Escolham um tema do interesse de vocês e formulem duas perguntas sobre esse tema.

2º) Coletem os dados de que necessitam entrevistando os colegas da turma.

3º) Com o auxílio de uma planilha eletrônica, organizem os dados obtidos em uma tabela ou em um gráfico.

4º) Analisem os resultados e conversem entre si para chegar a algumas conclusões.

Criar, imaginar e inovar

ATIVIDADES COMPLEMENTARES

1. Um alpinista levou duas horas e três quartos de hora para escalar uma montanha. Lá, ele descansou meia hora e, depois, levou uma hora e um quarto de hora para descer a montanha. Quantos minutos esse alpinista levou para fazer a escalada e voltar?

2. Um cronômetro marca o tempo de 0 a 999 segundos. Até quantos minutos pode marcar esse cronômetro?

3. Observe o preço de alguns alimentos e, depois, responda à questão.

- Quanto Raquel gastou se comprou 500 g de castanhas-do-pará, 2,5 kg de amêndoas e 1,5 kg de castanhas-de-caju?

4. Resolva o problema.

    Um hipopótamo chega a ter 4,5 toneladas de massa. Quantos homens de 75 kg são necessários para atingir a massa do hipopótamo?

5. O **quilate** é outra unidade de medida de massa. É usado para medir a massa de pedras preciosas, como o diamante. Sabendo que 1 quilate é equivalente a 200 mg, responda: um dos maiores diamantes lapidados do mundo é o Estrela da África, que pertence à Coroa britânica e tem 530,20 quilates. Qual é a massa dessa pedra em miligrama?

6. Observe o quadro abaixo com as temperaturas máxima e mínima previstas para uma cidade em três datas distintas.

	18/12	19/12	20/12
Temperatura máxima	29 °C	31 °C	29 °C
Temperatura mínima	16 °C	18 °C	20 °C

    a) Em que dia está prevista a menor diferença entre as temperaturas máxima e mínima?

    b) Formule outras perguntas com base no quadro acima. Depois, troque-as com um colega e responda às perguntas propostas por ele.

7. Calcule o volume dos paralelepípedos a seguir, considerando a unidade de volume 1 cubinho.

    a)   c)

    b) 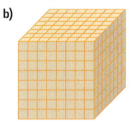   d)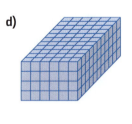

8. Estime o volume do sólido geométrico associado a cada item.

    a) Caixa de bombons.

    800 mm³
    800 dm³
    800 cm³

338

b) Geladeira.

9. O investimento em postos de distribuição e em carros movidos a GNV (Gás Natural Veicular) vem crescendo no Brasil. As principais vantagens desse combustível são: libera menor quantidade de resíduos poluentes, o que favorece a proteção do meio ambiente, e é mais econômico que a gasolina e o álcool.

Em um posto de combustível, a capacidade de abastecimento de GNV é 1.800 m³ por hora. Sabendo que a média de carros abastecidos por hora é 150 carros, qual é a capacidade média de abastecimento de GNV por automóvel?

10. Calcule o volume do paralelepípedo em centímetro cúbico.

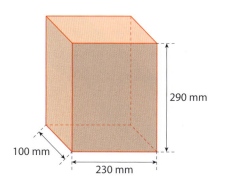

11. Ao abrir o registro de uma ducha, são consumidos 9 litros de água por minuto. Todos os dias, Gil fica 15 minutos no banho com o registro de água aberto. Se ele o fechasse para se ensaboar, ficaria apenas 7 minutos com o registro aberto. Quantos litros de água Gil economizaria se adotasse essa atitude?

12. Quantos mililitros de água são necessários para preencher $\frac{3}{5}$ de um recipiente com capacidade para 2 litros?

13. O tanque de combustível do carro de Danilo tem capacidade para 42 dm³ de gasolina.

a) Sabendo que há somente $\frac{1}{4}$ do tanque preenchido, quantos litros de gasolina faltam para preencher totalmente esse tanque?

b) Se o litro de gasolina custa R$ 3,76, quanto Danilo gastará para completar o tanque?

14. Eduardo estava em dúvida sobre qual embalagem de suco comprar. Ele decidiu pela embalagem do suco Quero Mais, pois considerou que o preço por litro desse suco é o mais vantajoso. Eduardo está correto?

Mais questões no livro digital

339

COMPREENDER UM TEXTO

Quando o mundo cabe no papel

[...]

Será possível colocar o mundo, um continente, um país, uma região, um estado, uma cidade que seja numa folha de caderno? É sim, basta que façamos um mapa! Em um mapa podem ser representados todos os elementos da superfície terrestre: rios, montanhas, florestas... Enfim, basta reduzir tudo isso em escala e o mapa sairá perfeito!

OK, só faltou dizer o que é reduzir em escala. É assim: se vamos representar a nossa cidade 10 mil vezes menor do que ela realmente é, devemos representar todos os seus elementos (rios, montanhas etc.) em tamanho 10 mil vezes menor e a distância entre eles também. Por exemplo: se a distância do principal rio da cidade até o parque principal é de 150 metros, no mapa ela será de 15 milímetros (porque 150 metros é igual a 150.000 milímetros e 150.000 dividido pela escala, que é 10.000, é igual a 15 milímetros).

A noção de escala também é importante para colocarmos no papel a nossa escola, a nossa casa... Só que, nesse caso, não dizemos que estamos fazendo um mapa da escola, por exemplo. O correto é dizer que vamos desenhar a planta baixa da escola. A diferença entre mapa e planta baixa é que o primeiro representa uma área grande, onde é praticamente impossível inserir todos os detalhes. Já a planta baixa contém todas as informações de uma área pequena, em que todos os detalhes podem ser desenhados em escala. [...]

Quando o mundo cabe no papel. *Ciência Hoje das Crianças*, Rio de Janeiro, SBPC, n. 125, jun. 2002.

ATIVIDADES

1. Qual é o objetivo principal do texto?
   a) Explicar que, com o auxílio de uma escala, é possível representar desde uma casa até o mundo em uma folha de papel, por meio de plantas baixas e mapas.
   b) Explicar a diferença entre mapa e planta baixa.
   c) Explicar que escala é importante para produzir mapas.

2. Em livros de Geografia, atlas, folhetos de empreendimentos imobiliários etc., pesquise as escalas mais usuais, como são indicadas e onde aparecem. Depois, escreva um pequeno texto a respeito.

3. Responda à seguinte questão de acordo com o texto: qual é a diferença entre mapa e planta baixa?

4. Em sua opinião, qual é a importância dos mapas?

5. Observe as figuras e responda: quais das imagens abaixo representam plantas baixas?

BAIRROS DE BELO HORIZONTE, MG

Elaborado com base em:
Guia Quatro Rodas Brasil 2011.
São Paulo: Abril, 2010. p. 150.

RESIDÊNCIA

1 : 120

RESTAURANTE

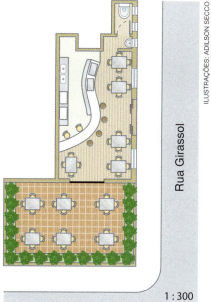

1 : 300

6. Reúna-se com três colegas e desenhem a planta baixa da escola em que vocês estudam, de modo que cada centímetro medido na planta corresponda a 100 centímetros no local real, ou seja, corresponda a 1 metro na realidade.

EDUCAÇÃO FINANCEIRA
SERÁ QUE POSSO RECLAMAR?

Você, alguém de sua família ou algum conhecido já passou por situações de compra com as quais, por algum motivo, não ficou satisfeito? Isso aconteceu nas situações descritas a seguir. Observe-as.

Situação 1

— Não acredito! Eu só usei minha bicicleta duas vezes e o pedal quebrou! E agora? Não tenho dinheiro para consertar!

— Calma! Sua bicicleta é novinha! Deve ter alguma garantia da loja ou do fabricante! Você tem que procurar seus direitos.

Situação 2

— Hoje de manhã eu abri um pacote de biscoitos e eles estavam mofados.

— Nossa! Estava vencido?

— Não! Ainda faltava 1 mês para vencer!

— Então, você precisa reclamar. Procure seus direitos!

Situação 3

— Eu usei meu biquíni ontem na praia e me arrependi da cor que comprei. Não combinou comigo! Será que consigo trocá-lo na loja?

— Eu não sei, mas podemos passar na loja e perguntar. Não sei quais são os seus direitos nesse caso.

O que você faria?

Imagine que cada uma das situações anteriores tenha acontecido com você. Leia as alternativas a seguir e escolha a decisão que você tomaria em cada caso. Se não optar por nenhuma das decisões, escreva o que considera ser a atitude mais adequada em cada situação.

Situação 1

a) Juntaria dinheiro por uns meses e levaria a bicicleta para o conserto.

b) Voltaria à loja em que comprou a bicicleta e exigiria uma bicicleta nova.

c) Chamaria um adulto para acompanhá-lo à loja em que fez a compra para decidir como resolver.

Situação 2

a) Jogaria os biscoitos no lixo e nunca mais compraria nada dessa marca.

b) Tiraria fotos e divulgaria nas redes sociais o ocorrido, para que as pessoas não comprem mais produtos dessa marca.

c) Procuraria um número de contato ou endereço eletrônico para fazer a reclamação e exigiria uma explicação sobre o ocorrido.

Situação 3

a) Levaria o biquíni à loja e pediria que trocasse por um de outra cor.

b) Ficaria com esse biquíni e, na próxima vez, escolheria com mais atenção, pois a loja não é obrigada a trocar por esse motivo, principalmente porque o artigo já foi usado.

c) Diria a todos os amigos da escola que aquela loja vende produtos de má qualidade.

CALCULE

Situações de não satisfação com as compras efetuadas em geral significam prejuízos ao consumidor. Mas as empresas também podem ser prejudicadas quando, por exemplo, perdem vendas por causa de uma divulgação negativa de sua marca.

Com seus colegas, calcule quanto uma empresa perde, em valor, nas situações hipotéticas a seguir.

a) Uma empresa se recusou a trocar o pedal quebrado de uma bicicleta e, com a divulgação do problema pelo consumidor nas redes sociais, a marca perdeu 5% das vendas no mês seguinte ao ocorrido. (Considere que a empresa vende 100.000 bicicletas por mês ao custo de R$ 95,00 cada uma.)

b) Após a reclamação de um consumidor, uma empresa fabricante de biscoitos descobre que houve uma fraude: um lote de biscoitos foi registrado com a data de vencimento errada e a empresa teve de recolher os 8.000 pacotes de biscoitos que já haviam sido distribuídos. (Considere R$ 0,85 o custo de cada pacote de biscoitos.)

c) A gerente de uma loja de roupas de praia, para não desagradar a cliente, resolveu trocar um biquíni que não apresentava nenhum defeito de fabricação, mesmo sabendo que não poderia vendê-lo novamente, pois já havia sido usado. (Considere que a cliente pagou R$ 140,00 pela peça e que a loja comprou esse biquíni do fabricante por 50% desse valor.)

REFLITA

Você sabe o que quer dizer "procurar seus direitos"? Para saber mais sobre esse assunto, converse com seus colegas, professores e familiares a respeito das questões a seguir.

a) Há casos de consumidores que querem tirar vantagem de seus direitos?

b) É possível que as empresas, após reclamações, descubram problemas e aprimorem seus produtos?

c) Como posso fazer valer meus direitos sem prejudicar as pessoas envolvidas?

d) Você já ouviu falar do Código de Defesa do Consumidor?

e) Você sabe que existe uma fundação chamada Procon (Programa de Proteção e Defesa do Consumidor) que tem como objetivo orientar o consumidor e tentar solucionar conflitos entre consumidor e empresa?

ORGANIZAR O CONHECIMENTO

1. Complete o quadro desenhando, quando possível, um triângulo para exemplificar.

CLASSIFICAÇÃO QUANTO À MEDIDA DOS LADOS E DOS ÂNGULOS			
Ângulos \ Lados	Equilátero	Isósceles	Escaleno
Acutângulo			
Obtusângulo			
Retângulo			

2. Complete o esquema abaixo.

Área de um retângulo cujas medidas da base e da altura são, respectivamente, b e a.	
	$A = \ell \cdot \ell$ ou $A = \ell^2$

3. Complete o esquema abaixo.

	$V = a \cdot b \cdot c$
Volume de um cubo cujas arestas medem ℓ.	

TESTES

1. Considere as afirmações abaixo sobre as classificações de triângulos.

    I. Todo triângulo retângulo é isósceles.

    II. É possível que um triângulo retângulo seja isósceles.

    III. Um triângulo obtusângulo tem dois ângulos obtusos e um agudo.

    IV. Um triângulo retângulo pode ser também obtusângulo.

    V. Um triângulo equilátero tem todos os ângulos agudos.

    Estão corretas as afirmações:

    a) Nenhuma.
    b) I e III.
    c) II e V.
    d) I, III e IV.
    e) Todas.

2. A professora de Nei distribuiu 8 tiras de papel (4 com o mesmo comprimento e 4 com outro comprimento). Com essas tiras, cada aluno deveria formar, justapondo-as, alguns quadriláteros. Observe as tiras que Nei recebeu.

    - Que quadriláteros Nei não poderá formar com as tiras que recebeu?
        a) Um quadrado e um losango.
        b) Dois retângulos.
        c) Dois trapézios.
        d) Um quadrado e um trapézio.
        e) Um retângulo e um quadrado.

3. (Enem) A London Eye é uma enorme roda-gigante na capital inglesa. Por ser um dos monumentos construídos para celebrar a entrada do terceiro milênio, ela também é conhecida como Roda do Milênio. Um turista brasileiro, em visita à Inglaterra, perguntou a um londrino o diâmetro (destacado na imagem) da Roda do Milênio e ele respondeu que tem 443 pés.

    Disponível em: <www.mapadelondres.org>. Acesso em: 14 maio 2015 (adaptado).

    Não habituado com a unidade pé, e querendo satisfazer sua curiosidade, esse turista consultou um manual de unidades de medidas e constatou que 1 pé equivale a 12 polegadas e que 1 polegada equivale a 2,54 cm. Após alguns cálculos de conversão, o turista ficou surpreendido com o resultado obtido em metros.

    Qual a medida que mais se aproxima do diâmetro da Roda do Milênio, em metro?

    a) 53
    b) 94
    c) 113
    d) 135
    e) 145

4. (Obmep) A área da figura azul é igual à soma das áreas de quantos quadradinhos do quadriculado?

    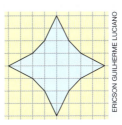

    a) 12
    b) 22
    c) 32
    d) 64
    e) 100

TESTES

5. (Obmep) Vários quadrados foram dispostos um ao lado do outro, em ordem crescente de tamanho, formando uma figura com 100 cm de base. O lado do maior quadrado mede 20 cm. Qual é o perímetro (medida do contorno em vermelho) da figura formada por esses quadrados?

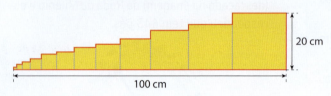

a) 220 cm
b) 240 cm
c) 260 cm
d) 300 cm
e) 400 cm

6. (Obmep) Abaixo temos uma sequência de figuras formadas por quadradinhos de 1 cm de lado. Cada figura da sequência, a partir da segunda, é formada acrescentando-se à figura anterior um retângulo igual ao da Figura 1, deslocando-o de um quadradinho, ora para cima, ora para baixo, como mostra a ilustração. Qual é o perímetro da figura com 1.000 quadradinhos?

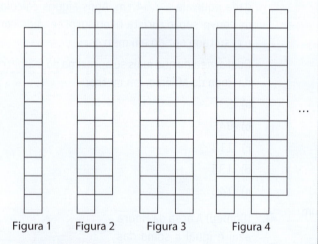

a) 220 cm
b) 380 cm
c) 400 cm
d) 414 cm
e) 418 cm

7. (Obmep) Milena começou a estudar quando seu relógio digital marcava 20 horas e 14 minutos e só parou quando o relógio voltou a mostrar os mesmos algarismos pela última vez antes da meia-noite. Quanto tempo ela estudou?

a) 27 minutos
b) 50 minutos
c) 1 hora e 26 minutos
d) 3 horas e 47 minutos
e) 3 horas e 56 minutos

8. (Obmep) Um garrafão cheio de água pesa 10,8 kg. Se retirarmos metade da água nele contida, pesará 5,7 kg. Quanto pesa, em gramas, esse garrafão vazio?

a) 400
b) 500
c) 600
d) 700
e) 800

9. (PUC-SP) Uma caixa sem tampa é feita com placas de madeira de 0,5 cm de espessura. Depois de pronta, observa-se que as medidas da caixa, pela parte externa, são 51 cm × 26 cm × 12,5 cm, conforme mostra a figura.

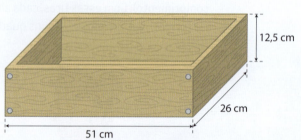

- O volume interno dessa caixa, em metro cúbico, é:

a) 0,015.
b) 0,0156.
c) 0,15.
d) 0,156.
e) 1,5.

10. (Enem) Uma torneira não foi fechada corretamente e ficou pingando, da meia-noite às seis horas da manhã, com a frequência de uma gota a cada três segundos. Sabe-se que cada gota d'água tem volume de 0,2 mL. Qual foi o valor mais aproximado do total de água desperdiçado nesse período, em litros?

a) 0,2
b) 1,2
c) 1,4
d) 12,9
e) 64,8

ATITUDES PARA A VIDA

1. Associe cada cena a uma atitude.

Para julgar que quase acertou seu palpite, Bugio considerou apenas a proximidade entre os números 12 e 13 na sequência dos números naturais, e não a probabilidade de cada um desses números sair.

Vamos criar um grupo nesse aplicativo para coletar os dados de que precisamos.

Podemos, também, apresentar os resultados da nossa pesquisa na forma de um vídeo.

É possível descobrir a medida do comprimento ou da largura do banheiro dessa casa sem conhecer sua área?

Criar, imaginar e inovar | Questionar e levantar problemas | Pensar e comunicar-se com clareza

2. Observe o diálogo entre Douglas e Larissa.

Por que Bugio foi otimista?

Porque ele não considerou a probabilidade. Ele disse que quase acertou só porque o número 12 está do lado do número 13.

Sim. Ele considerou apenas a proximidade entre os números 12 e 13 na sequência dos números naturais, e não a probabilidade de cada uma dessas faces sair.

Qual deles não respondeu à pergunta com clareza? Por quê?

3. O que você faria se tivesse que fazer um trabalho sobre soluções criativas para economizar água?

347

RESPOSTAS

PARTE 1

UNIDADE 1

▶ **Página 22**

2. a) 1.101   d) 1.998
   b) 1.099   e) 0
   c) 1.000.001

4. a) V   d) F
   b) F   e) V
   c) V   f) F

5. a) (23, 24 e 25)
   b) (34, 35, 36, 37 e 38)
   c) (999, 1.000, 1.001 e 1.002)

6. 2; 2

7. a) 9.100, 1.900, 1.090, 1.009, 1.000
   b) 3.580, 3.569, 3.241, 358, 324, 321
   c) 2.456, 1.040, 987, 765, 568, 23
   d) 1.400, 1.040, 1.004, 1.000, 400, 104

8. a) 54 < 57
   b) 895 > 881
   c) 1.007 < 1.070
   d) 2.009 > 1.990
   e) 810 = 810 (sucessor de 809)
   f) 100.020 > 10.200

9. a) 27, 28 e 29
   b) 42, 44, 46, 48, 50

10. a) 122, 123 e 124
    b) 22, 23 e 24

11. a) Argentina e Estados Unidos
    b) Paraguai

12. a) 35; 37
    b) 28; 32; 36

13. a) 28, 32, 36, 40, 44
    b) 128, 256, 512, 1.024, 2.048
    c) 555, 666, 777, 888, 999
    d) 1.260, 1.272, 1.284, 1.296, 1.308

14. b) 1, 3, 6, 10, 15, 21, ...

15. a) 9 cubos
    b) 10 cubos
    c) 16 cubos

17. a) Lúcia   d) Daniela
    b) Mateus   e) Lucas
    c) João

18. Nenhum dos dois, pois ambos se referem ao número 200.

▶ **Página 30**

1. a) Foram os maias, os babilônios e os egípcios.
   b) Os maias viveram na América Central, mais precisamente onde hoje é o sul do México, na Guatemala, em Honduras e em El Salvador. Os babilônios viveram na região da Mesopotâmia, entre os rios Tigre e Eufrates, onde hoje é o Iraque. Os egípcios viveram às margens do rio Nilo, no Egito.
   c) Não; os egípcios desenvolveram seu sistema há cerca de 5.000 anos, os babilônios, há cerca de 4.000 anos, e os maias, há cerca de 1.500 anos.
   d) Os símbolos egípcios sim, mas os símbolos maia e babilônico deveriam obedecer a regras específicas de cada sistema de numeração.

2. a) 53   d) 123
   b) 35   e) 26
   c) 18   f) 80

5. a) 1, 5 e 20, respectivamente.

▶ **Página 32**

1. XIV, XVI, XCVIII, CCCXCVI, CDIV, MCVI, MCDXXXVII, MDC

2. a) 8 horas ou 20 horas
   b) 4 horas e 45 minutos ou 16 horas e 45 minutos
   c) 11 horas e 35 minutos ou 23 horas e 35 minutos
   d) 1 hora e 45 minutos ou 13 horas e 45 minutos

3. Para Vilma, faltam 43 capítulos e, para Fred, faltam menos de 30 capítulos.

4. Fernando. O número 1.500, por exemplo, é escrito com dois símbolos romanos (MD), e o número 149, que é menor que 1.500, é escrito com cinco símbolos romanos (CXLIX).

▶ **Página 36**

2. a) 500
   b) 500.000
   c) 500.000.000; 5.000.000; 50.000; 500; 5
   d) 50.000.000; 5.000; 50
   e) 50.000.000.000; 5.000.000.000; 5.000.000
   f) 5.000.000.000; 5

3. a) 725
   b) 2.040
   c) 1.745

4. a) 3.120.005   d) 256.000.758.000
   b) 135.000.124 e) 323.000.000.526
   c) 1.100.000.000

5. a) quinze milhões, duzentos e quarenta e nove mil
   b) dois bilhões e duzentos
   c) quarenta e cinco milhões, oitocentos e setenta e cinco mil e cinquenta e seis
   d) trinta e oito bilhões, quinhentos e oitenta e sete mil e cinco
   e) um milhão e um
   f) vinte e três milhões e quarenta mil

6. a) 1.290.805
   b) 40.905.019
   c) 60.070.051

7. a) 1.000
   b) 1.000.000
   c) 1.000.000.000
   d) 1.000.000.000.000
   • 15 zeros

9. 9 bilhões ou 9.000.000.000

10. 4.600.000.000; 4.000.000; 2.300.000; 1.800.000; 400.000; 100.000

11. a) 276
    b) 2 centenas ou 200 unidades
    c) quatro algarismos

12. 123, 132, 213, 231, 312, 321

13. a) 1.000   c) 1.023.456.789
    b) 9.876.543.210

14. até o número 12

15. dezesseis vezes

16. 36.063

▶ **Página 42**

1. a) 200 e 202
   b) 2.000 e 2.002
   c) 99.999.998 e 100.000.000
   d) 999.999 e 1.000.001

2. a) 1.000.000.000 + 200.000.000 + 30.000.000 + + 4.000.000 + 500.000 + 60.000 + 7.000 + + 900 + 80
   b) 800.000 + 40.000 + 7.000 + 2
   • No primeiro número: 200.000.000; no segundo número: 2

3. a) MCMIV; MCMLXXXIX
   b) MCDLII; MDXIX
   c) MCCLXVII; MCCCXXXVII

4. itens a, b e d   5. 15 vezes

6. a) 124, 142, 214, 241, 412, 421
   b) 100, 101, 110 e 111

9. oito vezes

10. 6.423, 6.243, 4.623, 4.263, 2.643, 2.463

11. 1º passo: retirar o 1º e o 4º palitos.
    2º passo: com os palitos retirados, formar um X à esquerda dos restantes, obtendo, assim, o número XVII.

UNIDADE 2

▶ **Página 46**

1. alternativa **c**

2. a) 3.374   d) 1.231
   b) 405   e) 52.025
   c) 14.085   f) 25.160

4. a) 80   d) 280
   b) 700   e) 1.140
   c) 180

5. a) 234; 122   c) 237; 833
   b) 576; 794   d) 1.529; 642

6. linha A: 6; linha B: 15; linha C: 20; linha D: 15; linha E: 6; e linha F: 1
   • As linhas A e E e as linhas B e D.

8. 46.134

9. 42.932 torcedores

10. 150 reais

11. a) 2.100   c) 520
    b) 1.010   d) 270

348

12. Ricardo. Saiu às 8 horas e 45 minutos.

13. a) 14.070 metros

b) 17.020 metros

14. 5.600 reais

15. a) 274 alunos **b)** 170 alunos

16. 1.089.265 conexões

17. 1.600 reais

▶ Página 51

1. a) 162 **d)** 778
b) 3.210 **e)** 238
c) 1.008 **f)** 2.649

3. b) não

4. alternativa **c**
- Porque o subtraendo é maior que o minuendo.

5. 11 quilômetros

6. 41.042 pontos

7. 53 anos

8. 12 quilogramas

9. 1 real

10. a) Para a troca do óleo do motor, faltam 4.163 quilômetros; para a troca do filtro de ar, faltam 12.163 quilômetros; e para a troca do fluido dos freios, faltam 36.163 quilômetros.

b) 16.000 quilômetros

▶ Página 53

1. a) V **c)** F
b) F **d)** V

2. a) F. O subtraendo é igual a 35.
b) F. A outra parcela é igual a 370.
c) V
d) V
e) F. A outra parcela é igual a 5.970.
f) F. O minuendo é igual a 912.

4. a) 1.477 **c)** 17.478
b) 9.091 **d)** 65.690

5. a) 1.272
b) 375
c) 897 ou 1.575

7. a) **1**.4**2**3; **6**31 **b)** 1.**7**31; **7**4**2**

10. 23

▶ Página 56

1. a) 640 **d)** zero
b) 225 **e)** 988
c) 625

2. Lia, pois nas expressões temos de efetuar as operações de adição e subtração na ordem em que aparecem.

3. 144 toneladas

4. a) $(60 - 18) + 24 = 66$ ou $60 - 18 + 24 = 66$
b) $50 - (45 - 32) = 37$

5. 297 reais

▶ Página 58

1. Exemplo de respostas:
a) 78.000 **c)** 1.000.000
b) 49.000 **d)** 12.000

2. a) Espírito Santo: 4.000.000; Minas Gerais: 21.000.000; Rio de Janeiro: 17.000.000; São Paulo: 45.000.000

6. Algumas compras possíveis de Léo são:
- 1 camiseta e 1 boné;
- 2 bonés e 1 camiseta;
- 1 boné e 1 bermuda;
- 1 camiseta e 1 bermuda;
- 2 camisetas e 1 boné.

8. Para a centena de milhão mais próxima, pois, se o arredondamento fosse para a unidade de bilhão mais próxima, os números ficariam iguais, ou seja, 1.000.000.000. Dessa forma, não haveria motivo para comparação.

▶ Página 62

1. a) $3 \cdot 3$ **c)** $4 \cdot 2$
b) $5 \cdot 0$ **d)** $2 \cdot 4$

2. a) $32 + 32 + 32 + 32 + 32$
b) $19 + 19 + 19 + 19$
c) $12 + 12 + 12 + 12 + 12 + 12 + 12$
d) $21 + 21 + 21 + 21 + 21 + 21$

3. 695

4. a) 1.771 **d)** 102.180
b) 0 **e)** 1.476
c) 30.125 **f)** 102.414

5. a) 10 **d)** 45
b) 36 **e)** 32
c) 32 **f)** 36

6. alternativa **d**

8. a) 6 copos **c)** 12 copos
b) 9 copos **d)** 15 copos

9. 84 lajotas

10. 8 combinações

11. 600.000 pneus

12. 480 retalhos

13. 468 ingressos

14. 128 episódios

15. a) 12.700 litros

16. a) 4 maneiras
b) 6 maneiras
c) 24 maneiras

▶ Página 68

1. a) verdadeira; propriedade comutativa
b) verdadeira; propriedade comutativa
c) verdadeira; propriedade distributiva da multiplicação em relação à adição
d) verdadeira; propriedade associativa

2. a) São iguais. **b)** sim

3. a) $6 \cdot 42 = 6 \cdot (40 + 2) =$
$= 6 \cdot 40 + \mathbf{6 \cdot 2} =$
$= 240 + \mathbf{12} = \mathbf{252}$
b) $(5 \cdot 3) \cdot 7 = (\mathbf{15}) \cdot 7 - \mathbf{105}$
c) $(20 + 5) \cdot 8 = \mathbf{20} \cdot \mathbf{8} + 5 \cdot 8 =$
$= \mathbf{160} + 40 = \mathbf{200}$

4. a) 970 **c)** 97
b) 194 **d)** 9.409

5. a) 89 **d)** 72
b) 27 **e)** 23
c) 108

6. $45 - (2 + 28) = 45 - 30 = 15$

7. 24 caminhos

8. 56.550 reais

9. a) 1.600 **c)** 1.800
b) 5.000 **d)** 3.600

10. 80 bailarinas

11. 1.164 reais

12. 12 apartamentos

13. a) 85 pontos
b) É preciso que Rubens chegue em 1º lugar e que Edu chegue, no máximo, em 5º lugar. Ou que Rubens chegue em 2º lugar e Edu, no máximo, em 7º lugar. Ou, ainda, que Rubens chegue em 3º lugar e Edu não marque ponto.

14. $9 \cdot 720 \cdot 8 \cdot 5 - 2 \cdot 720 \cdot 8 \cdot 3 = 224.640$

15. 6.290 rais

17. doze zeros

▶ Página 73

1. dividendo: 105; divisor: 7; quociente: 15; resto: zero; Sim, pois o resto é igual a zero.

2. a) $q = 38; r = 1$
b) $q = 51; r = 2$
c) $q = 10; r = 60$
d) $q = 0; r = 0$
e) $q = 1; r = 0$
f) $q = 10; r = 227$

3. a) $x = 100, y = 50, z = 25$
b) $x = 36, y = 12, z = 4$
c) $x = 14, y = 56, z = 224$

4. 8

5. 12 voltas

6. 9 pessoas

7. 125 litros

8. 8 reais

9. a) 104 reais
b) camisa: 57 reais; calção: 47 reais

10. 8 gramas

11. a) 15 pessoas
b) 17 pessoas
c) 6 pessoas

12. a) 550 reais **b)** 16 prestações

13. alternativa **e**; alternativa **c**

RESPOSTAS

14. a) 11   **b)** 9

15. Lucas deverá cortar a ripa 99 vezes.

16. a) 50 moedas   **c)** 200 moedas
    b) 100 moedas   **d)** 500 moedas

▶ Página 78

1. a) $q = 3; r = 6;$
$183 = 59 \cdot 3 + 6$
b) $q = 6; r = 39;$
$357 = 53 \cdot 6 + 39$
c) $q = 11; r = 7;$
$546 = 49 \cdot 11 + 7$
d) $q = 86; r = 0;$
$774 = 9 \cdot 86$
e) $q = 25; r = 4;$
$204 = 8 \cdot 25 + 4$
f) $q = 18; r = 6;$
$240 = 13 \cdot 18 + 6$

2. a) 3   **c)** 1.619
    b) 20   **d)** 59

3. a) 2
b) 273
c) 1, 2, 3, 4, 5, 6, 7 ou 8

4. a) 45   **b)** 37   **c)** 0

5. a) $(12 + 2) \cdot 5 = 70$
c) $5 \cdot (4 + 3) \cdot 2 = 70$
f) $80 : (2 + 6) = 10$

6. $4 : 2 \cdot 5 = 10$
$4 \cdot 2 + 5 = 13$
$4 \cdot 2 - 5 = 3$
$4 \cdot 2 \cdot 5 = 40$
$4 + 2 + 5 = 11$
$4 + 2 - 5 = 1$
$4 + 2 \cdot 5 = 14$

7. a) 16 dias
b) 12 páginas

8. a) $(1.200 - 180) : 4$
b) 255 reais
c) 170 reais

9. 6.280 pontos
Exemplo de resposta:
$15.400 - (3.040 + 2 \cdot 3.040)$

10. a) Exemplos de resposta:
$2 \cdot (6 - 4) = 4$
$4 \cdot (6 - 2) = 16$
$6 \cdot (4 - 2) = 12$
b) Exemplos de resposta:
$(4 + 2) : 6 = 1$ ou $(2 + 4) : 6 = 1$
$(2 + 6) : 4 = 2$ ou $(6 + 2) : 4 = 2$
$(6 + 4) : 2 = 5$ ou $(4 + 6) : 2 = 5$
$(16 + 4) : 5 = 4$ ou $(4 + 16) : 5 = 4$

▶ Página 80

1. a) 4^2 **c)** 5^7 **e)** 7^{10}
    b) 23^4 **d)** 11^5

2. a) 625   **d)** 1.331
    b) 1   **e)** 243
    c) 64   **f)** 1

3. a) $25^1 = 25$ **f)** $9^2 = 81$
    b) $3^0 = 1$ **g)** $3^5 = 243$
    c) $7^2 = 49$ **h)** $100^3 = 1.000.000$
    d) $5^3 = 125$ **i)** $5^4 = 625$
    e) $2^6 = 64$

4. a) 5^2 **c)** 6^2
    b) 5^3 **d)** 6^3

5. a) $4^2 = 2^4$ **d)** $2^6 > 6^2$
    b) $5^3 < 3^5$ **e)** $1^{23} = 1^{100}$
    c) $3^2 > 3^2$ **f)** $72^0 = 1^{15}$

6. a) 8^2 ou 2^6 ou 4^3 **d)** 5^3
    b) 3^4 ou 9^2 **e)** 10^3
    c) 11^2 **f)** 3^6 ou 9^3 ou 27^2

7. a) 20.000
b) 10.001
c) 9.999

8. 64 pastas

9. a) 2^6 casas   **b)** 2^5 casas brancas

11. 3^4 mensagens

▶ Página 83

1. a) 1.000.000.000
b) 500.000
c) 70.000.000
d) 11.000.000
e) 310.000
f) 125.000

2. a) 6   **d)** 3
    b) 1   **e)** 4
    c) 2   **f)** 4

3. 10^4; $4 \cdot 10^6$; $7 \cdot 10^9$; $9 \cdot 10^9$

4. 10^6 pixels

5. a) $2 \cdot 10^7 + 5 \cdot 10^6 + 4 \cdot 10^5 + 5 \cdot 10^4 + 6 \cdot 10^3 +$
$+ 2 \cdot 10^2 + 10^1$
b) $9 \cdot 10^7 + 6 \cdot 10^6 + 4 \cdot 10^5 + 10^4 + 5 \cdot 10^3 +$
$+ 2 \cdot 10^2$
c) $10^8 + 2 \cdot 10^7 + 3 \cdot 10^6 + 6 \cdot 10^5 + 4 \cdot 10^2 +$
$+ 5 \cdot 10^1 + 6 \cdot 10^0$
d) $6 \cdot 10^8 + 5 \cdot 10^7 + 4 \cdot 10^6 + 7 \cdot 10^2 + 5 \cdot 10^1 +$
$+ 3 \cdot 10^0$
e) $10^9 + 2 \cdot 10^8 + 6 \cdot 10^4 + 5 \cdot 10^3 + 4 \cdot 10^2 +$
$+ + 5 \cdot 10^1$
f) $2 \cdot 10^{10} + 5 \cdot 10^9 + 3 \cdot 10^5 + 6 \cdot 10^4 +$
$+ 9 \cdot 10^3 + 7 \cdot 10^2$

6. 2010

7. a) $251 \cdot 10^9$; $251 \cdot 10^{19}$
b) 49 zeros

▶ Página 85

1. 49, 64, 100, 81, 400

2. a) 3   **d)** 7
    b) 4   **e)** 14
    c) 5   **f)** 13

3. a) 625   **b)** 12

4. a) $n = 400$ **b)** $n = 11$

5. 11 lajotas

6. 16, 4 e 2

7. a) 729   **b)** 400   **c)** 441

▶ Página 88

1. a) 2   **e)** 90
    b) 37   **f)** 9
    c) 942   **g)** 100.000
    d) 321

2. a) sim   **b)** sim

3. a) B > A   **b)** A = B

4. $\sqrt{144} + \sqrt{81} + \sqrt{225} = 36$

5. a) 24   **b)** 5

6. a) 154   **b)** 1.284

7. a) Não, é 1.
b) não; resposta correta: 72

8. a) 10   **b)** 3

9. a) 5
b) 1
c) Nessa caso, o quadradinho pode assumir qualquer valor.
d) 40.000

10. a) $3^3 + (3^2 \cdot 2)$
b) 240 maçãs
c) $[3^2 + (3^2 \cdot 2)] \cdot 240 = 10.800$

11. $= 5 \cdot [9^2 + 900] =$
$= 5 \cdot [81 + 900] =$
$= 5 \cdot 981 = 4.905$

12. Exemplo de resposta:
$(4 + 4) : (\sqrt{4} + \sqrt{4}) = 2$
$(4 + 4 + 4) : 4 = 3$
$4 + 4 - \sqrt{4} - \sqrt{4} = 4$
$(4 \cdot 4 + 4) : 4 = 5$

▶ Página 91

1. a) a quantidade de espécies de vertebrados da fauna brasileira ameaçadas de extinção
b) em duas colunas: grupo de animais e quantidade de espécies
c) peixes continentais

2. a) as multas aplicadas na cidade de Curitiba de janeiro a março de 2017; no site: http://curitiba.pr.gov.br/noticias/maio-amarelo-tem-blitz-e-orientacao-nas-escolas-sobre-respeito-no-transito/42016
b) transitar com velocidade superior A máxima permitida em até 20%
c) transitar com velocidade superior a máxima permitida em até 20%, estacionar em desacordo com a regulamentação, não manter o veículo na faixa destinada a ele estacionar em local ou horário proibido estacionar na calçada

3. a) vidro; orgânico
b) de 2 até 12 meses
c) entre 24 e 29 anos
d) papel, tecido, nylon, isopor, vidro

4. b) 2014   **c)** II, III e IV

5. a) sim   **b)** não

Página 93

1. 17 quilômetros
2. 665 picolés
3. 910 metros
4. a) 15.589
   b) 2.749
   c) 9.124
   d) 9.984
   e) 2.560
   f) 34.000
   g) 53.675
   h) 24.530
6. 81 reais
8. 5 ou 6 irmãos
9. alternativa **e**
10. 52 pessoas
12. $87 - (156 : 12) \cdot 2 =$
    $= 87 - 13 \cdot 2 =$
    $= 87 - 26 = 61$
13. a) 5
    b) 1
    c) Nesse caso, o quadradinho pode assumir qualquer valor.
    d) 40.000
14. a) 5
    b) 15.129
    c) 473
    d) 300
    e) 135
15. Não. Ao inserir os parênteses na segunda expressão, os resultados não serão os mesmos.
    resultado da 1ª expressão: 43;
    resultado da 2ª expressão: 73
16. $225 \cdot 10^{11}$; $17 \cdot 10^{12}$
17. a) 262.144
    b) 16.777.216
18. a) 1
    b) 1 ou 0
    c) zero
19. a) $(2 + 3) \cdot 5 = 25$
    b) $(9 - 6) \cdot 8 = 24$
    c) $2 \cdot (4 \cdot 6) = 48$
    d) $(7 \cdot 6) - 9 = 33$
21. Exemplos de respostas:
    a) $(2 + 2) - (2 + 2) = 0$
    b) $(2 : 2) \cdot (2 : 2) = 1$
    c) $(2 : 2) + (2 : 2) = 2$
    d) $(2 + 2 + 2) : 2 = 3$
    e) $(2 + 2 + 2) - 2 = 4$
    f) $(2 + 2) + (2 : 2) = 5$
    g) $(2 \cdot 2 \cdot 2) - 2 = 6$
    h) $(2 \cdot 2 \cdot 2) + 2 = 10$
    i) $(2 + 2 + 2) \cdot 2 = 12$

UNIDADE 3

Página 99

1. a) Exemplo de resposta: pirâmide, livro, cone e globo
   b) A pirâmide e o livro lembram poliedros. O globo e o cone lembram corpos redondos.

2. a) poliedro
   b) corpo redondo
   c) poliedro
   d) corpo redondo
   e) poliedro
   f) corpo redondo

3. a) Exemplo de resposta: Nenhum destes sólidos tem partes arredondadas, ou seja, esses sólidos são poliedros.
   b) Exemplo de resposta: Prismas são sólidos com faces laterais retangulares; pirâmides são sólidos com faces laterais triangulares; e octaedros são sólidos com faces triangulares.

5. a) Corpos redondos, pois apresenta pelo menos uma parte arredondada.

Página 101

1. A – I; B – IV; C – II; D – III; E – VI; F – V
2. b) $V + F = A + 2$

Página 103

1. A – prisma; B – pirâmide; C – paralelepípedo; D – cubo; E – cilindro; F – cilindro; G – cone; H – esfera
2. a) dado III
   b) Exemplo de resposta: cubo. É um prisma com 6 faces quadradas e idênticas.
3. As figuras das alternativas **b**, **e**, **f** não representam a planificação da superfície de um cubo.
4. b) $A = 3a$
   c) $F = a + 2$
   d) $V = 2v$
5. b) $A = 2a$
   c) $F = a + 1$
   d) $V = v + 1$

Página 106

1. A e D; B e C

Página 109

5. c) número de vitórias; país
   d) país; número de vitórias
   e) Brasil

Página 111

1. a) cilindro
   b) triângulo
   c) retângulo
   d) esfera
2. a) quadrados
   b) retângulos
   c) triângulos e quadrado
3. a) 30 cubinhos
   b) 92 cubinhos
   c) 70 cubinhos

Página 117

1. alternativa **a**
2. alternativa **c**
3. alternativa **e**
4. alternativa **e**

5. alternativa **c**
6. alternativa **e**
7. alternativa **a**
8. alternativa **e**
9. alternativa **d**
10. alternativa **d**
11. alternativa **c**
12. alternativa **b**

PARTE 2

UNIDADE 4

Página 127

1. a) V
   b) F
   c) F
   d) V
2. a) correta
   b) incorreta
   c) correta
   d) incorreta
3. a) 180
   b) 354
4. a) É divisível por 2, 5 e 10.
   b) É divisível por 2, 4 e 8.
   c) É divisível por 2, 3 e 6.
   d) É divisível por 2, 3, 4, 6, 8 e 9.
   a) É divisível por 3, 5 e 9.
   a) É divisível por 2, 3, 4, 5, 6 e 10.
5. a) 6.930; 680; 24.000
   b) 6.930; 72.048; 24.000; 4.032
   c) 680; 72.048; 24.000; 4.032; 16.664
6. a) V
   b) F
   c) F
   d) V
   e) F
7. a) 96
   b) 42
   c) 108
   d) 30
   e) 1.035
8. a) 12 é o menor número natural diferente de zero divisível por 3 e por 4.
   b) 12 é o menor número natural diferente de zero divisível por 2, por 3 e por 4.
   c) 102 é o menor número natural com três algarismos divisível por 2 e por 3.
   d) 9.990 é o maior número natural com quatro algarismos divisível por 6 e por 9.
9. a) 5
   b) 2
10. 117 bolinhas médias
11. a) 7, 14, 21 e 28
    b) quarta-feira
    c) sim
12. a) não
    b) sim
    c) não
    d) Sim, só é possível formar um quadrado com um múltiplo de 4.
13. a) 1, 4 ou 7
    b) qualquer algarismo; 8
    c) 34.560

351

RESPOSTAS

14. Não, pois após 12 dias e 24 dias da 1ª coleta ela terá de trabalhar com os dois recipientes ao mesmo tempo.

▶ Página 131

1. a) sim   **c)** sim
b) não   **d)** não

2. a) M (9) = {0, 9, 18, 27, ...}
b) M (20) = {0, 20, 40, 60, ...}
c) M (35) = {0, 35, 40, 105, ...}
d) M (56) = {0, 56, 112, 168, ...}

3. a) sim   **c)** sim
b) não   **d)** não

4. a) D (24) = {1, 2, 3, 4, 6, 8, 12, 24}
b) D (40) = {1, 2, 4, 5, 8, 10, 20, 40}
c) D (45) = {1, 3, 5, 9, 15, 45}
d) D (60) = {1, 2, 3, 4, 5, 6, 10, 12, 15, 20, 30, 60}

5. I – D; II – A; III – B; IV – C

6. a) V   **c)** V
b) F   **d)** V

7. a) A palavra está correta.
b) múltiplo
c) divisor

8. a) sim   **d)** sim
b) sim   **e)** sim
d) sim   **f)** não

9. a) 80 carros
b) 50 vans
c) 40 ônibus
- Sim, pois a divisão de 400 por cada um desses números é exata.

10. a) 0, 22, 44, 66 e 88
b) 5, 15 e 45
c) todos: 1, 2, 5, 10, 25 e 50

11. b) 2 anos; 2020 e 2024
c) não

12. a) 1.080   **b)** 9.960

13. Estará verde, pois a cada 5 minutos o semáforo fica verde. Então, ficará verde às 10 horas, 10 horas e 5 minutos, 10 horas e 10 minutos, ..., 10 horas e 55 minutos, 11 horas.

14. 42, 50 e 54

15. 117 carros

16. 183 CDs

▶ Página 136

2. a) composto   **e)** primo
b) composto   **f)** primo
c) composto   **g)** composto
d) primo   **h)** composto

3. 101 e 103

4. Ígor tem 13 anos e Joana, 17 anos.

5. alternativa **b**

6. a) 11   **b)** 97   **c)** 307

▶ Página 138

3. a) $2 \cdot 3^2$ **f)** $2 \cdot 3 \cdot 5 \cdot 11$
b) $3 \cdot 5^2$ **g)** $2^3 \cdot 5^3$
c) $3^2 \cdot 7$ **h)** $2^3 \cdot 3^2 \cdot 5 \cdot 7$
d) 17^2 **i)** $2 \cdot 11 \cdot 13$
e) $2 \cdot 3^2 \cdot 5$ **j)** $11 \cdot 13 \cdot 17$

4. a) 1.155   **b)** 2.401   **c)** 348

5. a) 3, 5, 11 e 13
b) 23
c) 67

6. O mosaico poderá ter a forma retangular de tamanho 1 por 32, 2 por 16 ou 4 por 8.

7. a) 2 irmãos   **b)** 11 anos

8. número da casa de Alex: 7;
número da casa de Rosana: 2;
número da casa de Vilma: 14

▶ Página 140

2. a) O número de veículos lavados no primeiro trimestre de 2018
b) março
c) 503 veículos

3. a) Matemática, pois apresenta o maior número de livros (32).
b) História, pois a quantidade de livros de História (15) é menor que a de Geografia (20).

4. a) número anual de vagas em alguns cursos da Esalq
b) no site <http://www.esalq.usp.br/graduacao/>
c) Engenharia Agronômica
d) 310 alunos

5. a) 450 lugares
b) sim; os teatros Docas, Clara Nunes e Amazonas
c) menor capacidade: teatro Metrópolis da UFES; maior capacidade: teatro Amazonas

6. a) 10.480 uniformes
b) 6.490 uniformes

▶ Página 142

1. Não, pois sobram 6 pastas. O número 150 não é divisível por 12, porque o resto da divisão é diferente de zero, no caso, 6.

2. a) sim   **c)** sim
b) sim   **d)** não

3. alternativa **c**

4. 24 sorvetes

5. Os dois, pois 44.100 é divisível por 2, 3, 4, 5, 7, 9, 25 e 49.

6. d) 72 moedas

7. 43 reais

8. a) Antônio, Júlia e Paula
b) 5

9. alternativa **e**

10. alternativa **d**

11. alternativa **e**

12. 139: primo;
237: composto;
343: composto;
1.054: composto;
541: primo;
853: primo

13. a) 63
b) 192, 384, 576, 768, 960

14. a) 101   **b)** 997

15. a) $x = 2, y = 3$ e $z = 5$
b) $x = 5, y = 7$ e $z = 11$
c) $x = 2, y = 2$ e $z = 7$
d) $x = 7, y = 3$ e $z = 13$
e) $x = 2, y = 3$ e $z = 11$
f) $x = 4, y = 3$ e $z = 157$

16. a) 6 metros
b) 4 pedaços
c) 1 metro, 2 metros e 3 metros

UNIDADE 5

▶ Página 146

1. a) $\frac{1}{8}$ **b)** $\frac{2}{8}$ **c)** $\frac{5}{8}$
- um oitavo; dois oitavos; cinco oitavos

3. a) bolas azuis: $\frac{3}{7}$; bolas vermelhas: $\frac{4}{7}$
b) bola azul: $\frac{1}{10}$; bolas vermelhas: $\frac{9}{10}$

4. a) um meio ou metade
b) Significa que a professora Márcia dividiu igualmente os alunos em 2 grupos.
c) Significa a quantidade de grupos da sala que têm animais de estimação.

5. a) três quartos de xícara
b) Significa que o inteiro (xícara) foi dividido em 4 partes iguais.
c) Significa a quantidade de partes da xícara que será preenchida por óleo.

6. A torre Camélia

▶ Página 150

1. a) 6 bolinhas   **c)** 5 pizzas
b) 28 passos   **d)** 3 alunos

2. a) $\frac{3}{5}$ das barras   **b)** $\frac{6}{5}$ das fazendas

3. a) 250 metros
b) 16 centímetros
c) 50 metros

5. a) $\frac{1}{4}$ **b)** $\frac{1}{4}$ **c)** $\frac{1}{16}$

6. 18 gemas, 3 xícaras de coco fresco ralado e 3 colheres de chá de manteiga

7. Exemplo de respostas:
a) $\frac{1}{3}$ **c)** $\frac{1}{2}$
b) $\frac{1}{12}$ **d)** $\frac{1}{6}$

8. Exemplo de respostas:
a) $\frac{1}{5}$ b) $\frac{2}{5}$

9. 2 quilogramas

10. 30 pontos

11. 2.115 pessoas

Página 155

1. a) não; $\frac{12}{36} \neq \frac{6}{12}$
b) sim; $\frac{6}{18} = \frac{3}{9}$
c) sim; $\frac{4}{8} = \frac{1}{2}$

2. a) $\frac{8}{4}, \frac{6}{3}, \frac{18}{9}, \frac{20}{10}$
b) $\frac{1}{2}, \frac{7}{14}, \frac{10}{20}$
c) $\frac{15}{25}, \frac{21}{35}, \frac{3}{5}$

3. $\frac{11}{10}, \frac{11}{101}, \frac{2}{7}, \frac{200}{13}$

4. a) $\frac{1}{2}$ **c)** $\frac{5}{13}$
b) $\frac{11}{13}$ **d)** $\frac{47}{30}$

5. a) 88   **c)** 1
b) 45   **d)** 4

6. Houve empate, pois: $\frac{12}{15} = \frac{8}{10} = \frac{4}{5}$

7. Não, pois as frações são equivalentes.

8. a) $\frac{11}{12}$ **b)** $\frac{22}{33}$ **c)** $\frac{10}{100}$

9. Errou, pois não conseguimos chegar ao número 2 simplificando o número 151.

10. b) $\frac{98}{102} = \frac{8.624}{8.976}$
d) $\frac{1.000}{17} = \frac{5.000}{85}$ ou $\frac{1.000}{34} = \frac{5.000}{170}$
f) $\frac{17}{19} = \frac{289}{323}$

Página 159

1. a) $\frac{3}{4} > \frac{1}{4}$ **c)** $\frac{3}{6} = \frac{3}{6}$
b) $\frac{1}{6} < \frac{1}{4}$ **d)** $\frac{2}{4} > \frac{2}{8}$

2. a) $\frac{7}{8}$ é a maior e $\frac{1}{2}$ é a menor.
b) $\frac{3}{8}$ é a maior e $\frac{4}{16}$ é a menor.
c) $\frac{3}{4}$ é a maior e $\frac{1}{2}$ é a menor.
d) $\frac{3}{6}$ é a maior e $\frac{4}{12}$ é a menor.
e) São iguais.

3. a) $\frac{13}{24} > \frac{13}{25}$ **c)** $\frac{101}{2} > \frac{100}{2}$
b) $\frac{249}{5} > \frac{7}{5}$ **d)** $\frac{21}{44} < \frac{21}{39}$

4. a) $\frac{3}{4}$ **e)** $\frac{5}{2}$
b) $\frac{8}{13}$ **f)** $\frac{3}{4}$
c) $\frac{57}{5}$ **g)** $\frac{2}{3}$
d) $\frac{11}{15}$ **h)** $\frac{9}{10}$

5. a) F   **b)** V   **c)** V

6. a) $\frac{7}{8}, \frac{7}{9}, \frac{7}{16}, \frac{7}{17}, \frac{7}{21}, \frac{7}{25}, \frac{7}{32}$
b) $\frac{26}{15}, \frac{25}{15}, \frac{15}{15}, \frac{14}{15}, \frac{10}{15}, \frac{3}{15}, \frac{1}{15}$
c) $\frac{21}{25}, \frac{21}{29}, \frac{21}{31}, \frac{21}{46}, \frac{21}{48}, \frac{21}{56}, \frac{21}{62}$

7. a) satisfeita
b) muito satisfeita

8. em nenhuma; na segunda prova

9. a) futebol
b) basquete
c) 225 jovens

10. Luana

11. Luciano

Página 162

2. b) ficção
c) suspense
d) 461 pessoas

4. b) não

5. b) em 2016; 3.233.739 matrículas

Página 165

1. a) $\frac{4}{30}$ **b)** $\frac{6}{30}$ **c)** $\frac{6}{30}$

2. a) $\frac{8}{36}$ **b)** $\frac{30}{36}$ **c)** $\frac{11}{36}$

3. alternativa **d**

4. alternativa **b**

5. a) $\frac{1}{6}$
b) As duplas juntaram a mesma quantia.
c) Não; José teve maior fração na participação da compra da rede.

6. a) $\frac{1}{12}$ **d)** $\frac{2}{3}$
b) $\frac{1}{10}$ **e)** $\frac{13}{14}$
c) $\frac{5}{12}$ **f)** $\frac{11}{3}$

7. alternativa **c**

8. Exemplo de respostas:
a) $\frac{3}{10}, \frac{2}{7}, \frac{4}{9}$
b) $\frac{7}{2}, \frac{10}{3}, \frac{9}{4}$

9. a) $\frac{1}{10}, \frac{2}{10}, \frac{5}{10}, \frac{8}{10}$
b) $\frac{15}{100}, \frac{15}{20}, \frac{15}{7}, \frac{15}{3}$

UNIDADE 6

Página 169

1. a) $\frac{4}{10} + \frac{3}{10} = \frac{7}{10}$
b) $\frac{5}{14} + \frac{4}{14} = \frac{9}{14}$
c) $\frac{2}{12} + \frac{5}{12} = \frac{7}{12}$

2. a) iguais; numeradores; conservamos
b) diferentes; múltiplo comum; reduzimos; denominador

3. a) $\frac{3}{2}$ **h)** $\frac{1}{2}$
b) $\frac{2}{3}$ **i)** $\frac{1}{12}$
c) $\frac{14}{11}$ **j)** $\frac{1}{6}$
d) $\frac{8}{3}$ **k)** $\frac{39}{10}$
e) 3   **l)** $\frac{5}{12}$
f) $\frac{7}{3}$ **m)** $\frac{7}{3}$
g) $\frac{3}{4}$ **n)** $\frac{5}{4}$

4. a) $\frac{1}{2}$ **d)** $\frac{13}{8}$
b) $\frac{1}{3}$ **e)** $\frac{37}{15}$
c) $\frac{7}{8}$

5. a) $\frac{1}{12}$ **b)** $\frac{5}{36}$

7. a) $\frac{1}{2}$ tanque
b) $\frac{43}{45}$ do livro
c) $\frac{11}{15}$ do caminho

8. Não está correta, pois a capacidade da garrafa será insuficiente $\left(\frac{31}{20} > 1\frac{1}{2}\right)$.

Página 172

1. a) $\frac{4}{3}$ **d)** $\frac{2}{15}$
b) $\frac{14}{9}$ **e)** $\frac{28}{15}$
c) $\frac{1}{5}$ **f)** $\frac{7}{6}$

2. a) 1   **d)** $\frac{18}{5}$
b) 4   **e)** $\frac{1}{32}$
c) 15   **f)** $\frac{1}{14}$

3. $\frac{1}{10}$

4. a) $\frac{1}{6}$ **b)** $\frac{8}{15}$

5. a) Rodrigo; Álvaro
b) $\frac{1}{12}$

6. 5 meninas

7. $\frac{1}{6}$

8. a) $\frac{7}{20}$ **b)** $\frac{1}{6}$; 30 alunos

Página 177

2. a) $\frac{1}{7}$ **d)** $\frac{1}{12}$
b) $\frac{5}{2}$ **e)** $\frac{1}{3}$
c) $\frac{6}{21}$ **f)** $\frac{9}{7}$

353

RESPOSTAS

3. a) $\frac{7}{6}$
   b) 36
   c) $\frac{3}{20}$
   d) $\frac{2}{23}$
   e) $\frac{1}{5}$
   f) $\frac{1}{39}$
   g) $\frac{2}{5}$
   h) $\frac{4}{7}$
   i) $\frac{21}{5}$
   j) $\frac{3}{5}$

4. a) $\frac{2}{24}, \frac{2}{48}$
   b) $\frac{3}{2.401}, \frac{3}{16.807}$

5. a) $\frac{4}{7}$ b) $\frac{2}{3}$ c) $\frac{49}{1.024}$

6. $\frac{1}{24}$

7. a) $\frac{1}{4}$
   b) $\frac{1}{64}$
   d) $\left(\frac{1}{4}, \frac{1}{16}, \frac{1}{64}\right)$
   e) $\frac{1}{256}, \frac{1}{1.024}$

8. 6 receitas

9. $\frac{1}{6}$

10. a) município A: $\frac{1}{4}$; município B: $\frac{1}{6}$
    b) município A: $\frac{1}{2}$; município B: $\frac{1}{4}$

11. a) 20 crianças
    b) $\frac{1}{8}$

▶ **Página 182**

1. a) 5   d) 56
   b) 15   e) 24
   c) 28   f) 20

2. A – IV; B – III; C – I; D – II

3. Os dois acertaram a mesma quantidade de questões.

4. a) A: 31%, B: 47% e C: 13%
   b) 9%
   c) a marca B

5. a) 390 lâmpadas
   b) 2.250 reais

6. 1.260 reais

7. a) O valor do desconto para pagamento à vista do vestido.
   b) R$ 54,00

8. Norte: 295.300;
   Nordeste: 826.840;
   Sudeste: 1.181.200

9. 35%

▶ **Página 184**

1. a) Quantidade de passageiros embarcados e desembarcados nos aeropostos no Nordeste de voos internacionais e domésticos em 2015 e 2016.
   b) No *site*: <http://www.infraero.gov.br/images/stories/Estatistica/anuario/anuario_2016.pdf>.
   c) 2015; 30.501.560 pessoas
   d) voo internacional

2. a) 6º A: 177 kg; 6º B: 165 kg
   b) 2º trimestre: 92 kg
   c) 76 kg
   d) Não é possível, pois a tabela informa a quantidade de quilogramas arrecadados por trimestre.
   e) 342 kg

3. a) Ao total movimentado, em milhão de dólares, pelas importações e exportações brasileiras no 1º semestre de 2017.
   b) em março; 20.074 milhões de dólares
   c) em abril; 10.716 milhões de dólares
   d) janeiro: 27.108; fevereiro: 26.383; março: 33.011; abril: 28.396; maio: 31.919; junho: 32.373
   e) Não, pois 107.701 não é mais que o dobro de 71.489.

▶ **Página 186**

2. alternativa **d**

3. a) $\frac{2}{5}$
   b) Antônio acertou 80 questões. Vinicius acertou 40 questões.

4. a) $\frac{13}{8}$ d) $\frac{1}{2}$
   b) 4   e) $\frac{19}{14}$
   c) 140   f) $\frac{16}{15}$

5. a) $\frac{3}{2}$ c) $\frac{2}{7}$
   b) $\frac{9}{10}$ d) $\frac{68}{3}$

6. 800 reais

7. $\frac{1}{10}$

8. alternativa **d**

9. b) Não, veio menos margherita e mais calabresa do que foi pedido.

10. $\frac{5}{6}$

11. alternativa **b**

12. 34 páginas

13. a) $\frac{4}{5}$ de litro; $\frac{6}{5}$ de litro; $\frac{8}{5}$ de litro
    b) $\frac{5}{4}$ de xícara

14. $\frac{4}{15}$

15. Luís comeu $\frac{1}{8}$ da *pizza* e Ana comeu $\frac{3}{16}$ da *pizza*; restaram $\frac{11}{16}$ da *pizza*.

16. alternativa **c**   17. alternativa **e**

18. a) 10   b) 15   c) 60   d) 64   e) 8

19. alternativa **c**

20. a) 25 reais
    b) Juliana: $\frac{3}{8}$; Cristiane: $\frac{5}{8}$
    c) • Juliana: 4 fatias; Cristiane 4 fatias
       • Juliana: 3 fatias; Cristiane: 5 fatias

21. a) $\frac{2}{15}; \frac{1}{5}$
    b) Alexandre: 40 bombons; Paula: 8 bombons; Mario: 12 bombons

▶ **Página 193**

1. alternativa **c**
2. alternativa **c**
3. alternativa **d**
4. alternativa **d**
5. alternativa **c**
6. alternativa **c**
7. alternativa **c**
8. alternativa **a**
9. alternativa **d**
10. alternativa **c**
11. alternativa **b**
12. alternativa **c**
13. alternativa **c**

PARTE 3

UNIDADE 7

▶ **Página 200**

2. $\overline{FG}, \overline{GH}$ e $\overline{FH}$

3. alternativa **d**

4. a) 10 segmentos. São eles: $\overline{AB}, \overline{BC}, \overline{CD}, \overline{AD}, \overline{AE}, \overline{AC}, \overline{BE}, \overline{BD}, \overline{CE}$ e $\overline{DE}$
   b) 21 segmentos. São eles: $\overline{AB}, \overline{BC}, \overline{CA}, \overline{BF}, \overline{FD}, \overline{DE}, \overline{EF}, \overline{FI}, \overline{IG}, \overline{GH}, \overline{HI}, \overline{IB}, \overline{AI}, \overline{AG}, \overline{CF}, \overline{CE}, \overline{DI}, \overline{DH}, \overline{GB}, \overline{HF}$ e $\overline{BE}$

5. a) 8 arestas; 3 lados
   b) 12 arestas; 4 lados

▶ **Página 202**

1. a) 2 cm   b) 4 cm   c) 6 cm

2. $AB = u$; $CD = 4u$; $EF = 3u$; $GH = 5u$

3. Todos os segmentos são congruentes.

4. a) $\overline{AB}$ e $\overline{GH}$ b) $\overline{CD}$ c) $\overline{IJ}$

5. b) sim; $\overline{AB}$ e $\overline{DC}$; $\overline{DA}$ e $\overline{CB}$
   c) sim

▶ **Página 207**

1. a) vértice: A; lados: $\overrightarrow{AB}$ e $\overrightarrow{AC}$
   b) vértice: G; lados: $\overrightarrow{GI}$ e $\overrightarrow{GH}$

2. a) 90°; reto
   b) 60°; agudo
   c) 130°; obtuso
   d) 170°; obtuso

3. a) 270°   b) 45°   c) 135°

4. Na mesma posição em que estava antes do giro.

- um giro de $\frac{1}{2}$ volta

6. a) amarela

b) Agudos, pois têm medidas menores que 90°.

7. a) Jorge

b) Jorge, pois tem maior ângulo de visão.

8. b) aproximadamente 31°

9. a) azul: $\frac{1}{2}$; vermelha e amarela: $\frac{1}{4}$

b) azul: 180°; vermelha e amarela: 90°

c) roupas infantis: 500; roupas masculinas e roupas femininas: 250 cada uma

d) roupas infantis: 50%

roupas masculinas: 25%

roupas femininas: 25%

▶ **Página 213**

1. a) concorrentes

b) paralelas

c) paralelas

2. a) retas concorrentes

b) Sim, pois formam quatro ângulos retos entre si.

3. não

4. sim

5. a) ao supermercado

▶ **Página 215**

1. equipe Y

3. a) 2014; 1.464 reais

b) Não, porque de 2014 para 2015 a média salarial diminuiu.

4. a) mais baixa: 23 de novembro;
mais alta: 20 de novembro

b) 20 de novembro; 18 °C

▶ **Página 217**

1. Todos os ângulos são retos.

2. A: agudo   K: obtuso
N: agudo   L: reto
W: agudo   Z: agudo
T: reto   V: agudo
F: reto   X: obtuso
H: reto   M: agudo

3. a) ângulo reto

b) ângulo agudo

c) ângulo obtuso

5. a) $\frac{3}{4}$ de volta   **b)** $\frac{1}{4}$ de volta

7. alternativas **a** e **c**

8. a) na loja de informática

b) na loja de roupas

c) Porque a posição resultante do giro para a direita ou para a esquerda seria a mesma.

9. concorrentes

11. a) 30°   **c)** 150°

b) 120°; 210°

UNIDADE 8

▶ **Página 223**

1. a) 1,1   **c)** 1,001

b) 0,15   **d)** 0,003

3. a) 0,5   **c)** 0,23

b) 1,8   **d)** 0,276

4. a) trinta e dois reais e cinquenta centavos

b) trinta centésimos de quilograma

c) trinta e seis graus Celsius e nove décimos

d) treze litros e quatrocentos e trinta e um milésimos

▶ **Página 225**

1. a) $\frac{5}{10}$ ou 0,5   **c)** $\frac{6}{10}$ ou 0,6

b) $\frac{23}{10}$ ou 2,3   **d)** $\frac{52}{100}$ ou 0,52

2. alternativa **b**

3. a) $\frac{6}{10}$ **f)** $\frac{205}{1.000}$

b) $\frac{24}{100}$ **g)** $\frac{1.223}{100}$

c) $\frac{15}{10}$ **h)** $\frac{401}{100}$

d) $\frac{254}{10}$ **i)** $\frac{8.123}{1.000}$

e) $\frac{875}{100}$ **j)** $\frac{15}{1.000}$

4. a) 0,4   **d)** 16,88

b) 3,2   **e)** 0,061

c) 5,02   **f)** 62,101

5. a) $\frac{6}{10}$; 0,6   **d)** $\frac{65}{100}$; 0,65

b) $\frac{12}{10}$; 1,2   **e)** $\frac{1.750}{1.000}$; 1,75

c) $\frac{36}{10}$; 3,6   **f)** $\frac{1}{5} = \frac{2}{10}$; 0,2

6. A – III; B – IV; C – II; D – I; E – V

7. b) seis inteiros e setenta centésimos

d) vinte e um inteiros e trezentos e dois milésimos

e) cinquenta centésimos

f) quatro inteiros e um milésimo

8. a) $\frac{32}{100}$ ou 0,32

b) $\frac{16}{25}$ ou 0,64

10. $\frac{1}{10}; \frac{10}{100}; \frac{100}{1.000}; \frac{1.000}{10.000}$

$\frac{1}{10}; \frac{1}{10}; \frac{1}{10}; \frac{1}{10}$

Todas as frações são equivalentes a $\frac{1}{10}$.

12. a) 0,25; 0,75

b) 0,4; 1,25

▶ **Página 230**

1. a) 0,2 < 1,257   **d)** $\frac{78}{100}$ < 1,78

b) 2,7 > 2,07   **e)** 5,236 < 5,263

c) $3\frac{1}{10} = 3{,}1$ **f)** 2,02 > 2,002

355

RESPOSTAS

2. a) 0,003; 0,030; 0,300
   b) 3,011; 3,101; 3,110
   c) 20,022; 20,202; 22,202

3. O raciocínio de Carla está correto, pois 3 décimos é igual a 30 centésimos; portanto, 0,30 é maior que 0,03.

4. 2,3

5. A: $\frac{10}{3}$; B: $\frac{11}{3}$; C: $\frac{17}{4}$; D: $\frac{18}{4} = \frac{9}{2}$; E: $\frac{19}{4}$

6. Não, ele estava certo, pois 3 décimos equivalem a 30 centésimos.

7. O caminhão que pode transportar até 5,8 toneladas.

8. a) Carlos
   b) depois

9. a) Débora; Fábio
   b) Débora, Mara, Cecília, Dario e Fábio

▶ **Página 232**

1. comédia

2. a) sexta; terça
   b) sim

3. a) aumentou
   b) 79,4 anos; 72,2 anos
   c) menor
   d) A expectativa de vida da mulher nascida em 2000 é maior que a do homem nascido em 2016.
   e) mais tempo

4. a) celular
   b) 5%
   c) computador de mesa; *notebook*

5. Exemplo de resposta: Eenquanto o número de homens decresceu no decorrer dos anos, o número de mulheres cresceu e ultrapassou o de homens em 2016.

▶ **Página 234**

1. a) $\frac{2}{5} = 0,4$
   b) $\frac{52}{100} = 0,52$

2. a) vinte e dois reais e noventa centavos
   b) trinta e nove reais e noventa e oito centavos
   c) oitenta e sete reais e cinquenta e nove centavos
   d) quarenta e sete reais e noventa e nove centavos

3. a) uma unidade e um décimo
   b) oito unidades e sessenta e seis centésimos
   c) doze unidades e um centésimo
   d) duzentos e cinquenta e uma unidades e cento e trinta e cinco milésimos
   e) nove milésimos
   f) um mil quatrocentos e trinta e duas unidades e um milésimo

4. a) 2,1 = 2,100 e 2,01 = 2,010
   b) 5,060 = 5,06 e 5,6000 = 5,600
   c) 3,18 = 3,180
   d) 6,921 = 6,9210
   e) 1,61 = 1,610

5. a) 14,356
   b) 3,518
   c) 47,118
   d) 10,6802

6. a) 2,7   **d)** 32
   b) 0,04   **e)** 57,02
   c) 1,45   **f)** 3,867

7. A – III; B – II; C – I; D – IV

9. a) $\frac{1}{10} + \frac{5}{100}$
   b) $1 + \frac{1}{1.000}$
   c) $6 + \frac{4}{100}$
   d) $4 + \frac{1}{100} + \frac{5}{1.000}$
   e) $\frac{1}{10.000}$
   f) $1 + \frac{6}{10} + \frac{1}{100}$

10. a) $\frac{761}{10}$ **d)** $\frac{1}{1.000}$
   b) $\frac{476}{100}$ **e)** $\frac{9.023}{1.000}$
   c) $\frac{1.206}{100}$ **f)** $\frac{10.005}{1.000}$

12. a) A: 3,7; B: 3,6; C: 8,1
   b) A: 0,03; B: 3,04; C: 0,081
   c) A: 0,37 e 0,370; B: 3,5 e 3,50; C: 0,81 e 0,810

13. a) V   **d)** V
   b) F   **e)** F
   c) F

14. a) Exemplo de resposta:
   seis inteiros e noventa e um centésimos; sete inteiros e quatro centésimos; sete inteiros e três centésimos
   b) segundo lugar: Tatyana Lebedeva; terceiro lugar: Blessing Okagbare

15. sim, pois 18,5 < 24,9 < 25

16. 79,73; 120,74; 120,79; 127,59; 127,73

17. segunda-feira

18. a) Sérgio
   b) Rogério
   c) Rogério, Rosana, Amanda, Sérgio, Cristina e Patrícia

UNIDADE 9

▶ **Página 237**

1. a) 0,6   **e)** 1,5
   b) 0,75   **f)** 6,004
   c) 7,25   **g)** 18,34
   d) 1,58   **h)** 6,61

2. a) 6,49   **d)** 7,38
   b) 2,39   **e)** 27,72
   c) 3,42

3. a) 0,7; 0,8   **d)** 0,24; 0,28
   b) 0,4; 0,3 **e)** 1,025; 1,030
   c) 7,5; 8,0

4. a) 5,71
   b) 5,207
   d) 8,091

5. a) 12,23   **c)** 1,21
   b) 10,13   **d)** 1,03

6. a) 8,7   **c)** 9,7
   b) 7,5   **d)** 9,3

8. 1,83 metro

9. Sim, pois ficou com 53,8 kg.

10. 8,085

356

▶ **Página 242**

1. a) 123,4
   b) 87
   c) 45.600
   d) 4.560
   e) 3.478,6
   f) 5

2. a) 39,5
   b) 4,8
   c) 9,522
   d) 0,468
   e) 366,4
   f) 2,1912

3. a) Parte inteira correta e resultado correto.
   b) Parte inteira errada. O resultado correto da multiplicação é 342,82.
   c) Parte inteira errada. O resultado correto da multiplicação é 909,448.
   d) Parte inteira correta, mas o resultado correto da multiplicação é 14,7858.
   e) Parte inteira errada. O resultado correto da multiplicação é 4.255,38.

4. a) 89,6
   b) 35,1
   c) 15,05
   d) 496,6
   e) 15,145
   f) 2,294

5. Gustavo: R$ 4,10
   Isabela: R$ 4,80
   Lina: R$ 5,15

6. a) R$ 54,75
   b) 28 metros
   c) Errou, pois: 58 · 3,42 = 198,36
   d) Sim, pois para comprar 508 dólares ele precisará de R$ 1.686,56.
   e) R$ 10,00

▶ **Página 245**

1. a) 1,5
   b) 2,5
   c) 2,4
   d) 0,125
   e) 3,6
   f) 5,4

2. a) 4,56
   b) 5,4689
   c) 37
   d) 1,456
   e) 0,9783
   f) 56,78
   g) 0,1
   h) 4,01
   i) 5,2
   j) 20,1
   k) 1,004
   l) 1,05

3. a) O quociente de 286,649 por 23,69 é 12,1.
   b) O quociente de 1,854 por 0,3 é 6,18.
   c) O quociente de 24,516 por 0,04 é 612,9.

4. a) 0,76
   b) 1.000
   c) 32,7
   d) 100
   e) 3.200
   f) 5,7
   g) 1.000
   h) 7
   i) 10
   j) 60
   k) 0,3
   l) 100

5. a) 2,74
   b) 0,132
   c) 1.000
   d) 0,005
   e) 100
   f) 0,38
   g) 0,250
   h) 100
   i) 10
   j) 1.000
   k) 0,93
   l) 1.000

6. Ademir

7. a) V
   b) F
   c) F
   d) V

8. a) 11,2
   b) 3,1
   c) 8,74
   d) 3,75
   e) 12,794

9. a) R$ 12,15
   b) R$ 3,55

10. R$ 25,20

11. alternativa **b**

12. R$ 8,00

13. marca A

15. a) R$ 5,25
    b) R$ 15,00

▶ **Página 249**

1. a) 2,1
   b) 13,7
   c) 5,7
   d) 16,2
   e) 14,2
   f) 3,1
   g) 4,5
   h) 21,4
   i) 5,2
   j) 3,12

2. a) V
   b) V
   c) F

3. a) 29,666
   b) 14,833
   c) 4,833

5. aproximadamente 20,06 litros

▶ **Página 250**

1. a) 5,76
   b) 0,001
   c) 10,9
   d) 1
   e) 187,69
   f) 0,0016
   g) 1,48965
   h) 0,00243
   i) 1
   j) 1,331

2. A – III; B – I; C – IV; D – II

3. a) 52,9
   b) 100
   c) 1,6561

4. $(0,001)^2$, $(0,2)^3$, $(0,13)^2$, $(15,4)^0$, $(1,02)^2$, $(2,5)^2$

5. a) F
   b) F
   c) V
   d) F

6. 0,0625

7. 0,01; 0,001; 0,0001
   a) 2 algarismos; 3 algarismos; 4 algarismos
   b) 5 algarismos
   c) 25 algarismos

▶ **Página 253**

1. a) 0,38
   b) 0,79
   c) 0,015
   d) 2,30
   e) 0,246
   f) 0,00568

2. A – II; B – III; C – IV; D – I

3. a) 32%
   b) 43,75%

4. natação: 30%; futebol: 45%; judô: 25%

5. a) Doçura: R$ 53,52; Miss Tika: R$ 57,84; Sport: R$ 44,80; O cara: R$ 47,12; Radical: R$ 49,84
   b) Doçura e Sport

6. O papel higiênico, pois deveria estar por R$ 3,30.

7. a) R$ 89,80; R$ 98,78
   b) 500 alunos
   c) 24 pessoas; 36 pessoas

RESPOSTAS

▶ Página 255

2. b) título: Esportes praticados pelos atletas; fonte: Dados obtidos pelo ginásio de esportes da Cidade Olímpica em fevereiro de 2018.

c) A porcentagem de praticamente de determinado esporte.

d) $\frac{3}{8}$

e) 135°

▶ Página 257

1. a) 1.120 aves, 800 répteis, 640 mamíferos, 480 anfíbios e 160 de outras classes.

b) aves: $\frac{7}{20}$; répteis: $\frac{1}{4}$; mamíferos: $\frac{1}{5}$; anfíbios: $\frac{3}{20}$ e outras classes: $\frac{1}{20}$

c) répteis

2. a) 93%

b) 25 vagas para idosos; 10 vagas para pessoas com deficiencia física ou visual

▶ Página 258

1. a) 6,543
b) 22,58
c) 7,738

2. a) 0,634
b) Péricles Silva

3. a) euro: R$ 0,0634; libra esterlina: R$ 0,0494; peso argentino: R$ 0,0039
b) euro

4. R$ 13,65

5. R$ 40,50

6. No supermercado Pqnininho, pois uma barra custa R$ 1,40, enquanto o supermercado Em conta uma barra custa R$ 1,49.

7. 80 viagens

8. a) R$ 10,50
b) Aproveitar a promoção. A diferença é de R$ 0,50.

9. alternativa **c**

10. sim

11. a) R$ 8,95
b) R$ 11,05
c) R$ 12,75

12. R$ 13,45

13. A – II; B – I; C – IV; D – III

14. a) 2,45
b) 17,3
c) 4,6
d) 2,25

15. R$ 25,20

16. alternativa **c**

17. a) carne; 1.344 animais
b) 868 animais
c) 84 pessoas

18. R$ 119,52

19. alternativa **b**

▶ Página 265

1. alternativa **d**
2. alternativa **c**
3. alternativa **d**
4. alternativa **c**
5. alternativa **b**
6. alternativa **c**
7. alternativa **c**
8. alternativa **e**
9. alternativa **c**
10. alternativa **b**
11. alternativa **e**

PARTE 4

UNIDADE 10

▶ Página 272

1. $A(1, 2)$, $B(4, 4)$, $C(6, 1)$, $D(7, 3)$ e $E(3, 7)$

2. a) C1   **c)** D3   **e)** C3
b) D1   **d)** A3

3. alternativas **a** e **c**

▶ Página 276

1. a) poligonais fechadas e simples
b) poligonais fechadas e não simples
c) poligonais abertas e simples
d) poligonais abertas e não simples

2. a) vértices: A, B, C, D, E e F;
lados: $\overline{AB}$, $\overline{BC}$, $\overline{CD}$, $\overline{DE}$, $\overline{EF}$ e $\overline{FA}$
b) 6 lados; hexágono

4. a) I: 3 lados; 3 vértices; 3 ângulos internos
II: 4 lados; 4 vértices; 4 ângulos internos
III: 5 lados; 5 vértices; 5 ângulos internos
IV: 6 lados; 6 vértices; 6 ângulos internos
V: 7 lados; 7 vértices; 7 ângulos internos
b) I: triângulo
II: quadrilátero
III: pentágono
IV: hexágono
V: heptágono
c) São convexos.
d) Há o mesmo número de vértices e lados.
e) Sim; o número de lados, o número de vértices e o número de ângulos internos são iguais.

5. a) 4 peças: os polígonos D, G e H são quadriláteros, e o polígono F é um triângulo.
b) Não, porque as linhas curvas das peças A, B, C e E não permitem um encaixe entre elas para que o lado da figura formada seja um segmento de reta.

6. a) Não é um poliedro regular, pois suas faces não são polígonos regulares.
b) É um poliedro regular, pois todas as faces são polígonos regulares e de cada vértice saem quatro arestas.

7. 13 triângulos

Página 282

1. a) isósceles c) escaleno
   b) equilátero d) isósceles

2. a) obtusângulo
   b) acutângulo
   c) retângulo

3. a) IV
   b) II
   c) I e III

4. Estão corretos Marcos e Cida. Todo quadrado é um retângulo. Todo losango é um paralelogramo. Exemplo de justificativa: Nem todos os retângulos são quadrados, somente os que têm os quatro lados de mesma medida. Nem todos os paralelogramos são losangos, somente os que têm os quatro lados de mesma medida.

5. a) I, II, IV, VI
   b) I, III, IV, V, VI
   c) I, IV, VI

9. Sim, pois o novo triângulo seria equilátero, e todo triângulo equilátero é isósceles.

10. 15 quadrados

11. Leo e Ana não acertaram. A figura de Leo não tem lados de mesma medida. A figura de Ana não é um retângulo, pois não tem ângulos retos. Pedro e Letícia desenharam a mesma figura, um quadrado, que é um retângulo com quatro lados de mesma medida, portanto, acertaram.

12. a) Sim; $\overline{AB}$ e $\overline{CD}$
    b) $A(5, 6)$, $B(5, 3)$, $C(1, 1)$ e $D(1, 6)$

13. paralelogramo

Página 286

1. a) Sim, as medidas dos lados da figura 2 são a metade das medidas dos lados correspondentes da figura 1 ou as medidas dos lados da figura 1 são o dobro das medidas dos lados correspondentes da figura 2.
   b) são iguais
   c) Exemplos de resposta: A figura 1 é uma ampliação da figura 2; a figura 2 é uma redução da figura 1; as figuras 1 e 2 são semelhantes.

2. a) Sim, todos medem 90°.
   b) Não, porque eles não têm a mesma forma.

5. a) trapézio
   b) Não, porque eles não têm a mesma forma.

6. a) Sim, porque tem ângulos internos de mesma medida (90°) e também tem lados com a mesma medida.

Página 289

1. a) $\frac{1}{20}$ ou 0,05 ou 5%; $\frac{1}{20}$ ou 0,05 ou 5%
   b) Bugio foi otimista porque, para julgar seu palpite, considerou apenas a proximidade entre os números 12 e 13 na sequência dos números naturais, e não a probabilidade de cada uma dessas faces sair.

2. $\frac{7}{10}$ ou 0,7 ou 70%

3. $\frac{4}{25}$ ou 0,16 ou 16%

4. a) 500 reais
   b) $\frac{5}{100}$ ou 0,05 ou 5%; $\frac{70}{100}$ ou 0,7 ou 70%
   c) $\frac{5}{99}$; $\frac{69}{99}$

5. Não, pois se o dado fosse honesto, o número de lançamentos em que saiu o número 4 deveria ser próximo de 200.

Página 290

1. $A(1, 1)$, $B(3, 1)$, $C(2, 0)$, $D(2,5; 2)$ ou $D\left(\frac{5}{2}, 2\right)$

2. a) sim; simples e fechada
   b) não

3. a) vértices: A, B, C, D, E e F;
      Lados: $\overline{AB}$, $\overline{BC}$, $\overline{CD}$, $\overline{DE}$, $\overline{EF}$ e $\overline{FA}$;
      Número de lados: 6; hexágono
   b) vértices: R, S, T, U, V, W, X e Y;
      Lados: $\overline{RS}$, $\overline{ST}$, $\overline{TU}$, $\overline{UV}$, $\overline{VW}$, $\overline{WX}$, $\overline{XY}$ e $\overline{YR}$;
      Número de lados: 8; octógono

4. Exemplo de resposta: triângulos, retângulos e losangos.

5. a) 8 triângulos
   b) 8 triângulos acutângulos
   c) 4 triângulos equiláteros
   d) 8 triângulos isósceles
   e) nenhum

6. a) Não é possível.
   b) Exemplo de resposta: quadrado
   c) pentágono
   • No item **a**, pois em um polígono o número de vértices é igual ao número de lados.

7. alternativa **c**
   Exemplo de resposta: Não existem triângulos equiláteros obtusângulos.

8. a) $A(4, 1)$, $B(1, 4)$, $C(4, 7)$ e $D(10, 7)$
   b) Trapézio, porque tem apenas um par de lados paralelos.

9. alternativa **c**

10. 4 meninos e 3 meninas

UNIDADE 11

Página 295

2. 19 de abril de 2020, às 13 h 30 min

3. 1ª meia hora: 0,4 °C
   2ª meia hora: 0,8 °C
   3ª meia hora: 0,6 °C

Página 298

1. a) metro   d) metro
   b) centímetro   e) milímetro
   c) quilômetro

2. Exemplo de resposta:
   a) 1 centímetro equivale a 1 centésimo do metro.
   b) 1 milímetro é o mesmo que $\frac{1}{1.000}$ do metro.
   c) 1 metro equivale a $\frac{1}{1.000}$ do quilômetro.
   d) 1 milímetro equivale a 0,001 metro.

3. a) 2.000 m
   b) 5.000 m
   c) 370 m
   d) 3.700 m

4. a) 4 m
   b) 0,6 m
   c) 0,35 m
   d) 0,08 m

359

RESPOSTAS

5. a) 2,5 cm
   b) 3,8 cm
   c) 6,1 cm

6. R$ 26,10

7. a) 45 mm
   b) 52 mm
   c) 77 mm

8. 11.200 m

9. a) sala, quarto 1, quarto 2, banheiro, cozinha e lavanderia
   b) comprimento real do banheiro: 220 cm; largura real da cozinha: 260 cm

10. a) 1.241 km
   b) aproximadamente 2.920.000 m

▶ Página 301

1. a) 48
   b) 16

2. a) quilômetro quadrado
   b) metro quadrado
   c) centímetro quadrado
   d) centímetro quadrado

3. 6 cm²; 8 cm²

4. a) 20 u; 80 v
   b) Ambas têm a mesma área. O que mudou foi a unidade de medida.

5. 100 lajotas

7. a) 28 cm²
   b) 18 cm²
   c) 24 cm²
   d) 25 cm²

10. a) 1 cm²
   b) $\frac{1}{2}$ cm²
   c) A área do triângulo é metade da área do quadrado.

▶ Página 304

1. a) C e G
   b) A, C e E
   c) B, D e F

2. a) Sim; o perímetro também triplica.
   b) Não; a área não triplica.

4. a) 18 m
   b) 42 m

5. a) Jonas tem um terreno de formato retangular com lados medindo 10 m e 15 m. Ele pretende cercar seu terreno com 4 voltas completas de arame farpado. Quantos metros de arame Jonas deverá comprar para cercar todo o terreno?
   b) 200 m de arame

▶ Página 311

1. a) A; não
   b) C; não

2. 300 m²

4. a) 4 cm²; 16 cm²
   b) 4 unidades

5. 600 ladrilhos

6. a) 4 m; 5 m
   b) Nesse caso, a medida da largura da cozinha e a do comprimento da sala seriam maiores que 4 m e 5 m, respectivamente.

7. 8 cm²; 9 cm²

▶ Página 313

1. a) 4 cm²
   b) 3,75 cm²

▶ Página 315

1. a) A quantidade de pessoas que visitaram o Museu da Cidade na terça-feira.
   b) maior

3. b) $\frac{1}{5}$
   c) 100 pessoas

4. a) Rafaela errou ao inverter o número de estudantes de mestrado com o número de estudantes de doutorado.
   c) Exemplo de resposta: gráfico de barras verticais.

▶ Página 317

1. a) centímetro
   b) metro
   c) quilômetro
   d) milímetro

2. 0,7 centímetro

3. a) Todo dia eu caminho 1.500 metros.
   b) 3.000 metros; 10.000 metros

4. R$ 12,60

5. 625 pastilhas

7. a) 8 cm²
   b) 14 cm²
   c) 15 cm²
   d) 8 cm²

9. a) 5,5 cm
   b) 10 cm
   c) 9,4 cm
   d) 4 cm

10. a) 6 cm
   b) 9 cm
   c) 9 cm

11. 3.200 telhas

12. R$ 156.600,00

13. a) V
   b) F
   c) F
   d) V

UNIDADE 12

▶ Página 320

1. a) 120 min
   b) 30 min
   c) 15 min
   d) 180 min

2. a) 16.200 s
b) 1 h 15 min
c) 5.115 s
d) 14 min 10 s
e) 5 h 33 min 20 s

4. 3 h 15 min 35 s

5. 1 h 54 min 35 s

▶ Página 324

1. a) g
b) kg
c) mg

2. 500 sacas

3. Não, pois o veículo tem massa de 1,6 tonelada.

4. 1 real: 7 g
50 centavos: 7,8 g
1 centavo: 2,4 g

▶ Página 325

1. a) 23 °C; 23,3 °C; 30,1 °C; 32,7 °C; 33 °C; e 37,2 °C.
b) 14,2 °C

2. 36,2 °C

3. a) Curitiba – PR

▶ Página 328

1. Caixa 1: 16 cubos, Caixa 2: 36 cubos

2. itens **b**, **c** e **d**

3. a) 20 dm^3
b) 200 cm^3

▶ Página 331

1. A e D: 72 cubinhos
B e C: 210 cubinhos

2. 160 cm^3

3. 3 m^3

4. 216 cubinhos

5. 210 cubinhos

7. a) comprimento: 4 cm; altura: 1 cm; largura: 1 cm
b) 4 cm^3

8. a) 16 cubinhos
b) 24 cubinhos

▶ Página 333

1. a) mL
b) mL
c) L

2. a) 0,5 L
b) 250 mL
c) 1.500 mL

3. a) 10 dm^3
b) 5 m^3

4. 1.000 dm^3

5. 3,75 L

6. a) 150.000 cm^3
b) 9 dm

7. 6 caminhões

9. Caberá, pois ela tem capacidade de 343 mL.

10. acima

▶ Página 337

1. a) B - D - A - C
b) Tempo na empresa (variável quantitativa) e grau de satisfação com o trabalho (variável qualitativa).
c) Exemplo de resposta: gráfico de setores

▶ Página 338

1. 270 minutos

2. 16 minutos

3. R$ 179,00

4. 60 homens

5. 106.040 mg

6. a) 20/12

7. a) 140 cubinhos
b) 512 cubinhos
c) 80 cubinhos
d) 264 cubinhos

8. a) 800 cm^3
b) 350 dm^3

9. 12 m^3

10. 6.670 dm^3

11. 72 litros

12. 1.200 mL

13. a) 31,5 litros
b) R$ 118,44

14. não

▶ Página 345

1. alternativa **c**

2. alternativa **d**

3. alternativa **d**

4. alternativa **b**

5. alternativa **b**

6. alternativa **e**

7. alternativa **c**

8. alternativa **c**

9. alternativa **a**

10. alternativa **c**

SIGLAS

- **CFSDFN-RJ:** Curso de Formação de Soldados Fuzileiros Navais
- **Enem:** Exame Nacional do Ensino Médio
- **Etec-SP:** Escolas Técnicas Estaduais do Centro Paula Souza
- **FGV:** Fundação Getulio Vargas
- **IBFC:** Instituto Brasileiro de Formação e Capacitação
- **Ifes:** Instituto Federal do Espírito Santo
- **OBM:** Olimpíada Brasileira de Matemática
- **Obmep:** Olimpíada Brasileira de Matemática das Escolas Públicas
- **OCM-PB:** Olimpíada Campinense de Matemática da Paraíba
- **Prova Brasil:** Avaliação Nacional do Rendimento Escolar, do Ministério da Educação
- **PUC-SP:** Pontifícia Universidade Católica de São Paulo
- **Saresp:** Sistema de Avaliação de Rendimento Escolar do Estado de São Paulo
- **UFC-CE:** Universidade Federal do Ceará
- **UFJF-MG:** Universidade Federal de Juiz de Fora
- **UFRPE:** Universidade Federal Rural de Pernambuco

BIBLIOGRAFIA

ÁVILA, Geraldo. A distribuição dos números primos. *Revista do Professor de Matemática*, São Paulo, n. 19, p. 19--26, 2º sem. 1991.

BAMBERGER, Honi J.; OBERDORF, Christine; SCHULTZ--FERREL, Karren. *Math misconceptions*: from misunderstanding to deep understanding. Portsmouth: Heinemann, 2010.

BARBOSA, Ruy Madsen. *Descobrindo padrões em mosaicos*. 4. ed. São Paulo: Atual, 1993.

_____. *Descobrindo padrões pitagóricos*. 3. ed. São Paulo: Atual, 1993.

BERLOQUIN, Pierre. *100 jogos geométricos*. Trad. Luis Filipe Coelho e Maria do Rosário Pedreira. Lisboa: Gradiva, 1999.

_____. *100 jogos lógicos*. Trad. Luis Filipe Coelho e Maria do Rosário Pedreira. Lisboa: Gradiva, 1991.

_____. *100 jogos numéricos*. Trad. Luis Filipe Coelho e Maria do Rosário Pedreira. Lisboa: Gradiva, 1991.

BOLTIANSKI, V. G. *Figuras equivalentes e equicompostas*. São Paulo: Atual, 1996.

BOYER, Carl B. *História da Matemática*. São Paulo: Edgard Blücher, 2010.

BRASIL. Ministério da Educação. *Base Nacional Comum Curricular* – versão final 19 mar. 2018. Brasília: MEC, 2018.

_____. *Parâmetros curriculares nacionais*: Matemática. Brasília: MEC/SEF, 1997.

_____. *Parâmetros curriculares nacionais*: Matemática. Brasília: MEC/SEF, 1998.

CASTRO, E. M. de Melo e. *Antologia efêmera*: poemas 1950-2000. Rio de Janeiro: Lacerda, 2000.

CENTURION, Marília. *Conteúdo e metodologia da Matemática*: números e operações. São Paulo: Scipione, 1994.

DANTE, Luiz Roberto. Algoritmos e suas implicações educativas. *Revista do Ensino de Ciências*, Funbec, São Paulo, p. 29-34, 1985.

_____. *Didática da resolução de problemas de Matemática*. São Paulo: Ática, 1989.

DAVID, Maria Manuela M. S.; FONSECA, Maria da Conceição F. R. Sobre o conceito de número racional e a representação fracionária. *Presença Pedagógica*, Belo Horizonte, v. 3, n. 14, mar./abr. 1997.

EVES, Howard. *Introdução à história da Matemática*. Trad. Hygino H. Domingues. Campinas: Unicamp, 2004.

HEUVEL-PANHUIZEN, Marja van den (Ed. and Coord.). *Children learn Mathematics*: a learning teaching trajectory with intermediate attainment targets for calculation with whole numbers in primary school. Freudenthal Institut Utrecht University. Netherlands: Sense Publisher, 2001.

IBGE. *Anuário estatístico 2005*. Rio de Janeiro: IBGE, 2006.

IFRAH, Georges. *História universal dos algarismos*. Rio de Janeiro: Nova Fronteira, 1995.

INMETRO. *Padrões e unidades de medida*: referências metrológicas da França e do Brasil. Rio de Janeiro: Qualitymark, 1999.

LIMA, E. Lages. Conceitos e controvérsias. *Revista do Professor de Matemática*, São Paulo, n. 2, p. 6-12, 1983.

LIMA, J. M. de F. Iniciação ao conceito de fração e o desenvolvimento da conservação de quantidade. In: CARRAHER, T. N. (Org.). *Aprender pensando*. Petrópolis: Vozes, 2008.

LINDQUIST, Mary Montgomery; SHULTE, Albert (Orgs.). *Aprendendo e ensinando geometria*. São Paulo: Atual, 2005.

LINS, R. C.; GIMENEZ, J. *Perspectiva em aritmética e álgebra para o século XXI*. Campinas: Papirus, 1997.

MAGALHÃES, Marcos Nascimento; LIMA, Antonio C. P. *Noções de probabilidade e estatística*. São Paulo: Edusp, 2010.

MIGUEL, Antonio; MIORIM, Maria Ângela. *O ensino de Matemática no primeiro grau*. São Paulo: Atual, 1986.

NUNES, T.; BRYANT, P. Compreendendo números racionais. *Crianças fazendo Matemática*. Porto Alegre: Artmed, 1997. p. 191-217.

OCDE – Organização para a Cooperação e Desenvolvimento Econômico. *Estrutura de avaliação do Pisa 2003*: conhecimentos e habilidades em matemática, leitura, ciências e resolução de problemas. Trad. B & C Revisão de textos. São Paulo: Moderna, 2004.

OZAMIZ, Miguel de Guzmán. *Aventuras matemáticas*. Trad. João Filipe Queiró. Lisboa: Gradiva, 1991.

POLYA, George. *A arte de resolver problemas*. Rio de Janeiro: Interciência, 2006.

PÜIG, Irene de; SÁTIRO, Angélica. *Brincando de pensar com histórias*. São Paulo: Callis, 2000.

ROBINS, Gay; SHUTE, Charles. *The Rhind matematical papyrus*: an ancient Egyptian text. Nova York: Dover, 1987.

SMITH, David Eugene. *History of Mathematics*. Boston: Ginn, s.d.

TOLEDO, Marília; TOLEDO, Mauro. *Didática de Matemática*: como dois e dois – a construção da Matemática. São Paulo: FTD, 1998.

TREFFERS, A. *Three dimensions*: a model of goal and theory descriptions in mathematics instruction. The Wiskobas Project. Dordrecht, Netherlands: Reidel Publishing Company, 1987.

VERISSIMO, Luis Fernando. *Matemática*. São Paulo: Ática, 1981. (Coleção Para gostar de ler)

ATIVIDADES EXTRAS

- DESENVOLVEM HABILIDADES DE CÁLCULO MENTAL
- MOSTRAM ESTRATÉGIAS DE RESOLUÇÃO DE PROBLEMAS
- APROFUNDAM A COMPREENSÃO DE CONCEITOS

ATIVIDADES EXTRAS
PRÁTICA 1

1. Duas cidades, A e B, estão separadas por uma distância de 100 km. Tomando como ponto de partida a cidade A e ponto de chegada a cidade B, represente a distância entre essas cidades por uma reta numérica, posicionando a cidade A no ponto correspondente ao quilômetro zero. Depois, marque pontos nessa reta para representar a posição de cada local descrito a seguir.

a) Uma escola está situada na altura do quilômetro 53.

b) Um supermercado está situado na altura do quilômetro 72.

c) Um posto de gasolina está situado no quilômetro 43.

d) Um parque foi construído na altura do quilômetro 78.

e) Existe um lago na altura do quilômetro 35.

f) Será construído um hospital na altura do quilômetro 27.

2. João e Pedro criaram um jogo com comandos. Veja um exemplo de jogada.

João diz: *pense em um número*. Pedro diz: **30**.
João diz: *some 10*. Pedro responde: **40**.
João diz: *dê o dobro*. Pedro responde: **80**.
João diz: *subtraia 20*. Pedro responde: **60**.
João diz: *dê a metade*. Pedro responde: **30**.

Esquema com os comandos do jogo de João e Pedro

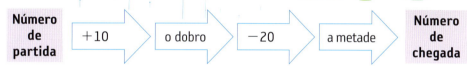

Agora, partindo dos números a seguir e usando os comandos do jogo de João e Pedro, encontre o número de chegada em cada caso.

a) 15   b) 40   c) 25   d) 63

3. Usando a ideia de João e Pedro e partindo dos números da atividade anterior, crie quatro novos comandos e encontre o número de chegada. Depois, você poderá convidar um amigo para jogar com você.

4. Daniela gosta de correr como forma de atividade física. Hoje, pela manhã, ela iniciou sua corrida às 6 h 15 min. Ela gosta de controlar seu tempo a cada 20 minutos. Sabendo que Daniela correu durante 3 horas, que horas marcava o relógio quando ela parou de correr? Represente por pontos em uma reta numérica a hora da partida, cada intervalo de 20 minutos controlado por Daniela e a hora de chegada.

5. Com os valores abaixo, forme frases com os comandos *é o dobro de* e *é a metade de*.

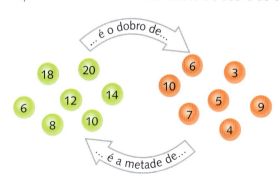

Você vai estudar:
- Localização e representação de pontos na reta numérica para indicar medidas.
- Ideia de dobro e de metade.
- Adição e subtração tendo como termos os múltiplos de 10.

365

ATIVIDADES EXTRAS

PRÁTICA 2

1. O canguru está dando "saltos" crescentes de 5 unidades na reta numérica. Ele deu três saltos e pretende dar mais sete. Que número o canguru atingirá ao saltar pela última vez?

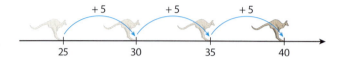

2. Dê cinco "saltos" decrescentes de 10 unidades a partir dos números abaixo e descubra os números que serão atingidos. Você pode fazer isso mentalmente ou desenhar uma reta como recurso auxiliar.

a) 56   b) 64   c) 83   d) 71   e) 69   f) 107

3. Utilizando retas numéricas, dê cinco "saltos" crescentes de 100 unidades a partir de cada número e descubra o último número atingido.

a) 97   b) 215   c) 176   d) 23   e) 67

4. Utilizando retas numéricas, dê cinco "saltos" decrescentes de 100 unidades a partir de cada número e descubra o último número atingido.

a) 689   b) 825   c) 756   d) 906   e) 547

5. Dê "saltos" crescentes de 10 unidades em uma reta numérica, de forma que o ponto de chegada seja cada um dos números a seguir. Em cada caso, indique o número de partida e o número de saltos que você deve dar.

Dica: para atingir o número 49 dando "saltos" crescentes de 10 unidades, devemos partir de um número que tem o último algarismo igual a 9. Pode ser 9, 19, 29 ou 39. Por exemplo, se partirmos do 19, devemos dar 3 saltos de 10 para atingir o 49.

a) 49   b) 37   c) 95   d) 78   e) 87

R1. Quantos números pares há entre 25 e 60?

Resolução

Representamos o intervalo de 25 a 60 na reta numérica, marcamos alguns números pares e buscamos uma regularidade na quantidade de números pares.

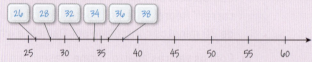

Uma regularidade que observamos é que em cada intervalo de 5 unidades há dois números pares. Como são 7 intervalos de 5 unidades entre 25 e 60, temos 14 números pares (7 × 2 = 14). Contudo, temos que acrescentar a essa quantidade mais 3 números pares que são os números 30, 40 e 50.

Portanto, há 17 números pares entre 25 e 60.

---

6. Quantos números ímpares há entre 20 e 80?

7. Que número está localizado à mesma distância de 30 e 80 na reta numérica?

Você vai estudar:
- Sequências numéricas crescentes e decrescentes a partir de "saltos" na reta numérica.
- Adição e subtração por meio de "saltos" na reta.
- Números pares e números ímpares.

ATIVIDADES EXTRAS

PRÁTICA 3

1. Um número pode ser escrito como uma adição de duas parcelas.

Agora, veja uma dessas adições representada por "saltos" na reta numérica.

Escreva três adições para expressar cada número a seguir. Depois, em cada caso, escolha uma delas e represente-a por "saltos" na reta numérica.

a) 7   b) 8   c) 4   d) 5   e) 9

2. Expresse cada número a seguir como uma adição de duas parcelas menores que 10. Depois, represente cada adição em uma reta numérica.

a) 11   b) 12   c) 13   d) 14   e) 16

3. Com os algarismos das fichas, escreva adições de duas ou três parcelas cujo resultado seja:

a) 12   b) 14   c) 16   d) 18   e) 11

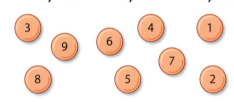

4. Veja uma representação do número 52 com o maior número possível de "saltos" de 10 unidades a partir do zero.

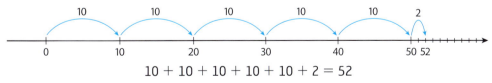

$$10 + 10 + 10 + 10 + 10 + 2 = 52$$

Para cada item a seguir, desenhe uma reta numérica a partir do zero e, com "saltos" de 10 unidades, represente os números dando o maior número possível de saltos de 10 unidades.

a) 23   b) 37   c) 64   d) 78   e) 81   f) 127

Você vai estudar:
- Escrita de um número na forma de adição de duas ou mais parcelas.
- Representação de adições na reta numérica por meio de "saltos".
- Representação de números por meio de "saltos" de 10 unidades na reta numérica.

ATIVIDADES EXTRAS

PRÁTICA 4

43 = 40 + 3
→ 3 unidades
→ 4 × 10
(4 grupos de 10)

1. Veja ao lado o número 43 expresso por uma adição na qual uma das parcelas é o maior número possível de agrupamentos de 10 unidades, e a outra parcela corresponde ao número de unidades que faltam para formar o número.

Agora, decomponha cada número a seguir em dezenas e unidades, como fizemos com o 43. Se necessário, use a reta numérica para auxiliá-lo.

a) 53   b) 29   c) 76   d) 113   e) 127

2. Observe como os "saltos" na reta numérica podem nos ajudar a fazer adições.

Para calcular o resultado da adição 48 + 30, por exemplo, podemos partir do número 48 e...

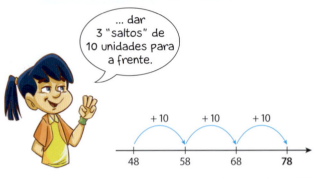

48 + 10 = 58; 58 + 10 = 68; 68 + 10 = **78**

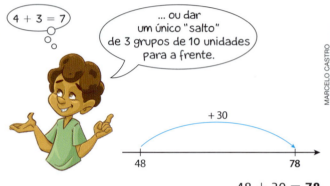

48 + 30 = **78**

- Desenhe ou imagine uma reta numérica para ajudá-lo a obter o resultado de cada adição dando "saltos" de 10 unidades.

    a) 18 + 20   b) 52 + 40   c) 34 + 50

3. Agora, dando apenas um "salto", use a reta numérica para obter o resultado destas outras adições.

a) 37 + 20   b) 73 + 60   c) 85 + 40

4. Os "saltos" na reta também podem nos ajudar a fazer subtrações.

Para calcular o resultado da subtração 65 − 20, por exemplo, podemos partir do 65 e...

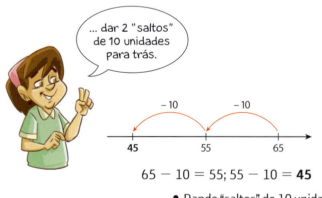

65 − 10 = 55; 55 − 10 = **45**

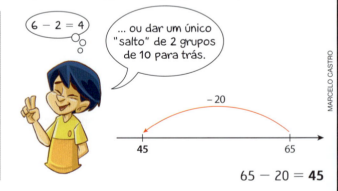

65 − 20 = **45**

- Dando "saltos" de 10 unidades, use a reta numérica para ajudá-lo a encontrar o resultado destas subtrações.

    a) 71 − 50   b) 93 − 60   c) 84 − 40

5. Agora, dando apenas um "salto", use a reta numérica para obter o resultado destas outras subtrações.

a) 68 − 20   b) 51 − 40   c) 73 − 50

Você vai estudar:
- Adição e subtração com números naturais usando a ideia de "saltos" na reta.

ATIVIDADES EXTRAS
PRÁTICA 5

1. Veja como Pedro e Ana fizeram a adição 37 + 23 dando "saltos" na reta numérica.

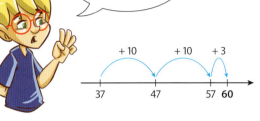

"Dei três 'saltos' para a frente a partir do 37."

37 + 10 = 47; 47 + 10 = 57; 57 + 3 = **60**

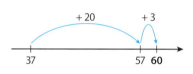

"Dei dois 'saltos' para a frente a partir do 37. Mas logo no primeiro 'salto' agrupei todas as dezenas inteiras que precisava adicionar."

37 + 20 = 57; 57 + 3 = **60**

Dando "saltos" duplos como Ana, use a reta numérica para facilitar seus cálculos nas seguintes adições:

a) 37 + 25 b) 48 + 32 c) 57 + 48 d) 23 + 67

2. Veja como Regina e Cláudio fizeram a subtração 67 − 23 dando "saltos" na reta numérica.

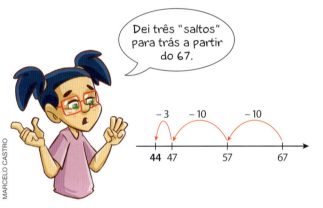

"Dei três 'saltos' para trás a partir do 67."

67 − 10 = 57; 57 − 10 = 47; 47 − 3 = **44**

"Dei dois 'saltos' para trás a partir do 67. Já no primeiro salto agrupei todas as dezenas inteiras que precisava subtrair."

67 − 20 = 47; 47 − 3 = **44**

Dando "saltos" duplos como Cláudio, use a reta numérica para facilitar seus cálculos nas seguintes subtrações:

a) 81 − 23 b) 75 − 37 c) 94 − 48 d) 80 − 53

3. Escreva as operações que foram feitas por meio de "saltos" em cada caso.

a) 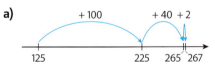   b)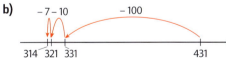

4. Calcule o resultado de cada operação dando "saltos" na reta. Procure fazer como na atividade anterior: agrupe as centenas, as dezenas e as unidades antes de subtraí-las ou adicioná-las. Você poderá dar um, dois ou três saltos.

a) 243 + 25   c) 339 + 508   e) 643 − 406
b) 107 + 234 d) 435 − 42   f) 708 − 481

Você vai estudar:
- Adição e subtração com números naturais usando a reta numérica como apoio.

ATIVIDADES EXTRAS

PRÁTICA 6

1. Observe como Cláudio e Lívia calculam mentalmente.

Cláudio

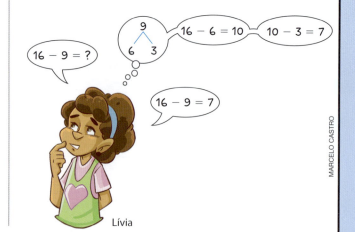
Lívia

Calcule as adições como Cláudio (decompondo a segunda parcela) e as subtrações como Lívia (decompondo o subtraendo). Faça as decomposições de modo que facilite seus cálculos.

a) 25 + 7   c) 44 + 8   e) 59 + 5   g) 23 − 7   i) 45 − 8
b) 38 + 9   d) 67 + 4   f) 34 − 6   h) 38 − 9   j) 61 − 4

2. Suponha que você tenha em sua carteira apenas cédulas de R$ 50,00 e de R$ 20,00 e precise pagar as quantias abaixo. Quantas cédulas de cada um desses valores você pode usar para fazer esses pagamentos sem que seja necessário receber troco?

a) R$ 100,00   b) R$ 160,00   c) R$ 280,00   d) R$ 520,00

3. Agora, suponha que você tenha em sua carteira apenas cédulas de R$ 100,00 e R$ 10,00 e moedas de R$ 1,00. Use a menor quantidade dessas cédulas e moedas para fazer o pagamento das quantias a seguir sem que haja troco.

a) R$ 145,00   b) R$ 468,00   c) R$ 209,00   d) R$ 780,00

4. Observe os pensamentos de Lucas e descubra que adição ele fez e que resultado obteve.

5. Calcule o resultado das adições fazendo uma decomposição como Lucas.

a) 427 + 135   b) 508 + 353   c) 374 + 272   d) 251 + 346

6. Decomponha o subtraendo e, em seguida, efetue as subtrações.

a) 647 − 239   b) 731 − 428   c) 806 − 147   d) 527 − 346

Você vai estudar:
- Adição e subtração com números naturais usando decomposição.

ATIVIDADES EXTRAS

PRÁTICA 7

Você vai estudar:
- Multiplicação com os recursos de dobro, metade, mais 1, menos 1.
- Divisões com o recurso da operação inversa.

1. Observe o que foi mudado em um dos fatores de cada multiplicação e o que acontece com o resultado final.

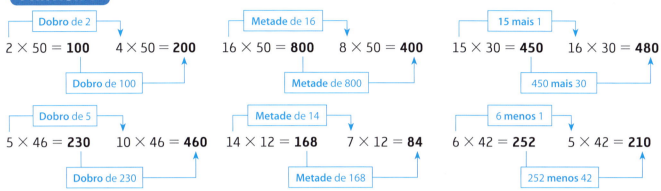

Discuta suas observações com um colega. Depois, crie duas multiplicações de cada tipo (*dobro*, *metade*, *mais 1* e *menos 1*) para ser obtido o resultado a partir de outra multiplicação já calculada.

2. Veja o que acontece com o resultado de multiplicações quando dobramos um dos fatores e dividimos por dois o outro fator de uma mesma multiplicação.

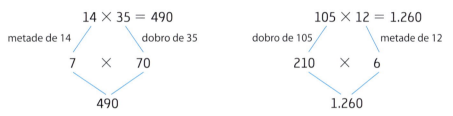

Escreva o que você observou e dê mais dois exemplos do uso desse recurso para facilitar os cálculos.

3. Calcule o resultado de cada multiplicação e indique o recurso utilizado para facilitar os cálculos.
a) 16 × 35   b) 8 × 75   c) 16 × 55   d) 12 × 25   e) 14 × 35

4. Uma divisão pode ser feita com o recurso da operação de multiplicação. Veja como Cícero pensou para calcular 45 : 7.

Use a operação de multiplicação para calcular o resultado das divisões a seguir.
a) 35 : 9   b) 67 : 8   c) 41 : 7   d) 86 : 9

ATIVIDADES EXTRAS
PRÁTICA 8

1. Observe as multiplicações que Clara e Francisco fizeram mentalmente. Clara decompôs o fator de dois algarismos em dezenas e unidades e Francisco decompôs o fator de três algarismos em centenas, dezenas e unidades.

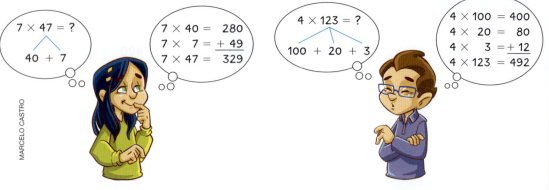

Agora, calcule os produtos a seguir da mesma maneira que Clara e Francisco.

a) 5 × 56   b) 8 × 37   c) 7 × 305   d) 6 × 436   e) 4 × 240

2. A multiplicação que Renata fez tem dois fatores de dois algarismos. Repare que ela também fez uma decomposição para facilitar os cálculos.

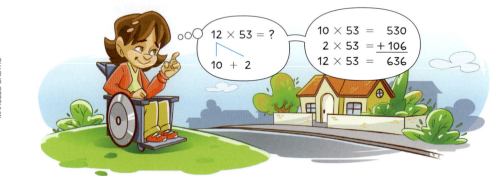

Faça como Renata. Decomponha um dos fatores para calcular o resultado das multiplicações.

a) 12 × 72   b) 23 × 41   c) 13 × 32   d) 21 × 14   e) 11 × 27

3. Penélope teve uma ideia genial para fazer multiplicações que têm pelo menos um dos fatores próximos de dezenas inteiras. Observe a estratégia dela e explique-a para um colega.

4 × 49
mais 1 unidade ↓
4 × 50 = 200
↓ menos (4 × 1) unidades
= 196

4 × 32
menos 2 unidades ↓
4 × 30 = 120
↓ mais (4 × 2) unidades
= 128

4 × 31
menos 1 unidade ↓
4 × 30 = 120
↓ mais (4 × 1) unidades
= 124

4 × 48
mais 2 unidades ↓
4 × 50 = 200
↓ menos (4 × 2) unidades
= 192

Agora, calcule como Penélope.

a) 7 × 59   c) 5 × 47   e) 3 × 41   g) 2 × 63
b) 6 × 38   d) 9 × 45   f) 5 × 32   h) 4 × 57

Você vai estudar:
- Multiplicação de dois fatores pela estratégia da decomposição.
- Multiplicação com aproximação de um dos fatores para a dezena mais próxima.

ATIVIDADES EXTRAS
PRÁTICA 9

1. Observe as divisões que Ana fez. Repare que, antes de dividir, ela decompôs o dividendo em uma adição de dois números divisíveis pelo divisor.

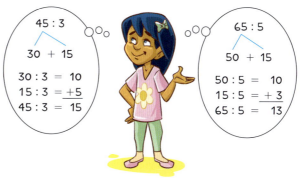

Agora, faça as divisões como Ana.

a) 54 : 3   c) 57 : 3   e) 98 : 7   g) 96 : 8
b) 48 : 3   d) 78 : 6   f) 75 : 5   h) 84 : 7

2. Paulo também decompôs o dividendo antes de fazer a divisão. Observe que, como na divisão de Ana, as parcelas da decomposição são números divisíveis pelo divisor.

Antes de fazer as divisões a seguir, decomponha o dividendo da forma que considerar mais adequada para facilitar os cálculos.

a) 336 : 8   c) 344 : 8   e) 174 : 3   g) 294 : 7
b) 136 : 4   d) 265 : 5   f) 468 : 9   h) 516 : 6

3. A decomposição do dividendo em uma adição de dois números também auxilia em divisões não exatas. Observe os exemplos.

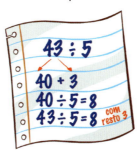 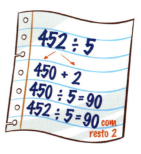

Faça a decomposição do dividendo da forma que considerar mais adequada e, em seguida, efetue as divisões identificando o quociente e o resto. Observe que as divisões propostas não são exatas.

a) 43 : 6   b) 53 : 9   c) 75 : 8   d) 146 : 7   e) 275 : 9   f) 327 : 8

Você vai estudar:
- Divisão pela estratégia da decomposição do dividendo.

ATIVIDADES EXTRAS
PRÁTICA 10

1. As letras indicadas na reta numérica representam números. Escreva cada um desses números na forma de fração.

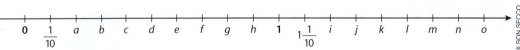

2. Observe a parte de cada barrinha que representa uma hora (1 h). Sabendo que 1 hora é o mesmo que 60 minutos, escreva o número de horas inteiras e que parte da hora é representada pelo comprimento da linha verde. Dê a resposta de duas formas diferentes: usando fração e expressando em hora e minuto.

a)

b)

c)

d)

3. A capacidade de cada jarra é 2 litros. Sabendo que 1 litro (1 L) = 1.000 mililitros (1.000 mL), escreva na forma de fração a capacidade, em litro, correspondente a cada marca da barra. Depois, expresse cada capacidade em mililitro.

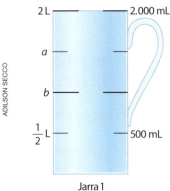
Jarra 1

Jarra 2

Jarra 3

4. Antônio, Carlos, Dayse e Joyce gostam de correr juntos. Certa manhã, após algum tempo, Antônio havia corrido 4 km; Carlos, $1\frac{1}{2}$ km; Dayse, $2\frac{3}{4}$ km; e Joyce, $3\frac{1}{8}$ km. Usando uma régua, desenhe uma reta numérica e relacione as distâncias percorridas por cada amigo com um ponto da reta. Depois, expresse essas distâncias em metro.

5. Desenhe uma reta numérica e localize nela as seguintes frações: $2\frac{1}{5}$, $1\frac{3}{6}$, $3\frac{1}{4}$, 5, 2, 4, $\frac{3}{8}$, $5\frac{1}{2}$.

Você vai estudar:
- Representação de números na forma de fração na reta numérica.
- Medidas de capacidade, comprimento e tempo expressas por números na forma de fração.

374

ATIVIDADES EXTRAS
PRÁTICA 11

1. Observe abaixo o esquema de uma estrada de 30 km, na qual foram colocadas placas sinalizadoras de 10 em 10 quilômetros.

a) Em quantas partes o esquema da estrada está dividido? Como chamamos cada uma dessas partes em relação à estrada inteira?

b) Quantas partes do esquema da estrada 10 km representam? Que fração da estrada 10 km representam? Quantos quilômetros são $\frac{1}{3}$ de 30 km?

c) Quantas partes do esquema da estrada 20 km representam? Que fração da estrada 20 km representam? Quantos quilômetros são $\frac{2}{3}$ de 30 km?

d) Quantas partes do esquema da estrada 30 km representam? Que fração da estrada 30 km representam? Quantos quilômetros são $\frac{3}{3}$ de 30 km?

2. A estrada representada no esquema abaixo tem 120 km, e a cada 20 km foi colocada uma placa.

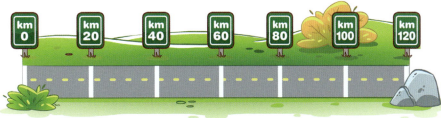

a) Em quantas partes o esquema da estrada está dividido? Como chamamos cada uma dessas partes? Quantas partes do esquema da estrada 20 km representam? Que fração da estrada 20 km representam? Quantos quilômetros são $\frac{1}{6}$ de 120 km?

b) Quantas partes do esquema da estrada 40 km representam? Que fração da estrada 40 km representam? Quantos quilômetros são $\frac{2}{6}$ de 120 km?

c) Quantos quilômetros são $\frac{3}{6}$ de 120 km? E $\frac{4}{6}$ de 120 km? E $\frac{5}{6}$ de 120 km? E $\frac{6}{6}$ de 120 km?

3. Represente por meio de um esquema uma estrada com 120 km. Divida essa estrada em três partes iguais.

a) Cada parte corresponde a que fração da estrada?

b) Quantos quilômetros são $\frac{1}{3}$ de 120 km? E $\frac{2}{3}$ de 120 km? E $\frac{3}{3}$ de 120 km?

c) Compare $\frac{1}{3}$ de 120 km com $\frac{2}{6}$ de 120 km e $\frac{4}{6}$ de 120 km com $\frac{2}{3}$ de 120 km. O que você observou?

Você vai estudar:
- Cálculo de fração de uma quantidade.
- Identificação de frações equivalentes.

ATIVIDADES EXTRAS

PRÁTICA 12

RECORDE

$50\% = \dfrac{50}{100} = \dfrac{1}{2}$
(ou metade)

$25\% = \dfrac{25}{100} = \dfrac{1}{4}$
(ou um quarto)

$10\% = \dfrac{10}{100} = \dfrac{1}{10}$
(ou um décimo)

Você vai estudar:
- Cálculo de porcentagens associado ao conceito de fração.

1. Observe a barra dividida em duas partes iguais. Cada parte é chamada de um meio ou metade. A barra toda representa R$ 90,00.

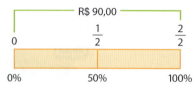

a) Metade de R$ 90,00 $\left(\text{ou } \dfrac{1}{2} \text{ de R\$ 90,00}\right)$ corresponde a que porcentagem dessa quantia?

b) $\dfrac{1}{2}$ de R$ 90,00 é igual a quantos reais?

c) 50% de R$ 90,00 são quantos reais?

2. Esta outra barra representa R$ 160,00. Ela foi dividida em quatro partes iguais. Cada parte é chamada de um quarto.

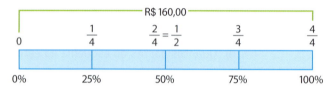

a) $\dfrac{1}{4}$ de R$ 160,00 corresponde a que porcentagem dessa quantia?

b) Quanto é 25% de R$ 160,00?

c) $\dfrac{3}{4}$ de R$ 160,00 correspondem a que porcentagem dessa quantia?

d) 75% de R$ 160,00 são quantos reais?

3. Observe uma barra que representa R$ 80,00. Ela foi dividida em dez partes iguais.

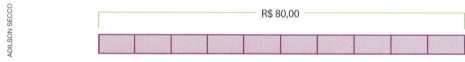

Lembrando que cada parte dessa barra é um décimo dela, calcule:

a) 10% de R$ 80,00
b) 30% de R$ 80,00
c) 50% de R$ 80,00
d) 70% de R$ 80,00
e) 5% de R$ 80,00
f) 35% de R$ 80,00

4. Calcule o preço com desconto destas mercadorias.

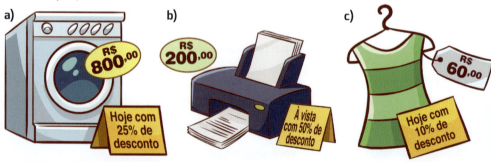

a) R$ 800,00 — Hoje com 25% de desconto

b) R$ 200,00 — À vista com 50% de desconto

c) R$ 60,00 — Hoje com 10% de desconto

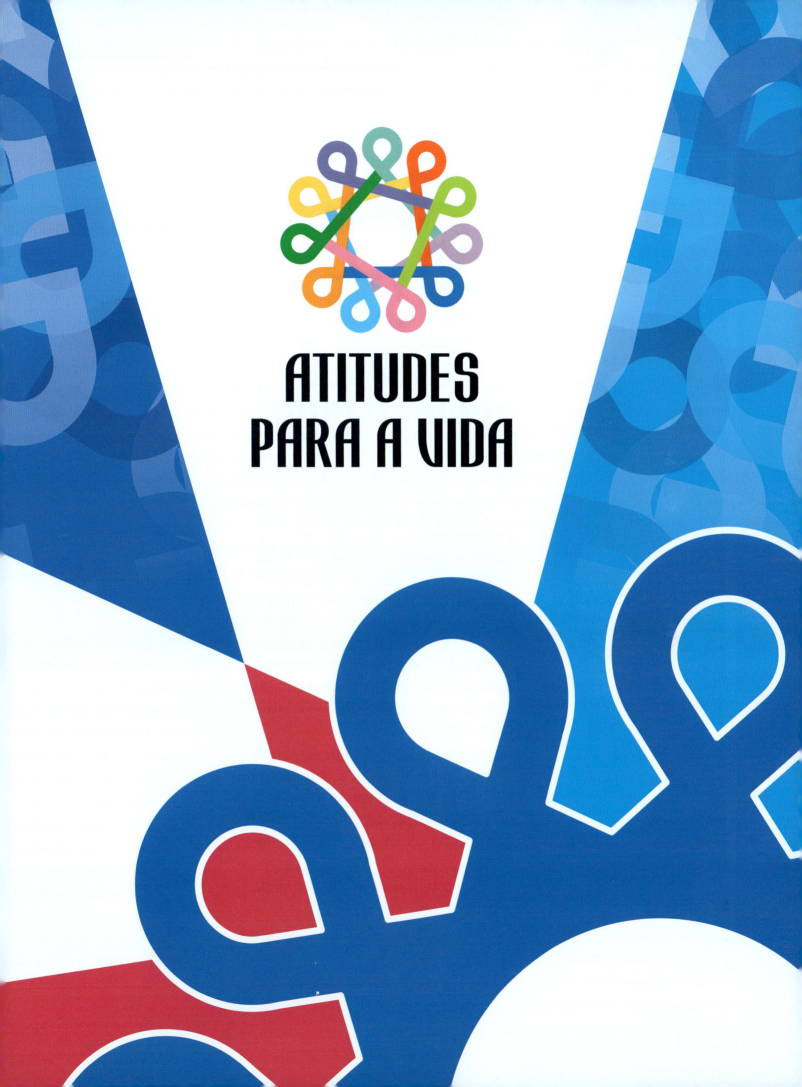

ATITUDES PARA A VIDA

As *Atitudes para a vida* são comportamentos que nos ajudam a resolver as tarefas que surgem todos os dias, desde as mais simples até as mais desafiadoras. São comportamentos de pessoas capazes de resolver problemas, de tomar decisões conscientes, de fazer as perguntas certas, de se relacionar bem com os outros e de pensar de forma criativa e inovadora.

As atividades que apresentamos a seguir vão ajudá-lo a estudar os conteúdos e a resolver as atividades deste livro, incluindo as que parecem difíceis demais em um primeiro momento.

Toda tarefa pode ser uma grande aventura!

PERSISTIR

Muitas pessoas confundem persistência com insistência, que significa ficar tentando e tentando e tentando, sem desistir. Mas persistência não é isso! Persistir significa buscar estratégias diferentes para conquistar um objetivo.

Antes de desistir por achar que não consegue completar uma tarefa, que tal tentar outra alternativa?

Algumas pessoas acham que atletas, estudantes e profissionais bem-sucedidos nasceram com um talento natural ou com a habilidade necessária para vencer. Ora, ninguém nasce um craque no futebol ou fazendo cálculos ou sabendo tomar todas as decisões certas. O sucesso muitas vezes só vem depois de muitos erros e muitas derrotas. A maioria dos casos de sucesso é resultado de foco e esforço.

Se uma forma não funcionar, busque outro caminho. Você vai perceber que desenvolver estratégias diferentes para resolver um desafio vai ajudá-lo a atingir os seus objetivos.

CONTROLAR A IMPULSIVIDADE

Quando nos fazem uma pergunta ou colocam um problema para resolver, é comum darmos a primeira resposta que vem à cabeça. Comum, mas imprudente.

Para diminuir a chance de erros e de frustrações, antes de agir devemos considerar as alternativas e as consequências das diferentes formas de chegar à resposta. Devemos coletar informações, refletir sobre a resposta que queremos dar, entender bem as indicações de uma atividade e ouvir pontos de vista diferentes dos nossos.

Essas atitudes também nos ajudarão a controlar aquele impulso de desistir ou de fazer qualquer outra coisa para não termos que resolver o problema naquele momento. Controlar a impulsividade nos permite formar uma ideia do todo antes de começar, diminuindo os resultados inesperados ao longo do caminho.

ESCUTAR OS OUTROS COM ATENÇÃO E EMPATIA

Você já percebeu o quanto pode aprender quando presta atenção ao que uma pessoa diz? Às vezes recebemos importantes dicas para resolver alguma questão. Outras vezes, temos grandes ideias quando ouvimos alguém ou notamos uma atitude ou um aspecto do seu comportamento que não teríamos percebido se não estivéssemos atentos.

Escutar os outros com atenção significa manter-nos atentos ao que a pessoa está falando, sem estar apenas esperando que pare de falar para que possamos dar a nossa opinião. E empatia significa perceber o outro, colocar-nos no seu lugar, procurando entender de verdade o que está sentindo ou por que pensa de determinada maneira.

Podemos aprender muito quando realmente escutamos uma pessoa. Além do mais, para nos relacionar bem com os outros — e sabemos o quanto isso é importante —, precisamos prestar atenção aos seus sentimentos e às suas opiniões, como gostamos que façam conosco.

PENSAR COM FLEXIBILIDADE

Você conhece alguém que tem dificuldade de considerar diferentes pontos de vista? Ou alguém que acha que a própria forma de pensar é a melhor ou a única que existe? Essas pessoas têm dificuldade de pensar de maneira flexível, de se adaptar a novas situações e de aprender com os outros.

Quanto maior for a sua capacidade de ajustar o seu pensamento e mudar de opinião à medida que recebe uma nova informação, mais facilidade você terá para lidar com situações inesperadas ou problemas que poderiam ser, de outra forma, difíceis de resolver.

Pensadores flexíveis têm a capacidade de enxergar o todo, ou seja, têm uma visão ampla da situação e, por isso, não precisam ter todas as informações para entender ou solucionar uma questão. Pessoas que pensam com flexibilidade conhecem muitas formas diferentes de resolver problemas.

 Atitudes para a vida

ESFORÇAR-SE POR EXATIDÃO E PRECISÃO

Para que o nosso trabalho seja respeitado, é importante demonstrar compromisso com a qualidade do que fazemos. Isso significa conhecer os pontos que devemos seguir, coletar os dados necessários para oferecer a informação correta, revisar o que fazemos e cuidar da aparência do que apresentamos.

Não basta responder corretamente; é preciso comunicar essa resposta de forma que quem vai receber e até avaliar o nosso trabalho não apenas seja capaz de entendê-lo, mas também que se sinta interessado em saber o que temos a dizer.

Quanto mais estudamos um tema e nos dedicamos a superar as nossas capacidades, mais dominamos o assunto e, consequentemente, mais seguros nos sentimos em relação ao que produzimos.

QUESTIONAR E LEVANTAR PROBLEMAS

Não são as respostas que movem o mundo, são as perguntas.

Só podemos inovar ou mudar o rumo da nossa vida quando percebemos os padrões, as incongruências, os fenômenos ao nosso redor e buscamos os seus porquês.

E não precisa ser um gênio para isso, não! As pequenas conquistas que levaram a grandes avanços foram — e continuam sendo — feitas por pessoas de todas as épocas, todos os lugares, todas as crenças, os gêneros, as cores e as culturas. Pessoas como você, que olharam para o lado ou para o céu, ouviram uma história ou prestaram atenção em alguém, perceberam algo diferente, ou sempre igual, na sua vida e fizeram perguntas do tipo "Por que será?" ou "E se fosse diferente?".

Como a vida começou? E se a Terra não fosse o centro do universo? E se houvesse outras terras do outro lado do oceano? Por que as mulheres não podiam votar? E se o petróleo acabasse? E se as pessoas pudessem voar? Como será a Lua?

E se...? (Olhe ao seu redor e termine a pergunta!)

APLICAR CONHECIMENTOS PRÉVIOS A NOVAS SITUAÇÕES

Esta é a grande função do estudo e da aprendizagem: sermos capazes de aplicar o que sabemos fora da sala de aula. E isso não depende apenas do seu livro, da sua escola ou do seu professor; depende da sua atitude também!

Você deve buscar relacionar o que vê, lê e ouve aos conhecimentos que já tem. Todos nós aprendemos com a experiência, mas nem todos percebem isso com tanta facilidade.

Devemos usar os conhecimentos e as experiências que vamos adquirindo dentro e fora da escola como fontes de dados para apoiar as nossas ideias, para prever, entender e explicar teorias ou etapas para resolver cada novo desafio.

PENSAR E COMUNICAR-SE COM CLAREZA

Pensamento e comunicação são inseparáveis. Quando as ideias estão claras em nossa mente, podemos nos comunicar com clareza, ou seja, as pessoas nos entendem melhor.

Por isso, é importante empregar os termos corretos e mais adequados sobre um assunto, evitando generalizações, omissões ou distorções de informação. Também devemos reforçar o que afirmamos com explicações, comparações, analogias e dados.

A preocupação com a comunicação clara, que começa na organização do nosso pensamento, aumenta a nossa habilidade de fazer críticas tanto sobre o que lemos, vemos ou ouvimos quanto em relação às falhas na nossa própria compreensão, e poder, assim, corrigi-las. Esse conhecimento é a base para uma ação segura e consciente.

IMAGINAR, CRIAR E INOVAR

Tente de outra maneira! Construa ideias com fluência e originalidade!

Todos nós temos a capacidade de criar novas e engenhosas soluções, técnicas e produtos. Basta desenvolver nossa capacidade criativa.

Pessoas criativas procuram soluções de maneiras distintas. Examinam possibilidades alternativas por todos os diferentes ângulos. Usam analogias e metáforas, se colocam em papéis diferentes.

Atitudes para a vida

Ser criativo é não ser avesso a assumir riscos. É estar atento a desvios de rota, aberto a ouvir críticas. Mais do que isso, é buscar ativamente a opinião e o ponto de vista do outro. Pessoas criativas não aceitam o *status quo*, estão sempre buscando mais fluência, simplicidade, habilidade, perfeição, harmonia e equilíbrio.

ASSUMIR RISCOS COM RESPONSABILIDADE

Todos nós conhecemos pessoas que têm medo de tentar algo diferente. Às vezes, nós mesmos acabamos escolhendo a opção mais fácil por medo de errar ou de parecer tolos, não é mesmo? Sabe o que nos falta nesses momentos? Informação!

Tentar um caminho diferente pode ser muito enriquecedor. Para isso, é importante pesquisar sobre os resultados possíveis ou os mais prováveis de uma decisão e avaliar as suas consequências, ou seja, os seus impactos na nossa vida e na de outras pessoas.

Informar-nos sobre as possibilidades e as consequências de uma escolha reduz a chance do "inesperado" e nos deixa mais seguros e confiantes para fazer algo novo e, assim, explorar as nossas capacidades.

PENSAR DE MANEIRA INTERDEPENDENTE

Nós somos seres sociais. Formamos grupos e comunidades, gostamos de ouvir e ser ouvidos, buscamos reciprocidade em nossas relações. Pessoas mais abertas a se relacionar com os outros sabem que juntos somos mais fortes e capazes.

Estabelecer conexões com os colegas para debater ideias e resolver problemas em conjunto é muito importante, pois desenvolvemos a capacidade de escutar, empatizar, analisar ideias e chegar a um consenso. Ter compaixão, altruísmo e demonstrar apoio aos esforços do grupo são características de pessoas mais cooperativas e eficazes.

Estes são 11 dos 16 Hábitos da mente descritos pelos autores Arthur L. Costa e Bena Kallick em seu livro *Learning and leading with habits of mind*: 16 characteristics for success.

Acesse http://www.moderna.com.br/araribaplus para conhecer mais sobre as *Atitudes para a vida*.

CHECKLIST PARA MONITORAR O SEU DESEMPENHO

Reproduza para cada mês de estudo o quadro abaixo. Preencha-o ao final de cada mês para avaliar o seu desempenho na aplicação das *Atitudes para a vida*, para cumprir as suas tarefas nesta disciplina. Em *Observações pessoais*, faça anotações e sugestões de atitudes a serem tomadas para melhorar o seu desempenho no mês seguinte.

Classifique o seu desempenho de 1 a 10, sendo 1 o nível mais fraco de desempenho, e 10, o domínio das *Atitudes para a vida*.

Atitudes para a vida	Neste mês eu...	Desempenho	Observações pessoais
Persistir	Não desisti. Busquei alternativas para resolver as questões quando as tentativas anteriores não deram certo.		
Controlar a impulsividade	Pensei antes de dar uma resposta qualquer. Refleti sobre os caminhos a escolher para cumprir minhas tarefas.		
Escutar os outros com atenção e empatia	Levei em conta as opiniões e os sentimentos dos demais para resolver as tarefas.		
Pensar com flexibilidade	Considerei diferentes possibilidades para chegar às respostas.		
Esforçar-se por exatidão e precisão	Conferi os dados, revisei as informações e cuidei da apresentação estética dos meus trabalhos.		
Questionar e levantar problemas	Fiquei atento ao meu redor, de olhos e ouvidos abertos. Questionei o que não entendi e busquei problemas para resolver.		
Aplicar conhecimentos prévios a novas situações	Usei o que já sabia para me ajudar a resolver problemas novos. Associei as novas informações a conhecimentos que eu havia adquirido de situações anteriores.		
Pensar e comunicar-se com clareza	Organizei meus pensamentos e me comuniquei com clareza, usando os termos e os dados adequados. Procurei dar exemplos para facilitar as minhas explicações.		
Imaginar, criar e inovar	Pensei fora da caixa, assumi riscos, ouvi críticas e aprendi com elas. Tentei de outra maneira.		
Assumir riscos com responsabilidade	Quando tive de fazer algo novo, busquei informação sobre possíveis consequências para tomar decisões com mais segurança.		
Pensar de maneira interdependente	Trabalhei junto. Aprendi com ideias diferentes e participei de discussões.		

Atitudes para a vida